돈의 본성

돈의 본성

지은이 제프리 잉햄
옮긴이 홍기빈
펴낸이 송병섭
펴낸곳 삼천리
등록 제312-2008-121호
주소 152-833 서울시 구로구 부일로17길 74 2층
전화 02) 711-1197
전송 02) 6008-0436
전자우편 bssong45@hanmail.net

1판 1쇄 2011년 4월 15일
1판 2쇄 2015년 5월 8일

값 23,000원
ISBN 978-89-94898-03-2 93320
한국어판 © 홍기빈 2011

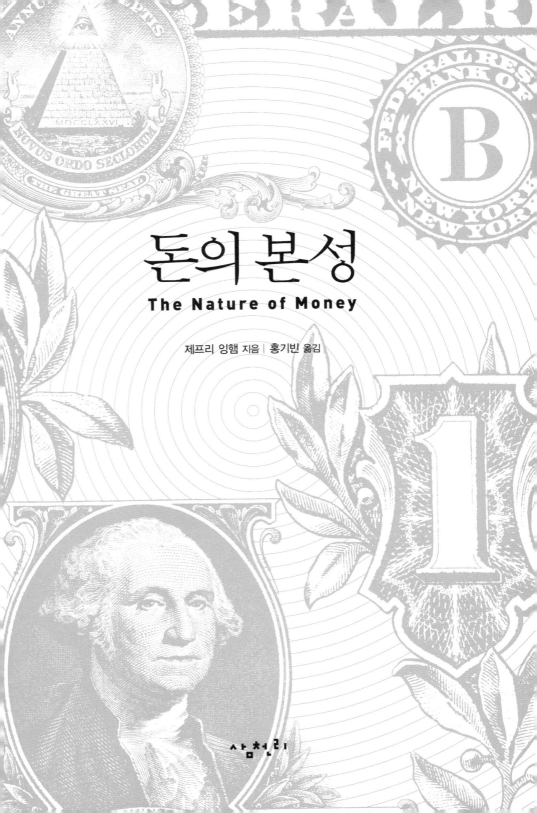

돈의 본성

The Nature of Money

제프리 잉햄 지음 | 홍기빈 옮김

삼천리

| 차례 |

서론

화폐의 수수께끼

글래드스턴(William Ewart Gladstone)은 1844년과 1845년의 필 은행법(Sir Robert Peel's Bank Act)을 놓고 벌어진 의회의 논쟁에서 이렇게 말한 바 있다. "사랑에 빠져 바보가 된 사람보다 화폐의 본성에 대해 깊이 생각하다가 바보가 된 사람이 더 많을 것이다."
— 마르크스(Marx, 1970: p. 64)

화폐를 제대로 이해한 사람을 나는 딱 세 명 알고 있다. 다른 대학의 교수 한 사람, 내가 가르치는 학생 가운데 한 사람, 중앙은행의 하급 직원 한 사람.
— 케인스의 말로 알려짐(Lietaer, 2001: p. 33에서 재인용)

화폐는 없어서는 아니 될 우리의 사회적 기술 가운데 하나이다. 화폐는 기원전 20세기 무렵의 고대 서아시아 지역에서 글쓰기, 숫자와 함께 세계 최초의 대규모 사회를 일구어 낸 기반이었으며, 지구화된 오늘날도 세상은 그야말로 화폐 덕분에 '돌아가고 있다.' 화폐가 이렇게 필수불가결한 역할을 떠맡게 되는 까닭은 경제학 교과서에 나오는 익숙한 기능들을 수행하기 때문이다.[1] 화폐는 교환의 매개 수단이며, **가치의 저장** 수단이며, **일방적 지불(지급 결제)** 수단이며, **가치 척도**(계산 단위)이다.[2] 이런 기능들은 저마다 현대 세계가 일상적으로 작동해 가는 데 기초를 이루고 있다.

우선 애덤 스미스를 비롯한 고전파 경제학자들이 분명히 밝혔듯이, 교환 매개 수단인 화폐는 '여러 나라의 부'(wealth of nations)를 창출하는 노동 분업과 생산물 교환을 효율적으로 작동할 수 있게 해준다. 이렇게 여러 거래자가 서로 간접적으로 교환하는 일이야말로 "농부의 노동을 이발사의 노동과 서로 통할 수 있도록 통역해 주는 행위이다. ……[화폐는] 원격 작동이다"(McLuhan, 1964: p. 10). 둘째, 화폐는 순수한 구매력으로서 어떤 특정 교환 행위에 필요한 것보다 훨씬 더 오랫동안 **추상적 가치**를 저장할 수 있는데, 아마도 이것이 가장 괄목할 만한 기능일 것이다. 현대 세계의 특징이라 할 탄력성과 자유는 화폐의 이러한 속성 덕분에 구체성을 띠게 된다. 지멜(Georg Simmel)이 설명한 바 있듯이, 봉건 영주는 농노들에게 구체적으로 얼마만큼의 꿀과 닭을 내놓으라고 요구할 수 있으며 이를 통해 농노들의 노동을 직접 결정한다. "하지만 영주가 그냥 돈 얼마로 내놓으라고 말하게 되면, 그 순간 농부는 벌을 기를지 소나 그 밖의 무엇을 기를지를 자신이 결정할 수 있게 되며 그런 의미에서 자유로워진다"(Simmel, 1978[1907]: pp. 285-6). 화폐가 있음으로 해서 우리는

---

1) 1878년 미국의 경제학자 프랜시스 워커(Francis Walker)는 화폐의 '형이상학'을 때려 치우고 그저 "화폐란 화폐가 기능하는 바이다"라는 간명한 명제를 전제로 삼기로 결심한다(Schumpeter, 1994[1954]: p. 1086).

2) 간혹 가치 본위(standard of value)와 이연 지불 본위[standard of deferred payment: 이연 지불이란 교환 행위에서 현물을 넘겨받는 시점과 지불하는 시점이 분리되는 경우를 말한다 ─옮긴이]를 별개의 기능으로 말하기도 한다. 이 두 기능의 위치는 계산화폐가 황금과 같은 가치 표준을 단순히 수치상으로 표현한 것이냐 아니면 그 자체로 독자적인 하나의 추상적 척도이냐 하는 것으로 결정된다. 이 책이 내놓고 있는 핵심 주장 가운데 하나는, 화폐에 '화폐성'을 부여하는 것은 바로 이 계산화폐의 기능이며 따라서 화폐 본위로 쓰이는 상품이 화폐가 되는 것은 오로지 케인스의 표현대로 그 상품이 계산화폐로 '묘사'될 때에만 가능하다는 것이다.

이런저런 결정들을 미룰 수도 있고 수정할 수도 있고 다시 효력을 발효시킬 수도 또 취소할 수도 있으니, 결국 화폐는 '욕망을 냉동시킨 것'이라 할 수 있다(Buchan, 1997). 그런데 "이 모든 결과들은 화폐적 계산이 원리상 가능한가 그렇지 않은가에 달려 있는데, 이게 가장 중요한 점이다"(Weber, 1978: pp. 80-1). 이 가치 척도(계산화폐)라는 세 번째 속성이야말로 비용, 편익, 이윤, 손실, 부채, 가격을 현실에서 또 잠재적으로 계산할 수 있게 해주는 것이다. 요컨대 화폐는 사회적 삶이 점점 합리화되어 가는 과정의 기초가 된다. 앞으로 보겠으나, 이렇게 화폐를 통한 합리화 과정은 고대 메소포타미아의 제국들에서 이미 시작된 바 있다.

하지만 화폐를 단순히 유용한 도구로만 보아서는 아니 된다. 화폐는 이중적 성격을 가지고 있다. 화폐에는 그저 여러 기능들만 있는 것이 아니다. 개인들과 사회 · 경제 체제에 좋은 결과만 가져다주는 게 아니라는 말이다. 마이클 만(Michael Mann, 1986)이 쓴 용어로 말하자면, 화폐는 사회의 '기간 구조적' 권력*일 뿐 아니라 '전제적'(despotic) 권력이기도 하다. 다른 말로 하자면, 화폐는 인간 사회가 여러 가지를 성취할 수 있도록 능력을 확장해 주기도 하지만, 그 힘을 특정한 이해 집단이 자기들만의 것으로 전유해 버릴 수도 있다는 것이다. 이는 단순히 어느 만큼의 화폐를 누가 소유하고 통제하고 있는가의 문제, 즉 부의 문제만을 일컫는 것이 아니다. 앞으로 보겠으나, 여러 다른 모습을 지닌 화폐를 생산하는 현

---

* 기간 구조적 권력(infrastructural power)은 국가가 권력을 행사할 때 사회조직 위에 군림하며 일방적으로 명령을 하는 전제적 권력(despotic power)이 아니라 사회조직의 근간을 틀어쥠으로써 사회적 관계 내부에 국가 명령과 권력 행사의 기제를 심어 놓는 경우를 일컫는다. 예를 들어 노동 분업, 문맹률, 도량형과 통화, 교통 통신 수단과 같은 것들을 국가가 제공하고 조직함으로써 그 권력 행사의 역량을 늘린다.

실의 과정 자체가 본질적으로 권력의 원천이 된다. 예를 들어 보자. 근대 자본주의의 화폐는 은행이 발행하는 신용화폐이다. 그런데 이 화폐는 다양한 이들의 신용 등급을 기초로 하여 생산되며, 그 과정에서 신용 등급에 따라 차별적인 이자율을 매김으로써 현존하는 불평등 수준을 강화하고 더 증가시키게 된다. 베버(Max Weber)가 주장한 바 있듯이 아주 일반적인 용어를 써서 말하자면, 화폐는 경제적 존속을 위한 투쟁에 쓰이는 무기인 것이다. 게다가 특정 이해 집단에게 유리한 것이 결국 공공의 이익을 잠식할 수도 있음은 자연스러운 일이다. 이런 의미에서 화폐의 본성에 내포되어 있는 기능적 성격과 권력적 성격이라는 두 요소는 서로 모순을 일으킬 수 있다. 극단적 자유주의 경제학자들이 정부가 부채를 발행하여 지출을 확대하는 행태를 비판할 때 늘 나오는 이야기도 바로 이 모순에 관한 것이다. 이들에 따르면 그런 짓이 계속 허용될 경우 정부는 자신이 갚아야 할 부채의 실질 가치를 떨어뜨리기 위해 인플레이션을 유도하려 들게 된다는 것이다. 이러한 문제들이 앞으로 이 책에서 다루어질 것이다.

지금까지 나온 이야기는 아주 잘 알려진 것들이다. 그런데 그 표면 아래로 조금만 깊게 들어가 보면 아주 오랫동안 풀리지 않은 수수께끼들과 역설들이 튀어나온다. 화폐만큼 일상적이면서 낯익은 물건 때문에 그토록 많은 이들이 당황하고 그렇게 많은 논쟁과 오류들이 양산되었다는 사실 자체가 아마 가장 황당한 역설일지도 모르겠다. 이 점은 잘 알려져 있지 않다. 20세기 경제학 역사에서 개념 형성에 관한 한 실로 최고의 천재였다고 할 만한 경제학자조차도, 자신의 '화폐 책'을 완성하기 위해 40년이나 몸부림쳤지만 결국 실패하고 말았다. 가까이 지내는 하버드대학 동료 교수에 따르면, 슘페터(Joseph Schumpeter)조차도 "화폐에 대한 자신의 생각을 스스로 만족할 만큼 명쾌하게 정리"할 수가 없었다고 한다 (Earley, 1994: p. 342에서 재인용).[3]* 나는 이게 무슨 말인지 아주 잘 알고 있다. 화폐라는 수수께끼의 한복판에서 한창 헤매고 있을 당시, 나는 이 말을 듣고서 얼마나 심한 좌절감을 느꼈는지 모른다.

이렇게 일상적으로 친근한 화폐라는 놈 뒤에 어떤 수수께끼들이 숨어 있는지를 밝히기 위해서, 먼저 교과서에 나오는 화폐 기능의 목록을 잘 들여다보자. 이런 기능들을 나열함으로써 마치 화폐의 존재와 성격을 설명하고 있는 척하는 경제학의 거짓말은 잠시 잊어도 좋다. 우선, 목록에 나온 대로 이렇게 많은 속성들이 어떻게 단 하나의 존재에 담길 수 있을까 하는 의문이 들 것이며, 여기에서 다시 두 가지 의문이 생겨날 것이다. 어떤 것이 '화폐성'(moneyness)을 분명하게 획득하기 위해서는 이런 기능을 모두 다 수행할 수 있어야만 하나? 그게 아니라면, 과연 그 가운데 어떤 기능이 화폐를 화폐로서 규정해 주는 것인가? 요컨대, 화폐를 다른 것과 구별짓는 정의는 무엇인가? 지난 2천 년이 넘는 세월 동안 화폐는 이 네 가지 기능을 주화(나중에는 주화를 직접 대표하는 지폐)의 모습으로 합쳐 놓은 것이다'라고 정의되었다. 즉 19세기 말 케임브리지대학 경제학

---

3) 화폐가 던지는 수수께끼가 잘 드러난 문학 작품으로 찰스 디킨스가 쓴 《돔비와 아들》 (Dombey and Son)이 자주 활용된다. 돔비 씨의 아들 폴은 아버지에게 묻는다. "화폐 가 뭐예요?" 돔비 씨는 이런저런 주화들을 묘사하지만, 폴은 이렇게 대답한다. 그 말씀 은 모두 잘 알겠다고. 하지만 자신이 알고 싶은 것은 "도대체 화폐란 무어냐"고 (Jackson, 1995를 보라). 이 책에는 또 화폐 문제에 대한 이와 비슷한 황당함의 표현들 그리고 수없이 다양한 화폐의 관념들이 정리되어 있다.

* 슘페터가 화폐에 대한 생각을 최대한 책의 형태에 가깝게 정리해 둔 원고가 그의 사후 에 출간되었다. *Das Wesen des Geldes*(Göttingen: Vendenhoeck & Ruprecht, 1970).

자들이 쓴 용어로 '본래 화폐'(money proper)라는 것이 이를 일컫는다.*
주화(또는 지폐)란 어떤 상품의 가치를 체현 또는 표상하고 있는 것이라는
것이다. 이렇게 화폐를 무언가 만질 수 있는 물건인 양 묘사하는 통념은
오래도록 남아 심지어 오늘날까지도 사람들의 머리를 사로잡고 있으며,
그 결과 갖가지 혼동을 낳고 말았다. 전자화폐야말로 '화폐의 종말'을 알
리는 신호라고 하는 주장도 그런 예라고 할 수 있다.

　하지만 실제로 주화를 사용하던 시대 전체를 좀 더 자세히 들여다보면
문제가 그리 간단하지 않다는 것을 알게 된다. 왜냐면 이 기나긴 기간의
대부분 동안 주화에는 숫자로 가치가 찍혀 있거나 새겨져 있었던 일이 거
의 없었기 때문이다. 즉, 이 주화들은 어떤 계산 단위도 담고 있지 않았다
는 말이다. 결국 이는 이 주화들의 명목 '화폐' 가치가 거기에 담긴 귀금
속 자체의 가치와 심하게 괴리될 수 있었다는 이야기가 되며, 또 실제로
크게 동떨어져 있었다. 그래서 일정한 계산화폐를 선포하고 여기에 여러
주화들의 명목 가치를 맞추어서 새롭게 정하는 것이 대개 군주가 맡는 일
이었다. 예를 들어 중세 유럽에서는 화폐 가치가 변동하게 된 적이 여러
번 있었지만, 이는 주로 군주가 '상상 속의'(imaginary) 가치 표준과 명목
적인 계산 단위의 관계를 바꾸어 버린 결과였다. 즉 주화를 주조하면서
그 주화가 계산 단위 화폐에 해당하는 숫자를 올리거나 내리도록 명령한

---

*　케인스의 《화폐론》(*A Treatise on Money*)에 나오는 생각이 그 전형적인 예이다. 가장
　먼저 계산화폐로서의 기능이 나오고, 여기에서 다른 여러 기능이 나오게 되면 이 계산
　화폐를 표상하는 실물은 그 기능들을 모두 수행할 수 있는 실체가 된다. 이를 본래의
　화폐라고 부른다는 개념이다. 케인스는 크나프(Georg Friedrich Knapp)를 따라서 어
　떤 물건이 이 본래의 화폐가 될 것인가를 결정하는 권한이 국가에게 있다고 보아 이를
　국가 화폐라고 보기도 한다.

결과였지, 흔히 잘못 알고 있는 것처럼 그 주화의 실제 귀금속 함유량을 바꾸었던 게 아니다. 게다가 계산화폐 단위들 가운데 많은 것들(이를테면 파운드, 실링, 펜스에서 '파운드')은 한 차례도 주화로 주조된 적이 없었다 (Einaudi, 1953[1936]). 마찬가지로 기니(guinea)*는 기니 주화가 유통을 멈춘 뒤에도 몇 세기 동안 계속해서 계산화폐로서 남아서 계약을 체결할 때 여러 재화와 채무의 가격을 합의하여 매기는 용도로 쓰인 바 있다.

'현금'(cash, 우리가 화폐로 받아들여 가지고 다닐 수 있는 사물)은 지금도 모든 일상 거래의 85퍼센트를 차지하고 있지만, 화폐 거래 총액의 비중으로는 1퍼센트밖에 되지 않는다(*The Guardian*, 17 April, 2000). 달리 말해서, 실제의 교환 매개 수단이라는 것은 대부분의 화폐경제에서 비교적 중요하지 않은 요소가 되어 버린 것이다. 하지만 화폐에 대한 우리의 의식은 여전히 이러한 일상적 소규모 거래의 경험에서 상당 부분 이미지가 만들어지고 있는 것이다. 유로(euro)가 지폐나 주화의 형태로 도입된 것은 2002년부터이지만, 이렇게 교환의 매개체로 모습을 드러내기 전부터 이미 1년 넘도록 지불수단으로서 또 가격을 매기고 채무 계약을 산정하는 수단으로서 존재했다. 그렇다면 화폐의 본성이 교환의 매개 수단에 있다는 경제학 교과서의 가르침은 도대체 어떻게 된 것인가? 앞으로 보겠으나 이런 예들은 빙산의 일각에 지나지 않는다. 화폐의 여러 속성들의 기능 목록에서 나오는 논리적 개념적 문제들은 이 밖에도 한둘이 아니다.

---

* 아프리카 기니 해안에서 많은 금이 영국으로 유입됨에 따라 1663년부터 영국 정부는 1파운드, 즉 20실링에 해당하는 가치의 금화를 주조한다. 이후 가치가 22실링 21실링 등으로 약간씩 변화하지만, 1717년까지 실제 주화로서 유통되었다. 하지만 기니는 당시 가장 인기 있는 주화 가운데 하나로서, 오늘날까지도 경마, 양 시장 등에서 계산 단위로 사용될 정도이다(위키피디아 참조).

요컨대 문제는, 그 허다한 속성과 기능들 가운데 도대체 '화폐성'이 담겨 있는 것은 무엇이냐이다.

일반적으로 이 질문에는 두 가지 다른 대답이 있다. 슘페터가 말한 대로, "이름을 붙일 만한 화폐 이론은 오직 두 가지뿐이다. …… 상품화폐론(commodity theory of money)과 청구권 이론(claim theory of money)이다. 이 두 이론은 본성적으로 서로 양립할 수가 없다"(Schumpeter; Ellis, 1934: p. 3에서 재인용). 대부분의 정통 경제 이론은 본질적으로 **교환의 매개 수단**이라는 화폐 개념에 초점을 둔다. 이 개념에는 세 가지 다른 뜻이 담겨 있건만 조심스럽게 구별하지 않고 쓰이는 경우가 많다. 화폐는 그 자체가 교환 가능한 상품(예를 들어 금화)일 수도 있고, 그러한 상품의 직접적인 상징물(예를 들어 금으로 태환되는 지폐)일 수도 있고, 아니면 황소, 기름통, 여러 상품의 '바스켓' 가치와 같은 상품 본위를 상징적으로 표상하는 '뉘메레르'(numéraire)일 수도 있다.[4] 이러한 관점에서 보면, 화폐는 다른 모든 상품들과 교환될 수 있다는 의미에서 보편적 상품이라고 할 수 있다. 이러한 화폐 개념에서 '화폐성'이란 바로 '교환 가능성'(exchangeability), 즉 가장 '유동적인' 상품에서 나오는 것으로 볼 수 있을 것이다. 하지만 이는 순환논법이 아닐 수 없다. 이 이론을 주장하는 이들은 흔히 목록에 나오는 화폐의 여러 기능과 속성들(계산화폐, 지불수단, 가치 저장 수단)이 교환의 매개 수단이라는 기능으로부터 도출되거나 그 아래로 종속되는 것이라고 주장하거나 적어도 강력하게 암시한다. 이와

---

4) 마리 발라의 '화폐 없는' 경제 모델에서는 아무 상품이나 골라서 이를 기준으로 삼아 여러 상품들의 교환 비율을 계산하게 되며, 뉘메레르란 이렇게 이미 존재하고 있는 그 기준 상품의 가치를 상징화하는 것이다. 1장의 논의를 참조하라.

는 날카롭게 대조되는 것이 이단적 경제학의 '명목주의'(nominalist)이다. 이들은 화폐란 "오로지 계산화폐와 관련 속에서만 비로소 화폐라는 말에 담겨 있는 기능을 모두 충족시킬 수 있다"고 주장한다(Keynes, 1930: p. 3). 앞으로 보겠으나, 이러한 명목주의는 화폐가 단순히 교역 가능한 물체 또는 그 상징에 불과한 것이 아니라 하나의 '청구권'이며 '신용/채권'이라는 생각과 밀접하게 연결되어 있다. 이런 관점에 따르면, 그 어떤 추상적 계산화폐라 할 만한 것이 여러 형태의 화폐나 그 기능들보다 논리적으로 선행하는 것이며, 사람들이 일반적으로 화폐가 가져다주는 혜택이라고 이야기하는 여러 중요한 것들, 특히 교환의 매개체로서 지닌 혜택까지도 이 계산화폐의 기능으로부터 나오는 것이 된다. 계산화폐 덕분에 가격과 채무 계약의 가치 산정이 가능하기만 하다면 광범위한 다자간 교환이 벌어지게 되어 있으니, 결국 계산화폐의 기능이 가장 중요하다는 말이다. 따라서 실제의 '화폐 물질'(인류학자들의 용어이다)이 있든 없든, 이발사의 노동을 농부의 노동과 서로 통하게 해주고 그리하여 시공간적으로 멀리 떨어진 이들의 행위를 연결해 주는 것은 바로 계산화폐를 통해 가능하다는 것이다. 이러한 관점에서 보면 화폐란 모종의 추상물이다. 하지만 여기에서 또 다시 문제가 나오게 된다. 화폐가 그렇게 추상적으로 표상하는 것은 도대체 무엇인가?

앞으로 보겠으나, 이 두 가지 화폐론 사이에 논쟁의 핵심은 추상적 척도(계산화폐)가 **미리** 존재하지 않는 상황에서 교환 매개체에 획일적으로 고정된 표준을 설정하는 것이 가능한가 하는 문제이다. 주류 경제학의 설명에 따르자면, 가치 측량의 척도(계산화폐)는 애덤 스미스가 태초에 존재했다고 주장하는 '교환, 교역, 물물교환'으로부터 저절로 생겨나는 것이라고 한다. 여러 상품들 중 가장 교환 가능성이 높은 상품이 화폐가 되며, 그렇게 되면 그 상품에 매겨져 있는 숫자가 바로 가치 척도, 즉 계산 화폐가 된다는 말이다. 하지만 여기에서 아주 심각한 문제가 나오게 된다 (이는 나중에 자세히 다루기로 한다). 물물교환은 당사자 둘 사이에서 이루어지는 행위이다. 그런데 그 개인들은 누구라 할 것 없이 모두 제각각의 주관적 선호를 가지고 있게 마련이어서, 똑같은 상품이라고 해도 물물교환에서 나타나는 교환 비율은 그때그때 다를 수밖에 없다. 그런데 이렇게 서로 들쭉날쭉 다른 교환 비율로 벌어지는 무수한 물물교환 속에서 과연 모두가 합의하는 가치 척도가 나올 수 있을까? 19세기 후반의 경제학자 제번스(William Stanley Jevons)의 유명한 주장처럼, 물물교환의 '불편함'에 대해 모든 이들이 개인 차원에서 해결책을 찾고자 합리적으로 행동하기만 하면 과연 화폐(즉 가치 척도)가 저절로 나오게 될까? 이런 과정 속에서는 화폐라는 '생각' 자체가 나올 수 없는 게 아닐까? 도대체 어떻게 해서 개개인마다 서로 다른 무수한 주관적 선호 체계로부터 만인이 공유하는 상호 주관적 가치의 단일한 상품 위계 서열이 생겨난다는 말인가? 이렇게 문제를 제기해 보면, 화폐의 문제는 결국 사회학과 경제학 이론 모두의 근본에 있는 문제임이 드러나게 된다.[5]

그런데 이보다 더욱 놀라운 역설이 있다. 사실 이것이 내가 애초에 이 책을 쓰려고 마음먹게 된 동기이기도 하다. 주류 또는 정통 현대 경제학의 전통에서 화폐에 별다른 이론적 중요성을 부여하지 않는다는 놀라운 사실이 그것이다(이러한 주류 전통의 개괄로는 Smithin, 2003). 경제학자들이 이렇게 우리의 직관과 크게 어긋나는 행태를 보이는 까닭은 무엇일

---

5) 본질적으로 이는 탤컷 파슨스의 저작 《사회적 행동의 구조》(*The Structure of Social Action*, 1937)에서 다루는 문제이기도 하다.

까? 정통 경제학에 초석이 되고 있는 두 가지 가정(둘 다 근본적으로 잘못된 것이다) 때문이라고 설명할 수 있다. 첫째, 앞에서 보았듯이 경제학자들은 화폐가 상품 가운데 하나라고 주장한다. 물론 오늘날은 귀금속을 가치 본위로 쓰는 것도 아니며 또 귀금속 주화의 유통 또한 사라진 판이니, 이들도 화폐가 반드시 스스로 교환가치를 담고 있는 물질이라고 고집하지는 않는다. 하지만 이들은 화폐 또한 다른 상품들과 마찬가지로 '수요와 공급,' '한계효용' 따위 같은 정통 미시경제학의 방법으로 이해할 수 있다는 의미에서 여전히 화폐 또한 상품 가운데 하나라고 보는 것이다. 화폐를 분석하는 현대 정통 경제학의 **분석적 구조**는 기본적으로 저 옛날 아리스토텔레스의 상품화폐론, 즉 화폐는 일종의 '사물'로서 가치를 가지고 있기 때문에 교환 매개 수단으로 작동한다는 생각에서 파생된 것이다(아리스토텔레스의 화폐론에 관해서는 1장을 보라). 이러한 관점에서 보자면, 오늘날 비록 '현금'의 중요성은 줄어들었지만, 다양한 '유통 속도'를 보이면서 '유통' 또는 '흘러가는' '사물들'의 '수량' 또는 '스톡'은 엄연히 존재하고 있다는 것이다. 하지만 나중에 입증하겠으나 이러한 생각은 그릇된 비유에 근거한 것이며, 그 비유의 근간이 되는 이론들도 마찬가지로 그릇된 것이다. 화폐의 유통 속도는 너무나 빨라서 심지어 두 장소에 동시에 나타날 수도 있을 것이라고 슘페터가 날카롭게 비꼰 바 있다 (Schumpeter, 1994[1954]: p. 320). 또 이러한 정통 경제학의 관점에 입각하여 보더라도, 화폐는 최소한 예사 상품이 아닌 아주 특별한 상품일 수밖에 없다. 다른 문제를 다 제쳐 놓고 화폐의 공급 과정만 생각해 보자. 화폐의 생산은 항상 엄격한 통제 아래 놓일 수밖에 없다. 따라서 수요에 맞추어 자유롭게 늘리거나 줄일 수 있는 것이 아니다(화폐 위조범들에 대한 엄한 처벌이 화폐의 생산 통제가 엄격하다는 사실을 증명한다). 화폐의 희소성이란 항상 사회적·정치적 장치들에 의해 아주 조심스럽게 만들어지는 구성물인 것이다. 19세기 미국에서 금본위제를 둘러싼 논쟁이 붙었을 때 인민주의 진영의 대통령 후보였던 윌리엄 제닝스 브라이언(William Jennings Bryan)이 설명한 것처럼, "더 많은 밀을 원한다면 들판에 나가서 밀을 기르면 된다. …… 하지만 사람들이 더 많은 돈을 원한다고 해서 더 많은 돈을 만들어 낼 수는 없는 법이다"(*The First Battle*, 1897 ; Jackson, 1995 : p. 18에서 재인용).

두 번째로 정통 경제학 이론이 붙잡고 있는 또 하나의 알쏭달쏭한 신앙이 있으니, 바로 화폐의 '중립성'이다. 1장에서 살펴보겠지만, 화폐란 '실물' 경제의 작동 위에 씌어 있는 '중립적 베일'에 지나지 않는다는 주장이다. 장기적으로 화폐가 경제에 끼치는 영향이 중립적인 이유는 통화량의 변화란 오로지 가격의 변화에만 영향을 줄 뿐 경제성장이나 총생산에 영향을 주지는 못한다는 것이다. 실제로 가장 유명하고 수학적으로 세련된 경제 모델(애로-드브뢰Arrow-Debreu 일반균형 모델처럼)들 가운데 화폐가 아무런 분석적 지위를 얻지 못하는 경우가 많다. 요컨대, 주류 경제학은 화폐의 존재와 기능에 대해서 만족스런 설명을 내놓을 수 없다는 게 나의 주장이다. 다시 말해서, 정통 경제학은 화폐의 본성을 **구체적으로 밝힐 수 없다.**

더욱이 이 문제는 그들이 주장하는 것처럼 단순히 '학문'의 문제로 끝나는 것이 아니다. 1장에서 나올 이야기이지만, 이 '중립적 베일'이라는 생각과 '화폐수량설' 따위를 '통화주의적' 정책에 실제로 적용했을 때 어떤 사태가 나타났는지에 대해 두어 가지 지적할 필요가 있다. 1970년대 말과 1980년대 초에는 유통되고 있는 화폐의 양을 규제하면 인플레이션을 잡을 수 있을 것이라고 생각되었고, 사람들은 옛날 금본위제 시절에 실제로 그랬었다고 믿었다. 하지만 결과는 실패였다. 우선 '중립적 베일'처럼 아무런 효력이 없는 허깨비를 가지고서 통제를 벌여 무슨 결과를 얻겠다는 주장 자체에 이미 논리적 모순이 뻔히 드러나 있다. 물론 이러한 논리적 모순은 단기와 장기를 구별한다는 저 케케묵은 관습으로 간단히 덮어 버릴 수 있다. 장기에서는 화폐의 양과 재화의 양 사이에 균형의 법칙이 지배하지만, 단기적으로는 화폐의 공급이 재화의 공급을 초과하는 해로운 불균형이 벌어질 수 있으며 가격이 상승하게 되는 것도 이 때문이라는 식의 논리로 대충 덮어 버리는 것이다. 그리고 따라서 사태를 해결하려면 그렇게 화폐를 과도하게 공급하는 관행을 끝내야 된다는 것이 통화주의자들의 결론이다. 하지만 통화주의자들은 그 '화폐'라는 게 정확하게 무엇인지 자기네끼리조차 합의에 이를 수 없었고, 또 화폐가 정확하게 어떤 경로를 거쳐서 경제로 들어오는지조차 합의를 볼 능력이 없다는 사실이 금방 드러났다. 다른 수많은 현실적 기술적 문제들 이전에 우선 정확하게 규정하지도 못하는 것을 놓고서 그 수량을 통제하겠다는 짓이 가능할 턱이 없다.

통화주의를 채택한 나라들에서는 얼마 되지 않아 갖가지 통화량 지표들(모두 알파벳 M으로 쓴다)이 도입되었으며 결국에는 M_0(지폐, 주화, 수표 cheque *)부터 시작해서 M_{10}을 넘는 이런저런 M들이 넘쳐나게 된다. 그런데 이 모든 'M'자는 도대체 무엇을 측정하는 것이란 말인가? 이보다 더

---

* 우리나라에서는 잘 쓰이지 않았지만, 영미권 국가에서는 전통적으로 가계수표가 중요한 유통 화폐 가운데 하나였다. 은행에 계좌를 개설하면 이름과 계좌번호가 찍힌 수표책을 주고 계좌를 연 사람이 그 수표를 한 장씩 찢어 서명한 뒤 지불수단으로 쓰는 것이다. 우리나라에서는 M_0을 현금과 당좌예금(언제든 인출할 수 있는 예금) 총액으로 잡아 왔다.

욱 골치 아픈 문제가 있었다. 화폐수량설의 기본적인 주장은 화폐 수량의 증감과 가격의 등락에 밀접한 관계가 있다는 것이었다. 그런데 이렇게 애매한 규정을 동원하여 억지로 M이라는 것을 정의하고 그 양을 측정해 보았건만, 그들이 주장하는 그런 밀접한 관계가 전혀 보이지 않는다는 사실이 명백하게 드러나고 만 것이다.

통화주의는 실질적인 정책 가이드라인으로서는 아주 금방 죽어 버리고 말았다. 미국과 영국에서는 1970년대 후반 이래 10년을 채 버티지 못했다. 하지만 통화주의의 기초가 되는 이론은 자신들 주장대로 화폐의 수량과 가격이 밀접하게 연결되지 않는 모든 경우들에 대해 특별 가설(ad hoc)의 분석적 설명을 동원하여 모두 단기적, 일시적 요인들의 탓으로 돌려 버렸다. 그리고 이를 통해 여전히 주류 경제 이론의 자리를 계속 차지하고 살아남을 수 있었다. 그 결과 기묘한 현상이 나타났다. 현실 통화정책은 이제 더 이상 통화량 총액을 중요시하지 않는 다른 종류의 정책으로 전환했건만, 이 새로운 정책의 이론적 기초는 여전히 화폐에 대한 예전의 관념을 기초로 삼고 있는 사태가 나타난 것이다. 표면상으로는 명목적 화폐경제 변수들과 실물경제 변수들 사이의 균형에서 화폐가 장기적으로 중립적이라는 화폐수량설의 공리를 여전히 정책의 기초로 삼고 있는 것처럼 표방했지만 실제 통화 당국의 행동은 더 이상 이 이론을 따르지 않았던 것이다(Issing, 2001). 요컨대, 화폐를 둘러싼 정통 경제 분석에서 사용하는 개념과 실제 통화정책에서 사용하는 개념은 이제 그 관계가 너무나 희박하여 서로 모순될 지경에 이르게 되었다.

앞에서 잠깐 암시했듯이, 좀 더 최근에는 정보통신 기술의 발달로 경제 체제의 작동에서 화폐가 사라질 거라는 억측까지 나오게 되었는데, 이 또한 바로 이 정통 경제학의 분석적 틀에서 출발하고 있다(9장을 보라). 심지어 영국 중앙은행 총재조차도 이러한 '화폐의 종말' 때문에 중앙은행이 불필요한 것이 될 것이라는 생각을 품고 있다(King, 1999). 뒤에 살펴보겠지만, 이러한 억측들은 과거의 통화주의만큼이나 근본적으로 잘못된 것이며, 그 오류도 바로 화폐의 본성에 대해 통화주의자들이 저지른 것과 똑같은 혼동에서 나온 것이다. 화폐의 여러 **형태**와 그 각각의 **유통**을 '화폐성'의 성질과 동일시하는 것은 화폐라는 현상을 잘못 이해하게 되는 지름길이다. 이런 일은 참으로 초보적인 범주상의 오류로서, 고대 그리스의 금속 주화 상품화폐론 이래 오랫동안 끊이지 않은 잘못이다. 화폐의 정체를 이렇게 잘못 파악하는 바람에 무수한 분석적 난문(難問)들이 생겨났을 뿐 아니라, 19세기 말 이래로는 정통 경제학이 이른바 화폐의 탈물화(dematerialization)라는 아주 이상한 이론적 왜곡까지 생겨나게 되었다.

하지만 다른 사회과학이나 역사학이라고 해서 화폐 분석에서 경제학보다 나을 것이 없다. 20세기 초반 방법론 전쟁(Methodenstreit)* 이후로 사회과학에서는 일종의 지적 노동 분업이 나타나게 되었는데 그로 인해 빚어진 직접적 결과 하나는, 화폐 문제에 대해 어느 분과 학문에서도 경제학보다 더 만족스런 설명을 낼 수 없었다는 점이다. 화폐가 본질적으로 '경제적' 현상이라는 잘못된 믿음 때문에 다른 사회과학자들은 화폐 문제를 무시해 버리거나 정통 경제학의 분석을 비판 없이 받아들임으로써

---

* 1870년대 빈대학의 멩거는 프로이센 쪽의 역사학파 경제학자들의 방법론을 비판하고, 여기에 슈몰러(G. Schmoller) 등 역사학파의 대표자들이 강하게 반발하면서 막스 베버의 시대까지 수십 년에 걸친 경제학 방법론 전쟁(Streit)이 벌어진다. 논쟁은 여러 분야에 걸쳐 있으나, 핵심적으로는 독일 역사학파의 방법론이 순수 경제 이론을 결핍한 채 역사적 자료의 수집과 나열에 치중하고 있으므로, 시장경제에서의 경제적 개인의 합리적 행동에 대한 순수 이론을 기초로 삼아야 한다는 것이 멩거의 주장이었다.

화폐에 대한 연구의 책임을 완전히 방기해 버렸다(Ingham, 1998).

현대 사회학은 아주 일반적 차원에서 거의 대부분 화폐가 '현대사회에 가져온 결과들'(Giddens, 1990), 또는 그 '사회적 의미들'(Zelizer, 1994)을 기술하는 일에만 관심을 두며, 기껏해야 마르크스주의의 '금융자본'이라는 문제 정도에 머물고 있다. 랜덜 콜린스(Randall Collins)가 섬세하게 관찰했듯이, 현대 사회학은 화폐가 '충분히 사회학적'이지 않다는 이유로 화폐 문제를 무시해 온 것 같다(Collins, 1979). 화폐의 존재는 당연한 것인 양 그냥 주어진 것으로 가정한다. 최근 들어 이 주제에 대한 관심이 살아나긴 했지만(Dodd, 1994; Zelizer, 1994; Leyshon and Thrift, 1997; Ingham, 1996a, 1999, 2000a, 2000b, 2001, 2002; Hart, 2000), 이로 인해 과거 오랜 시간 동안 사회학은 도대체 무엇을 했던가라는 무관심만 더 부각되고 있다. 뒤에 살펴보겠지만 여기에는 예외가 거의 없다(한 예로 Carruthers and Babb, 1996). 사회학은 '신뢰'(trust)가 중요하다는, 삼척동자도 알고 있는 명제만 계속 반복했을 뿐, 화폐의 실제 본성이 무엇이며 그것이 어떤 방식으로 **사회적 제도**로 기능하고 생산되고 유지되는가 하는 문제들을 모두 회피했다. 한 예로, 플리그스틴(Neil Fligstein)의 《시장의 설계도: 21세기 자본주의 사회의 경제사회학》(*The Architecture of Markets: An Economic Sociology of the Twenty-First Century Capitalist Societies*, 2001)은 모범이 될 만한 중요한 저작이지만, 앞으로 내가 현대 자본주의의 중심 제도라고 주장하려고 하는 이 화폐의 문제에 대해서는 어떤 논의도 담고 있지 않다. 심지어 색인에 '화폐'라는 항목조차 찾을 수 없을 정도이다.

방법론 전쟁은 19세기 말과 20세기 초에 사회과학 분과 구별의 모습을 결정했던 바 있으며, 여기에서 화폐의 분석이 아주 중요한 위치를 차지하는 주제였다는 사실은 의미심장하다. 앞에서 보았듯이, 당시 슘페터는 이 논쟁의 양쪽이 주장하는 화폐 이론들이 서로 양립할 수 없는 것이라고 말한 바 있다. 앞으로 보겠지만, 역사적으로 지배적인 위치를 차지해 온 아리스토텔레스의 상품화폐 개념에 대한 대안으로서 '청구권' 또는 '신용/채권' 화폐론이 적어도 15세기 이래로 이미 존재해 왔다. 방법론 전쟁에서 경제 이론가들에게 조롱당한 역사가들과 사회학자들은 이 이론을 선호하여 더욱 발전시켰다. 하지만 불행하게도 그 뒤로 사회학은 이 중요한 초기 연구를 발전시키지 못했다. 이 책은 그 뒤로 한 세기 동안 묻혀 버린 이 연구 전통의 실마리를 잇고자 한다. 따라서 이 책의 앞부분에서 약간이나마 사회과학의 '지적 고고학' 작업에 손을 댈 수밖에 없다. 물론 이는 어디까지나 출발점일 뿐이며, 이 책의 진정한 목적은 사회 현상으로서 화폐의 본성을 충분히 설명할 수 있는 이론을 세우는 것이다.

화폐 이론은 서로 긴밀히 연관된 다음 세 가지 질문에 만족스럽게 대답할 수 있어야 한다. 화폐란 무엇인가? 화폐는 어디에서 생겨나 어떻게 사회 속으로 들어오게 되는가? 화폐는 어떻게 가치를 얻고 또 잃게 되는가?

1부에서는 사회과학의 주요한 전통들 속에서 이런 질문에 대해 내놓은 대답들을 검토한다. 1장 '화폐, 상품인 동시에 상품의 '중립적' 상징'에서는 주류 또는 정통 경제학의 화폐 분석이 발전해 온 역사를 개괄한다. 아울러 화폐에 대한 이런 이해 방식은 화폐의 고유한 특성이 무엇인지, 즉 화폐가 다른 상품들과 어떻게 다른지를 설명할 수 없기 때문에 결함이 있다고 주장할 것이다. 즉, 화폐란 무엇인가라는 첫 번째 질문을 대답할 수 없기 때문에 다른 두 질문(화폐가 어디서 왔는가, 그리고 어떻게 해서 가치를 얻고 잃는가)에 대해서도 만족스런 대답을 내놓을 수가 없다는 얘기이다.

정통 경제학의 한 조류는 아예 화폐가 어떻게 해서 사회로 들어오는가라는 질문을 무의미한 질문이라고 무시해 버리기까지 한다. 밀턴 프리드먼(Milton Friedman)의 유명한 말대로, 경제학자들은 그저 하늘에서 헬리콥터로 돈을 뿌려 댄다고 가정하고서 단지 그 뿌려지는 양이 달라질 때 가격에 나타나는 효과만을 연구한다. 화폐의 가치가 어떻게 오르고 내리는가 하는 문제에서 보자면, 경제학자들의 대답이나 사람들에게 관습으로 널리 받아들여지고 있는 대답 모두가 화폐수량설에 심하게 침윤되어 있다. 하지만 나는 화폐의 수량과 가격 사이에 직접적이고 일차적인 인과관계가 있다는 가정은 도전받아 마땅하다는 충분한 근거를 제시할 것이다.

2장 '추상적 가치, 신용/채권, 국가'에서는 이에 대한 대안으로서 화폐의 개념을 정립하려 했던 여러 흐름들을 함께 묶어 보고자 한다. 이러한 흐름들은 이미 옛날부터 내려오는 것이었다. 그래서 슘페터도 그 존재를 확인한 바 있고, 케인스는 이런 흐름들을 화폐 분석의 '지하 세계'라고 부르기도 했다. 2장에서 할 설명은 두 가지 목적을 가지고 있다. 첫 번째는 이러한 이단적 접근법들이 서로 공유하고 있는 여러 공통점을 더욱 명확하게 하고 그 연관 고리들을 찾아보는 것이다. 이러한 흐름들은 명목주의, 신용화폐론, 국가 화폐론이라고 부를 수 있거니와, 나는 이런 조류들 속에 본질적으로 사회학적이라 할 부분들이 내포되어 있음을 본다. 2장의 두 번째 목적은 이러한 부분들의 사회학적 성격을 더욱 명시적으로 드러내는 것이다.

3장 '화폐에 관한 사회학 이론'는 종합적인 개괄이라고 할 수는 없다. 내가 의도하는 바는 첫째, 화폐에 대한 경제학(신고전파 경제학이든 마르크스 경제학이든)의 개념이 이렇게 협소해진 결과가 현대 사회학에 어떤 해로운 영향을 끼치게 되었는가를 그려 내는 것이다. 둘째, 이를 바탕으로 해서 지멜과 베버가 화폐에 대해 내놓았던 해석적 견해들에 다시 균형을 부여할 것이다. 지멜과 베버의 경우, 화폐가 가져오는 효과와 결과들을 다룬 저작 이외에 실제의 화폐 생산 과정을 다룬 저작들은 독일 역사학파의 분석에 힘입고 있다. 나는 독일 역사학파의 분석을 다시 살려 활용하고자 한다. 이렇게 분석적인 비판들을 확장함으로써 4장의 토대를 마련하고, 여기에서 '화폐 이론의 기본 요소들'을 개략적으로 제시할 것이다. 따라서 4장은 앞에서 말한 세 가지 기초적 질문들을 중심으로 이루어져 있다. 그래서 마침내는 화폐에 대한 연구를 다시 사회학의 몫으로 되찾아 오고자 한다. 그렇다고 해서 기존의 사회과학 분과 편제를 그대로 두자는 말은 아니다. 또 화폐 문제에 대한 경제학의 패권을 '사회학 제국주의'로 대체하자고 주장하는 것은 더더욱 아니다. 이 책에서 내가 쓰는 '사회학적'이라는 용어는 오늘날 좀 구식으로 받아들여지고 있는 베버적 방식으로 이해해 주기 바란다. 콜린스(Collins, 1986)가 설득력 있게 주장한 바 있듯이, 베버적인 방식에서는 사회 현실의 사회·문화적, 경제적, 정치적 '영역' 각각을 모두 '사회·문화적' 분석, '경제적' 분석, 그리고 무엇보다도 '정치적' 분석이라는 세 각도에서 분석할 수 있어야만 한다.

게다가 '화폐의 사회학'이라는 말로 단지 화폐가 사회적으로 생산된다는 둥, 관습의 힘을 빌려 유통된다는 둥, 신뢰로 그 가치가 유지된다는 둥, 분명한 사회적 문화적 결과들을 가져온다는 둥 당연하고 뻔한 이야기를 하려는 것이 아니다. 내가 주장하려는 바는 화폐 그 자체가 **사회적 관계**라는 것이다. 즉, 화폐란 **상품의** 생산이나 **교환과 독립적으로** 존재하는 여러 사회적 관계로 구성되는 '청구권' 또는 '신용/채권'이라는 말이다. 화폐란 어떤 형태를 띠든 본질적으로 지불에 대한 잠정적인 '약속'이며, '화폐성'이란 '제도적 사실'로서 추상적 계산화폐를 통해 묘사를 부여받게 된다.* 화폐란 계산화폐로 가치가 매겨진 채권 및 채무라는 모종의 사회적 관계인 것이다. 쉽게 말해서 화폐를 소유한 사람은 다른 이에게 재화를 빌려준 것이다. 그런가 하면, 화폐 발행자(군주, 국가, 은행 등등) 앞으로 발행된 청구권 또는 신용/채권을 표상하는 것이기도 하다. 화폐는 반드시 '발행'되어야만 한다. 어떤 것이 화폐로서 발행될 수 있으려면 발행한 이가 진 모든 종류의 채무를 청산할 능력이 있어야만 한다. 뒤에 살펴보겠지만, 정통 경제학은 이와는 전혀 다른 전제들에서 출발하여 다음과 같은 전형적인 주장을 내밀고 있다. 어떤 개인이 물물교환으로 오리 두 마리를 얻고자 한다. 그리고 오리를 가진 이는 돼지를 얻고자 한다. 만약 첫 번째 사람이 돼지를 갖고 있지 못하다면 오리 주인에게 돼지 한 마리를 나중에 갚겠다는 증서를 발행하고서 그 오리 두 마리를 가져올 수 있다는 것이다. 오리 소유자는 이 증서를 받아 두었다가 나중에 진짜 돼지 한 마리를 넘겨받을 때 그 증서를 청산해 버리면 된다는 것이다. 과연 이 '돼지 차용증서'가 화폐인가? 정통 경제 이론과는 달리 나는 이것은 화폐가 아니라고 주장할 것이다. 게다가 그 물물교환이라는 것은 정통 경

---

* 이 '묘사'를 부여받는다는 표현은 케인스가 쓴 것으로서, 약간의 설명이 필요할 것이다. 이 책에서 설명되겠지만, 케인스는 《화폐론》에서 화폐의 가장 본질적인 성격은 계산화폐 즉 여러 상이한 재화와 서비스가 고정된 가치를 부여받을 수 있도록 해주는 기능이라고 보았다. 어떤 재화나 서비스가 기존의 계산화폐의 척도로 얼마짜리라고 가격을 부여받는 순간 즉 '묘사'되는 순간 그 만큼의 화폐와 동일한 가치를 갖는 것으로 여겨진다는 것이다. 특히 기존에 쓰이고 있는 이런저런 주화 등등의 화폐 대용물들도 이 계산화폐와의 등가 관계가 설정됨으로써 즉 '묘사'됨으로써 비로소 본래 화폐(money proper)로 쓰이게 된다는 것이 케인스의 생각이었다. 이 책의 2장에서 설명될 게오르크 크나프가 화폐의 가치(구매력)와 구별되는 화폐의 능력으로서 제시한 가치 평가 능력(valuableness)이 이와 연결된 개념이라고 생각할 수 있다.

제학이 가설로 구성해 놓은 것에 지나지 않으며 거기에서는 결코 화폐가 생겨날 수 없다고 주장할 것이다.

내 주장은, 화폐가 가장 교환 가능성이 높은 상품이 되기 위해서는 그 전에 먼저 추상적 계산화폐에 근거한 **양도 가능한 채무**로 지정되어야 한 다는 것이다. 좀 더 구체적으로 말해 보자. 국가는 민간에서 갖가지 재화 와 서비스를 취하고서 그에 대한 지불로서 화폐를 발행한다. 그때 화폐는 그것을 받은 민간인이 그것으로 세금을 내면 국가가 세금을 지불한 것으 로 인정하겠다는 약속의 형태를 띤다. 은행은 스스로 지폐를 발행하기도 하지만, 은행에 계좌를 갖고 있는 이들에게 그 은행 앞으로 수표를 발행 하도록 허락한다. 그 은행에 채무를 지고 있는 이가 그렇게 해서 그 개인 들이 각자 발행한 수표를 가져 와서 갚으면 이를 채무 지불로서 받아들이 겠다고 은행이 ‘약속’하는 것이다. 화폐는 그것으로 갚도록 되어 있는 채 무와 동시에 존재할 수밖에 없는 것이다. 하지만 여기에서 주목할 것이 있다. 화폐로 갚을 수 있는 채무는 어떤 특정한 채무가 아니라는 점이다. 화폐는 일정한 화폐적 공간 안에 있는 **모든 종류**의 채무를 갚을 수 있다. 화폐가 상품을 구매할 능력을 갖는 것은 **겉보기**에는 마치 그 상품들과 일 정한 등가 관계를 맺고 있기 때문인 것처럼 보이며, 물가지수로 화폐의 구매력을 측정한다는 생각도 암묵적으로 이런 점에 기대고 있다. 하지만 여기에는 결정적으로 중요한 단계 하나가 빠져 있다. 화폐 권력의 **기원**은 화폐 발행자와 화폐 사용자 사이의 약속에 있다는 것, 즉 발행자가 스스 로 위에 설명한 방식으로 공공연히 천명한 채무가 바로 화폐 권력의 기원 이라는 사실이 바로 그것이다. 청구권 또는 신용/채권 또한 법으로 강제 될 수 있어야만 한다.[6] 화폐를 쓰는 사회를 하나로 통합해 주는 것은 무 수한 채권/채무의 네트워크이며, 이 네트워크는 국가 주권으로 인정되고 지지된다(Aglietta and Orlean, 1998). 화폐는 **주권의 한 가지 형태**이며 일정한 권위를 염두에 두지 않고서는 결코 이해할 수가 없는 것이다.

이상이 화폐의 여러 속성과 논리적 존재 조건들을 해명하는 사회학적 분석의 대안에 관한 예비적 개요이다. 이를 통해 2부에 펼쳐질 역사적이고 경험적인 분석의 토대를 마련한다. 화폐의 역사적 기원에 대해 정통 경제학이 내놓는 사변적 억측은 이미 기각했으므로, 5장 '화폐의 역사적 기원과 형태'에서는 대안적인 설명을 내놓을 것이다. 첫째, 화폐의 기원은 이런저런 상품들이 원시적 통화로 발전할 수 있었을 것이라고 보아 그 초기 형태를 찾아다니는 식으로는 해명할 수 없다. 화폐의 역사적 기원을 찾고자 한다면 화폐가 취하는 이런저런 형태에 한눈을 팔 것이 아니라, 케임브리지대학의 위대한 화폐학자 필립 그리어슨(Philip Grierson)처럼 그 배후에 도사리고 있는 가치 척도(계산화폐)의 개념 자체에 눈을 돌려야 한다. 이는 다시 19세기 독일 역사학파의 유산을 받아 안아서 더 최근의 학술 연구의 성과를 보태는 일이 될 것이다. 5장의 두 번째 부분은 초기의 주화와 로마제국에서 주화가 세련된 모습으로 발전하는 과정을 살

---

6) 이 글을 쓰고 있는 시점(2003년)인 방금 사담 후세인의 이라크 정부가 미군과 영국군에 의해 전복되었고 약탈이 본격적으로 시작되었다는 소식이 들어왔다. 텔레비전 뉴스 보도에는 은행 약탈에 대한 두 가지 사뭇 다른 접근법이 소개되고 있다. 첫째는 이라크은행이 발행한 지폐를 찢어서 거리에 뿌리는 것이다. 또 다른 약탈자들은 신발 바닥으로 지폐에 새겨져 있는 사담 후세인의 초상을 짓밟는 아랍식 모욕을 자행하고 있다. 이 두 번째 약탈자들이 화폐 가치의 원천이 무엇인지를 더 명확히 이해하는 쪽이다. 첫 번째 집단은 이 상황에서도 옛날 지폐가 계속 사용될 수도 있다는 잘못된 믿음으로 인해 그 지폐들을 없애 버리는 고생스러운 짓을 쓸데없이 하고 있는 것이니까. 이 직후에 수십억 달러의 미국 화폐가 밀려 들어와 노동자들의 임금을 갚는 데 쓰였다. 이라크인들을 직장으로 돌려보내려는 꾀임수이겠다.

퍼본다. 여기에는 두 가지의 목적이 있다. 우선, 정통 경제학의 분석은 다음의 명제를 거의 보편적인 공리로 삼고 있다. 즉, 주화에 함유된 귀금속의 양은 상품들의 가격과 직접적인 연관을 가지고 있어서 주화의 귀금속 양을 줄일 경우 인플레이션이 생겨났다는 것이다. 우리의 논의는 이 명제에 의심을 던질 것이다. 두 번째는 옛날 '방법론 전쟁'에서 또 하나의 논쟁점이 되었던 문제, 즉 과연 고대 세계가 '자본주의'였는가라는 질문을 다시 꺼내 드는 것이다. '방법론 전쟁' 당시 경제 이론가들은 자신들의 설명 모델이 시간과 공간을 초월하여 어디에나 보편적으로 적용되는 것이라고 주장했다. '경제적 인간'과 그런 종류의 갖가지 행태들은 역사상 어디에서나 발견된다는 것이다. 반면 베버까지 포함하여 역사학파의 주장은 다르다.

나는 5장에서 화폐를 초점으로 삼아 자본주의 이전의 역사를 해석하면서 역사학파 쪽의 주장이 옳다는 논리를 발전시키고자 한다. 이 주제는 내가 6장 '자본주의적 신용화폐의 발전'에서 자본주의가 다른 경제 형태와 구별되는 구조적 성격은 신용화폐(credit-money)의 생산에서 찾을 수 있다고 주장하는 가운데 더욱 전개될 것이다. 자본주의는 사적인 여러 채무를 은행 체제에서 '화폐화'(monetize)한다고 하는 사회적 메커니즘에 기초를 두고 있다. 자본주의에서는 대출을 해주는 행동이 화폐 예금을 창출한다. 이는 고대 세계에서 이른바 은행이라 일컫는 곳들에서는 벌어지지 않은 일이다. 이러한 이론적 틀을 더욱 확장하여 적용해 보는 것 말고도, 6장에는 자본주의의 발흥에 대한 표준적인 사회학의 설명을 바로잡고자 하는 의도도 있다. 사회학에서는 지금까지 자본주의의 발흥에 대하여 생산 관계의 발전으로만 설명하는 넓은 의미의 마르크스주의 이해 방식에다가 그저 베버의 《프로테스탄트 윤리와 자본주의 정신》에서 가져온 문화적 요소 하나 정도를 덧붙이는 경향이 압도적이었다. 그런데 막스 베버의 여러 저작 가운데 이 저서만 일방적으로 강조한 나머지 베버의 전체 작업의 내용이 기괴할 정도로 왜곡되고 말았다(Ingham, 2003).

7장 '자본주의 신용화폐의 생산'은 역사적 서술과 어느 정도 거리를 두면서 자본주의적 신용화폐를 생산하고 구성하는 오늘날의 사회적·정치적 관계들의 구조를 잠정적이나마 하나의 '이념형'으로 제시할 것이다. 다시 한 번, 나는 신용화폐 창출 과정 속에 내포된 경험적인 '정형화된 사실들'(stylized facts)에 대한 이단적 경제학의 설명 속에 사회학이 숨어 있음을 강조하고자 하며 그렇게 숨어 있는 사회학을 밖으로 끌어내고자 한다. 내가 알고 있는 바로는 여태까지 이단적 경제학의 화폐 이론을 이렇게 사회학으로서 분석하는 연구는 없었다. 7장도 앞으로 이러한 연구가 더욱 필요하다는 것을 지적하는 것 이상은 못 된다. 이 '불변의 표준이라는 허구'가 사회적으로 생산되는 과정에서 정통 경제학 이론이 어떠한 '연행적'(performative) 역할을 하고 있는가에 주의를 기울일 것이다(Mirowski, 1991).

8장에서는 통화적 무질서 현상의 세 가지 사례들을 살펴볼 것이며, 그 과정에서 정통 경제학의 화폐 개념과 이 책에서 제시하고 있는 화폐 개념의 차이를 명확히 드러내고자 한다. 정통 경제학은 통화적 무질서 현상을 설명하기가 어렵다. 화폐가 중립적이며 정상적인 상황에서는 장기적으로 평형 상태(equilibrium)에 도달한다고 생각하기 때문이다. 하지만 만약 화폐를 여러 사회적·정치적 힘들 사이의 균형을 표현하는 일종의 사회적 관계라고 본다면, 그리고 이러한 균형이 반드시 정상적인 평형 상태로 가게 되어 있다는 전제를 버릴 수만 있다면 통화적 무질서와 불안정성은 충분히 예측할 수 있는 상황이다. 1970년대의 '대형 인플레이션,' 1990

년대 일본의 장기 디플레이션, 또 현실에 생명력을 갖는 화폐를 만들어 내는 데 만성적인 무능력을 보여 준 아르헨티나의 사례를 검토할 것이다.

9장에서는 다시 우리의 접근 방식을 잘 보여 주기 위하여 경험적 사례들을 살펴 볼 것이다. 그 첫 번째는 요즘 들어 많이 나오고 있는 바, 기술 변화의 충격으로(전자화폐 따위) '화폐의 종말'이 올 수 있다는 억측과 주장을 비판하는 것이다. 이러한 주장들은 '화폐성'을 특정한 화폐 '형태'와 동일시하는 근본적이고도 광범위하게 저질러지는 범주적 오류의 결과이다. 두 번째로는 정보 기술을 이용한다면 지역에서 이루어지는 소규모의 물물교환 장치들 또한 공식적 화폐를 심각하게 침식하고 심지어 대체해 버릴 수도 있다는 주장들을 살펴볼 것이다. 세 번째, '유로'라는 단일 통화의 실험에 대한 여러 가지 다른 분석적 접근법을 검토해 볼 것이다. 마지막으로 결론 부분에서는 이러한 주장과 분석들을 짧게나마 하나로 묶어 낼 것이다.

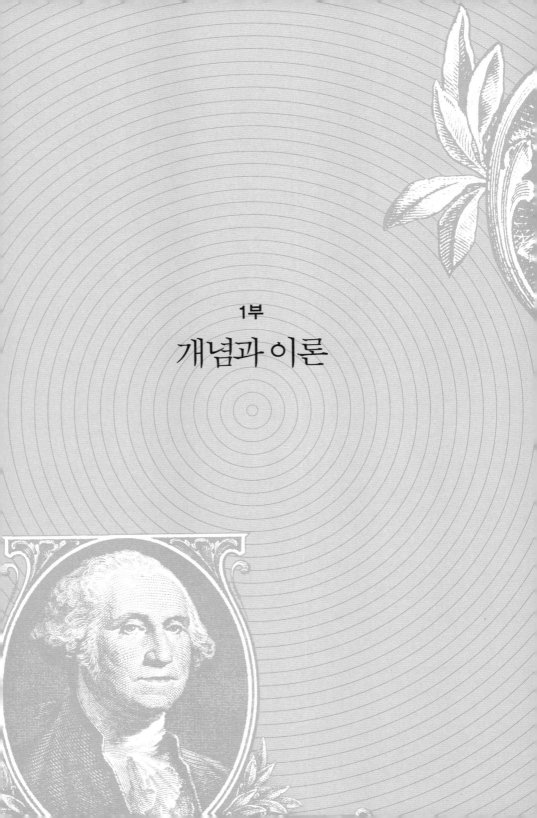

1부

개념과 이론

1

화폐, 상품인 동시에 상품의 '중립적' 상징

측정의 표준으로 사용할 수 있는 무언가가 자연 속에 존재하지 않는다면, 길이,
무게, 시간 또는 가치 그 어느 것도 정확하게 측정할 수 없다.
— 데이비드 리카도(Sraffa, 1951: p. 401에서 재인용. 강조는 인용자)

화폐와 관련하여 벌어지는 사실들은⋯⋯ 경제적 부와 관련해 직접적인 의미를
갖지 않는다. 이런 점에서 화폐는 확실히 하나의 베일에 지나지 않는다. 화폐는
경제생활의 그 어떤 본질적 요소도 담고 있지 않다.
— 아서 피구(Pigou, 1949: p. 14)

화폐는 교환 행위를 덮어 시야를 가릴 뿐이다. 화폐라는 층위를 벗겨내고 그 밑
바닥의 가장 본질적 요소들로만 재구성해 본다면, 가장 발전된 선진 경제라 하더
라도 개인이나 국가 간의 교역이 결국은 대개 물물교환의 문제로 귀착된다는 점
을 알게 될 것이다.
— 폴 새뮤얼슨(Samuelson, 1973: p. 55)

19세기 말 현대 경제학 방법론을 만들어 낸 이론가들은 이러저러한 입
장 차이는 있어도 결국 상품화폐론(commodity theory of money)의 신봉
자들이었다. 이들에 따르면 '본래 화폐'란* 귀금속 또는 귀금속으로 태환
할 수 있는 지폐 상징물을 말한다. 화폐는 본질적으로 형태를 띠는 물질이

다. 그래서 모아 둘 수도 있고 이 사람에서 저 사람으로 이전(유통)될 수도 있다는 것이다. 그 가운데에서도 널리 받아들여진 이론이 바로 금본위제 이론이었다. 또 상품화폐론에 따르면 화폐는 신용과는 분명히 다른 것이 다. 신용이라는 말을 은행 체제 안에서 벌어지는 대변과 차변의 장부 청산 관행으로 이해하든, 아니면 환어음이나 약속어음처럼 유통을 위해 발행된 신용 수단으로 이해하든 변함이 없다는 것이다.

그런데 비록 이렇게 새로 구축된 경제 과학의 한가운데 자리 잡기는 했 지만, 사실 이 상품화폐론은 아주 낡은 이론이었다. 로크(John Locke), 페티(Sir William Petty), 흄(David Hume), 캉티용(Richard Cantillon)을 비롯하여 17~18세기의 가장 유명한 정치경제학자들 다수가 화폐의 진 화와 기능에 대한 아리스토텔레스의 설명 속에 들어 있는 핵심 요소들을 그대로 받아들였던 것이다. 얼마 지나지 않아서는 "애덤 스미스가 그 이 론을 확정적인 것으로 만들었다"(Schumpeter, 1994[1954]: p. 290). 그 뒤 19세기 말 경제학자들에게 남은 일이라고는 이렇게 이미 확고하게 자리 잡은 귀금속 주화 이론을 자신들의 한계효용 이론이나 수요공급 이론에 편입시키는 작업뿐이었다.

---

* 케인스는 초기 저작 《화폐론》에서 계산화폐(money of account)와 엄격한 의미에서의 화폐 상응물(money proper)로 나누었다. 계산화폐란 계약 체결 때 채무의 양이라든 가 재화의 가격 따위를 계산하기 위한 숫자 단위이기에 물질적 형태를 취하고 있을 필 요는 없다. 그리고 이렇게 계산 단위로서 매겨진 가치에 상응하는 것으로서 그 채무를 이행하고 청산하기 위해서 넘겨주는 것이 엄격한 의미에서의 화폐 상응물이라는 것이 다. 이때 어떤 물건을 그것으로 할 것인지는 국가가 정할 권력을 가지며, 따라서 그 화 폐 상응물은 본래 국가 화폐라는 것이 이 저서에서 개진된 케인스의 이론이었다(이는 후기로 가면 사라지거나 변화한다). 이 용어는 케인스 이전에도 케임브리지 경제학자들 사이에 통용되던 개념이었다고 한다. 단 번역의 번거로움과 혼란을 피하기 위해서 우 리나라에서 그 전부터 쓰여 오던 '본래 화폐'라는 번역어를 그대로 사용한다.

그런데 오늘날 현실에서는 모든 형태의 귀금속 화폐가 (실제 유통되는 통화로서도 또는 유통되지 않는 가치척도로서도) 사라졌음에도, 현대 주류 경제사상에서 화폐의 기원과 기능에 대한 기본적인 가설은 여전히 이 까마득한 옛날부터 내려온 이론에 뿌리박고 있는 상황이다. 나는 주류 경제학 이론이 화폐의 본성과 관련해 심각한 결함을 가지고 있으며, 그 결함의 뿌리가 이 케케묵은 지적 계보에 있다고 주장하려 한다. 아리스토텔레스가 목적으로 삼았던 것은, 욕구의 충족과 효용 획득을 위해 상품을 생산 교환하는 것은 몰라도 상품의 '가치' 자체를 목적으로 삼아 추구하는 짓은 잘못이라고 **윤리적으로 비판**하는 것이었다.[1] 이러한 비판에서 그가 이상적인 것으로 삼은 것은 '자연' 경제의 개념이었는데, 이는 시장에 기초한 경제도 자본주의 경제도 아니었다. 그가 관심을 둔 문제는 '상업에 대해 적대적인 윤리적 가치를 가진 사회'에서 화폐의 올바른 사용법은 무엇인가라는 것이었으니, 결국 그의 주된 관심은 **윤리적 당위**에 있었던 것이다(Meikel, 2000: p. 167). 따라서 아리스토텔레스의 분석에 내포된 여러 화폐 이론을 현대자본주의 세계의 화폐를 이해하는 길잡이로 삼을 수 없음은 두말할 필요가 없다.

주류 화폐 분석의 메타이론적 기초들

현대 미시경제학은 몇 개의 공준을 이론의 근거로 취하고 있다. 이 이론적 공준들로부터 합리적으로 효용을 극대화하는 개인들의 의사 결정 과정이라는 개념이 도출되고, 다시 여기에서 그들 사이의 교환이 논리적으로 연역되어 모델이 구성된다. 그런데 그 뿌리가 되는 이론적 공준들은

상품 간 교환 비율이 상품들의 '실질' 가치를 표현하는 단순 교역 경제라
는 정형화된 개념에서 도출된 것들이다. 이러한 미시경제학의 모델은 **객
관적 대상과 객관적 대상의 관계**(상품들 간의 교환 비율 즉 '생산 함수')와 **개
별 행위자와 객관적 대상의 관계**(효용 계산을 위한 개인 행위들 또는 효용 기
능)로 구성되어 있다(유사한 구분에 관해서는 Granssmann, 1988; Weber,

---

1) 아리스토텔레스는 《정치학》에서 교환이 발전하는 네 가지 단계를 구분한다(Meikle,
   2000을 보라). 맨 처음에는 상품과 상품을 직접 맞바꾸는(C-C1) 물물교환이 나타나지
   만, 이는 잘 알려져 있는 대로 '욕망의 이중적 일치'(double coincidence of wants)가
   어렵기 때문에 대단히 '불편한' 것이다. 그런데 여기에 화폐가 끼어들면 구매 행위와
   판매 행위를 시간적 공간적으로 분리할 수 있게 되므로(C-M/M-C1, 또는 C-M-C1) 교
   환의 가능성이 크게 확장되게 된다는 것이다. 아리스토텔레스는 이 각각의 형태(직접적
   물물교환과 화폐를 매개로 삼은 물물교환)는 모두 사용가치의 확장을 '목적'으로 삼고 있
   는 것이니까 '자연적'인 것이라고 간주한다. 두 번째 형태에서 화폐가 나타나기는 하지
   만, 직접적 교환과 동일한 기능을 단지 더욱 효율적으로 수행하기 위한 '수단'일 뿐이
   라는 것이다. 즉, 훗날의 경제학자들이 쓰는 용어로 하자면 '중립적 베일' 또는 '윤활
   제'일 뿐이라는 것이다. 교환의 세 번째와 네 번째 형태들은 그 교환의 '목적'이 효용이
   아니라 화폐의 팽창이라는 점에서 '비자연적'이라고 한다. 이 경우에는 나중에 더 큰
   돈을 받고 판매하기 위해서 화폐로 각종 재화를 사들이든가(M-C/C-M1 또는 M-C-
   M1), 화폐를 가진 자들이 이자를 받아먹을 목적으로 빌려주는 고리대(M-M1)라는 것
   이다. 특히 이 마지막의 경우처럼 직접 '화폐에서 화폐로 새끼를 치는 것'이야말로 가
   장 비자연적이며 가장 혐오스런 형태의 교환이다. 왜냐면 '진정한 부란 가정 경제나 폴
   리스와 같은 공동체에 유용한 물건들의 집적'이기 때문이다. 화폐 총액을 증가시키기
   위한 목적으로 교환을 하는 것은 '가짜 종류의 부'라고 아리스토텔레스는 여겼다(《정
   치학》 1권, p. 1257; Meikle, 2000: p. 159에서 재인용). 마르크스도 비슷한 방식으로 자
   본주의를 윤리적으로 비판하는 데, 여기서 아리스토텔레스의 분석을 활용한다. 마르크
   스가 내놓는 처음 두 개의 등가교환 형태는 효용을 확장하여 인간의 복지를 증진하기
   위한 것으로서, 마르크스 또한 이에 근거하여 순수한 교환가치를 목적으로 추구하는
   짓을 비판하는 것이다. 하지만 '부르주아' 고전파 정치경제학자들과 이들의 신고전파
   후예들은 처음의 두 교환 형태들(C-C1와 C-M-C1)만을 받아들이며, 분석의 관점에서
   다른 두 교환 형태들(M-M1와 M-C-M1)은 아예 그 존재 자체를 부인해 버린다.

1978: pp. 66-9 참조). 이 두 가지 관계를 합치면, 슘페터가 '실물' 경제라고 일컬은 것이 나오게 된다.

> 실물 부문에 대한 분석은 다음과 같은 원리를 기초로 삼아 진행된다. 즉 모든 본질적 현상들은 무수히 다양한 재화와 용역의 교환으로서 또 그것들 간의 상호 관계와 그것들에 대해 내려지는 무수한 결정들로 서술될 수 있다는 것이다. 이 그림 속에 행여 화폐가 등장한다고 해도 이는 단지 교환을 수월하게 하기 위한 기술적 고안물이라는 대단치 않은 역할일 뿐이다. 화폐가 제 기능에 충실하기만 한다면 경제의 진행에는 아무런 영향도 주지 않으며, 결국 화폐경제에서의 경제적 과정도 화폐가 없는 물물교환 경제에서와 완전히 똑같은 방식으로 움직이게 된다는 것이다. 본질적으로 이것이 바로 '중립적 화폐'(Neutral Money)라는 개념에 담겨 있는 원리이다. 그래서 정작 중요한 것은 실제 물건들이며, 화폐는 그저 그 물건들이 걸친 '겉옷'이나 '베일' 같은 이름으로 불리는 것이다……. 경제 과정의 기본적 특징들을 분석할 때는 이 화폐에 대한 고려를 접어 두어도 무방할 뿐 아니라 마땅히 그래야만 한다는 것이다. 얼굴을 제대로 보려면 베일은 마땅히 걷어내야 하지 않겠는가. 따라서 가격을 분석할 때도 정작 중요한 것은 화폐 가격들이 아니라 그 '너머에' 있는 실제 상품들 사이의 교환 관계라는 것이다 (Schumpeter, 1994[1954]: p. 277)[2]

그런데 이 모델에서는 **행위자와 행위자의 관계**, 즉 **사회적 관계**가 아무런 역할도 못한다. 개인들이 서로 교환에 합의하기까지 옥신각신하는 '흥정'을 빼면 말이다(Ganssmann, 1988). 또 다른 문제가 있다. 시장의 수많은 상품들 사이에서 물물교환이 벌어지면 일단 두 상품 간의 교환 비율이 나타나게 되는데, 그 비율의 수치는 실로 엄청나게 클 뿐 아니라 같은 상품도 서로 모순되는 무수한 다른 비율들을 가지게 마련이다.* 그런데 이렇게 무수한 비율들을 종합하여 하나의 재화에 하나의 가격이 붙도록 일관성을 만들어 주는 메커니즘은 무엇인가. 이 모델에서는 개개인들이 저마다의 선호에 따라서 교환 비율을 놓고 옥신각신하며 '흥정'을 계속 벌여 나가면 그러한 종합이 저절로 이루진다고 가정하고 있다. 그리고 여기에서 불현듯 아주 유동성이 높은 상품의 형태로 화폐가 등장하여 이 모든 교환 과정에 '윤활유를 쳐 준다'. 이 화폐라는 상품은 교환의 매개체로서 다른 모든 상품들과 정해진 교환 비율을 가지게 되어 있다는 것이다. 또

---

2) 이러한 '실물'과 '화폐' 부문의 구별이 어떻게 활용되는가는 Rogers, 1989를 보라. 슘페터가 말하듯이, 이 '실물'이라는 말은 그다지 적절하지 않다. 예를 들어 '실질' 가격과 '명목' 가격이라는 말에 들어 있는 '실질'이라는 말과 혼동된다는 문제도 있지만, 상식적 관점에서 보면 이 '실물' 분석이라는 것은 화폐의 독자적 권력과 효과를 부인한다는 점에서 정말로 '비현실적'이라는 사실이 오히려 은폐되고 있지 않은가!

* 예를 들어 저고리를 가진 사람과 아마포를 가진 사람과 성경책을 가진 사람이 서로 두 사람씩 물물교환을 한다고 하자. 저고리를 가진 사람은 저고리 1벌을 아마포 5피트와 교환했고, 아마포 주인은 아마포 5피트를 성경책 1권과 바꾸었다고 해보자. 그런데 성경책 주인이 반드시 성경책 1권과 저고리 1벌을 바꾸는 흥정을 하라는 필연성은 없다. 이를테면 애덤 스미스, 리카도, 마르크스는 이 장 첫머리 리카도의 인용문에서처럼 이 사물들 내부에 '자연적으로' 투하 노동과 같은 가치가 내재(intrinsick value)하고 있다고 생각할 것이고, 따라서 거래가 진행되다 보면 자연히 성경책 주인도 성경책 1권＝저고리 1벌의 등가 관계에 합의하게 될 것이라고 가정할 것이다. 하지만 물물교환에서 그러한 '추상적 가치'의 개념이 실제로 존재했다고 볼 만한 증거가 없다. 따라서 성경책 주인은 성경책 1권을 저고리 2벌과 바꾸는 거래를 성사시킬 수도 있다. 이 경우 이 세 가지 물건의 양자 간 교환 비율들 사이에는 일관성이 없으며, 뚜렷이 서로 모순되고 있다. 여기에 일관성을 부여하려면 일관된 가치 척도가 나타나는 수밖에는 없는데, 이것이 물물교환 과정 내부에서는 결코 이루어질 수 없는 일이라는 것이 지은이의 주요한 비판의 논지이다.

상품화폐론자들은 화폐가 하나의 상징으로서 실제로 존재하는 상품들을 직접 대표하기도 한다고 생각한다. 바로 이러한 의미에서 화폐가 '물물교환의 불편함'을 극복하는 것 말고는 아무 효과도 낳지 않는 '중립적 베일'이라는 것이다. 19세기 후반에 나타난 새로운 이론적 정식화에서도 '욕구의 이중적 일치'란 쉬이 일어나지는 일이 아니며 그 결과 그 '물물교환의 불편함'이 항상 나타나게 된다고 주장하고 있다.

제번스는 《화폐와 교환의 메커니즘》(*Money and the Mechanism of Exchange*, 1875)이라는 영향력 있는 저서를 출간했는데, 이 책에서 그는 두 가지 사례를 들어 물물교환 상에 나타날 수 있는 결점을 제시한다. 첫 번째 사례는 프랑스의 오페라 가수 젤리(Mlle Zelie)가 남태평양 순회공연 중에 약속된 대가의 3분의 1밖에 지불받지 못한 이야기이다. 어떤 곳에서 그녀는 콘서트의 대가로 수많은 돼지, 칠면조, 닭과 코코넛 같은 열대 과일을 받게 되었지만, 그녀는 그것들을 소비할 수가 없어서 결국 큰 잔치를 열어 지역 주민들을 배불리 먹이고 말았다는 것이다. 두 번째 사례로 제번스는 어째서 박물학자이자 진화론의 주창자인 월러스(Alfred Russel Wallace)가 1850년대 내내 말레이제도에서 배를 곯을 수밖에 없었는지를 자세히 이야기한다. 어디를 가도 사방에 먹을 것은 천지였다. 하지만 그 지역 주민들은 월러스 일행이 가지고 있는 것들 가운데 아무것도 원하지 않았고, 결국 음식을 얻기 위해 물물교환을 할 수도 없었다는 것이다.

이미 지적했듯이, 교환의 매개 수단에 대한 주류 이론의 기본적 개념은 약간 다른 두 가지 버전으로 나눌 수 있다. 교환의 매개 수단이란 앞에서 본 것처럼 상품들 간의 교환 비율을 유지시키는 실제 상품일 수도 있지만, 마리 발라(Marie Walras)의 일반균형이론에서처럼 '대표' 상품이나 상품 '바스켓'일 수도 있다. 발라는 시장이 완전히 '청산되는' 교환경제 즉 상품이 남김없이 팔릴 수 있도록 모든 상품이 수요자와 공급자 모두가 만족하고 합의하는 가격에 도달하여 시장의 균형이 달성된 상태를 모델로 만들기 위해서, 아무 상품이나 임의로 잡아 뉘메레르(numéraire, 존재하는 상품 가치들을 표상하기 위한 상징물)*로 정하는 방법을 고안했다(Allington, 1987). 나아가 이러한 '일반 균형' 상태를 수학적으로 정밀하게 표현할 수 있게 만들기 위해서, 완벽하게 정보가 공유되고 미래의 불확실성이 없다는 조건을 두어 물물교환의 두 당사자 사이뿐 아니라 무수한 교역자들 사이에서도 한 순간에 즉 '무시간적으로' 이렇게 일치된 가격이 달성된다는 가정을 두고 있다. 하지만 이러한 조건에서라면 화폐가 필요할 일이 없다. 특히나 가치 저장 수단, 최종 지불수단, 또는 청산 수단으로서의 화폐는 전혀 불필요한 것이 되고 만다. 이런 식의 이론화 작업을 옹호하는 대표적인 학자의 말을 들어 보자.

> 화폐의 존재는 이론 경제학자들을 괴롭게 만들고 있지만, 그중에서도 가장 심각한 도전은 경제 모델이 완벽해질수록 화폐가 차지할 자리가 사라져 버린다는 점이다. 잘 알려져 있듯이 가장 발전된 모델은 케네스 애로(Kenneth Arrow)와 제라르 드브뢰(Gerard Debreu)가 정식화한 발라 일반 균형이다. 그런데 이렇게 상상할 수 있는 모든 임의적 미래 계약들이 모두에게 이미 알려져 있는 세계에서라면, 본질적으로 화폐가 필요하지도 않고 또 있을 여지도 없다.(Hahn, 1982: p. 1)

---

* 글자 그대로 '계산을 하기 위한 셈 단위'(이를테면 노름판에서 쓰는 칩 같은 것)로 생각하면 이해가 쉽다.

발라의 등식에서 '뉘메레르'는 따로 설명되지 않는다. 그저 모델을 작동하도록 만들기 위해서 즉 경매 입찰을 시작하게 하기 위해 '경매인'의 존재를 도입할 뿐이며, 뉘메레르란 단지 그 경매인의 존재에 딸려오는 것으로만 여겨질 뿐이다.[3] 즉 화폐는 거래 과정을 매끄럽게 하기 위한 것에 지나지 않는다. 화폐는 자율적 힘을 갖지 않는다. 경제활동과 복지 수준을 결정하는 요인도 아니다. 밀(John Stuart Mill)에 따르면, 화폐는 화폐 없이도 할 수 있는 일을 그저 좀 더 쉽게 할 수 있게 해주는 것에 지나지 않는다.

주류 경제 분석이 발전해 오는 과정에서 이런 식의 화폐 개념 또한 면면히 이어져 내려왔다. 흄의 에세이 《화폐에 관하여》(Of Money, 1752)는 아리스토텔레스의 말을 약간만 바꿔서 다음과 같이 쓰고 있다. "엄밀히 말하자면, 화폐는 상업 행위의 대상에 들어가지 않는다. 그것은 단지 수단일 뿐이다…… 화폐는 교역의 바퀴가 아니라 바퀴를 좀 더 부드럽고 쉽게 굴러가게 해주는 윤활유일 뿐이다"(Jackson, 1995: p. 3에서 재인용). 19세기 말이 되어서도 앨프리드 마셜(Alfred Marshall)은 화폐가 '거대한 물물교환 시스템'이 가능하도록 해주는 고안물에 지나지 않는다는 정통 이론을 지지했다. 이 장 첫머리의 세 번째 인용 구절이 말해 주는 것처럼,

---

3) 그런데 경매인이라는 것을 도입하게 되면 시장 개념만이 아니라 기본적 사회 구조의 개념까지 추가되어 버린다는 문제가 있다. 19세기 말의 경제학자들은 이러한 결과를 피하고 일체의 사회적 구조가 없는 추상적 시장 자체의 상태에서 작동하는 모델을 만들기 위해 여러 특수(ad hoc) 가설들(예를 들어 마셜의 곡물 도매상)을 덧붙였다. 이에 대한 논의는 Hicks, 1989: 1장을 보라. 또 시장에 대한 경제학의 이론은 사실상 '순수'(양자 간) 교환에 불과하다는 화이트의 언급을 보라. 즉 다자간 교환을 통해 일관된 여러 가격을 형성하는 '시장'이라는 개념의 분석적 경계가 어디까지인지를 경제학 이론으로는 정확하게 밝힐 수 없다는 것이다(H. White, 1990).

모든 시대를 통틀어 가장 영향력 있는 경제학자 가운데 한 사람인 폴 새
뮤얼슨마저도 우리에게 화폐란 '시야를 가리는 층위'이며 현대자본주의
의 경제적 교환 또한 '대체로 물물교환으로 귀착'된다고 믿으라 하고 있
다(Samuelsonp, 1973: p. 55).[4]

 이렇게 화폐의 위치는 '중립적 베일'에 지나지 않지만, 19세기 말 새롭
게 나타난 경제적 방법론은 화폐를 하나의 상품으로 볼 수 있다는 아이디
어에서 한걸음 나아가 화폐의 기원조차도 교환 매개 수단의 개념에서 나
온 것이라는 이론을 내놓았다. 카를 멩거(Carl Menger, 1892)의 화폐 진
화에 관한 합리적 선택 이론은 오늘날까지도 신고전파식 설명의 기초로
남아 있다(Dowd, 2000; Klein and Selgin, 2000). 화폐는 개인들이 경제
적 합리성에 따라 행동한 결과 뜻밖에 나타난 결과물이라는 것이다. 교역
에 맛을 들인 사람들은 물물교환에서 자기가 선택할 수 있는 가짓수를 극
대화하기 위해 평소에도 콩이나 담배처럼 최대한 많은 사람들이 교역하
고자 하는 상품을 쌓아 놓게 되었고, 그 결과 이러한 상품이 교환의 매개
가 되었다는 것이다.[5] 여기에다가 억측에 가까운 가정을 보태어 금속 주
화의 기원까지 설명해 나간다. 귀금속은 다른 상품들에 비해 영속적이며
잘게 나눌 수 있고 가지고 다니기 편하다는 등 화폐가 되기에 여러 유리
한 성질들을 가지고 있다는 것이다. 그래서 금속을 무게가 어느 정도 통
일된 조각으로 주조할 수 있었으며, 이렇게 주조된 금속 상품이 바로 화
폐가 되었다는 것이다. 이 때문에 상품화폐론은 때로 '금속주의'(met-

---

4) 주목할 만한 점은, 새뮤얼슨은 지금 발견적 학습법(heuristical)의 차원에서 선진 자본
　주의의 산업 관계를 이런 식으로 보라고 제안하는 것이 아니라는 점이다. 그는 선진 자
　본주의가 실제로 단순한 물물교환으로 귀착된다고 말하고 있다.

allist) 화폐 이론이라고도 한다(Schumpeter, 1994[1954]; Goodhart, 1998
을 참조하라). 한마디로, 화폐에 대한 정통 경제 이론의 모든 설명은 **상품–교환 이론**이다. 화폐는 역사적 기원으로 보나 존재하기 위한 이론적 조건
으로 보나 시장에서 벌어지는 경제적 교환의 산물이며 또 효용을 극대화
하려는 개인들의 활동 결과물로서 진화해 왔다고 설명되는 것이다.

화폐수량설과 화폐의 가치

19세기 중반이 되면 고전파 경제사상은 서로 연결된 다음 네 가지 명
제를 특징으로 가지게 되었다. 첫째, 화폐의 존재는 "가치법칙의 작동에
교란을 일으키지 않는다"(J.S. Mill, *Principle of Political Economy*(1871);
Laidler, 1991: p. 9에서 재인용).[6] 둘째, 화폐의 가치는 화폐 속에 담겨 있
는 귀금속의 가치에 의해 결정되며, 귀금속의 가치는 상대가격 이론과 생
산비 이론으로 설명할 수 있다. 화폐 가치는 "일시적으로는 수요 공급에

---

5) 멩거가 화폐란 교환의 매개 수단 이상의 아무 것도 아니라는 입장을 교조적으로 고집
했다는 것이 '방법론 전쟁'(Methodenstreit)에서 화폐의 문제가 얼마나 중요한 것이었
는가를 보여 주는 한 증거가 된다. 즉 멩거는 화폐가 최종 결제 또는 일방적 결제의 기
능을 행하는 지불수단으로서의 기능을 교환 수단의 기능과는 별개로 갖는다는 점을
무시한 것이다(Melitz, 1974: p. 8을 보라). 멩거와 같은 위대한 학자가 이렇게 살짝 어
리석은 관점을 가지게 된 이유가 무엇일까. 이러한 구별을 인정하게 되면 이것이 독일
역사학파의 국정화폐론[이 책의 2장을 참조하라 – 옮긴이]을 승인하는 것으로 해석될
까봐 두려워서라고 생각할 수밖에 없다. 다음 장에서 보겠거니와, 독일 역사학파에서
는 화폐의 기원과 주요 기능을 국가에 대한 조세 채무의 지불에서 차지하는 역할로 설
명하기 때문이다.

따라…… 결정되며, 장기적으로 또 평균적으로는 생산비에 따라 결정된다"(Mill; Laidler, 1991 : p. 10에서 재인용). 셋째, 화폐량의 변화가 가격 변동의 원인이며 그 반대는 성립하지 않는다. 넷째, 은행권이나 어음 같은 형태의 은행 부채는 금이나 은으로 태환될 수 있을 때만 통화량으로 계산된다. 이 때문에 환어음, 약속어음 같은 여타 신용 형태는 당시 나날이 중요성이 커지고 있었음에도 불구하고 통화량의 계산에서 완전히 빠져 버렸다. 이런 생각이 가능했던 것은, 앞에서 말했듯이 '신용'과 '통화'(즉 '손에 쥘 수 있는 현금 또는 '본래 화폐')사이의 구별이 불분명하고 일관되지 못했기 때문이다.

이렇게 화폐와 신용을 구별하려는 여러 시도들이 있었지만 일관성 있는 구분은 나오지 못했다. 뒤에 살펴보겠거니와, 결국에는 바로 이것이 정통 경제 이론의 가장 큰 문제로 드러나게 된다. 하지만 일단 19세기 후반기부터 살펴볼 필요가 있겠다. 당시 경제학자들에게 가장 큰 관심의 초점은 상품의 가치가 어떻게 결정되는가에 대한 두 가지 설명(수요 공급의 상호작용을 통해 직접적으로 가치가 결정된다는 주장과 궁극적으로 생산비에 의해 결정된다는 주장) 사이의 긴장에 있었다. 이 문제를 여기서 상론할 필요는 없지만, 19세기 중반의 경제학자들 대부분은 금과 은의 가치도 다른 상품과 마찬가지로 그것을 생산하는 데 들어가는 비용으로 결정된다는 명제를 지지하고 있었다(Laidler, 1991 : p. 31).

하지만 19세기 말에 이르러 이 명제에 중요한 변화가 발생했다. 앨프리드 마셜이 《인도 통화위원회에 제출하는 입증 자료》(*Evidence to the*

---

6) 이하의 논의는 화폐수량설에 대한 레이들러(Laidler, 1991)의 훌륭한 분석에 기초한 것이다.

Indian Currency Committee, 1899)에서 지적했듯이, 금과 은은 한 번 생산되면 아주 오랫동안 쓰이는 물건이기 때문에 1년 동안 새로 공급된 금은의 양이라고 해봐야 그때까지 유통되고 있는 금은 주화의 총 축적량에서 보면 극히 일부에 불과하다는 것이다(Laidler, 1991: p. 56). 말하자면, 화폐에는 '유통 속도'(velocity)의 문제가 있기 때문에 그 가치가 생산비와 긴밀하게 조응하지 않는다는 것이다. 이제 정통 경제학자들은 점차 화폐에 대한 개인들의 수요에 주목하기 시작했고, 전체 경제에서 유통되고 있는 화폐의 총량을 이것이 결정한다고 주장했다. '현금 잔고'(cash balance)에* 대한 수요는 그 현금을 보유함으로써 얻게 되는 편의와 그를 통해 회피할 수 있는 위험 사이의 균형에 따라 결정된다는 것이다(Pigou: Laidler, 1991: p. 63에서 재인용). 즉 화폐 수요는 화폐에 대한 개인들의 '한계효용'으로 결정된다는 것이다.[7]

---

* 이 개념은 마셜 이래 피구, 케인스에 이르기까지 케임브리지대학 경제학 전통의 화폐수량설을 나타내는 중심 개념으로서 이른바 '케임브리지 방정식'으로 연결되기도 한다. 케임브리지학파의 수량설 또한 피셔(Irving Fisher)가 내놓은 화폐수량설과 큰 틀에서는 동일하지만 화폐를 보유하려는 개인들의 심리적 동기에 초점을 두는 게 특징이다. 즉 개인들은 자신이 보유한 자산에서 일정한 양만큼은 현금으로 보유하고자 하는데, 이는 편리함의 문제와 함께 모든 자산을 비유동적 형태로 묶어 두었을 때 발생할 위험에 대한 두려움 때문이기도 하다. 이를 수익성 자산을 보유했을 때 얻게 되는 수익의 흐름에 대한 선호와 비교하게 되며, 이 과정에서 개인들이 현금 잔고를 남겨 두고자 하는 성향이 결정된다. 이 성향을 나타내는 것이 이른바 '마셜의 k'라고 하는 것이며, 이것이 화폐에 대한 수요를 결정하는 데 결정적 역할을 하게 된다는 것이다. 케임브리지 화폐수량설은 기계적 균형의 논리가 아니라 개개인들의 주관적 선호와 선택이라는 여지, 즉 화폐에 대한 수요를 한 축으로 하고 여기에 공급이 어떻게 균형을 맞추는가 하는 방식으로 설명을 풀어 나가는 특징이 있다. 이것이 나중에 케인스로 발전하면서 '유동성 선호' 개념이라든가 통화량 증가에 따른 화폐 수요의 변동 같은 관념으로 발전하게 된다.

이론적으로 볼 때 이는 다음과 같은 문제를 낳는다. 우선 화폐가 무엇이며 현실에서 화폐가 실제로 어떻게 경제로 유입되는가라는 질문은 뒷전으로 밀려난다. 대신, 특정 시점에서 수요되는 화폐량이 얼마나 많은가라는 질문만 전면에 부각된다. 정통 경제 이론은 화폐가 조폐국과 은행을 통해서 만들어진다는 것을 경험적으로 당연한 사실이라고 보아, 그 구체적인 생산 과정을 정확하게 해명하는 일은 이론적으로 중요하지 않다고 여긴 셈이다. 화폐 수요가 늘어나는 바람에 화폐가 생겨난다고 치자. 하

---

7) 19세기 초기 '고전파'의 경제학의 '생산비' 이론은 19세기 후반 이른바 '신고전파'의 '한계효용' 이론으로 대체됐다. 생산비 이론은 상품의 가격을 그것을 생산하는 생산의 비용으로 설명하는 이론이지만, 그 비용은 다시 무엇이 결정하는가를 설명하는 데 어려움이 있었기에 그 어떤 궁극적인 객관적 가치 원천(예를 들어 리카도의 노동가치 이론)을 가정하지 않을 수 없었다. 하지만 마르크스가 리카도의 노동가치론을 비판하고 그 자신의 노동가치론을 제시하게 되자 숱한 문제들이 드러나게 되었다. '한계효용학파'는 객관적 비용의 원천을 주관적 가치이론('선호'와 '취향')으로 대체함으로써 이 문제를 피해갈 수 있었다. 구매자들은 어떤 상품을 통해 자신이 얻게 되는 효용을 주관적으로 평가한다. 모든 상품 가격은 구매자가 그 상품을 획득함으로써 최종적으로(또는 한계적marginal으로) 증가시킬 수 있는 주관적 효용에 대해 지불할 용의가 있는 가격으로 결정된다. 이때 매우 중요한 강조점의 전환이 벌어진다. 사물들의 본성에 내재한 절대적 가치 측정 기준을 발견하려는 것이 아니라 여러 개인들의 서로 다른 주관적 선호의 상호작용에 바탕을 두고서 교환(공급과 수요)을 통해 형성되는 상대적 가치로 그 강조점이 이동한 것이다. 고전파 이론은 화폐 가치가 노동가치 이론에 기초하는 것이라 생각했고 화폐의 생산 비용은 지리학적으로 결정되는 희소성이나 채굴 등 자연 조건에 의해 주어지는 것이라 생각했다. 하지만 한계효용학파의 입장에서 볼 때 모든 상품의 가치는 오로지 교환이 벌어지는 현장에서만 결정될 수 있는 것이며 화폐 또한 예외가 아니다. 순수하게 논리적인 관점에서만 본다면, 화폐를 자연적 가치 기준에 부가된 객관적 숫자라고 보는 고전파 이론이 더 일관성이 있다고 볼 수 있다. 한계효용이론 또는 신고전파의 논리적 모순은 마리 발라가 주어진 상품을 선택하여 여기에 임의적으로 1이라는 가치 단위(뉘메레르)를 부여한 후에야 수학적으로 풀어 나가는 일이 가능하다는 점에서 명백하게 드러난다.

지만 구체적으로 어떻게 화폐 수요가 화폐량을 증가시키고 또 구체적으로 어떻게 가격을 올리게 되는가 하는 현실적인 **전달 메커니즘**은 이들에게 여전히 **억측**(conjecture)의 문제로 남아 있었다. 이론적인 관점에서 엄밀히 보자면, 19세기 말의 화폐 이론은 화폐 공급량의 변화가 만들어 내는 **결과**들에만 관심을 가졌을 뿐, 그러한 변화가 나타나게 되는 원인에 관심을 가진 것은 아니라고 할 수 있다. 이들에 따르면 화폐의 공급에 변화가 나타나는 원인은 새로운 금광의 발견일 수도 있으며, 또 바람직한 일은 아니지만 귀금속으로 태환되지 않는 지폐(프랑스혁명기의 악명 높은 '아시냐assignats 지폐라든가 미국 남북전쟁 당시의 '그린백'greenback 같은 것들)가* 너무 많이 발행된 것일 수도 있다.[8]

'화폐수량설'의 고전적인 설명은 피셔(Irving Fisher)의 《화폐의 구매력》(*The Purchsing Power of Money*, 1911)에서 찾아볼 수 있다. 피셔는 화폐를 지폐와 주화(M), 그리고 여기에다가 은행의 당좌예금 계정(M_1)을 더한 것으로 규정함으로써, 단지 주화뿐 아니라 은행 화폐도 화폐에 포함

---

* 프랑스혁명 이전에 이미 프랑스 국가는 심각한 재정 위기에 시달리고 있었고, 이것이 혁명의 주요한 원인이었음은 잘 알려진 사실이다. 따라서 혁명 정부가 성립한 뒤에도 이 문제는 고질적으로 따라왔으며, 결국 프랑스혁명 국민의회는 몰수하기로 한 교회 재산을 담보로 국채를 발행하기로 했는데, 나중에 이 국채가 점차 지폐로 직접 유통되기 시작한 데다가 그 발행량도 정해져 있지 않아서 결국 엄청난 인플레이션을 발생시키고 말았다. 그린백에 관해서는 2장을 참조하라.

8) 19세기 말 화폐 이론가들은 화폐 공급량 변화의 원인에 대해 여러 억측의 주장을 내놓았는데, 그럴 때마다 그 억측들이 '금의 유입'이라는 가정으로 시작하는 경우가 많다는 것은 참으로 의미심장하다. 금의 유입은 사람들로 하여금 "가격 상승을 예상하게끔 만들며, 따라서 투기를 위해 돈을 더 많이 빌리게끔" 만든다. 그리고 이러한 경향과 함께 "재화에 대한 수요 상승 및 지속적인 가격 상승이 동반될 것이다"(Marshall, 1926: pp. 51-2)

시키는 진보를 이루었다. 하지만 이러한 일반적인 설명 속에서 은행 예금이 어디서부터 나타나는지의 문제는 여전히 애매한 상태로 남아 있었다. 피셔는 단지 이렇게 단언할 뿐이다. "문명과 산업의 주어진 조건 아래에서 은행 예금의 양은 유통되고 있는 화폐의 양과 고정된 또는 정상적 비율을 유지하는 경향이 있다"(Fisher, 1911 : p. 151). 피셔가 출발점으로 삼은 것은 에지워스(Francis Ysidro Edgeworth, 1887) 등이 정식화했던 케임브리지 '교환방정식'이었다. 이 공식은 대수(代數)적 형식을 빌려 1년이라는 기간 동안 모든 개인들이 화폐를 재화와 교환한 결과 주어지는 통화량과 가격 사이의 균형을 나타낸 것이다. 이는 '실물' 경제의 개념을 수학적으로 나타낸 최초의 모델 가운데 하나였던 바, 앞서 말했듯이 이 개념에서는 화폐와 재화의 구별이 없다.

이 등식은 화폐량과 **독립하여 변동하도록** 되어 있는 유통 속도(V)와 거래량(T) 두 개의 변수를 추가해서 좌변과 우변이 동어반복이 되지 않도록 짜여 있었다. 그러면 수량 방정식은 다음과 같이 다시 쓸 수 있게 된다.

$$MV + M^{1}V^{1} = \sum pQ = PT$$

이 방정식에서 화폐는 은행권과 주화(M)이며, 또 수표를 발행할 수 있는 예금(M^{1})이다. 두 개의 V는 각각 은행권 및 주화(M)의 유통 속도와 수표를 발행할 수 있는 예금(M^{1})의 유통 속도를 나타낸다. p는 특정한 재화의 화폐 가격이며, Q는 그 재화의 수량이다.

따라서 일반 가격 수준을 표시하는 P는 여러 상품의 가격 p의 합을 나타내는 지수이며, 거래량 T는 여러 상품 거래량 Q의 합을 표시하는 지수가 된다.

피셔가 이 방정식을 통해 보여 주려 했던 논의의 초점은 가격이 원인이 되어서 화폐량이 결정되는 것이 아니라는 것이다. 이 등식은 논리적으로 항상 성립하게 되어 있는 항등식이니, 그렇다면 결국 인과관계는 그 반대 방향이 될 수밖에 없다는 것이다. 요컨대, MV(화폐와 화폐의 유통 속도) 쪽이 PT(가격과 거래량) 쪽의 수준을 결정하는 원인이 된다는 말이다. 피셔는 가격이 **자율적으로** 변동할 수 있다는 모든 설명, 예를 들어 '독점체나 노동조합' 따위가 만들어지는 바람에 가격이 스스로 상승한다는 식의 설명을 철저하게 거부했다(1911: p. 179). 하지만 피셔가 통화량이 가격을 결정하는 전달 메커니즘이라고 제시했던 것을 스스로 증명한 것은 아니었고, 관련된 경험적 데이터를 제시한 것도 아니었다. 피셔는 단지 이렇게 주장했을 뿐이다. "가격이 높게 형성된다고 해서 어느 때나 그 시점의 통화량이 팽창하는 것은 아니다. 비유를 들어서 말하자면, 화폐가 그 시점에서 미래 시점으로 흘러 나갈 것이기 때문이다……. 사람들은 어떤 시점에 가격이 높으면 화폐 지불을 피하고 가격이 낮아질 때까지 기다리려 할 것이다"(1911: p. 173, 강조는 원문). 그런데 그 반대의 사건도 당연히 일어날 수 있다. 피셔가 사용한 은유법을 그대로 사용해서 똑같은 방식으로 말해 보자. 미래의 가격 상승이 가져다줄 충격을 피하기 위해 화폐가 현재의 가격으로 '흘러' 들어올 것이라는 주장도 충분히 성립할 수 있다. 실제로 훗날 정통 경제학 모델들이 바로 이러한 논리에 기초하여 하이퍼인플레이션 현상을 설명하고 있다. 이 모델에 따르면 개인들은 합리적으로 행동하지만 그 결과로 뜻밖에 이렇듯 달갑지 않은 결과가 나타나게 된다는 것이다. 케인스도 피셔의 저작에 대한 논평에서 가격 상승이 시작되는 **최초**의 과정에 충분히 주의를 기울이지 못했다고 지적했다(Keynes, 1983: p. 377). 이는 아주 중요한 질문이므로 나중에 다시 살펴

볼 것이다.

　당시는 이미 은행의 신용화폐가 인정사정없이 계속 불어나고 있었던 것이 현실이었음에도 당시의 정통 경제학자들은 여전히 시대착오적인 이론에 사로잡혀 있었고 시간이 갈수록 오히려 더욱 필사적으로 그 이론에 매달렸다. 당시의 금본위제 아래에서는 통화의 기초가 귀금속이었으므로 기초 통화의 공급이 제약될 수밖에 없었으며, 이를 제공하는 중앙 당국(조폐청) 또한 시장의 바깥에 있었다. 정통 경제학자들이 내놓은 화폐 공급의 모델이란 것도 기실 이러한 상황을 경험적으로 일반화해 놓은 것에 지나지 않았다. 20세기 후반의 용어로 다시 말해 보자면, 화폐는 '외생적'(exogenous)이라는 것이었다.[9] 이들은 신용과 본래 화폐를 엄격하게 분리하는 기존의 사고방식을 계속 유지함으로써 상품화폐론 및 그에 딸린 여러 전제들을 계속 고수할 수 있었다. 이들에 따르면 신용이란 금본위제라는 좁은 땅덩이 위에 역삼각형으로 거대하게 쌓아올린 피라미드와 같은 것이었고, 신용 공급이란 바로 그 거꾸로 선 피라미드가 금본위제라는 땅에 닿는 지점에서 벌어지는 일이라는 것이었다.

　'그렇다면 신용이 곧 화폐인가'라는 질문이 나올 수밖에 없지만, 정통 경제학의 여러 학파들은 이 질문에 직접 답하지 않고 요리조리 피해갔다. 하지만 신용이라는 것이 자본주의 경제에서 핵심적인 것이었기에, 점차 정통 화폐수량설 이론 또한 신용 개념을 경제 분석에 통합시키지 않을 수 없었다. 하지만 이렇게 되면 상품화폐론 자체에 이미 내재해 있는 여러

---

9) 20세기를 지나면서 정통 이론 내에서 수정이 이뤄졌는데, 이들도 이제 귀금속 화폐가 완전히 소멸됐음을 인식하기 시작한 것이다. 통화주의와 그 후의 주류 거시경제 이론은 중앙은행이 보유하고 있는 (금의 보유량이 아니라) 정부 부채량이 '본원통화'가 되며, 이러한 본원통화가 신용 '증식'의 기초가 된다고 본다. 7장을 보라.

모순과 부정합성들만 더 드러날 뿐이었다. 예를 들어, 20세기 초반의 정통 경제학자들은 신용이란 본래 화폐를 절약하기 위한 수단이라는 관점에서 거의 한걸음도 나아가지 못했다. 게다가 은행이 은행 계좌의 형식으로 대출을 해주게 되면 이것이 신용화폐를 실제로 **창출**하는 것이며, 이렇게 창출된 신용화폐는 귀금속 화폐의 축적량과는 상당히 자율적으로 그 수량이 결정된다는 것을 아무도 깨우치지 못하고 있었다. 이들은 '실물' 경제란, 효용을 극대화하려는 개별 행위자의 선호(즉, 행위자와 객관적 대상의 관계)에 기초해서 만들어지는 여러 상품의 교환 비율들(즉, 객관적 대상과 객관적 대상의 관계)의 구조라고 생각하고 있었다. 따라서 이러한 관념 속에 신용이라는 개념이 쉽게 자리를 찾을 수가 없었던 것은 당연하다. 채무라는 **사회적 관계**(행위자와 행위자의 관계)를 창출하면 이것이 또한 화폐 창출의 기초를 이루게 된다는 생각은 정통 신고전파 경제학의 방법론과 전혀 조화를 이룰 수 없는 것이었다. 게다가 이 생각을 더욱 극단적으로 밀어붙여서 마침내 **모든** 화폐가 신용/채권이라는 사회적 관계를 통해 창출된 것이며 심지어 상품화폐까지도 여기에 포함된다고까지 주장했다면, 당시의 신고전파 경제학자들은 아마도 대경실색하면서 귀를 막아 버렸을 것이다. 바로 이 문제가 이제부터 검토할 내용이다.

상품화폐론에 대한 분석적 비판

정통 경제학의 화폐론은 화폐가 물물교환에서 상품화폐로, 다시 상품화폐에서 '가상' 화폐로 단절 없이 발전해 왔다고 주장한다. 그런데 2부에서 살펴보겠지만, 이러한 주장은 역사적 기록을 통해 살펴볼 때 아무런 근거를 찾을 수 없다(Wray, 1998, 2003도 참조하라). 이러한 주장에 대해 우선 여기서는 역사적인 방법보다 내재적 또는 분석적 방법으로 비판해 보고자 한다.

1. 다른 상품과 구분되는 화폐의 특수성

서론에서 살펴보았듯이, 정통 화폐 이론은 화폐를 교환의 매개 수단으로 보고 있으므로 화폐가 다른 상품에 대해 가지는 특수성이란 오직 논리적인 묘사뿐이다. 즉, 화폐가 여타 상품과 다른 점은 모든 상품과 거래될 수 있는 상품이라는 점이라는 것이다(Clower, 1984[1967]: p. 86).[10] 멩거가 억측으로 구성한 역사에 따르자면, 화폐는 개인들의 합리적인 선택으로부터 진화되어 왔다. 이 개인들은 가장 거래 가능성이 높은 상품을 교환의 매개 수단으로 삼을 때 교역의 선택 가능성이 극대화될 것이라고 생각했다는 것이다. 하지만 멩거는 귀금속이 아닌 구리 같은 값싼 금속 주화나 태환되지 않는 지폐 같은 것들이 화폐로 쓰이고 있다는 실례들 탓에 자신이 제시한 논리가 무너지고 있다는 점을 인식하고 있었다. 그래서 멩거는 이렇게 묻지 않을 수 없었다(Menger 1892). 사람들은 어째서 재화를 '별 가치도 없는' 조그만 금속 원반이나 기호가 인쇄되어 있는 종이와 바꾸려 하는 것일까?

그래서 멩거의 뒤를 이은 신고전파 경제학자들은 (비상품) 화폐가 개인

---

10) "만약 어떤 상품이 경제 공동체에서 여타의 모든 상품들과 교환될 수 있다는 단 하나의 조건만 충족시킨다면 우리의 목적성 우리는 이를 화폐로 간주한다. 따라서 화폐경제란 모든 상품들이 화폐가 되지는 못하는 경제이다. …… 화폐는 재화를 구매하며 재화는 화폐를 구매하지만, 재화로 재화를 구매하지는 않는다는 것이다"(Clower, 1984[1967]: p. 86).

들의 거래 비용을 줄여 준다는 점을 보여 줌으로써 멩거의 의문을 해결하고 화폐의 '미시적 기초'를 확립하려 했다(예를 들어 Jones, 1976; Dowd, 2000, Klein and Selgin, 2000). 하지만 이러한 주장은 화폐가 어떻게 해서 나타나게 되었는지를 설명할 수 없으며, 신고전파 경제학의 방법론적 개인주의 특유의 순환 논리만 드러낼 뿐이다. "특정한 행위자가 화폐를 거래의 매개 수단으로 사용하는 데 이로움을 가져다주는 경우는 오직 **다른 행위자들도 모두 똑같이 화폐를 가지고 거래를 할 때**"뿐이다(Hahn, 1987: p. 26). 이 의미가 명확하기는 하지만, 사회학적 용어로 다시 한 번 진술해 보면 이렇다. 화폐 사용이 개인들에게 이익이 될 수 있으려면, 화폐가 **제도**로서 먼저 존재해야 하고 그 제도를 빌려서 '화폐성'이라는 것이 먼저 확고하게 정립되어 있어야만 한다는 것이다.

'실물' 경제의 모델에는 이 제도로서의 화폐 개념이 존재하지 않는다. 하지만 화폐가 추상적 가치의 저장고로 사용되고 있는 것은 명백한 사실이기에 정통 미시경제학 분석은 이 화폐의 가치 저장 기능을 이론적으로 포괄해 보려고 애써 왔다. 하지만 이런 노력은 완전히 실패했다. 예를 들어 새뮤얼슨의 고전적 논문 〈정밀한 소비·대부의 이자 모델: 화폐라는 사회적 고안물이 있을 때와 없을 때〉(An exact consumption-loan model of interest with or without the social contrivance of money, 1966[1958]) 는 제목 자체에 논리적으로 문제가 있다. 이 분석은 화폐가 가치를 한 세대에서 다음 세대로 전달하는 수단이라고 보고 있지만, 하고많은 금융자산 가운데 왜 하필 화폐가 이 역할을 수행해야 하는가 하는 질문에는 도무지 구체적으로 답변하지 못한다. 그는 왜 주식이나 채권은 화폐가 아닌가라는 질문을 던진다. 새뮤얼슨은 화폐만 가치의 저장 수단으로 지정할 수 있는 것은 아니라고 올바르게 말하고는 있지만, 어째서 현실에서는 화폐가 그 기능을 맡게 되는지를 미시경제 방법론의 틀로 설명하지 못하는 것이다. 특히 20세기에 들어와서 화폐가 다른 금융자산과 비교할 때 가치 저장 수단으로서 형편없다는 점이 폭로되었고, 이 사실은 가뜩이나 많은 문제점을 지닌 신고전파 경제학의 화폐이론을 더욱 심각한 위기로 몰아넣는다. 이 문제를 풀기 위해 엄청난 문헌들이 쏟아져 나왔지만 신고전파의 틀 안에서는 도무지 해답이 나올 수 있을 것 같지 않다. 미시경제학 방법론은 앞서 살펴본, 화폐가 교환 수단으로서 존재하게 되었다는 설명에 나타나는 주장과 똑같은 순환 논리에 걸려든 것이다. 모든 현상을 개인들의 효용 극대화의 결과로 설명해야 한다는 교리에 집착하는 한 주류 경제학은 스스로가 내놓은 질문에 답변할 수가 없다. 화폐는 가치의 저장고이기 때문에 최종 지불(결제)의 수단이 되는 것인가, 아니면 반대로 채무 결제의 수단으로 인정된 것이기 때문에 가치의 저장고로 기능하는 것인가? 살펴보겠지만, 이 순환논리를 뚫고 나갈 수 있는 유일한 길은 미시경제학과 '실물' 경제 모델의 방법론적 개인주의가 안고 있는 분석적 한계를 벗어나는 길뿐이다.

2. 계산화폐

정통 경제 이론으로 하여금 이토록 많은 어려움을 겪게 만드는 가장 근본적인 문제는 무엇일까? 그것은 바로 **계산화폐**에 대한 오해이다. 이들에 따르면 화폐의 핵심 기능은 교환의 매개 수단이며 다른 모든 화폐의 기능은 바로 교환의 매개 수단이라는 기능에서 나온다는 것이다. 시장은 거래 비용을 효과적으로 줄여 줄 수 있는 교환의 매개를 스스로 만들어 내게 되어 있으며, 이렇게 해서 나온 교환의 매개체가 가치의 척도가 되고 또 수량적 계산을 가능케 하는 계산화폐가 된다는 것이다. 본래 주화는 저울

추로 쓰인 귀금속 조각에서 진화해 온 것이라고 그들은 말한다. 원통형 금속 봉에서 금속 조각을 잘라 내어 크기와 무게를 표준화시킨 다음, 이 동일한 무게의 금속 조각들을 셈돌로 쓰게 되었다는 것이다. 바꿔 말하면, 이미 일정한 가치를 부여받은 하나의 표준 상품 또는 상품 '묶음'이 뉘메레르의 역할을 했다는 것이다.

앞에서 지적했듯이, 이 문제의 핵심은 정통 경제 이론에서 이야기하는 것처럼 과연 '매매-물물교환-교환'의 과정에서 계산화폐가 자생적으로 나타났음을 확실하게 입증할 수 있는가 하는 점에 있다. 과연 교환 매개체로서의 화폐가 먼저 존재했을까? 그리고 그로부터 계산화폐의 개념을 연역하는 것이 가능한 일일까? 계산화폐가 교환의 매개에서 유래했을 것이라는 추측은 교도소에서 담배가 이용되는 방식을 사례로 하여 설명되기도 한다. 교도소 안에서 담배는 모두가 간절히 원하는 물건이므로 그것을 가진 이로 하여금 다른 물건과 거래할 수 있는 가능성을 가장 크게 해 주는 교환의 매개물이며, 또 거래에 매물로 나온 물건들의 가격을 매기는 계산 단위로도 사용된 사례들이 있다는 것이다(이와 관련하여 제2차 세계대전 당시 포로수용소에서 한 고전적인 참여관찰 연구를 참조. Radford, 1945). 하지만 담배는 가장 수요가 큰 상품이었을지는 모르지만, 실제 계산 단위로 사용됐는지는 명확하지 않다. 이들은 비흡연자들도 자기 물건을 담배와 바꾸려 했다는 점을 강조하지만, 이는 기껏해야 담배가 케인스가 말한 '현장 교환*'을 위한 편의적 매개체'였음을 보여 주는 것에 불과하다 (Keynes, 1930: p. 3).

---

* exchange on the spot. 교환하는 양자의 주고받는 행위가 시·공간적으로 떨어져 있지 않고 주어진 장소와 시간의 현장에서 바로 벌어지는 교환을 말한다.

여기서 두 가지를 지적해야겠다. 첫째, 감옥이라는 공간은 아주 특수한 상황이다. 감옥은 폐쇄된 소규모 집단이며 여기서 거래되는 상품의 가짓수도 극히 적다. 이런 곳에서 '현장' 교환이 그것도 반복적으로 벌어졌기 때문에 담배 한 개비와 교환되는 여러 상품들의 비율 또한 안정적으로 고정될 수 있었던 것이다. 교도소처럼 상대적으로 인원 구성이 크게 변하지 않는 상황이라면, 모든 이들이 다른 모든 이들의 거래자로서 개인적 선호를 충분히 서로 알고 있는 상태이다. 따라서 비흡연자들도 담배 한 개비로 다른 상품들을 어느 정도의 교환 비율로 바꿀 수 있을지를 금새 파악하게 된다. 또 담배만 가지고 있으면 다른 이들의 물건으로 금방 바꿀 수 있다는 점을 알게 되므로 담배를 피우지 않는 사람들도 담배를 가지려 하는 것이다.

둘째, 정통 화폐 이론은 감옥의 경우 담배의 **시장** 교환가치가 먼저 형성되고 여기에서 안정적인 계산 단위가 나왔다고 주장하면서, 귀금속 화폐 본위 또한 이와 비슷한 역사적 발전 과정을 밟아 왔다고 주장하고 있다 (Dowd, 2000: pp. 143-4). 하지만 담배의 교환가치가 다른 기축 상품과 일정한 교환 비율로 고정되어 있다면 모를까 그렇지 않은 상태에서는 비록 담배와 교환되는 것이 똑같은 상품이라고 해도 그 상품을 가지고 거래에 나오는 사람이 달라질 때마다 담배와의 교환 비율 또한 계속 변하게 될 것이다. 사람마다 담배에 대한 주관적 선호나 또 교환되는 그 상품에 대한 주관적 선호가 모두 다를 수밖에 없기 때문이다. 이렇게 되면 담배는 화폐로서 기능할 수가 없다. 담배가 다른 모든 상품과 거래될 수 있다고 해도, 계산화폐가 되려면 무엇보다도 그 가치가 모든 상품과의 거래에서 안정되어 있어야 한다. 그리고 그 가치를 안정시키는 방식도 다른 상품들의 경우와는 전혀 다른 방식이어야만 한다(앞으로 보겠지만, 예를 들어 금본위제의 경우 일정한 추상적 계산 단위를 정해 놓고서 어떤 액수가 적힌 증서를 가져오면 그것에 상응하는 일정한 양의 귀금속으로 상환해 준다는 일종의 약속이라는 방식이 사용되었다. 그리고 그 증서와 귀금속 간의 교환 비율 또한 시장이 아니라 국가의 권위에 의해 고정된 것이었다).

감옥과 같은 특수한 공간이 아닌 복잡하고 다원적인 간접 교환(이것이야 말로 진정한 시장이다)에는 모종의 계산화폐가 미리 존재해 있어야만 한다. 교환되는 상품의 숫자가 비교적 적다고 해도 거기에서 나오는 물물교환 비율의 숫자는 엄청나게 많아진다. 물물교환은 각각의 상품을 가진 두 사람 사이에서 벌어지는 것이며, 그 교환 비율은 각각의 두 상품에 대한 두 사람의 주관적인 선호에 따라 결정된다. 더 이상의 가정을 추가하지 않는 한, 물물교환에서 결정되는 이러한 교환 비율로부터 도대체 어떻게 계산화폐가 출현했다는 말인지 아무리 생각해 보아도 알 수가 없다. 100개의 재화는 4,950가지 교환 비율을 만들어 낼 수 있다(Davies, 1996: p. 15). 한번 예를 들어 보자. 개별 물물교환에서 복숭아 통조림과 담배의 교환 비율은 복숭아 통조림 3개와 담배 1갑, 복숭아 통조림 5개와 담배 1갑 등등 다종 다기한 형태를 취할 수밖에 없다. 그런데 여기에서 어떻게 단일한 통일적 계산 단위가 출현한다는 말인가? 전통적으로 경제학은 가치를 측량하는 '담배 척도'가 자생적으로 출현한다고 답변해 왔지만, 이 답변은 순환논법이다. 즉, 수요 공급에 의해 형성되는 균형 담배 가격 같은 것이 있어서 여기로부터 상품의 가치를 측량해 주는 **단일한** '담배 척도'가 나왔다는 논리는 성립할 수가 없다. 계산화폐가 먼저 존재해 주지 않는 한, 무수한 물물교환에서 담배의 가치는 끝없이 다양하게 변동하기 마련이다. 시장이 그 안에서 거래되고 있는 담배에 대해 단일한 가격을 형성할 수 있으려면, 안정적인 가치 측정의 표준, 즉 계산화폐가 미리 존재해야만 한다. 결국 상품 가치의 척도로서 기능하는 담배는 이미 **상품**으로서의 담배가 아니라 화폐로서의 담배이며, 현실에 존재하는 담배가 아니라 **추상적** 개념으로서의 담배일 수밖에 없다. 다시 말해서 가치에 대한 추상적 계산으로서의 화폐라는 이 아이디어 자체가 시장 교환보다 논리적으로도 선행하며 역사적으로도 먼저 발생했다는 것이다.

교환 과정에서 이 계산화폐라는 추상적 화폐 개념이 만들어질 수 없는 것이라면, 도대체 이 화폐는 어떻게 탄생한 걸까? 이 질문이야말로 경제학을 사회학과 나누는 핵심 질문이다. 개인들마다 천차만별인 주관적 선호로부터 모든 사람들이 공유하는 **상호주관적인**(inter-subjective) 가치의 비교 기준(계산화폐)이 탄생할 수 있단 말인가? 서론에서 말했듯이, 이 질문은 탤컷 파슨스(Talcott Parsons)가 경제 이론에 대해 사회학적으로 비판할 때 내놓은 일반적인 질문의 근간을 차지하는 것이었다. 하지만 오늘날까지도 이러한 관점에서 그 질문이 이해된 적은 없다. 효용 이론은 개인의 주관적 선호를 출발점으로 삼고 있기에 사회질서를 설명할 수는 없다(Parsons, 1937).

3. 자본주의와 신용: '실물'경제와 '자연'이자율

더구나 화폐가 '중립적 베일'로서 사용되는 자연적 물물교환 경제라는 모델은 자본주의 통화 시스템을 이해하는 데 특히 부적절한 이론이다. '실물'경제에서, 화폐는 상품의 교환을 통해 효용을 획득하기 위한 매개물로서만 존재한다(상품→화폐→상품, 또는 C-M-C). 이 모델은 '동네 장터'를 모델로 옮겨 놓은 것이니, 여기에서는 생산에 필요한 자금을 자본주의 방식으로 조달하는 일 따위는 나타나지도 않는다(Minsky, 1982). 현물 거래가 줄줄이 이어질 때만 성립되는 이러한 '실물'경제에서는, 케인스가 말한 '화폐 임금이나 기업 경제' 같은 곳에 투자가 일어나지도 않는다 (Smithin, 2003: pp. 3-4). 앞으로 주장하게 되겠지만, 자본주의의 독특성 은 은행이 신용화폐를 창출하면 이것을 기업이 가져다가 미래에 판매할 상품의 생산에 대해서 또는 화폐 가치 자체의 변동에 대해서 투기적 위치 를 취하는 데에 사용한다는 데 있다. 달리 말하자면, M(은행 신용화폐)을 가져가서 M-C-M₁의 순환을 거치거나 아니면 직접 M-M₁의 순환을 거치 거나 한다는 것이다(마르크스는 물론 아리스토텔레스도 이 두 가지 교환 형태 모두를 개탄한 바 있다).

20세기 초의 정통 경제학자들도 현실 경제에 신용이 존재한다는 것을 분명히 인정하고 있었다. 하지만 이미 살펴본 것처럼, 물물교환 경제에 기초한 '실물'경제 모델 속에서는 이 신용의 존재가 제대로 자리 잡을 수 없었다. 빅셀(Knut Wicksell)의 연구는 신용을 '실물'경제 모델에 포함시 키려 했던 시도 가운데 가장 성공적인 시도였으며, 이에 따라 그의 연구 성과는 오늘날에도 주류 경제학 이론의 핵심적 가정들 중 일부를 이루고 있다(Smithin, 2003을 보라). 그는 두 가지 추상적 모델인 '순수 현금 경 제'와 '순수 신용경제'를 비교하며 분석을 전개해 나간다. 순수 신용경제 는 "그 어떤 화폐도 필요로 하지 않는다. …… 주화의 형태든(아마도 잔돈 에 사용되는 주화 정도는 예외일 것이다) 약속어음의 형태든 화폐는 필요 없 다. 지로(giro) 시스템과 장부 이전을 통해 국내의 모든 거래가 이루어진 다"(Wicksell, 1962[1898]: p. 70). 빅셀은 이러한 논리적 가능성이 과연 실제로 벌어질 수 있을지는 의문이지만 이는 상품화폐론으로는 분명히 해명할 수 없는 경우라고 생각했다(다른 점은 제쳐 두더라도, 현실 세계에 상 품에 기초한 화폐 '스톡'이 없다고 가정한 상태이니 가격 수준의 변화를 어떻게 설명할 수 있겠는가?)

빅셀 당대의 경제사상에서는 현금 경제에서 화폐의 대출 수요를 결정하는 것이 대출 가능한 화폐 스톡의 공급이며 이 둘을 매개하는 것이 이자율이라고 보았다. 하지만 '순수 신용경제'에서는 이렇게 은행의 실제 현금 축적량으로 결정되는 화폐 이자율이라는 것이 있을 수 없다. 은행의 실제 현금 축적량이라는 것 자체가 존재하지 않기 때문이다. 그 결과 빅셀도 '실물'경제 이론의 밑바닥에 깔려 있는 메타이론과 맞추어 순수 신용경제에서는 이자율도 '실물의' 이자율이 될 수밖에 없다고 주장한다. 이 '실물의' 이자율이 결정되는 것은 여전히 대부에 대한 수요 공급이라는 정상적 메커니즘이겠으나, 이 경우 대부는 화폐를 단위로 이루어지는 것이 아니라 '실물 자본재의 형태'로 이루어질 것이기 때문이다(Wicksell, 1962[1898]: p. 193). 실제의 화폐 스톡이 존재하지 않는 상태인 고로, 이 '자연이자율'은 '대부를 통해 새로이 창출되는 자본이 얼마 만큼 생산할 것인가에 대한 예상에 따라서 결정된다'(Wicksell, 1935[1915]: p. 193). 그리고 이 새로이 창출된 자본의 산출은 다시 그 한계 생산성에 따라 결정된다(Wicksell, 1907 ; Laidler, 1991 : p. 130을 보라).[11]

---

11) '실물'경제 모델이 가지고 있는 다른 특징들도 그렇지만, 이 '자연이자율'이라는 것도 농업 생산양식을 단순화시킨 모델에 기초해 있을 뿐 아니라 그나마 거기에 고유하게 따라오게 되어 있는 사회적 생산관계까지 말끔히 제거되어 있다. 예를 들어 빅셀은 자연이자율을 설명하기 위해서 연간 통나무 산출량을 증가시키려면 나무가 자라기까지 5년을 더 기다려야 하는 상황을 비유적으로 끌어다 댄다. 마셜도 비슷한 예를 들고 있는데, 여기에서는 종자가 '저축'될 수도 있고 또 더 많은 결실을 낳도록 땅에 뿌려질(즉 '투자'될) 수도 있다. 하지만 투자 자본이라는 것이 알고 보면 대부와 변제의 약속과 같은 은행의 사회적 행위를 통해 창출되는 화폐일 뿐이라는 것을 이해하는 순간, 이들이 동원하고 있는 모든 자연적 비유는 허무하게 무너져 버린다(Pixley, 1999 참조).

빅셀은 화폐에 대한 이자율은 독립적인 경제적 힘이 아니라는 '실물' 경제 분석의 기본 교리를 철저하게 고수했다. 따라서 예전에 리카도가 주장한 것처럼, 화폐 보유자나 화폐에 대한 통제력을 가지고 있는 사람이 자신의 이익을 위해 이자율을 임의로 조작할 수 있다는 문제는 아예 등장하지도 않았다(Smithin, 2003: 6장을 보라). 빅셀의 '사고 실험' 속에서는 화폐도 은행들도 존재하지 않으며, 차입자와 대부자는 모두 물물교환을 행하여 '자연이자율'을 생성해 내고 있다. 다음으로 그는 네 가지 전형적인 배역인 기업가, 노동자, 은행, 자본가(기업가에게 대부를 해주는 자금의 원천)를 등장시킴으로써 현실의 자본주의 경제에 좀 더 근접한 모델을 제시한다. 여기에서 이들 사이에 은행이 매기는 계약상의 화폐 이자율은 자연이자율과 동일하다는 가정 아래 이들 간의 관계와 전체 경제가 작동하게 된다. 요점을 추리자면 자연이자율이 화폐에 대한 이자율을 결정하게 되어 있고, 다시 화폐 이자율이 화폐의 양(현금과 신용화폐 모두)을 결정하게 된다. 하지만 이러한 가설적인 인과관계는 전적으로 '실물' 경제 이론이라는 공리에 기초한 것일 뿐이며, 빅셀의 저서 어디에서도 설명이 나오지 않는다. 더욱 심각한 것은 경험적 묘사를 전혀 찾아볼 수 없다는 것이다. "화폐의 이자율은…… 항상 변화하게 마련인 자연이자율과 일치하는 경향이 있다"(Wicksell, 1962[1898]: p. 117, 강조는 인용자). 그러나 이 경향은 그저 억측일 뿐 어째서 그런지는 전혀 설명이 나와 있지 않다.

빅셀의 순수 신용경제는 신용화폐가 취할 수 있는 두 가지 형태 가운데 하나만 묘사하고 있다는 점을 지적할 필요가 있다. 그는 채무 채권 거래의 결제를 위한 지로 시스템(계정들 사이의 장부 이전)만 다루고 있다. 하지만 자본주의 은행들은 단순히 지로 시스템에서 중개자 역할만 하는 것이 아니다. 이들은 대부를 해주고 예금 계좌를 창출함으로써 신용화폐를 생산해 낸다. 슘페터가 설명했듯이, 이 '실물' 경제 분석에서는 은행이 그저 비용 감축을 위한 중립적 매개자로서만 등장한다. 은행은 수많은 소액 예금 계좌들을 하나로 합쳐 화폐자본 차입자가 마음대로 쓸 수 있게 해주는 것에 불과한 것이다. 고전파 이론에서는 '예금에서 대부가 나온다.' 저명한 영국 경제학자 케넌(Edwin Cannan)은 누구나 알 수 있는 극장 외투 보관소의 비유로 무장하고서 대부가 예금을 창출할 수 있다는 반대의 생각을 냉소적으로 무시한다(Cannan ; Schumpeter, 1994[1954]: p1113에서 재인용). 즉, 외투를 보관소의 직원에게 빌려주었다고 해서 더 많은 외투가 '창출' 되지는 않으며, 먼저 보관한 외투를 직원에게 먼저 맡겨 놓았기 때문에 외투 주인이 다시 그 외투를 사용할 수 있다는 것이다. 그런데 슘페터가 말했듯이, 바로 이것이야말로 자본주의적 은행에서 벌어지지 않는 일이다. 자본주의 은행에서는 예금자와 차입자 모두가 동시에 '똑같은' 돈을 사용할 뿐 아니라, 나아가서 새로이 대출을 해주게 되면 새로운 화폐가 창조되는 것이다(Shcumpeter, 1994[1954]: pp. 1113-4). 이 '대부(화폐)가 예금을 만든다' 는 논리는 다음 장에서 자세히 살펴보겠다.

요컨대, 빅셀이 보기에 화폐 이자율은 자본의 생산 능력에서 **직접적으로** 주어지는 함수이다. 하지만 슘페터가 말하듯이, '실물' 경제 이론으로 자본주의 금융 문제를 충분히 이론화하려 들다 보면 수많은 지적 왜곡이 벌어질 수밖에 없다. 이 모델에 따르면, "저축과 투자라는 행위는 건물, 기계, 원료 같은 실물 생산 요소들을 저축하는 것이라고 해석되어야 한다. 저축이 비록 '화폐 형태' 로 이뤄진다 해도, 산업을 운영하는 차입자가 대부를 통해 자금을 마련할 때 '실제로' 빌리는 것은 바로 이러한 물리적 자본재들이라는 것이다"(Schumpeter, 1994[1954]: p. 277). 앞으로 보겠지만, 케인스가 자신의 이단적 초기 저작 《화폐론》(*A Treatise on Money*,

1930)에서 뚫고 나가고자 했던 것이 바로 이렇게 곤경에 처한 기존 이론의 논리였다. 케인스의 대안적 관점에 따르면 화폐 이자율은 금융 시스템 자체의 작동에 영향을 받기 때문에 상대적으로 자율적인 방식으로 움직이는 것으로 여겨진다. 다소 뜻이 모호하지만 케인스가 했던 말을 이용하자면, "자본의 한계 효율성은 부분적으로 자신 스스로에 고유한 여러 힘들에 의해 결정된다"(Keynes, 1973: p. 103).

오늘날까지 버티고 있는 정통 경제 이론

1930년대 자본주의의 위기가 막바지로 치닫던 시기와 제2차 세계대전 이후 이른바 황금기를 구가하던 시기에 정통 경제학의 화폐 이론은 이론에서나 실천에서 중심적 지위에서 밀려났고, 적어도 케인스주의 경제 이론과 그 위치를 공유해야 했다. 케인스 스스로가 정통 경제 이론과 사이 좋게 지내려 했고 그의 작업들은 주류 '신고전파적 종합' 안에서 일반적으로 수용되기도 했지만, 여기서 이러한 사실들을 다룰 필요는 없겠다(Rogers and Ryme, 2000; Smithin, 2003을 보라). 여기에서는 '실물경제'의 '메타이론'이나 화폐수량설 같은 여러 공리들이 경제학계와 실제 통화정책 모두에 이론적 기반으로 어떻게 해서 계속 남아 있게 되었는지만 다루고자 한다.

1. 통화주의

1970년대 들어 맞닥뜨린 인플레이션을 해결할 필요가 제기되면서, 피셔(I. Fischer)의 정통 경제학 화폐수량설을 프리드먼이 재정리한 이론이 전면에 부각되었다. 그리고 슈워츠(Anna Schwartz)와 함께 한 프리드먼의 경험적 연구들이 '통화주의' 부활의 구심점이 되었다(Smithin, 1996을보라). 프리드먼과 슈워츠는 화폐 공급량의 변화가 경제활동의 수준에 영향을 끼칠 수 있다고 주장했으며, 1970년대 당시의 상황이 이를 입증하는 것이라고 믿었다. 그런데 통화주의자들은 화폐 공급량의 변화가 어디까지나 단기적 효과를 가질 뿐이라는 케케묵은 주장도 되풀이했다. 장기적으로 보면, '실물' 경제에서 상품들의 가치가 다시 발현되면서 '화폐 환상'은 사라질 것이고 화폐는 다시 본연의 '자연적' 중립성이라는 자리로돌아가리라는 것이었다(Friedman, 1969). 이들은 장기적으로는 화폐 이자율의 변화가 자연이자율에 영향을 끼칠 수 없다는 빅셀식 가정을 고수했다. 하지만 단기적으로 화폐 이자율과 자연이자율 사이에는 분리가 나타날 수 있으며, 이 분리가 경제에 심각한 문제들을 일으킬 수도 있는데그중 가장 주목할 만한 것이 인플레이션이라는 것이었다.

분석의 차원에서 볼 때 국가는 경제 바깥에 있는 존재이므로, 국가가건전 통화를 공급하는 '공공재' 노릇을 한다고 해서 '실물' 경제 모델을침해하는 것은 아니라고 할 수 있다. 하지만 이것은 어디까지나 국가가건전 통화를 제공하는 기능을 수행하는 것에만 그 역할이 국한될 때 할수 있는 이야기이다. 만약 군주가 귀금속 주화의 가치를 떨어뜨려서 주조세(seignorage) 이익을 증가시키든가 정부가 국가 부채 부담을 덜려고 인플레이션 정책을 사용하는 등 국가가 이 기능을 넘어서서 스스로의 이익을 추구하기 시작하면 경제적 혼란이 발생한다는 것이다. 가장 중요한 점은 통화주의자들이 전후의 정부 정책에 대해 비판한 내용이다. 이들에 따르면, 전후의 각국 정부는 민주주의의 압력에 무릎을 꿇고서 완전고용과사회복지를 달성하려고 무책임하게도 마구 화폐 공급을 증가시켰다는 것이다. 그 결과 경제는 민간의 경제적 의사결정만으로 운영될 때 유지될 수 있는 자연적 능력을 뛰어넘어 버렸으며, 화폐가 초과 공급되고 경제가 과열됨에 따라 인플레이션 급등이 벌어졌다는 것이다.

그런가 하면, 통화주의자들은 통화 기관(중앙은행과 재무부)이 원하기만 한다면 화폐 공급을 얼마든지 통제할 수 있다고 주장했다. 국가 통화 기관들이 지고 있는 부채는 전체 은행 시스템이 떠안게 된다. 따라서 국가가 부채의 양을 확장하여 은행 시스템의 지급준비금을 확대시켜 준다면 이것이 은행 신용을 확대할 기초가 될 수 있기 때문이라는 것이다(이 문제는 2부 7장과 8장에서 좀 더 상세히 다룬다). 분석적 차원에서 보자면, 정부와 중앙은행의 채무('고성능통화')가 예전에 본위 금속이 맡았던 화폐 공급량을 결정하는 역할을 떠맡게 되었다는 것이다. 이 말은 적어도 암묵적으로 통화 기관들이 물질 상품과 똑같이 정밀하게 은행의 지급준비금 보유고를 통제할 수 있다는 것을 전제한다. 더욱이 은행들이 이러한 중앙 통화 기관들의 '외생적' 화폐 창출 수준에 맞춰 스스로를 조정하지 않을 수 없다는 것이다. 그리고 '내생적' 화폐 이론이 주장하는 것처럼 중앙 통화 기관들이 은행들의 화폐 수요 수준에 맞추는 것이 아니라고 이들은 주장한다(2부 7장을 보라).

비록 통화주의자들이 화폐의 '과잉' 공급과 인플레이션에 대해 과도하게 신경을 쓰고 있기는 하지만, 이들은 논리적 일관성을 견지하여 통화 기관과 은행 시스템이 경제에 화폐를 지나치게 적게 들여오는 것도 마찬가지로 가능하다고 본다. 예를 들어 프리드먼과 슈워츠는 1929년부터 1933년까지 화폐 스톡의 감소가 나타났으며 이것이 1930년대 미국 불황의 중요한 요인이었다고 주장하기도 한다. 하지만 이들은 심지어 이렇게 심각한 침체기 이후에조차도 장기적으로는 '실물' 경제가 가지고 있는 내적 성향이 조금씩 스스로 효력을 발휘해 갈 것이며 결국 경제 행위가 자연 궤도로 복귀하도록 되어 있었다고 주장한다(Friedman and Schwartz, 1963). 따라서 경제적 안정성의 핵심은 화폐 공급량을 '실물'경제가 만들어 내는 **자연스런 리듬**을 따르도록 통제하는 데 있다는 것이다. 이 논리는 '자연이자율'이 존재하는 것처럼 '자연 실업률' 또한 존재한다는 주장으로 이어진다. 경제 분석의 목적은 실물경제의 자연적 성향과 리듬을 발견하여 화폐가 마땅히 '중립적 베일'처럼 행동할 수 있도록 외생적인 화폐 공급의 양을 세심하게 조정하는 데 있다는 것이다. 즉 그 어떤 나라의 경제에서든 여러 가지 생산 요소들의 한계 생산성('자연이자율')에 따라 결정되는 자연 실업률이 있게 마련인데, 만약 통화 공급으로 경제를 자극하고자 하다가 실업률이 너무 낮아져서 이 자연 실업률 밑으로까지 내려가게 되면 인플레이션이 따라온다는 것이다.

통화주의 이론이 가장 활발하게 실제 정책에 적용된 곳은 1970년대 말부터 1980년대 중반에 이르는 시기의 영국과 미국이었다. 하지만 이 실험은 단명하고 말았다. 통화주의 이론에 입각하여 화폐 공급을 직접적으로 통제하려 했던 시도들은 결국 모두 폐기되었는데, 그 가장 직접적인 이유는 통화주의 이론이 실제 정책의 차원에서 운용할 수 있는 이론이 아니었다는 점이다. 통화주의 이론은 처음에는 20세기 초 일부 이론가를 따라서 '좁은 의미의 통화'(narrow money)라 불리는 화폐 범위에 적용되었는데, 이는 현금과 수표 인출이 가능한 당좌 계정만을 포함하는 개념이었다(M_1). 하지만 앞으로 보게 될 것처럼, 자본주의 금융 시스템은 끊임없이 새로운 형태의 신용 수단을 발명해 내게 되어 있으며, 또 바로 이 사실 자체가 자본주의의 가장 중요한 특징이기도 하다. 이 새로운 신용 수단들이 은행 자산의 일부가 되고 은행은 이런 자산에 기초하여 더 많은 대부('넓은 의미의 통화'broad money)를 해줄 수 있게 되는 것이다. 자본주의 영리 사회 네트워크 안에서는 또 약속어음 같은 차용증서(IOU)가 지불수단, 즉 '유사 통화'(near money)로 사용되기도 한다. 나아가 통화 당국이 어떤 특정한 형태의 신용 수단이나 '유사 통화'를 규제하고 통제하려 들면 민간의 자본주의 금융 체제는 규제에 걸려들지 않는 새로운 신용 수단을 만들어 내게 되어 있다.[12] 2부에서 살펴보겠지만, 자본주의에서 무수히 다양한 형태의 신용 수단들은 하루가 다르게 대체 가능성(fungibility)이 커져 가고 있다. 따라서 이 다양한 형태의 신용 수단들을 본래 화폐(money-proper)와 딱 부러지게 구분하는 것은 불가능하다. 자본주의의 이러한 성격은 1980년대 금융 탈규제로 인해 더 강화되었는데, 그 결과는 모순적이었다. 우선 탈규제 조처들로 인하여 갖가지 신용 수단이 엄청나게 확산되었던 데다가 현금으로의 대체 가능성과 양도 가능성 또한 강화되었다. 예를 들어 기존에는 규제할 목적으로 예금 계좌, 즉 저축 계좌(savings account)와 당좌(수표) 계좌(current[cheque] account)를 명료하게 구분했으나, 미국과 영국 모두에서 이 구분이 완화되었으며 그 결과 화폐 공급량은 빠른 속도로 증가했다. 화폐와 신용의 구별이 잘 확립되어 있긴 했지만 더 이상은 계속 유지하기 어렵게 되었으며 그 현실적 결과가 무엇인지 서서히 드러나게 되었다. 하지만 그 현실적 결과가 아주 분명하게 드러나게 된 것은, 신용화폐 공급의 형태가 갖가지로 불어나게 되면서 통화 공급을 측량할 척도들도 새로운 것들이 줄줄이 나오게 되면서부터였다. M_2가 나왔지만 이것으로 부족하니 결국 M_3이라는 척도를 새

---

12) 이 현상을 경제학자 찰스 굿하트(Charles Goodhart)가 묘사했기에 '굿하트의 법칙'이라고 한다.

로 개발해야 했고, 이런 식으로 줄줄이 M_{17}까지 만들어졌다. 이렇게 되자 통화 공급량을 미세하게 조정하는 것을 골자로 하는 통화주의 정책은 시간이 갈수록 작동이 불가능하게 되었다. 그 뒤 1990년대 초에 이르렀을 때, 신용화폐는 연간 25퍼센트 이상 계속 확대됐지만, 인플레이션은 되려 아주 뚜렷하게 감소했다. 그러자 화폐수량설의 기초 자체에 의문이 제기될 수밖에 없었다(Henwood, 1997 : pp. 201-2 ; Guttmann, 1994).

통화주의는 너덜너덜해진 정통 경제학 화폐론을 다시 기우고 땜질한 것일 뿐이다. 그래서 그 이론적 모순이 여전히 존재하고 있으며, 그 모순이 방금 말한 것과 같은 통화주의 정책의 모순에 그대로 반영된 셈이다. 하지만 정통 경제학의 화폐론은 이미 피셔가 세련된 모습으로 제시했던 20세기 초에 조차도 현실의 변화와는 거리가 먼 시대착오적인 이론이었다는 점을 기억해야 한다. 통화주의 이론은 피셔의 이론에 깔려 있는 자연경제(natural economy)에 대한 여러 가정들을 거의 수정하지도 않고서 발전되어 나온 것이다. 초기 고전파 경제학자들은 이미 귀금속 주화가 외생적으로 제공되는 '공공재'라고 여겼다. 그리고 자본주의 경제에서 사실상 모든 중요한 거래를 담당하는 신용화폐와 은행 청산의 관행을 이러한 본래 화폐(money-proper)라는 범주에서 완전히 배제해 버렸다. 따라서 이러한 종류의 분석적 틀이 자본주의 화폐가 창출되고 통제되는 과정을 이해하는 데 전혀 힘을 발휘할 수 없다는 점은 별로 놀라울 것이 없다.

2. '합리적 기대'와 인플레이션

통화주의가 실패하면서, 정통 통화정책은 정통 통화 이론과 더욱 더 괴리되기 시작했다. 장기적으로는 화폐가 중립적이라는 식의 근본 교리와 가정들이 계속 살아남았지만, 이제 이 교리와 가정들은 실제로 정책을 결정하는 데는 **직접적인 영향을 줄 수 없게 되었다.**[13] 정책의 거의 모든 관심은 이제 사람들의 '인플레이션 예측'을 안정화시킬 수 있는 수단이 무엇이냐에 집중되었다(2부 7장을 보라). '합리적 기대' 이론은 합리적인 경제적 행위자라면 인플레이션을 회피하고 싶어하게 되어 있다고 주장한다. 만약 인플레이션이 계속 높아서 가격의 상승이 예상되고 있는 상황이라면 누구든 자신의 실질 소득이 인플레이션 탓에 줄어드는 것을 보전하려고 하게 마련이며, 결국 계속적으로 임금 상승을 위한 협상을 벌이려 들수밖에 없다. 하지만 합리적인 행위자라면 이것이 결국 인플레이션의 악순환 고리를 만들어 스스로마저 결국 파괴하게 될 것이라는 점을 알고 있다는 것이다. 따라서 정부가 인플레이션을 낮은 수준에서 안정적으로 유지하겠다는 책임 있는 모습으로 신뢰를 얻는다면, 합리적인 행위자들은 그렇게 자기 파괴적인 임금 인상 협상의 악순환을 만들려 들지 않을 것이라는 것이다.

정부 재정 정책이 화폐 공급뿐 아니라 인플레이션을 결정하는 주요 요소이므로, 결국 '합리적 기대'를 만들어 내는 것은 정부의 책임이라고 이들은 주장한다(Barro and Gordon, 1983). 결국 합리적 기대 이론의 접근

---

13) 유럽중앙은행의 주요 경제학자들은 현대 경제에서 화폐의 성격을 규정하는 것은 대체로 '주요 학파 전체가 논란의 여지가 없다고 받아들이는 것'이라고 말한다(Issing, 2001: pp. 76-7). 화폐는 장기적으로는 중립성을 유지한다. 다시 말해, 화폐 스톡의 변화는 명목 가격에만 영향을 미칠 뿐 실질 변수들에는 영향을 주지 않는다는 것이다. 화폐량의 변화가 단기적으로 영향을 준다는 것에 대해서는 광범위하게 받아들여지고 있다. 하지만 단기와 장기를 의미 있게 구분해 줄 수 있는 이론적 방법이 존재하지 않는다는 것 또한 많은 이들이 인정하고 있다.

법 또한 이렇게 제한된 범위 안에서이기는 하지만 화폐량이 가격에 영향을 미치며 화폐 공급이 외생적으로 결정된다고 하는 정통 경제학의 화폐론과 일치하고 있다(2부 7장을 보라). 이들도 경제가 경기순환의 자연스런 리듬을 넘어서도록 팽창하는 일은 대개 정부가 건전 통화의 원칙, 즉 통화의 가치를 일정하게 유지한다는 원칙에서 이탈한 결과로 발생하는 것이라고 주장한다. 비록 금본위제 시대 이후 이 건전 통화의 원칙은 여러 변화를 겪게 되었지만 여전히 이러한 원칙이 분명히 존재하며, 그 원칙이 경제에 내재하는 여러 자연적 성향들의 신성한 명령이라는 믿음은 오늘날까지도 뚜렷하게 남아 있는 것이다. 우리는 이 책에서 화폐와 통화정책에 대한 대안적 이론을 내고자 할 것이며, 화폐의 생산은 사회 안에 존재하는 주요 경쟁 집단과 이해 집단 사이에 벌어지는 권력투쟁의 결과라고 주장할 것이다. 거시경제 모델에서 나타나는 임금, 고용 수준, '실질' 이자율, 환율 같은 요소들 사이의 관계란 모두 이러한 투쟁의 표현이다(Ingham, 1996b, Smithin, 2003). 반대로 합리적 기대 이론 모델에서는 갈등을 만들어 내는 사회·정치적 투쟁 따위는 찾아볼 수 없다. 모든 분석을 그저 합리적인 '대표적 행위자'가 자신의 손에 들어온 정보에 어떻게 반응할 것인가라는 가설에만 의지하고 있을 뿐이다.

3. '새로운 통화 경제학'

20세기 말에 들어와 '새로운 통화 경제학'이 나타나 인터넷의 출현과 발전을 예견하면서, 전산화된 장부 기입만 나타나 준다면 마리 발라가 생각한 '정교한 물물교환 시스템'이 엄청난 규모로 갖추어질 기반이 마련될 수 있다는 주장이 제기되었다. 상품이나 금융자산 같은 양도 가능한 형태의 부를 직접 교환 수단으로 사용하게 되면, 화폐 없이도 '실물' 경제가 작동하는 것과 동일한 방식으로 경제적 교환이 일어날 수 있다는 것이다(Fama, 1980; Trautwein, 1993; Smithin, 2003을 보라). 컴퓨터 기술은 물물교환에 따르는 불편을 제거해 줄 수 있으며 또 모든 재화가 잠재적으로 교환의 매개물이자 지불수단이 될 수 있는 그런 시장이 생겨날 수 있다는 것이다. 발라는 시장을 청산할 수 있는 가격이 생성되려면 재화에 가격을 붙이고 재화들 사이의 교환 비율을 설정할 수 있는 '뉘메레르'가 있어야 한다는 점을 이해하고 있었다. 하지만 발라의 모델에서는 그 어떤 보편적인 가치 형태도 이 재화들의 바깥에 존재해야 할 이유가 없다. 즉 '실물' 경제의 거래망으로 구성되는 경제적 '공간'이 있다고 했을 때 이 공간의 바깥에 '화폐'라고 일컫는 재화를 독립적인 가치 저장 수단으로서 따로 둘 이유가 없다는 것이다. 인터넷이 발전하면서 이러한 분석틀이 영향력을 갖게 되었다. 이런 식의 정교한 물물교환 시스템이 있다면 여기에는 사실상 화폐 공급도 필요 없고 화폐가 존재하지도 않으며, 따라서 중앙은행조차도 불필요한 것이 되어 버린다는 것이다(King, 1999). 중앙은행은 더 이상 화폐를 생산하거나 화폐 공급을 규제할 필요가 없을 것이다. 나아가 이런저런 통화량이라는 게 더 이상 존재하지 않기 때문에 중앙은행의 정책이 독자적으로 가격에 대해 왜곡 효과를 일으키는 일도 없을 것이다. 이러한 정보통신 기술이라는 일반적 문제와 '화폐의 종말' 그리고 '새로운 통화적 공간들'에 대한 여러 논쟁은 9장에서 자세하게 다루기로 한다.

4. 최적통화지역 이론

먼델(Robert Alexander Mundell, 1961)이 처음으로 개발한 최적통화지역 이론(OCA: Optimum currency area theory)은 근래에 들어 통화 공동

체나 기존의 독자적 통화의 '달러화,' 유로의 경제적 합리성 등 새로운 통화 공간의 발전 문제에 적용되어 왔다. OCA는 정통 화폐론을 사용하여 어째서 서로 다른 통화들이 병존하는가, 그리고 그 공간적 배분은 어떻게 되는가 등을 설명한다. 생산의 구조와 비용의 관점에서 볼 때 내적으로 정합적이고 일관성 있는 경제 체제를 창출해 낸 지리적 공간들은 대체로 그 내부의 거래 비용을 최소화하는 과정 속에서 단일한 교환 매개 수단을 진화시켜 온 경향이 있다는 것이다. 어떤 국가가 유로 통화 공동체에 참여하려 할 때, 이를 지지 또는 반대하는 이들은 언제나 이런 이론에 따라 그 나라의 '실물'적 특징들(이자율, 노동시장 유연성 등)이 기존 유로 공동체 참여국들의 특징과 얼마나 조정 가능한가 하는 관점에서 주장을 편다. 위에서 대략 설명한 정통 화폐 이론에 대한 비판들이 OCA 이론에도 적용되며, 이와 관련해서는 9장에서 살펴볼 것이다. 이러한 정통적 관점에 따르게 되면 통화 공간이란 '실물' 분석에서 개념화하는 실물 거래 공간 또는 '시장' 공간의 반영이거나 표상에 불과한 것이 된다.

일단 여기서는 통화 공간이 사회·정치적 구성물이라는 우리의 기본적인 반대 입장만을 다시 확인하고 넘어가겠다. 더욱이 일정한 지리적 공간 안에 어떤 권위체가 특정한 계산화폐를 강제하는 것은 그 전까지는 파편화되어 있던 공간을 단일의 시장 공간으로 창출해 내는 **능동적인** 요소로 볼 수 있다. 통화 공간이란 단일한 계산화폐를 사용하는 지리적 범위라고 정의할 수 있으며, 이러한 통화 공간을 창출하는 것은 주권 행위의 하나인 것이다.

결론

20세기 초, 경제학자들은 서로 밀접하게 연결되어 있는 네 가지 방법론적 가정과 이론적 교리를 가지고 있었다. 이 가정과 교리들은 화폐 체제의 실제 제도가 어떻게 변해 왔으며 또 실제로 쓰이는 화폐의 형태가 어떻게 변해 왔는지는 외면한 채 모든 정통 경제학의 화폐 분석에 실질적인 안내자 역할을 해왔다.

첫째, 주류 경제학은 본질적으로 물물교환에 바탕을 둔 '실물' 경제 모델을 이용하여 분석 작업을 해왔다. 이 모델에서 화폐는 단순히 그 밑에 도사리고 있는 실물의 교환 비율을 상징화시킨 것에 지나지 않는다. 화폐는 '중립적 베일'일 뿐, 화폐 자체가 다른 재화와 구분될 수 있을 만한 독립된(sui generis) 경제적 힘을 가지는 게 아니라는 것이다. 따라서 장기적으로 보면 화폐는 중요하지도 않고 근본적인 문제도 아니라는 것이다. 화폐의 근간을 이루는 것은 **교환의 매개**라는 역할이며, 화폐가 이 역할을 수행할 수 있는 까닭은 화폐 자체가 거래 가능한 상품이거나, 하나의 상품 또는 여러 상품을 직접 표상하는 것이기 때문이라는 것이 이들의 관점이다. 화폐란 일정한 교환가치를 가지는 화폐 물질이라고 말할 수 있다는 것이다.

둘째, 어떤 경제 공동체에서 화폐가 담당하는 기능적 역할(또는 화폐의 논리적 기원)은 직접적인 물물교환에서 발생하는 비효율성을 제거한다고 이들은 본다. 즉, 화폐란 자신이 원하는 물건을 가지고 있는 거래 상대방을 반드시 찾아내야만 한다는 불편함과 비용을 제거해 주는 것이라는 말이다. 화폐를 이런 식으로 합리적 개인이 거래 비용을 최소화하는 과정에서 사용되게 된 것이라고 설명하게 되면, 이는 신고전파 경제학의 규범과도 맞아 떨어질 뿐 아니라 이를 화폐의 '미시적 기초'로서 내놓을 수 있게 된다.

셋째, 화폐도 하나의 상품(또는 상품의 직접적인 상징적 표상)이므로, 화폐의 가치 또한 일반적인 경제학의 가치이론(공급과 수요, 그리고 한계효용 같은 것)으로 설명될 수 있다는 것이 이들의 관점이다.

넷째, 화폐의 가치를 설명하는 이 두 가지(공급과 수요, 그리고 한계효용) 가운데 어느 것으로 설명하건, 가격 수준이라는 것은 조건이 같다면 현재 유통 중인 화폐의 수량 또는 스톡과 재화의 총량 사이의 비율로 주어지는 함수라는 결론이 도출된다. 나는 이러한 접근으로는 화폐 이론이 답변해야 할 다음 세 가지 근본적인 질문을 충분히 다룰 수 없다고 주장한 바 있다. 첫째, 화폐는 무엇을 하는가 또는 화폐란 무엇인가? 둘째, 화폐는 어떻게 생산되는가 또는 어떻게 사회에 등장하는가? 셋째, 화폐의 가치는 어떻게 결정되는가?

근본적으로, 교환의 매개라는 것에 초점을 맞춰 화폐의 역할을 설명하려는 분석들은 '화폐성'이 질적으로 어떤 성격을 지니는지 규정할 수 없다. '화폐성'의 기초는 교환의 매개가 아니라 추상적 가치 측정, 즉 계산 단위이다. 정통 경제 이론이 암묵적으로 때로는 명시적으로 주장하는바, 계산화폐는 가치의 척도가 되는 본위 상품으로 직접 제공되며, 그 계산화폐를 체현하는 것 또는 표상하고 있는 것이 교환의 매개물이라는 것이다. 따라서 이 교환의 매개물을 그냥 세기만 하면 바로 계산화폐가 나온다는 것이다.

한편 발라의 경우에는 뉘메레르라는 개념을 사용하고 있기 때문에 발라식 신고전파 경제 분석이라면 계산화폐가 논리적으로 우선한다는 우리의 주장과 꼭 모순되는 것은 아니라고 볼 수도 있다. 하지만 발라의 뉘메레르 개념에는 중대한 문제가 있다. 이미 기존에 모종의 가치 표준이 확립되어 있다고 가정하고 나서 단지 아무 상품이나 **임의로** 골라내어 그 이미 확립되어 있는 가치 표준을 표상하는 것으로 삼아 버린 것이 발라의 뉘메레르 개념이다. 그렇다면 그 가치 표준의 기원이 무엇인가라는 질문은 그대로 남게 되지만, 이 질문은 다루지 않는 것이다. 이들의 시장 모델은 물물교환 속에서 보편적 교환 매개물이 자생적으로 출현할 수 있다고 가정하고 있지만, 물물교환에서 나타나게 마련인 복잡한 쌍방향 교환 비율들로부터 어떻게 특정한 본위 상품에 안정적으로 고정된 가격을 부여할 수 있게 되는지는 설명하지 못한다. 물물교환 속에서 보편적 교환 매개물이 자생적으로 출현한다는 시장 모델은 잘못이다. 오히려 시장 질서를 가져다주는 것이 바로 계산화폐이다. 계산화폐만 있다면 교환의 매개 수단이나 지불수단이 있건 없건 질서 잡힌 시장이 나타날 수 있다는 것이다. 계산화폐는 논리적으로 시장에 선행한다(Innes, 1913; Hawtrey, 1919; Keynes, 1930; Einaudi[1953] 1936; Grierson, 1977; Hoover, 1996; Ingham, 1996a). 다음 장에서 이러한 대안적 화폐 개념을 다룰 것이다.

애덤 스미스는 '화폐성'을 화폐 물질과 동일시하는 범주 설정의 오류를 범했다. 원시적 화폐 진화 단계의 잔재라고 잘못 해석한 '고전적인' 두 가지 상품화폐의 사례에 대한 설명을 보면 이러한 스미스의 오류가 분명하게 드러난다(Smith, 1986[1776]: 4장). 스미스는 18세기 스코틀랜드의 쇠못이나 뉴펀들랜드의 말린 대구 같은 교환 매개물들이 원시적 '화폐'의 사례라고 주장한다. 하지만 이들은 원시적 '화폐'의 사례가 될 수 없다. 이것들은 채무를 **현물로 지불**한 것이었을 뿐이며, 그 채무는 **일정한 추상적 계산화폐**로 가치가 계산되어 있었다. 뉴펀들랜드의 어부와 상인은 계산할 때 파운드, 실링, 펜스 같은 단위를 사용했다. 스미스보다 거의 한 세기 후에 미첼 이니스(Mitchell Innes)가 주장했듯이, 모든 이들이 얻고 자 하는 기본 주식(主食) 상품(staple commodity)인 말린 대구를 화폐로 쓴다는 것은 도대체 있을 수가 없는 어불성설이다. "어부가 자신이 필요 한 물품들을 구입하고 대구로 그 값을 치른다면, 어부와 교역하는 이들 또한 어부한테 대구를 살 때 마찬가지로 대구로 값을 치러야 할 것이다" (Innes, 1913 : p. 378).[14]* 말하자면, 못이나 대구는 어떤 계산 단위의 힘 을 빌려 '화폐성'이라는 특질을 부여받는 것이지 못이나 대구 자체에 화 폐성이 있어서 거기에서 계산 단위가 나오는 것이 아니라는 것이다. 가격 을 계산하도록 해주는 계산화폐와 채무를 갚는 데 사용되는 상품들이 별 개의 것이 되는 일은 역사적으로 아주 흔한 일이었다. 하지만 특정한 상 품의 가치가 '법이나 관습에 의해 고정'되면(예를 들어 무게로 1파운드어치 의 최고급 담배를 3실링의 등가물이라고 법으로 정하게 된다면) 그때야 비로소 그 상품이 화폐가 되는 것이다(Grierson, 1977 : p. 17).

두 번째 질문, 즉 화폐는 어떻게 경제에 등장하는가라는 질문에 대답하 려 할 때 정통 경제학의 모호성은 더 많이 드러난다. 정통 경제학은 순수 이론적 관점에서 볼 때, 유통되는 화폐의 공급과 그 공급의 결과 형성되 는 화폐의 가치는 시장에 맡겨질 때 가장 효율적으로 결정된다고 대답한 다. 다시 말해서 화폐의 공급량은 '실물'경제의 필요에 순순히 따라야 한 다는 것이다. 극단적인 정통 경제 이론가들인 '자유은행학파'(Free

---

14) 이니스에 따르면, 스미스가 역사적 증거를 잘못 해석하고 있다는 점은 이미 1805년 에 나온 《국부론》 플레이페어 판(Playfair edition)과 1832년 토머스 스미스(Thomas Smith)의 《통화와 은행에 대한 논고》(*Essay on Currency and Banking*)에서 폭로된 바 있다. "이 저자들이 명백히 올바른 설명을 하고 있음에도 불구하고, 애덤 스미스의 실수가 계속 내려오고 있다는 것은 참으로 흥미로운 일이다"(Innes, 1913 : p. 378).

Banking School)는 이러한 논지에서 한걸음 더 나아가, 화폐 공급이 전적으로 시장에 맡겨질 때 최적의 상태가 될 수 있다고 주장한다. 이들은, 시

---

* 애덤 스미스가 《국부론》 4장에서 제시한 설명은 이렇다. 원래 원시시대에는 사람들이 교환의 매개 수단으로서 누구나 다 받아들일 거라 여겨지는 보편적인 쓸모가 있는 물건들이 화폐로 쓰였으며, 이러한 '원시 화폐'의 흔적을 여러 지역에서 발견할 수 있다. 뉴펀들랜드의 어부들이 말린 대구를 화폐로 쓴다거나, 스코틀랜드의 어느 마을 빵가게나 술집에서 못을 돈 대신 받는 것이 그런 예라는 것이다. 즉, 스미스는 여기에서 이 못이나 말린 대구가 상품으로서의 쓸모나 효용으로 인하여 보편적으로 받아들여지는 교환의 매개 수단으로 여전히 기능하고 있다고 주장한다. 이에 대해 이니스가 비판하는 핵심은, 이 거래의 상황에는 이미 계산화폐의 개념이 존재하고 있는 상태이며 그 거래란 계산화폐를 사용한 채무와 채권의 신용 관계이기 때문에 대구와 못은 그러한 계산화폐에 기초한 신용 관계 속에서 거래된 구체적 물품에 불과한 것이지 계산 수단이자 교환 수단으로 쓰인 보편적인 화폐가 아니었다는 것이다. 이니스의 설명을 들어보자. "스코틀랜드의 그 마을에서 못 제조업자들은 주변의 가게에서 식량과 재료를 사 왔던 것이다 그리고 그 주변의 가게들은 이를 외상으로 달아 두었다가 거기에 해당하는 만큼의 못 완제품을 못 제조업자로부터 구매했던 것이다. 또 뉴펀들랜드의 해안과 제방을 자주 오가는 어부들 또한 화폐의 사용법을 우리들만큼이나 익숙하게 알고 있었다. 하지만 금속화폐를 사용하지 않았던 것은 단지 그럴 필요가 없었기 때문이다. 뉴펀들랜드에서 어업이 시작된 초기 시절에는 그 지역에 영구적으로 정착한 유럽인이 없었으며, 어부들은 고기를 잡는 계절에만 거기에 머물렀을 뿐이며, 어부들 이외에는 말린 대구를 구입하고 이들에게 일용품들을 판매하던 상인들이 있었다. 어부들은 잡은 고기를 파운드, 실링, 펜스의 계산화폐를 단위로 하여 시장가격에 맞추어 상인들에게 팔았고, 그 대신 상인들의 장부에 일정한 크레딧을 획득했으며, 상인들로부터 일용품을 넘겨받는 대신 이 크레딧으로 지불했던 것이다. 그리고 상인들의 장부에 여전히 잔액이 남아 있을 때는 영국이나 프랑스에서 현금으로 바꿀 수 있는 수표로 지불 받았다. 사실 잠깐만 생각해 보아도, 널리 소비되는 상품은 화폐가 될 수 없다는 점을 알 수 있다. 이론적으로 교환의 매개체는 그 공동체 성원 모두가 똑같이 받아들일 수 있는 것이어야 하기 때문이다. 결국 어부들이 자신들의 일용품을 지불하는 데 대구를 사용한 것이라면, 그 상인들도 마찬가지로 자기들이 사들인 대구에 대한 지불로 대구를 주어야 할 것이니, 이는 누가 봐도 논리적으로 성립될 수 없다. 결국 이 두 경우 모두에서 애덤 스미스는 자신이 물질적 형태의 통화를 발견한 것이라고 믿었지만 사실상 그가 찾아낸 것은 신용(credit)에 지나지 않는다."

장을 구성하는 모든 개인들이 합리적이고 완전한 지식을 갖추었기에 여러 경쟁하는 화폐 가운데 믿을 수 있는 화폐를 식별해 낼 수 있다고 가정한다. 이들에 따르면, 중앙은행은 그 구조와 정책이 어떤지와 무관하게 늘 화폐시장을 왜곡해 왔으며 결국 전체 경제 과정을 왜곡해 왔다(L. White, 1990). 이런 관점에 서면, 화폐의 역사는 독점과 지대 추구의 특권을 더 챙기기 위해서 정치 권력을 남용해 온 역사로 비춰지게 된다. 국가는 화폐 공급을 확대하고 인플레이션을 불러일으키고 채무 가치를 감소시켜 공공 대중에게 사기를 치고픈 유혹을 받게 되어 있다. 민주 국가의 경우에는 정부가 유권자 대중의 비위를 맞추기 위한 자금을 마련하려고 '돈을 찍어 내기'도 한다. 나머지 대부분의 정통 경제학자들은, 국가의 역할이 효율적 교환 매개체를 생산해 냄으로써 '공익'에 기여하는 것이라고 설명하는 것을 더 선호한다. 예를 들어 통화 당국은 반(反)인플레이션 정책을 따라야 하며, 통화정책의 운용 과정에서 투명한 정보를 제공하여 사람들 사이에 '합리적 기대'가 커질 수 있도록 노력해야 한다는 것이다. 그럼에도, 극단적 자유은행학파와 주류 경제학자들의 근본 가정은 동일하다.

주류 경제학자들은 세 번째 질문에 대해, 화폐 가치는 화폐의 양과 여타 상품의 총량 사이의 비율에 따라 결정된다고 대답한다. 이런 입장은 오늘날 화폐의 형태가 어떻게 바뀌었는지는 무시한 채, 그저 화폐란 가장 거래하기 좋은 상품에서 유래했다는 옛날 이론을 다시 내놓은 것에 불과하다는 점을 다시 한 번 기억하자. 가치가 오직 교환을 통해서만 확정될 수 있다는 생각 또한 '한계효용학파'나 신고전파 경제학자들의 더욱 일반적인 공리와도 일치한다. 우리는 이러한 주장도 심각한 논리적 문제점들에 휩싸여 있다는 점 또한 살펴본 바 있다.

현대 거시경제학은 이러한 정통 경제학의 입장을 유지하고 있다. 즉, 정치라는 요소를 원리의 수준으로부터 완전히 배제하고 그저 기술적으로 가장 효율적인 수단을 찾아내는 데 몰두한다면, **중립적 화폐를 가장 적절하게 공급한다는 목적**을 달성할 수 있다는 것이다. 즉 화폐가 '실물'경제의 가치를 표현하는 것 말고는 어떤 역할도 하지 않도록 화폐를 공급할 수 있다는 것이다. 재화와 재화, 그리고 화폐와 재화 사이의 이러한 장기 균형이 이론적으로 가능하다는 주장이다. 그런데 엄격히 분석적 차원에서 볼 때, 이렇게 **이론**적인 수준에서조차도 정확히 어떤 경로로 화폐가 경제에 들어오게 되는가 하는 문제는 전혀 중요하게 다루어지지 않는다. 통화 제도가 논의되는 것은 오로지 이론상의 최적 통화 공급 상태의 달성에 도움이 되는가 방해가 되는가 하는 차원뿐이다. 인플레이션에 대한 기대를 안정시키고 그 결과 화폐와 재화를 수량적으로 동등하게 하는 방향으로 작용할 것이라고 여겨지는 제도들을 선호할 뿐, 그게 다다. 물론 사람들이 저마다 갖게 되는 예측과 예상이라는 것이 화폐경제의 향방을 결정하는 중요한 요소임이 분명하다. 하지만 그것은 '실물'경제의 경향에 대한 경제 정보에 바탕을 두고 합리적으로 형성되는 그런 단순한 것이 아니다. 7장과 8장에서 다시 이 질문으로 돌아가 살펴보겠지만, 통화 체제의 제도적 구조에는 여러 권력관계들이 포함되어 있기 때문이다.

지금까지의 잠정적 평가에서 보자면 당연히 떠오르는 마지막 질문이 하나 있다. 이토록 부실한 이론이 어떻게 오늘날까지도 통화 문제를 다루는 지적인 토대로서 구실을 하고 있단 말인가?(앞으로 보겠으나, 비록 이렇게까지 퉁명스러운 방식은 아니지만 통화정책에 직접 관련을 맺고 있는 주류 경제학자들도 똑같은 질문을 던지고 있다.) 가장 확실한 답변은 이것이 '정상 과학'(normal science)에서 발생할 수 있는 문제라는 답변이다. 즉, 어떤

'패러다임'이 명료하게 현실을 이해시켜 줄 수 없는 지경에 처한다고 해도, 과학 공동체 또한 하나의 사회조직이기에 그 패러다임은 계속 유지될 수 있는 것이다(Kuhn, 1970). 여기서 대략 살펴본 주류 경제학의 화폐 개념은 현대 경제학을 지배하는 패러다임의 핵심을 차지하고 있는 부분이다. 만약 정통 경제학의 화폐 개념이 내부로부터 심각한 도전을 받게 된다면, 정통 경제학이, 일반적으로 받아들이고 있는 방법론 전반에도 똑같이 심각한 결과가 미치게 되고 말 것이다.

그러나 이렇듯 지적으로 부실한 메타이론이 이토록 오래 버티고 있는 까닭을, 정통 경제학 이론이 학계에 완전히 똬리를 틀고 앉았기 때문이라는 것만으로 모두 설명할 수는 없다. 비록 잠시였지만, '실물적인 것'을 기초로 한 경제학, 그리고 이와 연관되어 있는 화폐 이론이 완전히 축출되었다고 생각해도 좋은 시대도 있었기 때문이다. 20세기 중반에 슘페터도 경제 분석의 역사에 대한 묵직한 저서에서 비슷한 질문을 던진 바 있다. 사실 그는 17~18세기 신용화폐 이론이 아리스토텔레스의 유산을 대체하는 데 실패한 이유에 대해 명쾌하게 설명하지 못했다(Shumpeter, 1994[1954]: p. 287). 하지만 슘페터는 머지않아 케인스주의 경제학이 발흥하면서 자신이 '실물적인 것'에 반대되는 의미로 '통화적인 것'이라 부르는 이론이 지배적 사상이 될 것이라고 추측했다(p. 278). 만약 그가 1970년대 이후가 되어서도 '실물' 경제의 분석에 19세기의 정통 경제학 이론이 부활한 것을 보았다면 큰 충격을 받았을 것임에 틀림없다. 그래서 우리가 조금 전에 던진 질문, 도대체 이렇게 부실한 이론이 어찌해서 여전히 지배적 위치를 차지하고 있는가 하는 의문은 더욱 더 깊어진다.

분석적으로 화폐를 자연경제에 환원시키는 것, 화폐를 하나의 상품에 대한 단순한 상징적 표현으로 환원시키는 것, 또는 이미 존재하고 있는 여러 상품의 가치들을 중립적으로 표상하는 것 이상 아무 것도 아니라고 폄하하는 것은 강력한 이데올로기적 도구로서 힘을 발휘한다. 무게나 길이를 재는 것은 단순히 유용한 기술일 뿐이지만 화폐는 그렇지 않다. 화폐는 여러 사회적 관계로 구성되며, 이 사회적 관계들은 본질적으로 불평등과 권력을 담고 있다. 우리는 앞으로 실제 화폐의 사회적 생산 과정 속에서 여러 다른 지불 약속들이 이러한 불평등 관계들을 표출하고 재생산하는 방식으로 서로 위계를 이루며 서열화된다는 사실을 보게 될 것이다. 화폐는 황금처럼 자연 상태에서 튼튼히 버티고 있는 물건이 아니다. 하지만 경제 이론이라는 이데올로기의 힘을 빌린다면 심지어 오늘날처럼 화폐가 탈물질화되는 시대에조차도 화폐가 마치 자연적인 것인 것처럼 사람들을 믿게 만들 수가 있고, 그렇게만 된다면 화폐라는 것이 쉽게 깨질 수 있는 사회적 성격의 존재라는 현실 또한 훌륭하게 은폐할 수가 있다 (Douglas, 1986: p. 48).

2

추상적 가치, 신용/채권, 국가

1달러는 지금까지 눈으로 본 사람도 없고 손으로 만져 본 사람도 없다.
— 미첼 이니스(Innes, 1914: p. 155)

화폐는 사회에 대한 청구권일 따름이다. 말하자면 화폐는 지불인의 이름이 표시
되지 않은 환어음이다.
— 게오르크 지멜(Simmel, 1978[1907]: p. 177)

화폐는 국가의 고유한 창조물이다.
— 존 메이너드 케인스(Keynes, 1930: p. 4)

아리스토텔레스적 상품-교환 화폐 이론에 대한 대안적 화폐 개념은
적어도 유럽에서 근대국가와 자본주의가 발전하기 시작한 때부터 항상
존재해 왔다.[1] 이 개념들은 17세기 말에 인기를 얻었고, 잠깐이기는 하지
만 20세기 초에 풍성하게 발전하기도 했다. 하지만 그 뒤로 주류 경제학
자들에게 완전히 무시당했으며 다른 사회과학 분야에도 거의 알려지지

---

1) Schumpeter, 1994[1954]: pp. 62-4; Wood, 2002: 3장을 보라.

않았다. 이런 이단적 화폐 분석에는 두 가지 큰 흐름이 있다.

첫 번째 흐름은 초기 자본주의에 새로이 나타난 탈물질화된 은행 신용/채권의 형태를 이해하려는 노력으로 시작하여 결국 상품화폐 이론과 금속화폐 이론까지 전반적으로 재평가하기에 이르는 흐름이다. 이에 따르면 은행 신용/채권이라는 새로운 화폐 형태는 **연기된 지불**이라는 단순한 의미의 **신용/채권**이 아니다. 이 새로운 형태의 신용/채권은 영주의 조폐국 바깥에서 발행된 지불약속증서들(IOUs)이 **지불수단**으로서 유통되기 시작했다는 의미에서, 하나의 화폐라는 것이다. 물론 이런 형태의 화폐도 은행 신용/금 본위제에서 지금(地金)으로 가치를 보장받았지만, 이는 어디까지나 나중에 가서야 벌어진 일이었다. 계산화폐로 가치가 매겨지는 신용 네트워크는 이미 기원전 2000년 바빌론에서부터 사용되었지만, 양도 가능한 부채가 **일반적으로** 사용되는 현상은 자본주의에만 나타나는 고유한 특징이다. 부채가 익명의 제3자에 대한 지불수단으로 사용된다는 것이 그것이다. A가 B에게 발행한 차용증서를 B가 C에게 빚을 갚는 데 사용할 수가 있다는 것이다. 2천 년이 넘도록 주화와 화폐는 동의어였건만 이제 이렇게 새로운 형태의 화폐가 출현하게 되었으니 이것이 지적인 수수께끼가 되지 않을 수 없었다.

여기에 답변하려는 시도들 가운데 일부는 아리스토텔레스적인 상품화폐론과 단절하고 대신 **모든 화폐는 신용/채권**이라는 아이디어에 이르게 되었다. 이런 생각은 '화폐로 신용을 설명하는 이론'이라기보다는 '신용/채권으로 화폐를 설명하는 이론'을 낳았던 셈이다(Schmpeter, 1994[1954]: p. 717). 이런 입장은 금속 본위가 없는데도 화폐 체제가 효과적으로 작동하는 것으로 보이던 시기에 특히 널리 받아들여지곤 했다. 예를 들어 영국에서는 1797년에 금본위제가 폐기됐다가 1819년 다시 부활했는데, 이 과정에서 화폐의 본성에 대한 엄격하고도 오래 지속된 논쟁이 촉발되었다. 이 논쟁은 1830년대와 1940년대의 은행학파(Banking School)와 통화학파(Currency School) 사이의 논쟁에서 정점에 달했는데, 이는 오늘날의 통화 분석에도 영향을 미치고 있으며, 종종 내생적 화폐와 화폐 유통에 대한 포스트케인스주의 이론의 선구자로 조명되기도 한다(Smithin, 2003 ; Wray, 1990 ; Parguez and Seccareccia, 2000을 보라). 미국에서도 비슷한 논쟁이 벌어졌다. 남북전쟁과 그 이후 시기 순수한 불환지폐가 발행되던 그린백 시대에 논쟁이 촉발되었다(Carruthers and Babb, 1996 ; Greider, 1987). 케인스가 말하듯, 신용화폐론자들은 '이단자들의 선봉대'라 할 만한 이들이었다(1973[1936]: p. 371). 하지만 주류 학계는 이들을 경제 분석의 '지하 세계'에 서식하는 '화폐 이론의 괴짜들'이라고 여겼다(Schumpeter, 1994[1954] ; Barkai, 1989).[2]

두 번째 흐름을 이룬 이단적 학파는 19세기와 20세기 초에 걸쳐 독일 역사학파 경제학이 발전시킨 '국정화폐론'에서 나온다(Ellis, 1934 ; Shumpeter, 1994[1954] ; Barkai, 1989). 이 이론들은 베버와 지멜에게 영향을 주었고 뒷날 케인스는 이들의 전반적 결론을 《화폐론》(A Treaties on Money, 1930)에 통합시켰다. 더 최근에 와서 이단 경제학자들은 크나프(Georg Friedrich Knapp)의 이론을 '신증표화폐론'(neo-chartalism)로 부활시켰다(Wray, 1998 ; Bel, 2000).

---

2) 더글러스 소령(Major Douglas)과 실비오 게셀(Silvio Gesell)에 대한 케인스의 논의 (Keynes, 1973[1936]: 23장)를 참조하라. 그리고 '사회적 신용/채권이론'에 대해서는 Hutchinson and Burkitt(1997)을 보라. 이 책의 9장도 보라.

초기의 청구권 및 신용 이론

17세기 유럽 전역에 걸쳐 은행과 국가들은 새로운 형태의 신용/채권 화폐를 발행한다. 이 새로운 신용/채권 화폐의 출현과 확산을 이해하기 위한 학문적 노력이 계속되는 과정에서 마침내 상품-교환 화폐 이론에 대한 최초의 체계적인 도전이 나타나게 되었다. 이 도전에 관해서는 2부 6장에서 검토하기로 하고, 여기에서는 계산화폐와 실제 화폐 형태 사이의 연결고리가 끊어진 것이 어떤 중요성을 띠는지 지적하고자 한다. 화폐의 이 두 가지 속성은 거의 2천 년 동안 주화라는 형태 속에서 하나로 통합되어 있었다. 하지만 로마제국 멸망 이후 중세 초기에 정치적 · 화폐적 무정부 상태가 나타나면서 이 두 가지 속성이 서로 분리되기에 이르렀다. 계산화폐는 결코 주화의 형태로 주조된 모습을 띠지 않았으며, 그런 의미에서 순수하게 추상적인 계산화폐였다. 계산화폐가 회계를 위한 고안물인 '유령 화폐'로서 존재했던 것이다(Wood, 2002: p. 76; Sherman, 1997을 보라).

18세기 영국의 휴이트(John Hewitt)가 《화폐에 대한 논고》(*Treatise upon Money*)에서 지적한 것처럼, 영국의 파운드와 프랑스의 리브르는 "상상 속의 화폐였다……. 영국에서든 프랑스에서든 실제로 유통되고 있는 정화(正貨) 가운데 파운드나 리브르로 가치가 표현되는 정화는 존재하지 않기 때문이다." 파운드나 리브르는 "화폐로 표현되는 총액을 표현하기 위해" 사용되었다는 것이다(Jackson, 1995: p. 10에서 재인용).[3] 당시 유럽은 여전히 지정학적으로 불안정한 상태였기에 각국의 사법적 관할권은 언제 어떻게 깨질지 모르는 상태였으며 그 경계선도 끊임없이 변경되고 있었다. 이 경계선 내에서, 또 경계선과 경계선 사이에 무수히 많은 다른 주화들이 실로 난잡하게 뒤섞여 유통되고 있었고, 영주들은 저마다 주권을 확립하기 위해 자기 경계선 안에 독자적인 추상적 또는 '유령' 계산화폐를 사용하도록 강제하려 애쓰고 있었다. 케인스의 말을 빌리자면, 서로 다른 여러 '사물들'(주화)이 화폐에 대한 서로 다른 여러 '묘사들'(계산화폐)과 대응될 수 있었다. 당시의 상황이 이렇게 복잡했던 덕에 화폐의 본성 자체에 대해 깊이 성찰할 수 있는 비옥한 토양이 마련된 셈이었다.

예를 들면, 17세기 영국에서 니컬러스 바본(Nicholas Barbon)과 버클리 주교(Bishop Berkely)는 화폐를 일종의 '표'나 '셈돌'과 같은 것으로 이해하는 '명목주의적'(nominalist) 화폐론을 발전시켰다. 18세기에 제임스 스튜어트 경(Sir James Steuart)은 이 논리를 기초로 더 확대시켜 더 통찰력 있는 분석을 내놓았다. 그는 '회계 화폐'(money of accompt)와 '화폐-주화' / '주화'를 구분했을 뿐 아니라, 상품 이론을 거꾸로 뒤집어서 이 '회계 화폐'야말로 본질적인 화폐라고 주장했다. 화폐는 "순수하게 그 자체로는 사람에게 어떤 물질적 유용성도 주지 않으며, 사람들이 이른바 가치라는 것의 척도라고 인정해야 비로소 화폐라는 이름을 얻게 되는 것"이다(Schumpeter, 1994[1954]: p. 297에서 재인용). 스튜어트에 따르자면, 계산화폐는 단순히 이런저런 상품의 모습을 띤 화폐를 표현하는 셈(notation)도 아니며, 그 여러 상품화폐의 대리물도 아니다. 화폐란 모든 구체적 형태를 띠는 화폐를 모두 총괄하는 유(類)로서 하나의 추상적 가

---

3) 갈리아니(Galiani)는 상상의 화폐(moneta immaginaria)와 실제 화폐(moneta reale)를 구분했는데, 이런 구분은 17세기 무렵에는 일반적인 것이었다(Schumpeter, 1994[1954]: p. 296).

치이며, 금속 주화는 그 추상적 가치가 표현되는 여러 모습 가운데 하나인 특수한 경우일 뿐이라는 것이다. 화폐는 그 자체로는 여러 재화에 대한 청구권 이상이 아니며 순수한 구매력일 뿐이다.

하지만 스튜어트의 주장은 거의 영향력을 발휘지 못했고, 나중에는 마르크스와 리카도 모두에게 멸시당하고 만다! 16~17세기 화폐 분석의 역사는 기술적 문제들이 지배하고 있었고, 특히 안정적인 금속 본위를 확립하는 것과 관련된 여러 정치적 문제에 대한 논의가 중요했다. 귀금속화폐를 옹호하는 주장은 이론적 기초에서만 나온 것이 아니라 실천적인 이유를 바탕으로 해서 나오는 경우도 많았다. 다시 말해서, 금속화폐를 주장했다고 해도 그 가운데 많은 이들은 금과 은이 실제로 **내재적** 가치를 갖기 때문에 화폐가 된다는 이론을 믿어서 그랬던 것은 아니었다 (Schumpeter, 1994[1954]: pp. 288-9). 영국 '정통 화폐 이론'의 두 설계자 로크와 뉴턴이 통화가치를 굳건하게 확립하는 데 관심을 둔 주된 이유는 강력하고도 자유주의적인 국가를 건설하는 것의 기초라고 생각했기 때문이다.[4]

18세기 말이 되자 영국의 금본위제는 모든 근대국가들의 화폐제도에서 하나의 모델이 되었고 상품화폐론은 이 모델의 운영에 관한 만족할 만

---

4) 로크는 국가가 특수한 이해관계(군주, 의회, 무엇보다도 런던 금융가들)로 통제되지 않는 상태를 이루고자 했다. 금속화폐 이론은 이 목적에 잘 부합하는 것이었다. 스튜어트의 이론이 암묵적으로 화폐의 사회적인 성격을 드러내고 그를 통해 결국 화폐란 화폐를 관리하는 자에 따라 탄력적으로 변할 수 있음을 드러내는 것이었다고 한다면, 로크의 화폐 이론은 화폐의 기초를 자연적 실체에 뿌리박고자 했던 것이었다. 그러나 앞으로 볼 것처럼, 영국 화폐 체제의 발전은 '국가 부채'와 중앙은행의 어음 발행에 기초하고 있다. 중앙은행이 고정된 비율로 금 태환을 보장함으로써 채권자들이 기꺼이 국가에 자금을 안정적으로 공급할 수 있게 된 것이다.

한 설명이라고 여겨졌다. 하지만 이론적인 문제들이 남아 있다. 자본주의 경제의 확장에 실제로 기름을 부은 것은 화폐처럼 유통되던 신용/채권이 었던 것이다. 그렇다면 이 신용/채권은 무엇을 기초로 하는 것인가? 당시에는 아직 중앙은행을 정점으로 하여 은행 체제 전체에 '부분 지급준비금 제도'(fractional reserves)를 실시할 만한 이론과 관행이 존재하지 않았으므로, 신용/채권을 상품화폐론으로 포괄하여 설명할 수가 없었다. 《로빈슨 크루소》의 작가로도 유명한 대니얼 디포(Daniel Defoe)가 느끼는 황당함이 이를 잘 보여 준다 하겠다.

> [신용]이 운동(Motion)을 일으키지만, 신용 자체는 현존(Exist)하는 것이라고 할 수 없다. 신용은 여러 형상들(Forms)을 창출하지만 형상을 갖고 있지 않다. 신용은 양도 아니고 질도 아니다. 그것은 공간성을 가지는 것도 아니고 시간성을 가지는 것도 아니며, 장소도 습관도 없다. 나는 신용이란 그것이 아닌 어떤 것의 본질이 유령처럼 떠돌아다니는 것(essential Shadow of Something that it is Not)이라고밖에 말할 도리가 없다(Daniel Defoe, 《공적 신용에 대한 논고》*An Essay on Publick Credit*, London, 1710 ; Sherman, 1997 : p. 327에서 재인용)

19세기 초가 되자 금속화폐는 전체 화폐 공급량의 50퍼센트 아래로 떨어져 버렸다. 나아가 영국은행은 나폴레옹전쟁 기간 동안 영국은행권의 금 태환을 중지시켜 버렸는데, 그럼에도 고전파의 상품화폐론이나 '금속주의' 이론이 경고할 법한 화폐의 불안정성이나 인플레이션은 발생하지 않았다. 그리하여 화폐의 본성에 대한 이론적 재검토가 뒤따라 나타나게 되었다.

19세기 논쟁들: 금과 신용

1. 영국의 은행업과 통화

1797년 금 태환 중지 이후 19세기 초 영국의 화폐 시스템에 대한 두 가지 상호 연관된 논쟁이 발생했다. 1821년 태환이 재개되기 직전 지금주의(地金主義) 논쟁이 있었으며, 이 논쟁은 은행학파 대 통화학파의 논쟁으로 이어졌다. 이 논쟁은 1844년 은행법(Bank Charter Acts of 1844)으로 나아가는 길을 닦게 되었다.

신용/채권(약속어음, 환어음)이 인플레이션과 환율에 어떤 역할을 하느냐가 핵심 문제였다(Wray, 1990과 Smithin, 2003을 보라). 통화학파는 리카도의 입장을 따라 은행권 발행 총액은 금의 총량에 비례해야 한다고 주장했다. 이렇게 하면 초기 화폐수량설의 입장에 따라 가격도 안정화시킬 수 있고 환율을 조절할 메커니즘도 마련할 수 있다는 것이다. 그들은 고전파 경제학의 사고방식에 따라서 화폐 공급이 증가하면 인플레이션이 발생할 것이며, 그렇게 국내 가격이 상승하게 되면 그 결과 무역수지 또한 적자가 될 것이라고 주장했다. 가격이 올라가게 되면 수출은 감소하고 수입이 늘어나게 될 것이기 때문이다. 하지만 이들은 이 무역 불균형은 상대적으로 탄력성이 작은 귀금속 화폐의 공급으로 인해 스스로를 조정하게 되어 있다고 보았다. 18세기 중반 흄에 의해 공식화된 '정화 유통(specie-flow) 메커니즘에 따르자면, 무역 적자 때문에 외국에 금을 지불하게 되면 금 유출이 발생하고 화폐 공급을 축소시키며, 이는 다시 자동적으로 국내 가격의 하락으로 이어지게 된다는 것이다. 흡사 '보이지 않는 손'의 작동처럼.

반면 은행학파의 이론가들은, 환어음과 은행권 같은 사적 신용/채권

수단들은 생산과 무역의 촉진에 필요한 실질 수요에 따라서 발행되는 것이라고 주장했다. 따라서 포스트케인스주의자들이 한 세기 뒤에 주장한 것처럼, 이들 역시 '과도한' 신용/채권 창출이란 애초에 성립 자체가 불가능한 것이며 따라서 인플레이션의 원인이 될 수도 없다고 주장했다. 논쟁은 점점 복잡해져 갔는데, 일부 은행학파 이론가들은 실제로 자신들과 대립하는 이들의 이론까지 차용하여 자신들의 입론에 이용했다. 예를 들어 교역 과정에서 발생하는 신용/채권은 화폐로 보아서는 안 되며 어디까지나 사적인 채무에 불과하다고 주장하는 이들도 있었다. 교역 과정의 신용/채권은 일종의 대체 화폐이고 따라서 유통되고 있는 화폐량을 증가시키지 않으므로, 인플레이션을 야기할 수도 없다는 것이었다. 요컨대, 논쟁을 거치면서 화폐라는 개념 자체가 불분명해지고 말았다.

> 우리가 고려해야 할 실질적인 문제는 이런저런 특정 형태의 신용이 과연 '화폐'로 지정될 만한 것인지를 따지는 것이 아니다. 모든 모습을 띤 신용에다가 모조리 화폐라는 이름을 붙이게 되면 화폐라는 말 자체가 이상하게 변질되고 원칙이 훼손되지 않는가가 정작 중요한 문제이다(John Fullarton, *Dn the Regulation the Regulation of Currencies*, London, 1844 ; Wray, 1990 : p. 105에서 재인용).

17세기에 바본과 로크 사이에 진행된 논쟁도 마찬가지였지만, 은행학파와 통화학파의 논쟁을 보면 화폐의 생산과 통제를 둘러싼 상이한 이익 집단들의 투쟁에서 화폐 이론이 얼마나 중요한 역할을 하는지 알 수 있다. 논쟁의 두 진영은 자본주의 사회에서 화폐 창출 과정을 함께 하고 있는 두 행위 집단(국가와 은행)을 각각 대표하며, 이 논쟁의 배후에는 자본주의 사회의 두 '화폐 계급'이 놓여 있다. 한쪽에는 기업 채무자가 있고, 다른 쪽 에는 지대 추구자와 채권자가 있다. 대체로 은행학파를 지원한 쪽은 지방 은행가들과 산업 기업가들이었다. 산업 기업가들은 은행가들 로부터 '유연한 신용'을 기대했으며, 한편 은행가들은 영국은행이 화폐 체제에 대한 지배력을 확대하는 것에 반대했다. 은행가들과 산업 기업가 들은 영국은행이 금 보유고에 대한 통제를 바탕으로 점차 권력을 자기 손 에 집중하면서 그것을 영국은행의 특수 이익을 위해 사용하고 있다고 믿 었다. 이들 이론가들은 버밍엄을 중심으로 모여 뚜렷한 집단(케인스 이전 의 케인스주의자들이라 할 만하다)을 이루고 있었으며, '모든 주요 산업 부 문에서 노동에 대한 전반적인 수요가 항시적으로 그 공급을 초과할 정도 로까지' 신용을 창출할 것을 주창했다(Thomas Attwood; Ingham, 1984: p. 108에서 재인용).

또 버밍엄학파는 엄격한 태환 규칙 아래 금으로 뒷받침되는 화폐인 '경화'는 경기를 침체시킬 뿐 아니라 채권자들의 배를 불려 줄 것이라고 주장했다. '경화' 원칙 때문에 화폐자본이 부족해지는 사태가 오게 되면 채권자들이 이를 악용하여 이자율을 올림으로써 이득을 챙길 것이라는 것이다. '건전 통화'는 불평등을 증가시키며, 따라서 '중립적'이지 않다 는 것이다. "영국에서 화폐 유통의 절반은, 대중들이 불경기에 빠져 고통 받다 못해 마침내 이른바 화폐시장이라는 것에 빨려 들어가게 되면 채권 자들이 그 틈을 타서 화폐 이자를 게걸스레 집어 삼키는 과정으로 결정된 다"(Thomas Attwood; Ingham, 1984: p. 108에서 재인용).

한편 통화학파는 이러한 입장에 반대하여 인플레이션을 두려워하는 채 권자들의 이익을 옹호하는 주장을 편다. 그중에서도 귀족 지배계급들은 금이야말로 강력한 영국을 건설하는 최선의 기초라고 생각했다. 그래서 멜버른 경(Lord Melbourne)은 토머스 애트우드(Thomas Atwood)에게 "버밍엄은 잉글랜드가 아니다"라고 말하기까지 했다(Ingham, 1984: p. 109에서 재인용).

통화학파는 통화가 특수한 경제적 이해관계에 따라 통제되는 것을 막아야 한다는 생각에 바탕을 두고 엄격한 금본위제를 지지했다. 이들에 따르면, 문제는 단순히 지방 은행들이 생산자들과 교역자들에게 과도한 신용을 제공한다는 것만이 문제가 아니었다. 리카도는 금으로 태환되지 않는 지폐의 발행이 허용되는 것을 두려워했다. 이렇게 되면 영국은행 스스로가 은행권 발행량을 마음대로 조종하고 또 이를 통해 금 가격을 올리는 방법까지 동원하여 이윤을 챙길 유혹을 받을 것이 더 큰 위협이 될 것이라는 것이었다. "본위를 사용하자는 단 한 가지 이유는 통화의 양을 규제하기 위해서이며, 통화량을 규제함으로써 통화의 가치를 규제하기 위해서이다. 본위 표준이 없다면 화폐의 가치는 화폐 발행자들의 이해관계와 무지에 농락당하여 계속 큰 폭으로 오르내릴 수밖에 없다"(Ricardo; Sraffa, 1951: pp. 58-9에서 재인용).

통화학파의 분석 쪽이 이후 벌어진 화폐 체제 개혁의 토대가 되었던 것은 사실이지만, 1844~45년 은행법은 금본위제와 신용에 의한 은행권 양자를 결합시켰다는 점에서는 타협의 산물이라고 할 수 있다. 금을 화폐의 기초를 삼은 것은 영국은행이 여태껏 재량으로 누려 오던 권한을 이제 독립적이고 중립적인 관리에 복속시키자는 의도였다.[5] 하지만 은행학파 쪽에서 비판하며 경고한 바대로 이 법을 시행하게 되자 영국은행은 이자율 조정의 권력을 사용하여 화폐와 은행 체제의 중앙집권을 더욱 더 증가시키고 말았다. 또 이 법은 은행 신용-화폐가 계속 증가해 가는 현실에도 불구하고 오로지 귀금속만이 공식적으로 화폐라는 규정을 고수했다. 그리고 앞장에서 보았듯, '경제 과학'은 이를 설명하기 위해서 저 옛날의 화폐 이론을 다시 들고 나와 그것을 계속 세련된 것으로 만드는 작업에 골몰했다.

2. 남북전쟁 후 미국의 그린백과 금

미국은 남북전쟁 당시 은행 어음을 금과 은으로 태환해 주는 것을 중지시켰다. 이리하여 그린백(greenback)* 시대가 도래했으며 이 시대는 1879년 금본위제가 재개될 때까지 지속됐다.[6] 이 시기 동안 귀금속과 불환지폐 가운데 어느 것이 좋은 것인지를 둘러싸고 격렬한 논쟁이 벌어졌

---

5) 하지만 이 자기 조정이라는 것이 불가능한 것임은 금방 입증되었다. 1844년 은행법은 통과되자마자 1847년에 일시적으로 보류상태에 처했고, 1857년과 1866년에도 보류상태가 반복되었다. 신용 위기가 벌어지게 되자 이것이 은행 도산으로 이어졌으며, 이에 따라서 애초에 법적으로 정해져 있었던 영국은행의 은행권 발행의 제한이 철폐되었던 것이다. Cameron, 1967을 보라.

* 남북전쟁 당시 북부군 정부는 전비 조달의 방법으로 일종의 재무성 증권을 발행하여 군인들의 급료로 지불했다. 전쟁이 진행되면서 북부군 정부의 재정 파탄으로 결국 태환이 중지되어 일종의 불환지폐가 되었다. 재무성 증권이라고는 하지만 모습은 일반적인 은행권과 똑같았으며 뒷면이 녹색 잉크로 인쇄되어 그린백이라는 속칭을 얻었다. 이 정부 발행 지폐는 이후 20세기 들어 연방준비은행이 발행하는 은행권과 나란히 1970년대 초까지 유통된다. 한편 1870년대 들어서 전쟁의 후유증으로 농산물 가격 폭락으로 농민들이 큰 곤란을 겪게 되는데, 이 농민들을 중심으로 금 준비에 얽매이지 않는 팽창적인 통화정책을 요구하는 그린백 정당(Greenback Party)이 나타나서 계속 불환지폐인 그린백을 법화로 사용하자고 주장했다. 이 운동은 비록 실패했지만 뒷날 미국 인민주의 운동(populist movement)의 모태가 된다.

6) 이하의 설명은 Carruthers and Babb(1996)에 기초하고 있다. 이 저서는 화폐에 관하여 그저 문화적 사회적 결과들을 다루는 것이 아니라 화폐 현상 자체에 대한 진정한 사회학적 분석을 시도하는 아주 드문 저작 가운데 하나이다. 또 Greider, 1987도 그린백 시대를 다루고 있다.

다. 이 논쟁은 영국에서 벌어진 은행학파와 통화학파의 논쟁만큼 이론적으로 세련되지는 않았지만 화폐와 가치의 근본 성격이 무엇인지를 좀 더 노골적으로 보여 주고 있다. 이런 점에서 그린백 시대의 논쟁은 17세기와 18세기 초, 영국에서 신용과 화폐를 두고 벌였던 최초의 논쟁 쪽과 훨씬 더 비슷하다.

17세기 영국에서 벌어진 논쟁과 마찬가지로, 한 쪽은 '이론적 금속주의'를 받아들였다. 이들의 입장에서 보면, "자는 그 내부에 길이를 포함하고 있기에 길이를 재는 수단이 된다……. 마찬가지로 내재적 가치를 가지고 있는 금속화폐는 이 금속 가치에 기초하고 있는 주화라는 형태를 빌려서 비로소 가치의 측정 수단이 된다"(Bartley: Carruthers and Babb, 1996: p. 1567에서 재인용).[7] 이 말에서 암묵적으로 드러나듯이, 토지와 귀금속을 자연 현상이라는 차원에서 연계시키는 것이 이 논쟁에서 중심적 역할을 했다. '정직화폐동맹'(Honest Money League)은 자신들의 입장을 이렇게 설명했다. "진정한 화폐, 실제 화폐, 그리고 지폐, 이들은 모두 다른 것이다. 그건 당신의 토지와 땅문서가 다른 것이나 마찬가지다. 화폐는 특정한 순도를 갖는 특정한 금속의 실체, 즉 무게이다. 반면 지폐는 단지 일종의 증서에 지나지 않는다"(Caruthers and Babb, 1996: p. 1568).

한편 그린백 지지자들은 이러한 주장에 숨어 있는 논리적 혼동을 폭로하려 들었다. "야드를 재는 자와 파운드를 재는 저울추가 나무로 되어 있느냐, 강철로 되어 있느냐, 또는 금으로 되어 있느냐 하는 사실은 중요하

---

7) 이는 다음과 같은 공식적 입장과 동일한 것이다. 가치란 '물질적인 사물의 질적 특성에서 나오는 것이지 정신적 평가에서 나오는 것이 아니다.'(*US Monetary Commision*: Carruthers and Babb, 1996: p. 1576에서 재인용)

지 않다. 이러한 물질들로 표현하고자 하는 속성은 오직 길이와 무게일 뿐이다"(Campbell ; Caruthers and Babb, 1996 : p. 1569에서 재인용). 그린백 지지자들은 적어도 암묵적으로나마 화폐를 하나의 사회적 구성물로 이해했다. 이들이 보기에 화폐의 단위와 표준을 구성하는 데에는 정치적 권위가 반드시 필요한 것이었다. 그리고 이 추상적 가치를 담고 있는 여러 물체들은 단지 그 가치에 맞먹는 재화에 대한 **청구권**에 불과한 것이었다. 이러한 입장은 19세기 미국 민주주의에서 중대한 정치적 함의를 지닌다. 화폐를 만드는 것이 정부이고 정부를 만드는 것이 인민이라면, "화폐를 만드는 것도 발행하는 것도 통제하는 것도 우리"라는 것이 그린백 지지자들의 주장이었다(Welcott ; Caruthers and Babb, 1996 : p. 1572에서 재인용).

다른 분쟁들과 마찬가지로, 이 경우에도 그 결과는 채권자와 채무자를 한 편으로 하고 국가를 다른 편으로 하는 복잡한 투쟁으로 결정되었다. '금속주의자'와 채권자 집단은 자신들의 화폐수량설에 기초하여 불환지폐는 반드시 인플레이션을 야기할 것이라고 우려를 표했다.[8] 하지만 그들이 모두 상품화폐론에 대해 확신을 가지고 있었던 것은 아니다. 단지 민주주의 정부가 비금속 통화에 대한 통제를 유지할 수 있을까 우려하며 금속주의를 지지하는 사람들도 많았다. 즉 '실용적 금속주의자들'이었던 셈이다(Schumpeter, 1994[1954]: pp. 288-9). 영국 통화학파들 가운데 일부가 주장했던 것과 똑같이, 그들 또한 태환 불가능한 신용-화폐를 쓰게

---

8) 1830년대 버밍엄의 애트웰(Attwell)과 1930년대 게셀(Gesell)이 그랬던 것처럼, 19세기 후반의 일부 미국인들도 한걸음 더 나아가서 인플레이션은 사람들로 하여금 돈을 빠르게 써 버리게 만들기 때문에 경제활동을 자극하는 이익을 가져온다고 응수했다.

되면 여러 경제적 계급들이 저마다 이해관계를 놓고 싸움을 벌이게 되면서 시스템 전체의 불안정이 나타날 것이라고 주장했다. 하지만 상품화폐는 자연적 물질이라는 기초에 안정적으로 고정되어 있으므로 이러한 갈등을 넘어설 수 있을 것이라는 것이었다. 이러한 주장은 사람들의 상식에 호소력을 가지는 것이었지만, 그린백 지지자들은 이를 거부하고 반대로 민주적 통제를 받지 않는 고정된 금속 표준을 두게 되면 은행가와 채권자들에게 너무나 많은 권력을 넘겨주는 것이라고 주장했다. 그린백 지지자들은 사실상 화폐의 사회적 관계를 귀금속 주화라는 자연적 형태와 동일시하려는 이데올로기적인 경향에 반대하여 그 신비성을 걷어 내고자 했다. 화폐는 일종의 사회적 생산물이며, 화폐를 금과 동일시하게 되면 마땅히 대중의 통제 아래에 있어야 할 공공재가 은행가들의 사적인 이익으로 통제되는 실상이 은폐될 것이라는 것이었다.

그린백 지지자들은 투쟁에서 패했고, 1913년 연방준비은행(Federal Reserve Bank)이 성립하면서 미국은 주권적 통화 공간(금본위에 기초하여 발행되는 달러라는 계산화폐로 그 범위가 규정되는)을 갖추게 됐다. 1장에서 본 것처럼, 피셔는 1911년에 간행된 《화폐의 구매력》에서 금본위제를 주창하지는 않았지만 화폐량과 가격 사이에 직접적인 관계가 있음을 수학적으로 증명했다고 주장하였다. 미국의 은행 체제는 권력 분산이 아주 심했으며 지방 은행의 수는 수천에 달하고 있었다. 따라서 화폐 체제의 여러 규칙들을 금의 양으로 통제한다는 제안은 무엇보다 우선 이렇게 복잡한 상황에서 은행들의 대출 정책을 규제하는 어려움을 피해갈 수 있다는 장점이 있었다. 그런데 바로 이 시점에서 뉴욕의 영향력 있는 월간지 《은행법 저널》(The Banking Law Journal)에 통념을 깨는 획기적인 논문 두 편이 발표된다(Innes, 1913, 1914). 이 논문에서 미첼 이니스는 상품화폐론을 간단명료하게 비판하면서 이렇게 말했다. "역사상 이토록 근거 없는 이론이 과학 이론으로 제출된 적은 없다고 해도 과언이 아니다." 어떻게 이런 일이 가능할 수 있는지 도저히 이해할 수가 없다는 얘기였다(Innes, 1914: p. 383).[9] 금본위제가 최고의 전성기를 구가하던 그때 이미 이니스는 자신 있게 "가치의 금속 표준 따위는 결코 존재하지 않는다"고 말한다 (1914: p. 379). 이니스는 일부 초기 신용 이론가들(스튜어트Steuart, 먼 Mun, 보아규베르Boisguillebert, 특히 맥클라우드Macleod)이 이미 화폐의 근본 성격은 **추상적인 채무 지불수단**이라고 주장했던 것을 알고 있었다. 이니스는 이렇게 말한다. "우리가 만지거나 볼 수 있는 것은 1달러라고 불리는 양만큼의 채무를 지불하거나 충족시키겠다는 약속일 뿐이며, [이는] 무형적 · 비물질적 · 추상적인 것이다"(1914: p. 159; 1913: p. 399).

금속주의의 화폐 이론에 대한 이니스의 비판은 크게 두 부분으로 나뉜다. 첫째, 역사상 존재한 주화들의 무게와 순도의 역사를 볼 때, 이것들을 금속이 본위로 쓰였다는 화폐 이론으로 설명할 수 없음을 입증한다. 가장 앞선 것이라고 알려진 기원전 몇 백 년 무렵의 그리스와 소아시아 지역 주화는 너무나 들쭉날쭉하여 도저히 금속 본위의 기초가 될 수 없었다는 것이다. 그리고 더욱 중요한 사실은, 이 주화들에는 그 가치를 나타내 줄 어떤 숫자도 표시되어 있지 않았다는 점이다. 훗날 로마제국의 주화는 그 가치가 표시되어 있었지만, "이 경우에도 가장 놀라운 일은 이 주화의 무게뿐 아니라 합금의 구성 또한 지극히 불규칙하다는 점"이라는 것이다 (Innes, 1913: p. 380). 이니스는, 가치의 표시는 계산화폐에 의해 결정되는 것이라고 보고 이렇게 표현했다. "우리는 수백 년 동안 주화의 주조가

---

9) 이니스의 논문 그리고 관련한 논평 및 글들은 Wray, 2003에서 찾아볼 수 있다.

무수한 흥망성쇠를 겪었음에도 불구하고, 계산 단위는 전혀 변함없이 독립적으로 그대로 유지되었다는 놀라운 사실을 알게 되었다"(Innes, 1914: p. 381). 상품화폐 이론가들은 주화의 주조 가치와 계산 단위 사이에 보이는 이러한 '시간 지체'(lag)가 단지 사람들을 속이는 데 성공했다는 점을 보여줄 뿐이며, 이런 식으로 계속 조금씩 악화(惡貨)를 주조해 가다 보면 결국 주화의 가치 저하와 가격 인플레이션이 나타날 것이라고 주장해 왔다. 우리는 이 문제를 뒤에 다시 살펴볼 것이다. 여기서는 그저 이런 식의 가설은 악화의 주조로 발생하는 가격의 상승이 나타나기까지 매우 긴 시간이 걸린다(예를 들어 로마 시대에는 몇 세기가 걸렸다)는 사실을 볼 때 현실성이 없다는 점만 지적하고자 한다.

이니스는, 모든 주화는 증표(tokens)이며 따라서 주화의 무게와 금속 구성비는 중요한 게 아니라고 확신했다. 오히려 주화에서 중요한 것은 "발행자의 이름 또는 발행자를 나타내는 독특한 표시다. 주화에 발행자 이름이나 표시가 찍혀 있지 않은 적은 결코 없었다"(Innes, 1914: p. 382). 곧 국정화폐론(state theory of money)에 대해 논의하면서 보게 되겠지만, 주화에 찍혀 있는 발행자 표시는 꼭 그 주화의 순도를 보장하는 것이 아니라 단지 발행자가 그 징표를 조세 지불에 사용하면 그것을 받아들이겠다고 보장하는 것일 뿐이다(다시 말해 화폐는 채무를 표시하는 상징물로서 발행되는 것이다). 이니스가 보기에 모든 형태의 화폐가 그런 것처럼, 주화 또한 추상적 가치나 구매력을 표현하는 신용 수단이었다. "신용/채권이 곧 화폐이며, 오직 신용/채권만이 화폐이다"(Innes, 1913: p. 392).

이니스가 주장하는 두 번째 지점은, 최초의 주화가 발생하기 2천 년 이전부터 채무-채권 관계는 계산화폐로 그 액수가 표시되었다는 것이다. 기원전 2500년 무렵 바빌로니아의 점토판(shubati)은 부채를 계산화폐로 측정하여 기록했음을 보여 준다(Innes, 1913: p. 396). 이니스는 또 이러한 상업 수단은 주화가 사용된 시대에 들어와서도 내내 주요한 화폐 형태로 지속되었다고 주장한다. 다시 말해, 그의 분석은 화폐가 원래 물질 화폐였다가 점진적으로 탈물질화 또는 추상화를 겪어 신용/채권 형태로까지 이르렀다는 여러 이단적 경제 이론에서 보이는 생각을 지지하지 않는다(예를 들어 Simmel, 1978[1907] ; Aglietta, 2002를 보라). 이니스에 따르면, 맨 처음부터 점토판 또는 잘 부러지는 금속이나 톨리(tally) 막대기*를 두 개로 부러뜨려서 한 조각은 채권을 다른 조각은 채무를 표시하는 식이었고, 그 뒤에는 환어음이 나와서 그 어떤 매개체의 유통에도 의존하지 않은 채로 채무의 청산이 가능했다는 것이다.[10]

　하지만 미국은 이미 오랜 기간 논쟁과 정치적 갈등을 거쳐 금속 본위제

---

* 톨리 막대기란 신석기 시대 이후로 곳곳에서 계산과 거래의 기록을 위해 사용된 방법으로, 결승 문자와도 연관되며 문자 및 회계의 발달에 중요한 함의를 가진다. 긴 막대기를 두고 거래(이를테면 외상 거래)가 벌어질 때마다 거래 당사자들이 서로간의 채무를 막대기에다가 빗금으로 표시해 둔다. 그리고 이 막대기를 길게 반으로 잘라 서로 나누어 가지게 되면, 갚는 쪽과 받는 쪽 사이에 분명하게 채무액의 기록이 되는 것이다. 톨리 막대기는 형태는 약간 달라도 인류 문명 전반에서 발견되며, 중세 유럽에서도 많이 쓰였고 특히 중세 이후 영국에서는 조세의 지불수단으로 쓰였다. 정부에서 아예 일정한 액수가 새겨진 톨리 막대기를 화폐처럼 발행하여 민간에서 물자를 조달하고, 이 막대기를 받게 된 민간인들은 이후에 지방 정부나 중앙 정부에 조세를 갚을 때에 이 막대기를 썼던 것이다. 톨리의 사용은 심지어 18세기 초까지도 활발하였고, 1823년의 법령에 의해 비로소 폐지되었다. 당시 의회 건물 지하실에 보관되어 몇 백년간 보관되어 있었던 톨리 막대기들을 모두 꺼내어 한꺼번에 난로에 집어넣고 다 태워 버렸는데, 그러다가 불이 번져 의회 건물 자체에 불이 나기도 했다고 한다. 이 영국의 톨리 사용의 예는 최근의 신증표화폐론(neo-chartalism)의 주장자들에게 화폐의 기원이 시장의 상품이 아니라 국가에 대한 조세 지불수단이었다는 논지의 중요한 영감이 되기도 한다. 이에 대해서는 이 책 뒷부분 참고 문헌의 Wray, 2000을 참조하라.

와 중앙은행을 확립한 상태였으니, 이니스의 입장에 호의를 보내는 이들이 있으리라고는 기대하기 어려운 상황이었다. 확고부동한 위치를 차지한 정통 경제학 이론은 이니스의 주장에 아주 잠깐 크게 분노하는 듯했으나 곧 논의할 가치가 없다는 식으로 대응하였고 결국 망각 속으로 묻어버리고 말았다.[11] 그러나 근본적으로 이니스가 옳았다. 최근 다양한 화폐 이론에 대한 관심이 다시 살아나면서, 그의 성과는 일부 19세기의 후기 독일 역사학파 경제학의 작업들과 더불어 재조명되었다(Smithin, 2000, Wray, 2000 ; Bell, 2000 ; Wray, 2004).

독일 역사학파와 국정화폐론

이미 지적했던 것처럼, 화폐 분석은 **방법론 전쟁**(Methoderstreit)에서 중심적 위치를 차지하고 있다(Barkai, 1989 ; Ellis, 1934). 일반적으로 역사학파는 화폐가 시장에서 교환되는 상품에서 기원했으며 상품으로서의 발전 경로를 거쳐 진화해 온 것이라는 설명에 반대했다.[12] 일부 논자들은

---

10) '보통 영국 재무성(Exchequer)이 금이나 은을 수령하고, 저장하고, 지불하는 곳이라고 생각하는데, 이는 완전히 잘못된 것이다. 실제 영국 재무성의 전체 업무는 여러 가지 톨리 막대기를 둘로 부러뜨린 것 즉 사람들이 흔히 밑둥(stock)과 부러뜨린 가지(stub)라고 부르는 증표들을 발행하고 수납하는 업무, 정부의 채권 채무 계정을 기록하는 업무, 그리고 톨리 막대기가 재무성으로 돌아오게 되면 이를 보관된 막대기의 다른 쪽과 함께 없애버리는 업무 등으로 이루어져 있다. 즉, 영국 재무성은 사실상 대규모의 정부 채권 채무 청산소였던 셈이다.' (Innes, 1913: p. 398)

11) 하지만 젊은 케인스는 1914년 《경제학 저널》(*Economic Journal*)에서 1913년 글에 대해 긍정적으로 논평한다(Keynse, 1983: p. 404)

한걸음 더 나아가 영국과 미국의 정통 경제 이론을 완전히 부정하면서, "화폐량은 중요한 요소이지만 가격을 결정하는 요소는 아니다"라고까지 주장했다(Barkai: p. 197).

국정화폐론(國定貨幣論)의 역사는 19세기 초까지 거슬러 올라가는데, 화폐 가치를 공동체의 신뢰의 표현이자 국가적 의지의 표현으로 설명하고자 했던 뮐러(Muller)의 《새로운 화폐 이론》(*New Theory of Money*)이 그 출발점이다(Schumpeter, 1994[1954]: pp. 421-2). 그리고 이 이론은 1905년 출간된 크나프의 《국정화폐론》(*State Theory of Money*)에서 정점에 달했다. 크나프는 이 책에서 '국가라는 개념을 그리지 않은 채' 화폐를 이해하려 하는 것은 어불성설이라고 주장했다(Knapp, 1973[1924]: pp. vii-viii). 화폐는 교환으로부터 출현하는 매개 수단이 아니라 **채무를 계산**하고 또 결제하기 위한 수단이었으며, 이 채무 가운데 가장 중요한 것이 조세 채무였다는 것이다. 크나프에 따르면 채무 가치는 계산화폐로 표현되는데, 계산화폐란 '지불의 양이 표현되는 단위'이고, 채무를 지불하는 데 실제로 사용되는 수단은 '가치 단위의 **담지자**'라는 것이다(Knapp, 1973[1924]: pp. 7-8, 강조는 인용자). 이러한 추상화를 담지하고 있는 화폐 재료가 어떠한 물질적 형태를 띠고 있는가는 '변할 수 있는 것'이므로 그 중요성은 2차적인 것에 불과하다(Knapp, 1973[1924]: pp. 8-25). 다시 말하면, 계산 단위로 값이 매겨진 채무를 갚을 때 실제로 사용되는 물체는

---

12) 이 역사학파의 입장은 '학파'라는 말로 불릴 만큼 지적으로 통합되어 있거나 일관성 있는 것은 아니었다(Schumpeter, 1994[1954]를 보라). 하지만 그 학파의 성원들이 화폐에 대해 했던 연구 작업은 고전파 신고전파 상품 이론과 근본적으로 다른 것으로 중요하게 여길 필요가 있다.

언제든지 변화할 수 있는 문제이며 또 실제로 자주 변화해 왔다는 것이다. 귀금속 주화나 비금속 주화, 가죽, 담배, 가축 같이 살아 있거나 살아 있지 않은 유기체 등 모든 지불수단은 계산 단위가 표현하는 추상적 가치를 드러내기 위한 것이라고 널리 인정된 예들이다.

사람들이 국가에 대해 지고 있는 조세 지불의 채무는 공적인 채무의 지불을 담당하는 관청에서 계산화폐로 그 액수가 사정 평가된다. 그리고 국가는 이러한 조세 채무를 이행할 때 무엇을 지불수단으로 받아들일 것인지를 공표함으로써 화폐를 창조하게 되는 것이라는 것이다. 국가는 명목 계산 단위를 제정하고, 금속 통화 체제를 쓰고 있는 경우에는 귀금속으로 태환해 주는 비율을 고정시킨다. 예를 들어 일정한 양의 은 또는 금 온스에 몇 달러나 몇 파운드 같은 명목 화폐가 대응한다고 정해 놓는 식이다. 이런 식으로 국가는 화폐의 '법적 유효성'(Geltung)을 창출한다. 여기에서 중요한 점이 있다. 크나프가 말하고 있는 것은 오직 국가만이 화폐를 발행할 수 있다는 주장이 아니다. 단지 국가가 '어떤 것을 지불수단으로서 받아들이느냐…… 결정적인 중요성을 갖는다'는 것이었다(Knapp, 1973 [1924]: p. 95). 그러므로 은행이 국가의 계산화폐로 가치를 표현하여 발행한 신용 증서들과 어음들이 '화폐'(또는 크나프 자신이 만든 용어로 '가치 평가' 화폐valuata)가 되는 것은, 국가가 그것을 자신에게 납부하게 되어 있는 조세 채무의 지불수단으로서 받아들이고 또 자신의 채권자들에게 채무의 지불로서 다시 발행하게 되는 순간이라는 것이다(Knapp, 1973 [1924]: p. 143, 196). 말하자면, 은행 신용/채권은 은행과 국가 사이의 구조적 관계를 통해서 비로소 '화폐성'을 부여받게 된다는 것이다. 모든 화폐는 어떤 물질적 형태를 띠고 있는가와 무관하게 그 속에 추상적 가치 단위를 저장하거나 그것을 담아서 이동시켜 주는 증표(token)인 것이다.

크나프는 '증표'를 뜻하는 라틴어 카르타(charta)를 사용하여 화폐를 '증표적인(Chartal) 지불수단'이라고 규정했다(Knapp, 1973 [1924]: p. 38).

이러한 크나프의 입장은 멩거와 폰 미제스(Ludwig von Mises) 같은 경제 '이론가들'에게는 이단으로 낙인찍혀 파문당해 마땅한 것이었다(von Mises, 1934[1912]: pp. 413-18을 보라). 이들은 국가가 화폐의 구매력을 정할 수 있다는 인식에 경멸을 퍼부었고, 가치란 오직 교환을 통해서만 정립될 수 있는 것이라고 주장했다. 하지만 이미 살펴본 것처럼, 이 경제 이론들은 왜 가치를 가지고 있는 모든 재화들이 화폐가 되지 못했는지에 대해서도, 또 왜 교환가치도 별로 없는 특정한 '재화'(종잇장)가 구매력을 가지게 되는지에 대해서 설명하지 못한다. 경제 이론가들은 너무 분노한 나머지 크나프가 가치 평가를 할 수 있는 능력(valuableness)과 가치(vlaue)의 구분을 중시했다는 것도 눈치 채지 못했다. 화폐는 가치 평가 능력 또는 법적 유효성이라는 특질을 가지고 있는데, 이는 화폐가 갖는 특정한 가치, 즉 구매력과는 전혀 다른 것이다. 국가는 조세에 대한 지불수단으로 일정한 증표를 받아들이고 또 그 증표를 사용하여 스스로 필요한 것을 구매하며, 이 과정에서 그 증표에 가치 평가 능력을 부여하는 것이다. 크나프에 따르면, 화폐의 실질 가치는 물론 이 과정과 밀접하게 연관되어 있지만 본질적으로 별개의 문제인 것이다.

가장 중요한 점은 화폐의 가치 평가 능력이 **오직** 명목 계산화폐와의 관계 속에서만 확립될 수 있다는 점이다. 크나프는 화폐 스스로가 측량의 주체인 척도이지 측량되는 사물이 아니라고 주장한다. 즉 화폐는 추상적 가치인 것이다. 실제로 1실링짜리 주화에 담겨 있는 실제 은 함유량은 천차만별이다. 게다가 파운드 화폐는 실제 은화로 주조된 적이 한 번도 없다. 그럼에도 우리는 변함없이 20실링을 1파운드로 놓고 있지 않은가.*

이러한 사실은 화폐를 추상적 가치라고 이해하지 않고서는 결코 설명할 방법이 없는 것이다(Einaudi, 1953[1936]; Innes, 1913).

국정화폐론에는 현대 경제학이 내거는 '실물' 경제라는 메타이론의 심장부를 노리는 공격이 함축되어 있다. 즉 경제의 실체는 실물 또는 자연 경제라는 하부구조라든가, 가치란 각자의 선호에 기초한 개인들 간의 자유 교환을 통해서만 확립될 수 있다든가 하는 '실물' 경제 이론의 공준을 근본적으로 공격하고 있는 것이다. 역사적으로 볼 때, 가치 표준을 고정시키고 또 이를 조작하는 것은 물론이고 화폐 물질을 발행하는 것 또한 국가가 해온 역할이었다는 점은 논박의 여지가 없는 사실이다. 앞에서 지적했듯이 정통 경제학도 이러한 국가의 역할을 화폐라는 '공공재'를 공급하는 것이라는 이론으로 수용할 수 있다. 하지만 크나프의 이론은 화폐가 존재하려면 국가의 권위가 필수적이며 게다가 **논리적 필연성**을 가진 조건이라는 주장을 담고 있다. 1장에서 주장했던 것처럼, '화폐성'은 계산화폐에 의해 부여되는 것이다. 그리고 이 계산화폐란 갖가지 경제적 이해관계가 시장에서 자유롭게 상호작용하는 가운데 생산될 수 있는 그런 것이 아니다. 화폐성에는 반드시 '권위'가 필요하다. 이런 식으로 국정화폐론은 화폐 가치를 보증하는 자와 화폐 사용자가 맺는 관계(또는 계약)의 **정치적** 성격이 무엇인가라는 더 큰 질문으로 이어진다. 이렇게 보면 화폐라는 개념 자체에 필연적으로 주권성의 문제가 포함될 수밖에 없다.

독일 역사학파 학자들 일부는 화폐 가치를 화폐수량설로 설명하는 것

---

* 이는 오늘날에는 맞지 않는 진술이다. 영국은 전통적으로 1파운드=20실링, 1실링=12펜스라는 과거의 계산화폐 체제를 오래 유지해 왔지만, 1970년대에 들어서 이를 폐지하였다.

또한 기각했다. 1922년 7월 독일이 하이퍼인플레이션의 와중에 있을 때, 독일 제국은행(Reichsbank) 총재 하베르슈타인(Haverstein)은 오히려 충분히 빠른 속도로 화폐를 찍어 내지 못해서 죄송하다고 사과했다. 이미 끔찍한 상태에 이른 당시의 인플레이션이, 그런 식으로 어마어마하게 화폐를 찍어 내게 되면 더욱 악화되는 것이 아닐까라는 두려움은 그에게 조금도 없었던 것이다. 그는 이렇게 잘라 말한다. "엄청난 은행권 발행으로 통화량이 불어나게 된 것은 마르크 가치 하락의 원인이 아니라 결과다." 이미 당시에는 가격이 화폐량을 결정하는 것이지 영미식 경제 이론이 말하는 것처럼 화폐량이 가격을 결정하는 것이 아니라는 믿음이 경제학자들과 정치 엘리트들 사이에 폭넓게 받아들여지고 있었고, 하베르슈타인도 이러한 생각을 표현한 것뿐이었다. 화폐량은 가격을 결정하는 것이 아니며, 거꾸로 가격에 의해 결정되는 요소일 뿐이라는 관점은 이미 19세기 독일 역사학파의 두 거장에 의해 제출된 바 있었다. 빌헬름 로셔(Wilhelm Roscher)는《정치경제학 원리》(*The Principle of Political Economy*)에서, 카를 크니스(Karl Knies)는《금과 신용》(*Gold and Credit*)에서 마찬가지 주장을 제시한 바 있다(Barkai, 1989). 하지만 이렇듯 고전파 경제학의 화폐수량설을 거부할 수 있었던 지적인 논리는 결국 하이퍼인플레이션이 벌어지면서 바이마르공화국과 함께 사라져 버리고 말았다. 오늘날은 이러한 이단적 통화 이론이 하이퍼인플레이션이라는 재앙을 가져오게 된 원인을 제공했을 것이라는 추측이 아무런 의문 없이 통용되고 있는 실정이지만, 정말로 과연 그랬던가는 의심의 여지가 대단히 많다.

화폐와 화폐 정책에 대한 오랜 논쟁에는 본질적으로 같은 질문들이 계속해서 떠돌고 있다. 시장은 스스로 화폐를 생산하고 유지시킬 수 있는가? 순수한 시장 화폐가 경제적으로 더 효율적인가? 어쩌면 오늘날의 문제들과 연관시켜 이런 질문을 할 수도 있겠다. 전자화폐와 대용량 컴퓨터의 힘은 '화폐의 종말'을 가져올 것인가? 그리하여 발라와 빅셀의 모델에 제시된 '실물'경제를 현실화시킬 것인가? 이 모델들이 계속해서 주류의 자리를 차지하고 있는 형국은 이 모델 자체의 학문적인 장점 때문이라기보다는 방법론 전쟁 이후 주류 경제학이 다른 사회과학과 멋대로 분리되어 버린 데 더 큰 이유가 있다. 이 주제들은 크나프가 《국정화폐론》을 발간한 이래 어느 때 보다도 더 큰 문제로 떠오르고 있는데, 이 문제는 2부에서 다시 다룰 것이다. 이제 우리는 크나프의 저작이 비록 오래가지는 않았지만 케인스의 작업에 영향을 끼친 바를 살펴볼 필요가 있다.

케인스에게 준 영향

20세기 초의 영국 경제학자들 가운데 물질을 벗어난 화폐의 성격을 이해하고자 노력한 이들은 명목주의 화폐론, 국정화폐론, 신용화폐론 등의 적실성을 재빨리 간파했다.[13] 이론적으로 모순된 점도 많았고 결국 나중에는 애매모호한 주장이 되고 말았지만 랠프 호트레이(Ralph G. Hawtrey)가 그러한 이였으며, 또 장기적으로 더욱 중요한 경우가 케인스였다. 이 두 사람은 (신)고전파의 '실물' 분석 가정을 폐기했다. 대신에 생산과정, 특히 경기순환상의 호황기와 침체기에 화폐가 하나의 요소로

---

13) 화폐의 탈물질화는 복지와 실업같은 사회적 문제들과 연결되어 있다. 화폐 형태의 변화는 또 대의제 민주주의의 진전, 국제적 갈등-경쟁의 확대와 같은 문제와도 관련되어 있다. 이러한 경험적 문제들에 대해서는 7장과 8장에서 다룬다.

서 자율성 또는 독립성을 부여받는다는 이론을 발전시켜 보고자 했다.[14]

기존 이론에서는 화폐가 분석상으로 상품경제와 '실물' 경제에 단단히 닻을 내리고 있는 것이었으나, 국정화폐론과 신용화폐론은 바로 이 닻을 제거해 버렸다. 하지만 화폐가 '실물' 경제와 귀금속에 닻을 내리고 있는 것이 아니라면, 도대체 그 기초가 무엇인가라는 질문에 만족스러운 답변을 하기 위해서는 (신)고전파 경제학 자체와도 완전히 결별해야 한다. 그러나 케인스와 다른 주류 경제학자들은 결국 그렇게 하지 못했다. 1930년대 들어 이들은 정통 '실물' 경제 이론으로 방향을 되돌렸고(퇴보했다고 말해야 할 것이다), 화폐에 대한 자신들의 급진적인 이론을 스스로 폐기해 버렸다.[15]

《화폐론》(Keynes, 1930)은 제번스, 마셜, 피구와 같은 케임브리지 전통과 멩거, 폰 미제스와 같은 오스트리아 이론가들 양쪽의 상품 교환 이론에 도전한 책이라 할 수 있다. 《화폐론》은 19세기 영국의 신용화폐론과 독일의 명목주의 화폐론 및 국정화폐론을 결합시켰다. 특히 케인스는 자신이 독일 화폐 이론을 접하게 되자 화폐의 역사적 기원을 찾기 위해 미친 듯이 고대 메소포타미아 역사까지 탐닉하면서 '바빌론을 향한 광

---

14) 슘페터가 호트레이의 선한 교역과 악한 교역에 대해 논의한 부분을 참조하라 (1994[1954]: pp. 1117-22). 호트레이는 《경제학 저널》(*Economic Journal*) 35호 (1925)에서 국정 화폐론에 대해 논평한다. 1905년에 나온 크나프의 저서 《국정화폐론》이 호트레이의 저서 《통화와 신용》(*Currency and Credit*, 1919)에 영향을 주었다고 볼 수 있으며, 여기에서 호트레이는 화폐의 논리적 기원이 계산화폐에 있다고 주장한다. 케인스는 이 호트레이의 입장을 긍정적으로 평가했다(Keynes, 1983: p. 16). 케인스는 독일에서 국정화폐론이 대중화되어 있다는 것에 대해서도 긍정적으로 평가했다(Keynes, 1983: pp. 400-30)

기'에 빠져들게 되었다고 고백한 적도 있다. 1920년대 중반, 케인스는 고대 서아시아 문명에서 화폐의 역사적 · 논리적 기원을 찾아보려고 도량형학과 고대화폐학(numismatics)까지 공부했다.[16] 그 결과로 출간된 《화폐론》은 정통 이론을 다음과 같이 명료하게 거부하면서 시작된다. "계산화폐, 즉 채무, 가격, 일반 구매력을 표현한다 할 수 있는 이 계산화폐야말로 화폐 이론의 으뜸 개념이다"(Keynes, 1930: p. 3, 강조는 인용자). 현실의 화폐는 "그것을 양도함으로써 채무 계약과 가격 계약을 해소할 수 있다는 성격을 갖는 바, 그러한 성격은 계산화폐와의 관계 속에서 도출되는 것이다. 왜냐하면 채무와 가격은 애초부터 계산화폐로 표현되어 있어야만 하기 때문이다"(Keynes, 1930: p. 3, 강조는 인용자). 요약하자면, "인간이 계산화폐를 채택하게 되자 곧바로 물물교환의 시대는 끝나고 화폐의 시대

---

15) 슘페터는 국정화폐론 논쟁을 경험했을 뿐 아니라 무엇보다도 방법론 전쟁에도 참여했던 사람이었기에 약간 다르다. 슘페터는 그의 이론적 편력 전반에 걸쳐 발라식의 '실물' 경제 모델을 확고히 지지했다. 수학적 정밀함이 곧 과학적 권위를 갖는 것이라 생각했기 때문이다. 하지만 그와 동시에 "실용적이고 분석적 차원에서 신용/채권을 화폐로 설명하는 이론보다는 화폐를 신용/채권으로 설명하는 이론이 더 낫다"고 주장했다(Schumpeter, 1994[1954]: p. 717). 특히 슘페터는 《경제 발전의 이론》(The Theory of Economic Development)에서 자본주의의 근본적 제도 구조를 분석할 때는 발라를 따르지 않는다(Ingham, 2003을 참조하라). 그는 이 모순을 실제로 해결하지는 못했다. 따라서 그는 그저 '주저주저하는 신용화폐론자'였다(Earley, 1994). 그가 주저했던 것이 사실이지만, 그럼에도 불구하고 그의 저작들은 은행이 대부를 통해 신용-화폐를 창출한다는 명백한 이단적 분석을 담고 있다. 즉 은행이 일종의 중개자에 불과하며 미리 모아둔 예금을 대부하는 것뿐이라는 입장과 단절하고, "대부가 예금을 창출한다"는 주장을 내놓고 있는 것이다. 이에 대해서는 2부 7장을 보라.

16) 케인스는 장차 아내가 될 리디아 로포코바에게 보내는 편지에서(1924년 1월 18일) 자신의 연구가 "도무지 터무니없고, 쓸데없는 것이었다"고 말했다. 하지만 그는 '흥분 상태에 빠져 있었다.'(Keyns, 1982: pp. 1-2)

가 시작된 것이다"(Keynes, 1930: p. 5).[17]

특히 케인스에 따르면 계산화폐를 통한 묘사를 결정하고 또 그 계산화폐의 이름에 상응하는 사물(본래 화폐)을 무엇으로 선포할 것인가를 결정하는 주체는 시장이 아니라 '국가 또는 공동체'인 것이다(Keynes, 1930: p. 4). 바빌론에 대해 언급하면서, 케인스는 당시의 화폐 단위였던 탈렌트나 셰켈이 꼭 금속으로 주조되어야만 화폐가 되는 것이 아니었다는 근본적으로 명목주의적인 주장을 개진하고 있다.* 국가는 그저 탈렌트나 셰켈을 단위로 삼는 계산화폐를 정해 놓고 나서 어떤 중량과 순도의 은이면 얼마만큼의 탈렌트와 셰켈로 가치가 표현된 채무에 대한 지불에 해당하는지만 정하면 된다는 것이다(Keynes, 1930: p. 12).

"은행 화폐의 '창조'"라는 제목의 2장은 전적으로는 아니지만 거의 순수 신용화폐론에 가까운 주장을 내놓는다. 케인스는 현금을 직접 다루는 것보다는 '본래 화폐'에 대한 양도성 청구권(수표, 어음, 약속어음)이 더 편리한 지불수단으로 통용될 수 있음을 주목한다(Keynes, 1930: p. 23). 은행은 대출이나 선대금(advance)과 같은 형태를 통해 자기 앞의 청구권을 발행함으로써 예금을 창출할 수 있으며, 이를 통해 화폐 또한 창출한다는 것이다(Keynes, 1930: pp. 24-30). 그러고 나서 빅셀처럼 케인스도 사고

---

17) 케인스는 주류 이론처럼 상품으로서의 화폐에 초점을 맞추는 관점에 대해 거리를 둔다. "물건들이 곧바로 인도되는 교환에서 단지 편의를 위하여 교환 매개체로 사용되는 것이라면, 일반적 구매력을 담고 있는 수단의 대표물이라는 의미에서의 화폐에는 가깝다고 말할 수 있을 것이다. 하지만 이것만이라면 아직 물물교환의 단계를 전혀 벗어난 것이 못 된다"(Keynes, 1930: p. 3).
* 탈렌트, 셰켈과 고대 메소포타미아 제국의 화폐 문제에 관해서는 이 책 5장을 참조하라.

실험을 통해 자신의 주장을 극한까지 밀고 갔다. 하지만 빅셀처럼 실물 경제의 자연적 생산 성향을 표현하는 자연이자율과 같은 아이디어에 집착하지 않았기에 빅셀과는 완전히 다른 결론에 도달한다. 그는 폐쇄적인 은행 체제를 상상했는데, 이 체제에서 모든 지불은 수표 또는 은행 간 지로나 장부 이전으로 이루어진다. 즉 모든 지불이 현금이나 본래 화폐가 없이 이루어지는 것이다. 이러한 환경을 전제로 해서 그는 이렇게 결론 짓는다.

> 모든 은행이 함께 발맞추어 앞으로 나아간다면, 은행이 안전하게 창출할 수 있는 은행 화폐량에는 제한이 없다는 것이 분명하다. 방금 나온 고딕체 글씨 부분의 어구야말로 은행 체제의 행태를 이해하는 실마리이다. …… 응접실에 앉아 있는 각 은행장들은 자신이 외부의 힘에 종속되어 있는 수동적 존재이며 이 외부의 힘을 통제할 수 없다고 생각할지 모른다. 그러나 이 '외부의 힘'이란 다름 아닌 그 자신과 동료 은행장들일 뿐이며, 그게 결단코 예금주들은 아니다(Keynes, 1930: pp. 26-7).

여기서 케인스가 깨달은 것은 예금 형태를 띤 화폐는 사회적으로 구성되고 있다는 점이다. 은행들은 나름의 규범과 관습에 따라 재량껏 대출 결정을 내리는데, 이 때문에 실제 은행에 저금되어 있는 돈과 은행이 창출하는 예금의 양은 서로 따로 놀게 되어 있으며, 이 가운데 예금 형태의 화폐는 사회적으로 구성된다는 것이다. 이 논리를 따라가 보면 결국 은행이 화폐를 '제조한다'는 결론이 되는 셈이며, 이러한 주장은 정통 경제학계를 대경실색하게 만들고 말았다.[18]

하지만 이러한 케인스의 이론은 1920년대 내내 여전히 가설 단계에 머물고 있었으며, 그 뒤에는 케인스 스스로 자신의 이론을 버리고 은행 신용이란 최소한 어느 정도 수준까지는 본래 화폐의 현금 보유고에 묶여 있게 되어 있다는 정통파식 은행 신용의 이해, 즉 이른바 '신용에 대한 화폐적 이론'(monetary theory of credit)*이라는 쪽으로 입장을 옮겨간다. 그래도 여전히 그의 분석은 현금 보유고가 생산의 '실물적' 요소들을 반영한다는 생각이 아니라 은행의 신용화폐 공급이 사회적·정치적으로 결정된다는 점을 강조하고 있으며, 이런 점에서는 철저하게 이단적인 성격을 계속 유지하고 있었다. 한편 신중한 은행의 경우, 목표로 삼는 지급준비금의 수준은 은행들과 고객들의 관습과 관행에 따라 결정된다고 주장한다(Keynes, 1930: pp. 28-9). 그런가 하면 중앙은행은 "지폐를 발행하고 전체 은행 체제에 돈을 꾸어 주는 이자율을 설정할 수 있는 권력을 가지고 있으며, 그에 힘입어서 중앙은행은 오케스트라를 지휘하고 템포를 조정할 수 있다"고 주장한다(Keynes, 1930: p. 30, 189).

케인스는 《고용, 이자, 화폐의 일반이론》(*The General Theory of Employment, Interest and Money*) 초고에서 화폐가 창조되는 과정을 분석적으로 '실물' 경제의 개념과 분리시키게 되면 이론적으로 어떤 결과가 나오게 되는지를 계속 추적한다. 여기에서 그는 (신)고전파 '실물' 경제

---

18) 1장에서 케넌(Canaan)의 외투 보관소에 대해 논한 내용을 참조하라(Schumpeter, 1994[1954]: pp. 1113-14)

* 이는 '화폐에 대한 신용 이론'(credit theory of money)의 반대라는 뜻으로 쓰고 있는 말이다. 앞의 문맥에서 명확히 보이듯이, 정통 경제 이론은 화폐를 본질적 현상으로 보고 신용은 거기에서 파생되어 나간 것뿐이라는 입장을 고수하며 '이단적' 화폐론은 여기에 맞서서 화폐란 사실상 신용/채권일 뿐이라는 반대의 명제를 내밀고 있다. 이것을 '신용에 대한 화폐적 이론'과 '화폐에 대한 신용 이론'이라는 두 가지 이름으로 부르고 있는 것이다.

이론이나 '협력 경제' 이론에서 말하는 물물교환 모델을 은행이 창출한 신용/채권 화폐에 기초하여 운영되는 자본주의적인 '화폐임금 즉 기업 경제 모델'과 대조하는 분석을 내놓는다(Asimakopoulos, 1988: pp. 74-6). 하지만 막상 출간된 책은 정통 이론과 아주 중대한 타협을 하고 말았다. 화폐는 '실물' 경제를 표현하는 것 이상의 무엇이라는 명목주의 이론과 청구권 이론의 좀 더 급진적인 주장을 단지 사후적 저축(ex post saving)이라는 분석적 도구를 고안하여 크게 완화시켜 버린 것이다. 투자량은 저축량과 일치하게 되어 있다는 명제는 기본적으로 옳다는 얘기이다. 단지 정통 고전파 이론이 말하는 것처럼 사전적으로(ex ante) 같을 필요는 없다는 것이다. 따라서 케인스의 입장 또한 화폐가 장기적으로는 중립적이라는 공리와 일치하는 것으로 해석될 수가 있었고, 이것이 영향력 있는 학계의 반대자들과 공격자들을 만족시키게 되었다. 제2차 세계대전 기간 동안, 케인스주의 거시경제학은 신고전파 정통 경제학 이론에 더 많이 수용될 수 있도록 조금씩 모습을 바꾸어 나갔다(Rochon, 1999). 하지만 자본주의적 은행에 대한 좀 더 이단적인 묘사는 포스트케인스주의 내생적 화폐 이론과 프랑스와 이탈리아의 회로 신용화폐론(circuit theory of credit money)에 영향을 줌으로써 다시 주목받게 됐다.

포스트케인스주의 이론: 내생적 화폐와 화폐 회로

1. 내생적 화폐

상품-교환 화폐론과 그 대안적 개념인 신용화폐론 사이에는 계속 이율배반이 버티고 있으며, 최근에는 내생적 화폐와 외생적 화폐 논쟁으로 표출되었다. 앞 장에서 본 것처럼 외생적 화폐 이론은 통화주의와 연결되어 있으며 이들은 화폐 공급을 특정한 양의 '스톡'으로 생각하여 이를 통화기관이 통제할 수 있다는 것을 증명하기 위해 노력한다. 올바른 이론을 따르기만 하면 통화 당국이 외생적으로 화폐를 적절한 양만큼 경제에 공급할 수 있다는 것이다.

이에 맞서는 내생적 화폐 이론은 본래 자본주의적 은행의 신용화폐를 설명하기 위한 이론으로 개발된 것으로, 그 지적 계보는 앞에 언급한 19세기 은행학파의 저작들까지 거슬러 올라가곤 한다. 이들은 자본주의적 생산에 자금을 조달한다고 하는 은행의 **정상적** 업무로부터 화폐가 내생적으로 생산된다고 주장한다(초기의 관점들을 보고 싶다면 Rochon, 1999; Smithin, 2003을 참조하라). 이 이론은 다음과 같은 세 가지 근본 명제로 요약할 수 있다. "대출이 예금을 창출한다. 예금이 보유고를 창출한다. 화폐 수요가 화폐 공급을 유도한다"(Wray, 1990: pp. 73-4). 화폐 수요는 생산적 투자에 대한 수요이거나 생산을 자극할 수 있는 소비에 대한 수요이기 때문에, 과도한 화폐 공급이 인플레이션을 불러일으킨다는 통화주의의 입장은 잘못이라는 것이다. 내생적 화폐 이론가들은 공통적으로 고전파 화폐수량설에 나타나는 인과관계의 방향을 반대로 뒤집으려고 한다. 즉, 화폐량이 가격을 결정하는 것이 아니라 가격이 화폐량을 결정한다는 것이다. 그 가운데 많은 이들은 또 '비용 압박'(cost-push) 이론을 선호한다. 이 이론에 따르면, 인플레이션이란 금본위제가 사라지고 대신 '노동본위제'가 그 자리를 차지했던 완전고용 기간의 임금 수요의 결과라는 것이다(Hicks, 1982[1955]).

정통파의 외생적 화폐 이론도 은행 체제가 신용화폐를 창출한다는 사실을 인정한다. 하지만 중앙은행은 은행 체제 속에서 '고성능통화'(high powered money)에 기초한 화폐 준비금을 만들어 낼 힘을 가지고 있기에 이를 통해 그 과정 전체에 대해 **통제력**을 행사할 능력이 있다고 주장한다. 7장에서 이 과정을 경험적으로 상세하게 다룰 것이니, 여기에서는 포스트케인스주의의 반론만 지적해 두기로 하자.[19]

포스트케인스주의 내부의 여러 논쟁(예를 들어 이자율과 신용화폐 공급의 결정에 대한 '지평주의'horizontalist와 '구조주의'structuralist 사이의 논쟁)까지 고려하면 문제는 복잡하다(Smithin, 2003 : pp. 122-3, 202-3을 보라). 구조주의자들은 정통 경제학에 좀 더 가까운 화폐 수요 공급 모델을 고수한다. 반면 지평주의자들은 상업은행이 자신의 신용도 기준을 무너뜨리지 않는 한에서는 대출 수요에 무조건 응하게 되어 있으며, 중앙은행은 이러한 상업은행의 행태로 인해 **기정 사실**(fait accompli)이 되어 버린 현실에 순순히 복종하여 그냥 그에 따라 화폐를 공급할 뿐이라고 주장한다(따라서 이자율이 결정되어 있다 할 때 신용화폐의 공급곡선은 평평한 지평선horizontal이 되어 버린다는 말이다). 따라서 중앙은행이 은행 체제에 대해 통제력을 잃지 않으려면 이렇게 내생적으로 생겨나는 화폐 수요량이 어떤 수준이건 스스로의 돈을 털어서 은행들에게 준비금을 제공하지 않을 도리가 없다는 것이다.[20] 뒤에 살펴보겠지만, 결국 중앙은행은 기껏해야 오로지

---

19) 어떤 면에서 보면 내생적 화폐-외생적 화폐 논쟁은 약간은 어불성설의 논쟁이었다. 2부에서 보겠으나, 자본주의적 화폐 생산양식의 특징은 국가라는 외생적 요소는 물론 생산 자금 융통에 내포된 내생적 요소가 모두 필연적으로 나타나게 된다는 데 있기 때문이다.
20) 일부 포스트케인스주의자들은 좀 더 근본적으로 정통 경제 이론에서 이탈해서, 부분 준비금 제도조차도 신용화폐 창출에 실질적인 영향력을 행사하지 못할 것이라 주장한다(Rogers and Rymes, 2000 ; Wray, 1998)

할인율을 통해서 간접적으로만 화폐 창출에 영향을 줄 수 있을 것이라고 이들은 시사한다. 나는 포스트케인스주의, 특히 지평주의자들의 입장이 신용화폐의 생산에 대해 경험적 사회학적 일반화를 담고 있다고 생각한다. 이들의 입장이 깔고 있는 가설은 자본주의 은행 시스템에서만 전형적으로 나타나는 특수한 사회적 권력관계의 구조를 준거점으로 삼아서만 성립하는 것이기 때문이다.[21] 이러한 특징은 '화폐 회로 이론'(theory of the monetary circuit)이라고 알려져 있는 대륙 유럽식 포스트케인스주의 이론에서 좀 더 뚜렷하게 드러난다.

2. 화폐 회로 이론

프랑스와 이탈리아의 '회로주의자'(circuitists)들은 케인스의 "습관적 사유와 표현 양식에서…… 벗어나려는 오랜 투쟁"(Keynes, 1973[1936]: p. xxiii)을 보다 급진적으로, 그리고 좀 더 충실하다고 할 수 있는 방식으

---

21) 이는 본질적으로 경험적 문제이며, 따라서 민족지적[ethnographic : 민족지적 방법이란 사회 조사 특히 문화 인류학에서 자주 쓰이는 방법으로서, 관찰되는 사회 현상에 대해 이론적 체계화를 시도하기 이전에 있는 그대로의 현상을 객관적 상대주의적으로 정밀하게 묘사하고 보고하는 것에 중점을 둔다. 19세기 말 유럽 제국주의의 팽창기에 많이 나왔던 보고서와 행정 기록 등이 이 방법의 중요한 기원 가운데 하나로 알려져 있다. 이 문맥에서는 중앙은행 당국자들과 민간 은행들간의 관계 그리고 그들의 행태 등에 대한 기록이 될 것이다 – 옮긴이] 방법을 통해서 조명해 볼 수 있을 것이다. 하지만 전체 통화에 대한 분석은 오로지 통계적 방법만이 절대적으로 지배하고 있으므로 이러한 연구의 가능성이 배제당하고 있다. 예를 들어 명목 임금(화폐에 대한 수요)과 화폐 공급 중 무엇이 원인이고 결과인지를 확정하는 것은 핵심적인 문제인데, 이 문제를 해결하려는 시도들은 모두 계량경제학 모델만 쓰고 있는 실정이다. 하지만 이러한 방법으로 지금까지 이렇다 할 결과도 내오지 못했거니와, 그 이유는 통화주의가 현실적인 추론과 정책 생산의 양식이 되는 데 실패했던 것도 거의 똑같은 것이라고 볼 수 있다.

로 해석해야 한다고 주장한다. 이들은 포스트케인스주의의 깃발 아래 모인 여러 부대 가운데에서도 정통과 가장 멀리 단절한 이단적인 부대이며, 수많은 영미 포스트케인스주의와 매우 중요한 지점에서 차이를 보인다 (Graziani, 1990; Parguez and Seccareccia, 2000을 보라). 회로주의자들은 《일반 이론》의 입장에서 화폐를 다루는 것을 거부하고《화폐론》과 1930년대의 논문들에서 나타나는 입장을 따르고자 한다(Rochon, 1999: p. 9). 그래서 이들은 신용화폐론을 고수함으로써 포스트케인스주의보다 더 큰 일관성을 유지한다. "화폐란 자유롭게 유통되는 채무이다"(Schmitt, 1975: p. 106). 가장 중요한 점은, 이런 식의 화폐 개념이 결국 자본주의에서 화폐 회로(monetary circuit)를 구성하는 여러 관계들이 현실 세계에서 어떠한 구조를 이루고 있는가로 초점을 이동해 왔다는 점이다. 사실상 이런 프랑스와 이탈리아의 저자들 가운데 많은 이들은 화폐의 수요와 공급이라는 분석 틀 자체까지 완전히 거부하고 있다.

이들이 염두에 두고 있는 화폐 회로의 구조는 19세기 은행학파, 특히 토머스 투크(Thomas Tooke)의 저작에서 발견되는 은행 대부 해석에 바탕을 두고 있다. 투크에 따르면 화폐는 두 가지 국면으로 운동한다. 우선 '유출' 국면에서는 사적 기업이 생산을 시작할 수 있도록 은행 신용을 통해 채무가 발행된다. 그 다음의 '환류' 국면에서는 기업이 생산 매출을 통해 획득한 유통 채무, 즉 화폐를 은행에 상환함으로써 애초의 채무를 소멸시킨다. 화폐는 은행의 신용/채권에 의해 창조되고, 회로의 마지막 시점에서 발생하는 생산 이윤으로 그 채무를 상환함으로써 파괴된다.

포스트케인스주의 이론에서도 정통 경제학 방법론을 상당 부분 수용하고 있으며, 구조주의자들이 화폐에 대한 개인 수요에 관심을 갖는 것('유동성 선호')이나 이 화폐의 '유통 속도'에 관심을 갖는 것이 그 예가 될 것이다(Rochon, 1999 ; Smithin, 2003). 하지만 화폐 회로 이론가들의 접근은 정통 경제 방법론에서 보면 더욱 이단적이며, 이들의 분석은 사회학적 성격이 훨씬 두드러지게 나타난다는 점에서 다른 포스트케인스주의 이론과도 대조를 이룬다. "화폐란 체제 내에 존재하는 사회적 현실이며, 상품들로 구성된 우주 속에 존재하는 비(非)상품"이라는 것이다(de Vroey, 1984: p. 383). 그리고 이들이 정식화하여 내건 명제들은 전통적으로 화폐를 두고 사용하던 비유, 즉 '흘러가는 사물들'이라는 비유는 물론 심지어 자신들이 사용하던 '회로' 내에서의 움직임이라는 비유조차 멀리하게 되었다.

알바로 센시니(Alvaro Cencini)가 투크를 좇아 주장한 바에 따르면, 신용화폐는 흘러가는 것이 아니라는 것이다. 화폐는 복식부기상의 대변과 차변에 '등장했다가 사라지는' 방출물일 뿐이라는 것이다.[22] 따라서 화폐는 이 회로를 이루는 여러 (사회적) 관계의 특정한 네트워크로 **이루어진**다. 이 네트워크는 신용/채권 발행자, 차입자, 그리고 차입자에게 고용되어 차입자의 돈을 받아 생활비로 지출하는 이들이라는 삼자 간의 대차대조표 관계로 볼 수 있다는 것이다(Parguez and Seccareccia, 2000: p. 101). 예를 들어 그라지아니는 이러한 사회적 구조를 좀 더 상세하게 그려 냈다(Graziani, 1990). 거시경제에서 인간 집단들은 은행과 기업, 기업

---

22) 센시니는 세이어(R. S. Sayers)를 인용하고 있다. "어떤 자산이 교환의 매개체로서 움직이는 것은 오로지 어떤 거래를 결제하기 위해 누군가의 소유에서 다른 이의 소유로 이전되는 바로 그 순간뿐이다"(Cencini, 1988: p. 71). 이렇게 정식화를 해놓고 보면 검약의 패러독스[사람들이 소비를 자제하면 경기 침체로 모두 가난해지게 된다는 역설 - 옮긴이] 그리고 화폐의 축장이 디플레이션의 결과를 가져온다고 하는 현상을 이해할 수 있게 된다. 화폐를 가치의 저장 수단으로서 저축해 놓으면 부의 창출 과정에 디플레이션 효과를 낳게 되고 그리하여 마침내 스스로도 가치를 잃게 되는 것이다.

과 노동자, 은행과 중앙은행이라는 세 가지 관계로 엮여 있는데, 화폐 회로는 바로 이 관계들로 구성된다는 것이다. 무엇보다 중요한 것은 "은행과 기업을 하나의 부문으로 합치려고 해서는 아니 되며, **서로 다른 두 유형의 행위자로 고려해야 한다는 점이다**"(Graziani, 1990: p. 11, 강조는 인용자). 초기의 케인스, 슘페터, 민스키를 따라 표현하자면, 자본주의 경제에서 화폐의 측면과 생산의 측면은 서로 제도적으로 구분되는 것으로 보아야 하며 저마다 경제적 과정에 기여하는 바도 상대적으로 자율적인 것들로 간주해야 한다는 것이다(Minsky, 1982).

현대의 신증표화폐론

크나프의《국정화폐론》은 완전히 잊혀졌다. 심지어 이단적 화폐경제 이론이라고 해도, 크나프한테서 영향을 받은 바가 혹시라도 있다면 이는 전적으로 케인스라는 간접적 경로를 통해서였다. 그런데 일부 포스트케인스주의 경제학자들은 최근 내생적 신용이론 분석에서조차 빠져나와(Wray, 1990), 인플레이션을 발생시키지 않으면서도 완전고용을 보장할 수 있는 방법이 무엇인가라는 질문에 국정화폐론을 대담하게 적용하는 저작들을 출간했다(Wray, 1998, 2000 ; Bell, 2000, 2001).[23]

우리는 뒤에 이 신증표화폐론(neo-chartalism)의 역사적 맥락과 내용에 관해 좀 더 구체적으로 살펴볼 것이다. 일단 여기서는 기본적인 주장의 얼개만을 살펴보도록 한다. 이 이론은 직접적으로 크나프의 이론에 기초하고 있으며, 케인스와 이니스의 이론도 이용하고 있다. 반복되어 나오는 이야기이지만, 화폐는 국가의 고유한 창조물이며 국가는 그 권위를 빌려 추상적 계산화폐를 선포하고 그 계산화폐를 대표할 수 있는 지불수단을 정함으로써 화폐를 생산한다. 화폐의 법적 유효성은 국가가 그 화폐를 조세 지불수단으로 인정하고 또 사람들이 그 화폐를 지불수단으로 써서 재화와 서비스를 구매할 때 보증되는 것이다. 레이(Randall Wray)는 국정화폐론에서 한걸음 더 나아가, 식민지 지배자가 조세 지불을 강제하자 식민지에서 임금 노동이 확고하게 정립되었던 과정을 설명하고 있다. 식민지 지배자들이 조세 수준을 높게 설정한 목적은 식민지 토착민들이 끊임없이 임노동 관계 안에 머물게 하려는 것이었다는 것이다. 그 높은 세금을 내기 위해서는 토착민들이 계속 임노동자로 머물면서 화폐를 벌어들여야 하니까. 요즘 화폐 사용의 기초로서 사람들의 '신뢰'(trust)가 중요하다는 주장이 점점 더 유행을 끌게 되었지만, 레이는 이런 주장에 대해서도 강제가 더욱 근본적인 역할을 한다는 참신한 반격을 가하기도 한다(Wray, 1998). 국가가 발행하고 인정한 화폐로 조세를 내지 않는 자들은 채찍질을 당하고, 감옥에 가고, 달군 주화로 낙인찍기 같은 처벌을 받았다는 것이다.

통화정책과 관련하여, 레이는 근본적으로 조세 문제에 대한 국정화폐론적인 주장을 러너(Abba Lerner)의 '기능적 재정' 이론과 통합시킨다(Lerner, 1943, 1947). 러너는 미국의 재정 정책이 '케인스주의' 단계로 접

---

23) 랜덜 레이가 어느 만큼이나 모든 기존의 권위와 통념에 근본적으로 도전하고 있는지를 잘 보여 주는 사례가 있다. 회로 화폐론의 강력한 지지자 한 사람조차도 레이가 최근 내놓은 증표화폐론은 레이 스스로가 초기에 취했던 포스트케인스주의적 입장과도 모순이며 기껏해야 '웃기는 통화주의'라고 불려 마땅하다고 공격했던 것이다(Rochon, 1999: p. 298). 하지만 이는 레이의 연구에 대해 심각하게 오해하고 있는 것이다. 이미 내가 서술했듯이, 국정화폐론과 화폐에 대한 신용/채권 이론은 이론적으로나 지적으로나 뚜렷하게 상호 연결되어 있다.

어드는 시점에 쓴 논문에서, 적자와 흑자의 균형을 이룬다는 전통적인 '건전' 재정 원리를 폐기하고, 그 대신 경제 전체의 지출 수준을 "생산할 수 있는 모든 재화를 현재 가격 수준에서 모조리 구매할 수 있는 만큼이 되도록 정확하게 유지한다"는 원칙으로 바꾸어야 한다고 주장했다 (Lerner, 1943: p. 39). 이미 토머스 애트우드와 버밍엄학파가 1820년대에 주장한 바 있듯이, 국가가 최종 고용주로서 역할을 해야 한다고 주장하는 것이다(Mosler, 1997). 신증표화폐론은 화폐를 창출하는 사회적 · 경제적 구조에서 국가가 차지하는 역할을 정확하게 찾아낸 것이다. 하지만 경제학자들이라면 교의와 신조와 무관하게 거의 대부분 보여 주고 있는 문제점이지만, 이들 또한 통화정책이 단순히 기능성의 문제가 아니라는 사실을 보지 못하는 경향이 있다.

통화정책은 사회적 · 정치적 갈등의 산물이기도 하며, 그러한 갈등에서 지식의 수단이 될 뿐 아니라 의미를 부여해 주는 역할까지도 맡는 것이 바로 경제학 이론이다. 주류 경제학은 워낙 자연주의의 관념에 사로잡혀 있고 자연주의에 함축된 실증주의에 붙들려 있기에 이런 점을 의식하지 못한다. 하지만 화폐에 대한 이런저런 이론들은 그 자체가 화폐를 생산하는 사회적 과정의 필수적인 일부분이며, 이러한 이론들 자체가 '연행적' (performative)인 성격을 갖는 것이다(3장과 7장의 논의를 보라).

결론

이런 이단적 전통 안에서 네 가지 논지를 찾을 수 있다. 화폐는 근본적으로 추상적 가치 측정 수단이다. 화폐는 청구권 또는 신용/채권으로 구성된다. 국가 또는 권위는 화폐의 근본적 기초다. 화폐는 경제적 과정 속에서 중립적인 존재가 아니다. 그런데 이 네 가지 주장을 모두 하나로 통합하고 있는 연구는 찾아보기 힘들다. 게다가 이들 연구는 모호함도 많고 때로 모순도 발견된다. 한 예로, 화폐가 어떻게 가치를 갖게 되는지에 대해 분명하게 이단적이라 할 만한 입장을 견지하면서 일관된 답변을 제출하는 연구는 없다. 포스트케인스주의 전통에 속하는 많은 경제학자들은 화폐의 수요 공급과 가격의 효과에 대해서는 상당히 전통적 관점을 고수하고 있다. 하지만 이 네 가지 논지 모두가 정통 경제학 분석과는 반대되는 주장이기에, '화폐란 무엇이며 어떻게 생산되고 그 가치는 어떻게 결정되는가'라는 질문들에 대해 모두 정통 경제학과는 다른 답변을 내놓는다. 다음 장에서 이런 요소들을 한데 모아 자세히 살펴볼 것이다.

주류 경제학이 계산 단위로서의 화폐 기능에 대해 소홀히 다룬 반면, 신용화폐론에서는 이 계산 단위의 기능이 가장 중요한 지위를 부여받는다. '화폐성'이라는 화폐의 특징을 부여하는 것도 바로 이 계산화폐의 기능이다(Hoover, 1996 ; Einaudi, 1953[1936]). 화폐가 다른 상품들과 구별되는 것은 바로 이렇게 추상적 가치 척도의 기능을 하도록 특별하게 따로 지정된 것이라는 점에 있다. 케인스가 주장했듯이, 계산화폐는 화폐의 '으뜸 개념'이다. 그 어떤 사물이라도 이 계산화폐로 묘사되기만 한다면 화폐라고 말할 수 있는 것이다. 이렇게 계산화폐에 초점을 두기 때문에 이러한 접근법은 때때로 화폐 명목주의(monetary nominalism)라고 불리기도 한다(Ellis, 1934 ; Schumpeter, 1994[1954]).[24]

둘째, 화폐의 가치는 일종의 상징이기에, 직접적으로건 간접적으로건 화폐-물질로 구성되어 있는 상품 또는 화폐로 표현되는 본위 상품에서 도출되는 것이 아니다. 이단적 입장은 화폐를 재화에 대한 청구권이라고 주장한다. 화폐는 곧 **추상적 구매력**이다. 모든 화폐 수단은 '증표'이거나 '티켓'이기 때문에, 화폐-물질의 형태가 어떤 것이냐 하는 건 부차적인 문제일 뿐이다. 화폐를 가지고 있는 사람은 이런저런 재화를 꾸어 준 것과 마찬가지이기에, 이는 화폐가 창출되면 반드시 채무 또한 함께 창출되게 되어 있다는 것을 의미한다. 화폐는 재화를 넘겨받을 때 그에 대한 지불로서 발행되는 것이다. 국가가 민간에서 이런저런 재화를 조달하고서 그로 인해 짊어지게 된 부채를 청산하는 데 쓰는 지불이 그런 예라 할 것이다. 또 어떤 것으로 대출을 해주고 나서 그 대출을 돌려받을 때도 그와 똑같은 것을 받겠다고 약속한다면 이 또한 화폐를 발행하는 행위가 된다. 화폐의 가치는 그 화폐가 교환 또는 지불의 매개체로서 취하는 특정한 형태나 내용물과는 상관없으며, 모든 화폐의 가치는 그것이 추상적 계산화폐로 액수가 표현된 채권(credit)으로서 갖는 가치일 뿐이다.[25]

시장만으로는 독자적인 화폐를 만들어 낼 수도 없고 유지시킬 수도 없다는 것이 이단적 입장의 세 번째 특징이다. 이들은 화폐가 물물교환의 비효율성을 극복하는 과정에서 진화되어 왔다는 억측을 거부한다. 화폐

---

24) 거트루드 스타인(Gertrude Stein)의 표현을 빌려 좀 더 무미건조하게 표현하자면, "사람들은 셈할 능력이 있으며 실제로 셈을 행한다. 사람들이 화폐를 가지게 되는 것은 이 때문이다"(*Saturday Evening Post*, 1936. 8. 22; Jackson 1995: p. 13에서 재인용).

25) 예를 들어, 저명한 정통파 경제학자로 살았으며 한때 이단적 화폐론자들을 노골적으로 비판했던 힉스(John Hicks) 또한 나중에는 이와 비슷한 입장을 받아들였다 (Hicks, 1989: 5장). 그는 화폐가 단지 두 가지 기능, 즉 가치의 척도 및 표준이라는 기능과 최종 지불수단이라는 기능만을 갖는다고 주장했다. 힉스는 케인스 이론에 대한 최초의 비판자이자 가장 효과적인 비판자 가운데 한 사람이었다(Hicks, 1937). 결국에는 그 또한 "화폐의 진화는 채권(credit)의 개념에서 시작해야만 가장 잘 이해될 수 있다"고 생각하게 되었다(Smithin, 2003: pp. 29-30 강조는 원문).

의 논리적 기원과 역사적 기원은 모두 국가에서 발견된다. 모종의 권위만이 물물교환의 무정부 상태를 극복할 수 있으며, 단일한 가치 측정 수단인 계산화폐를 강제할 수 있다. 통화 공간은 곧 주권의 공간이다. 이 통화 공간은 정통 경제학 이론이 주장하는 것처럼 단순히 시장 거래의 상징적 표상으로서 존재하는 것이 아니다.[26]

이단적 전통의 네 번째 특징은 '실물'경제의 물물교환 모델에 나오는 화폐의 중립성이라는 공리를 거부하는 점에 있다. 이 접근이 '화폐적' 경제 분석이라 불리는 까닭이 여기에 있다(Schumpeter, 1994[1954]: pp. 277-8: Rogers, 1989). 이단적 전통은 경제에서 가격이나 이자율 등이 독자적인 힘을 갖는다고 보고, 이런 범주들이 이른바 '실물'이라고 하는 현실의 하부구조를 표상하는 상징일 뿐이라는 생각을 거부한다(Smithin, 2003: 6장). 여기서 명심해야 할 점은, 신용화폐론 자체가 반드시 '실물' 경제 모델을 거부할 논리적 필연성을 갖는 것은 아니라는 점이다. 빅셀의 연구와 '신통화경제학'(new monetary economics)의 연구가 보여 주는 것처럼 티켓, 증표 또는 대변 차변의 신용 지로 청산 등과 같은 신용/채

---

26) 민간 영역에서 신용/채권 관계 네트워크를 구성하는 가운데 설령 그 네트워크 내부의 독자적인 계산화폐가 생겨난다고 해도 이것이 국정화폐론과 모순되는 것이 아님을 지적해야겠다. 특히 자유은행학파[Free Banking School: 중앙은행이 은행 체제와 통화를 통제하는 것에 반대하여 민간 은행들만으로 화폐 영역을 구성하는 것이 최선이라고 주장하는 학파 – 옮긴이]는 18세기 스코틀랜드와 19세기 뉴욕을 예로 들면서 중앙은행 없이 순수하게 시장에 기초한 은행 체제가 얼마든지 잘 굴러갈 수 있다고 주장한다. 하지만 이들의 분석에서는 민간(private)이라는 말과 시장이라는 말이 혼동되어 쓰이는 경향이 있다. 위의 두 사례 모두 민간 은행가들은 그들 자신의 규제 기관들을 두고 있었고, 따라서 아무 규제가 없는 '시장'이라고 할 수는 없는 상태였다. 이 책의 2부 6장에 나오는 초기 자본주의에서의 환어음 문제를 참고하라.

권도 그저 '실물' 사이의 교환 비율을 표시하는 '중립적 베일'에 불과한 것으로 보는 경우가 얼마든지 있을 수 있다. 하지만 이렇게 화폐를 독자적인 것으로 보는 분석 방법과 청구권/신용화폐론 사이에 암묵적으로는 중요한 상호 관계가 존재하는 것이 사실이다. 케인스를 비롯한 여러 학자들은 이론적으로 신용화폐 생산이 무제한 탄력성을 갖는다면 이것이 새로운 경제활동을 자극하고 창출하는 촉매제 역할을 할 수 있다고 주장했다.[27] 이 주장은 빅셀의 이론과 날카롭게 대조되는 것으로서, 이자율은 단지 '실물' 경제의 성향을 드러내는 척도가 아니라 '경제구조에 하나의 실질적인 결정 요소로서 참여하는 것'으로 된다(Keynse, 1973[1936]).

요약하자면, 이단적 화폐론은 화폐를 중립적이지 않은 '생산력'이라고 본다(Minsky, 1986). 이단적인 화폐 분석은 비록 방법은 다양해도 공히 화폐가 사회 · 정치적으로 구성되는 동시에 제정되는 것이라는 점을 암묵적으로 지적한다. 즉 화폐는 그 어떤 사회적 관계라는 것이다. 하지만 이런 입장은 이단적 경제 이론 내부에서도 충분히 발전하지 못했고, 사회학에서는 이미 언급했던 것처럼 거의 묵살되어 왔다.

---

27) 정통 이론은 역사에서 가장 중요한 통화 위기에 대해 이단적 입장에 기초한 통화정책이 일정한 책임이 있다고 주장했다. 18세기 프랑스에서 벌어졌던 존 로(John Law)의 왕실 은행(Banque Royal) 붕괴, 1920년대 초 독일의 하이퍼인플레이션, 1970년대 인플레이션을 동반한 전후 호황기의 종말. 이 모두는 불건전한 화폐 이론이 적용된 결과라는 것이다. 이 사태들의 책임이 어디에 있었는가 하는 문제는 여기서 상세하게 다룰 수는 없다. 하지만 정통 경제 이론의 비난에 대해 의문을 제기할 만한 충분한 이유가 있다. 위의 모든 사례에서 사회적 정치적 혼란이 통화 위기 및 인플레이션보다 선행했다는 것이다. 취약한 국가가 취약한 화폐 시스템을 만들어 냈다는 것은 단 하나의 예외도 없는 사실이다(Goodhart, 1998)

3

화폐에 관한 사회학 이론

> 물물교환이 화폐 거래로 대체될 때 제3의 요소가 두 거래 당사자 사이에 개입된
> 다. …… 둘 사이의 직접적인 접촉은 …… 이제 화폐를 널리 사용하는 경제 공
> 동체가 두 거래 당사자와 따로 맺는 관계로 전환된다.
> — 게오르크 지멜(Simmel, 1978[1907]: p. 177)

나는 서론에서 화폐 분석이 '방법론 전쟁' 이후 발생한 노동 분업으로
인해 난항을 겪었다고 말한 바 있다.[1] 경제학은 화폐의 존재론에 대해 이
론적으로 무관심해 왔고, 사회학은 방법론 전쟁의 핵심적 부분이었던 화
폐에 대한 사회학적·역사적 질문들을 외면해 버렸다. 마르크스주의 이
론가들을 제외하면, 사회학은 이제 경제 체제에 대한 관심을 사회·문화

---

1) 연역적인 경제 이론을 전근대 사회에 적용할 수 있느냐 하는 문제에 대해 형식주의자
(formalist)와 실체주의자(substantivist) 사이에 별 소득 없는 논쟁이 벌어진 바 있는
데, '원시 화폐' 문제는 이 논쟁에서 중심적인 문제였다(5장의 각주 9번을 보라). 형식
주의자들은 화폐를 시장교환의 매개로서 기능한 상품이라고 규정했다. 그리고 시장이
없는 '원시' 사회는 화폐 자체를 가질 수 없다고 결론지었다(Hart, 2000). 20세기 초
방법론 전쟁이 벌어졌을 때도 그리스 역사 기록을 놓고 동일한 논쟁이 벌어졌다.
Davis, 1996을 참조하라.

연구(이것이 경제학이 사회학에게 허락해 준 유일한 영역이다)라는 틀 안에서 다시 경계를 설정했다.[2] 물론 경제학이 화폐의 존재와 기능에 대해 충분하게 설명해 주기만 한다면, 이렇게 '문화적'인 것만 일방적으로 강조하고 '사회적인 것'의 영역은 협소한 상태로 놓아 두는 행태도 문제가 되지 않을 것이다. 문제는 경제학이 그렇게 충분한 설명을 내놓지 못한다는 데에 있다. 그럼에도 화폐의 본성이 무엇인가라는 질문은 우여곡절 끝에 결국 사회과학에서 사라져 버리게 되었다.

화폐 사회학을 무시해 온 지성사 전체를 둘러보는 작업은 그 자체로는 별로 재미가 없을 뿐더러 화폐에 대한 이해를 진전시켜 주지도 않는다. 하지만 어느 정도 논의의 토대를 깔끔하게 정리해 둘 필요가 있다. 나는 오직 사회학 이론에서 나타난 화폐 논의에만 집중할 것이다. 이 장에서는 두 가지 목적에서 논의를 진행하고자 한다. 첫 번째는 20세기의 중요한 두 갈래 사회학 전통에서 화폐 개념이 도대체 어떻게 관념되었길래 이토록 화폐의 존재를 당연한 것으로 받아들이게 되었는지를 개괄하는 것이다. 두 번째는 막스 베버와 게오르그 지멜의 화폐 분석을 간략하게 재해석함으로써 이 두 사람이 남긴 저작의 중요한 요소를 추출해 보고자 한다. 그것은 두 사람이 독일 역사학파로부터 물려받은 것이지만 나중에 주류 사회학이 무시해 버린 요소이기도 하다.

---

2) 최근 《고전 사회학 저널》(*Journal of Classical Sociology*)에 '화폐 사회학의 사회학' (The Sociology of the Sociology of Money)이라는 이름으로 실린 한 논문은 경제학과 사회학의 지적 관계에 대해 아무런 언급을 하지 않는다. 그리고는 "화폐에 대한 사회학의 연구는…… 새로운 문화 연구(new cultural studies)가 가져가서 독점할 수 있을 것"이라고 주장한다(Deflem, 2003: p. 67).

상징적 매개물, 화폐

탤컷 파슨스의 초기 연구 작업은 경제학과 사회학이라는 학문적 노동 분업의 여러 계약 조건을 확립하는 데에 역할을 했다. 그가 확신한 바에 따르면, 두 학문은 구분되기는 하지만 보완적인 것이기도 했다. "사회학적 관점에서 보기에 경제학의 핵심을 이루는 주된 이론적 전통이 본질적으로 탄탄한 것"이라고 확신했던 것이다(Parsons, 1991[1953]). 사회학적 관점에서 볼 때, 화폐는 소통과 상호작용을 매개하는 일반적인 상징적 매개물이며(Parsons, 1950 ; Parsons and Smelser, 1956), 화폐는 기능적으로 분화되어 있는 사회 시스템의 각 부분들을 통합시킬 수 있게 해주는 것이며, 그 방식은 경제학 이론에서 사람들이 가격 기구를 통해 통합되는 것과 비슷한 방식이라는 것이다. 하지만 화폐는 하나의 '상징'으로서, '실물' 경제나 사회 시스템의 밑바닥에 깔려 있는 구조에 영향을 주지 않는다는 의미에서 '중립적'인 것이라고 한다. 파슨스는 경제학의 공리를 그대로 따라서, 가치는 오직 교환하는 순간에 실현될 수 있는 것이며, 화폐는 그저 가치를 상징적으로 표현하는 것일 뿐이라고 주장했다. 즉 화폐는 상징적 매개물이기에 그 자체로는 가치를 지니지 않는다는 것이다 (Ganssman, 1988: p. 308). 경제학의 화폐 개념과 마찬가지로 파슨스의 화폐 개념 또한 화폐의 이중성, 즉 사회적으로 구성되는 **추상적 가치**의 저장소이기도 하지만 사적으로 전유되는 것이기도 하다는 자명한 사실을 충분히 파악하지 못한다. 특히 파슨스의 사회학은 화폐의 소유에서 지배의 권력이 나온다는 사실뿐 아니라 국가와 은행에서 화폐가 실질적으로 생산되는 과정을 통제하는 것에서도 지배의 권력이 나온다는 사실을 제대로 고려하지 못했다. 화폐가 수행하는 사회 통합의 기능을 묘사하는 것

말고는 나머지 모든 질문들이 여전히 경제학자들의 손에 남아 있게 된 것이다.

사회학 전반에 이러한 이론적 지향이 계속 지배해 왔다. 예를 들어 하버마스, 루만, 기든스는 모두 '상징적 증표'(symbolic token) 또는 '상호교환의 매개'(media of interchange: 원문 그대로)라는 화폐 개념을 그대로 따랐다(Giddens, 1990: p. 22; Dodd, 1994의 하버마스와 루만에 대한 두 번째 분석을 참고하라). 화폐는 '시스템의 복합성'(systemic complexity)을 증가시키며, 근대성의 특징인 '시간-공간 거리 두기'(time-space distanciation)를 강화시킨다. 하지만 화폐의 존재는 이미 주어져 있는 것으로 당연시된다. 그러면서 화폐라는 현상에는 신뢰의 개념이 중요하다는 논지만 자꾸 반복되어 나오는데, 이런 이야기는 "신용(credit)이라는 영어 단어가 라틴어 동사 믿다(credere)에서 나왔다고 말하는 것 이상 아무 설명도 할 가치가 없는 것이다"(Ganssmann, 1988: p. 293). 화폐를 설명하려면, 추상적 가치를 셈하고 또 그 추상적 가치를 시간을 넘나들며 이동시키는 사회적 기술의 특정한 형태가 어떻게 형성되었고 변해 왔는가를 역사적으로 분석하는 작업이 응당 포함되어야 한다. 화폐가 기든스를 비롯한 여러 논자들이 말하는 것과 같은 결과들을 낳는다는 것은 분명한 사실이다. 하지만 이것은 어디까지나 화폐 생산의 사회적 관계에 아무런 변화가 없을 때에만 그러하며, 사회적 관계가 변화한다면 이 또한 변화하게 마련이다.

현대 주류 사회학에는 화폐를 생산하는 사회적 관계에 대한 분석이 없기 때문에 결국 화폐의 존재에 대해서도 기능주의적인 설명을 함축하게 되고 말았다. 이는 주류 경제학에서 발견되는 목적론적 오류를 담은 공리들과 아주 유사하다.* 경제학과 마찬가지로 현대 사회학의 연구도 대부분 이렇게 너무나 자명한 사실을 보지 못하게 되었다. 화폐는 단지 '탈착

근된'(disembedded) 여러 사회 시스템들을 통합해 주는 상징물 (Giddens, 1990)에 그치는 것이 아니라, 화폐 그 자체가 **가치**이기도 하다. 화폐 생산에 대한 통제는 여러 사회제도 가운데에서도 중핵을 차지하는 제도이다.

마르크스주의 화폐 분석

파슨스는 마르크스의 이론을 대수롭지 않은 고전파 경제학의 한 갈래에 불과하다고 일축했다. 너무 심한 과장이기는 하지만, 일말의 진리가 없는 것은 아니다. 마르크스와 그의 계승자들은 노동가치론에 기초한 일종의 상품화폐론으로 화폐 문제를 다루었고, 결국 마르크스주의 화폐 이론 역시 상품화폐론 전반이 지니고 있는 오류를 고스란히 간직하게 되었다. 이 점에 관한 한 마르크스의 일반적 화폐론은 잘못된 것이라고 할 수 있다. 마르크스는 "화폐가 상품에서 나온다는 것을 이해하게 되면 화폐 분석에 관한 첫 번째 어려움은 극복할 수 있다"고 말하고 있다(Marx, 1970: p. 64). 마르크스가 여기에서만큼 심한 오류를 저지른 지점도 없을 것이며, 이 문장만큼 그의 오류를 명확하게 드러내 주는 문장도 없을 것

---

* 기능주의적 오류(functionalist fallacy)라고 일반적으로 불리는 것은, 어떤 것이 존재하게 된 사연과 이유를 그것이 갖는 기능적인 합리성으로 설명하려는 것이다. 이를테면 추석이라는 명절이 생겨나게 된 까닭을, 그 덕에 사람들이 추수를 끝내고 쉴 수 있지 않으냐는 주장으로 대체하는 것이다. 이는 사물의 존재 이유를 따질 때 차원이 다른 인과율을 혼동하는 논리적 오류로서, 그 사물이 존재하는 '목적'으로 그 사물이 나타나게 된 '원인'을 대체하는 셈으로 '목적론적 오류'(teleological fallacy)와도 비슷하다.

이다. 무엇보다 중요한 점은, 그가 **자본**을 **사회적 관계**로 파악하는 이론을 전개했음에도 불구하고 그 이론을 화폐에도 똑같이 적용시킬 수 있다는 점을 전혀 깨닫지 못했다는 점이다. 그 원인은 마르크스가 노동가치론에 기초한 상품화폐론을 고수한 데에 있다. 더욱이 마르크스는 노동가치론과 상품 형태의 화폐에만 골몰하다가 자본주의적인 신용화폐를 명쾌하게 이해하지 못하게 되고 말았다(Cutler et al., 1978: pp. 24-6). 훗날 나타난 금융자본의 개념을 사용한 마르크스주의 사회학적 분석들은 이러한 잘못된 이해를 영구적인 것으로 만들어 버렸다(예를 들어 Scott, 1997; 힐퍼딩의 오류에 대해서는 Henwood, 1997을 참조하라).[3]

애덤 스미스처럼 마르크스도 이렇게 주장했다. "금이 화폐로서 다른 상품들과 대면하게 되는 것은 이미 그 이전에 하나의 상품으로서 다른 상품들을 대면했기 때문이라는 것 말고는 다른 이유가 없다……. 금은 보편적 가치 척도로서 역할을 하고, 오로지 이 기능을 수행함으로써만 …… 화폐가 된다"(Marx, 1976: p. 162, 188). 귀금속이 가치 척도가 될 수 있는 이유는 귀금속을 채굴하고 또 주화로 주조하는 과정에서 노동이 투하되었기 때문이며, 그 투하된 노동의 양은 "똑같은 양의 노동이 응축되어 있는 다른 그 어떤 상품의 양"으로도 표현할 수 있다(Marx, 1976: p. 186). 이런 관점에서 보면 이런저런 형태의 신용은 파생된 것일 뿐이다. 은행권과 환어음이 화폐가 되는 것은 오로지 이것들이 교환되고 있는 상품이나 귀금속 어느 한쪽 또는 양쪽 모두를 직접적으로 **표상**한다는 의미

---

3) 마르크스주의 경제 이론은 화폐를 이해하는 데 여러 결함을 가지게 되었고, 이는 이윤과 잉여가치에 대한 마르크스주의 경제 이론 전체에 중대한 결과를 낳고 말았다. 하지만 이 문제는 여기서는 다루지 않겠다.

에서뿐이다.

하지만 마르크스에게는 고전파 경제학과 뚜렷하게 단절한 부분도 있다. 화폐 관계가 **자연적 경제**의 현실을 표현하는 데 그치지 않고 그러한 자연적 경제의 현실을 떠받치고 있는 생산의 **사회적 관계**라는 현실을 은폐하기도 한다는 점을 보여 준 것이다. 현실은 이러한 생산의 사회적 관계들로 이루어지지만, 이 현실이 다시 화폐라는 소외된 형식을 빌려서만 우리 눈앞에 나타나게 된다는 것이다. 결국 마르크스에게는 두 가지 '베일'이 존재한다. 먼저 마르크스도 비록 방식은 상당히 다르지만 정통파 경제학과 마찬가지로 화폐의 이면에 '실물'적인 경제적 힘이 존재한다고 본다. 이 '실물'이라는 경제적 힘들의 배후에는 다시 '현실의' 사회적 관계들이 놓여 있지만, 이 또한 화폐적 관계들이라는 모습을 띠고서 우리 눈에 나타난다. 따라서 화폐라는 가면 또는 베일을 찢어 버릴 수만 있다면 자본주의도 자본주의 화폐도 모든 신비를 벗어 버리게 될 것이며, "우리 눈앞에 눈부시게 드러나게"될 것이라는 것이다(Marx, 1976: p. 187).

이런 식의 논증은 마르크스가 왜 고전 사회학자라고 불리는지를 설명해 준다. 하지만 이는 또한 화폐가 '괄호 안으로 들어가 버려서' 더 이상 분석의 대상이 되지 못하게 되었다는 것을 함축하고 있다. '베일'의 숫자를 두 개로 늘이기는 했지만 마르크스의 **분석적** 입장을 보면 고전파 경제학자들과 유사하다. 마르크스(그리고 그의 동시대인들 모두)는 상품 생산의 사회적 관계와 노동가치론을 강조하는 바람에 신용이라는 형태로 추상적 가치를 생산하는 것이 **상대적 자율성**을 가지고 있다는 점도 인식하지 못했고 또 모든 화폐가 근본적으로 신용의 증표라는 좀 더 근본적인 입장에 도달할 수도 없었다. 빌헬름 로셔는 경제학자들이 다른 "상품과 구분되는 화폐의 고유한 속성들을 충분히 염두에 두지 않는다"고 불만을 털어놓으면서 자신의 논지를 분명하게 밝힌 바 있다. 하지만 마르크스는 로셔를 "시시한 소리나 풀어 놓는 교수 나부랭이"라고 무시해 버렸다(Marx, 1976: p. 187, n.13). 마르크스 또한 모든 상품화폐론자들과 마찬가지로, 화폐가 계산화폐로 규정될 수 있는 추상적 가치이며, 화폐 자체를 생산하는 사회적 관계에 의해 유지된다는 점을 고려하지 못했던 것이다.

때때로 마르크스는 자본주의 신용화폐가 생산 영역과 상품 순환의 외부에서 자율적으로 창조될 수 있다는 사실을 파악한 것처럼 보이기도 한다. 하지만 그는 이러한 자본주의 신용화폐가 본질적으로 **역기능**을 만들어 낼 것이라고 생각했다. 마르크스에 따르면, 은행 신용은 "필요한 비율을 넘어 확장될 수 있고, 자본주의 생산이 그 한계를 넘어서 버리도록 만드는 가장 강력한 수단이 될 수 있다. 이는 공황과 사기를 만들어 내는 가장 효과적인 수단이 되었다"(Marx, 1981: pp. 735-9). 환어음이나 약속어음 같은 신용 수단은 경화(硬貨)에 대한 기능적 대체물에 불과한 합리적으로 조직된 시스템이며 혹 그렇지 않다면 마땅히 그렇게 만들어야만 한다는 당시 통화학파의 통념을 되풀이했던 것이다.

힐퍼딩의 《금융자본론》(*Finance Capital*, 1981[1910])에도 시대착오적이고 오류로 가득한 상품 교환 화폐론이 분명히 나타나고 있다. 겉으로는 그 시대의 정통파 경제 이론을 비판하고 있지만, 실제로는 거기에 완전히 부합하는 입장을 펴고 있다. 그는 '경제적 설명을 모조리 회피해 버린다'는 이유로 크나프의 국정화폐론을 부정한다. 오히려 "화폐는 …… 교환 과정에서 발생하며, 그 밖에 어떤 조건도 필요로 하지 않는다"고 주장한다(Hilferding, 1981[1910]: p. 36, 376도 보라). 신용 창출은 '실물'적인 생산 경제에 닻을 내리고 있는 것이며, 따라서 "신용화폐의 양 또한 생산과 유통의 수준에 따라 제한된다"(Hilferding, 1981[1910] 64-5). 은행은 부르주아지가 보유하고 있는 자본 가운데 '놀려 두고 있는 자본'을 모두 주워 모아 "여타 계급들이 놀려 두고 있는 화폐와 한데 모아서 생산에 사용"함으로써 자본의 축적 과정을 지원한다(Hilferding, 1981[1910]: p. 90). 이 모두가 분명히 옳다. 하지만 슘페터와 케인스가 주장했던 것처럼, 자본주의가 다른 경제 체제와 다른 그 특유의 종차(種差: differentia specifica)는, 은행이 무(無)로부터(보다 정확히 말한다면 채무라는 **사회적 관계**로부터) 새로운 은행 신용화폐 예금을 내생적으로 창출할 수 있다는 점에 있다. 대부는 단지 기존의 '작은 웅덩이들'을 모아 거대한 저수지로 만드는 것만이 아니라, **새롭게 화폐를 만드는** 활동이다(Schumpeter, 1994[1954]: p. 1113). 이렇게 자본주의의 본질에 해당하는 새 화폐 창조 과정을 통찰하는데 실패하는 바람에, 힐퍼딩뿐 아니라 여러 세대에 걸쳐서 마르크스주의자들과 사회학자들이 사실상 금융자본의 권력을 과소평가하게 되는 엉뚱한 결과가 나온 것이다!

다른 정통 경제학과 마찬가지로, 마르크스주의 화폐 분석 또한 화폐의 가치를 상품에서부터 발견하려 드는 바람에 무력해진 것이다(Fine and Lapativas, 2000, 그리고 Ingham, 2001의 비판). 마르크스주의 화폐론은 **모든 화폐가 추상적 가치**라는 상징적 증표에 그 본질이 있으며, 이 상징적 증표들은 채권–채무라는 자체적인 사회적 관계들로 구성되며, 또 그 증표들이 지시하고 있는 것 또한 그러한 사회적 관계라는 주장을 검토할 수가 없었던 것이다. 사회학적 관점에서 볼 때, 화폐의 실체로 보아야 할 것은 바로 이 사회적 관계이다. 지멜과 베버의 연구에는 독일 역사학파의 입장과 유사한 주장이 담겨 있고, 사회적 관계 차원에서 화폐를 조명하고자 한 면면들이 포함되어 있다. 이제 그들이 어떻게 사회적 관계를 중심으로 화폐의 실체를 설명하고자 했는지 살펴보자.

지멜의 《돈의 철학》

지멜은 《돈의 철학》(*The Philosophy of Money*)이 화폐 자체에 대한 연구가 아니라 화폐가 어떻게 근대적 삶의 본질을 표현하는가를 다룬 연구라고 말한 바 있다. 이 말은 오해의 소지가 많은 것이었으나, 불행히도 사회학은 그동안 이 지멜의 말을 액면 그대로 믿어 버리고 말았다(Dodd, 1994: p. 175). 화폐는 근대의 정신을 가장 완벽하게 표현하고 있다. 근대의 사회관계는 점차 단절되고 파편화되어 가고 있으며 추상적인 몰인격성을 띠어 가고 있는데, 이러한 사회관계가 만들어 내는 정신이 고스란히 담겨 있는 것이 바로 화폐라는 것이다. 지멜에 따르면, "사회적 삶이 화폐관계에 지배될수록 의식적 삶 속에서 실존의 상대주의적 성격이 더욱 더 표출되게 된다"(Simmel, 1978[1907]: p. 512). '사회화'(sociation)*가 화폐라는 형태로 벌어지게 되면 이로 인해 개인성, 인격적 자유, 지성주의 등이 태어나게 된다(Dodd, 1994: B, Turner, 1999). 하지만 그렇다고 《돈의 철학》이 화폐가 가져오는 효과에 대한 분석만 하고 있는 것은 아니다. 이 책에는 비록 파편화되어 있기는 하지만, 화폐의 본성(즉 화폐의 기원, 화폐의 근본적 특징, 그리고 화폐의 생산방식 등)에 대한 중요한 고찰이 담겨

---

* 지멜이 사용한 용어로서(Vergesellschaftung), '관계 맺기'라고 옮기는 것이 적절할 수도 있겠다. 지멜은 개인과 사회라는 이항 대립을 거부하고, 어느 한쪽이 없으면 다른 쪽도 성립할 수 없는 관계임을 분명히 한다. 그가 '형식 사회학'이라고 이름 붙인 작업의 임무는 이렇게 개개인들이 서로 관계를 맺는 구체적 형식을 탐구하여 그 개개인들이 주관적·내적으로 갖는 의미와 독자적인 차원에서 사회라는 실체가 성립하는 과정을 찾아냄과 동시에 또 개개인들이 그러한 관계 맺기의 형식에 포섭되는 과정에서 주관적·내적으로 또한 일정한 심리적 변화를 겪게 되는 과정을 이 용어로 지칭한다.

있다. 《돈의 철학》은 화폐를 추상적 가치로서 분석함과 동시에 그 자체로 하나의 **사회화** 형식으로서 분석하고 있다. 하지만 이러한 두 가지 측면은 주목 받아야 마땅함에도 불구하고 그러지 못했던 것이 사실이다.

지멜은 마르크스주의 이론을 포함하여 화폐의 가치가 특수한 화폐 물질의 실체나 내용에서 나온다고 보는 모든 경제 이론을 거부했다. 그에 따르면, 화폐의 가치는 생산 비용에서도 수요 공급에서도 노동 가치에서도 나오지 않는다. 화폐의 가치는 **추상적** 가치를 표상하며(Simmel, 1978[1907]: p. 120), 화폐는 '사물 자체를 빼놓은 사물의 가치'이다 (Simmel, 1978[1907]: p. 121). 화폐는 "대상물의 교환 가능성을 증류(蒸溜)하여 추출해 놓은 것이며…… 이런 의미에서 대상물들 간의 관계이다. 이 관계는 사물 자체에 변화가 생긴다 하더라도 변함없이 지속된다" (Simmel, 1978[1907]: p. 124, 강조는 원문).

지멜은 측정 수단이 측정되는 대상과 동일한 질적 특성을 가져야 한다는 상품화폐론자들의 주장을 일축하면서 상품화폐론에 대한 자신의 비판을 전개해 나간다. 예를 들어 길이를 측정하는 수단은 길이를 가지고 있어야 하는 것처럼 가치의 척도도 가치를 지녀야 한다는 것이 이들의 주장이다(Simmel, 1978[1907]: p. 131). 물론 길이를 측량하는 측정 수단 가운데에는 긴 것도 있다. 하지만 지멜의 주장에 따르면 이것은 어디까지나 측정 수단과 측정 대상물이 길이라는 **동일한 질적 특성을** 나눠 갖고 있기 때문일 뿐이다. "두 개의 수량 사이에 비율을 확립할 때 두 수량을 직접 비교하는 대신, 양쪽 각각이 제3의 수량과 갖는 관계를 살펴 그것이 등가이거나 그렇지 않다는 사실을 이용하게 되었다는 것." 바로 이것이 사회가 만들어 낸 위대한 성취물이라는 것이다(Simmel, 1978[1907]: p. 146). 따라서 지멜은 독일 역사학파의 명목주의 화폐 이론과 마찬가지로, 계산

화폐라는 추상물을 얻어 내는 것이 논리적으로 가장 우선하는 것이라고
잘라 말한다. 화폐란 "자신이 표상하는 규범들에 스스로를 순종시키는
규범적인 생각"*이라는 것이다(Simmel, 1978[1907]: p. 122; Orlean, 1998
에도 화폐는 '자기 스스로를 준거로 삼는 것'[auto référentielle]이라는 주장이

---

* 이 문장은 지멜의 저서를 영어로 번역한(Tom Bottomore and David Frisby) 문장
"Money is therefore one of those normative ideas that obey the norms that
they themselves represent"을 우리말로 옮겨 놓은 것이지만, 이 순환론적으로 들리
는 알쏭달쏭한 문장은 지멜이 전개한 화폐 철학의 역설을 압축하고 있는 유명한 것이
라 독일어 원어를 적어 둔다. 'Das Geld geh?rt also zu denjenigen normierenden
Vorstellungen, die sich selbst unter die Norm beugen, die sie selbst sind." 그
대로 옮기자면 "화폐란 자신 스스로도 규범이지만 또 자신을 그 규범 아래로 복종시키
는 그러한 규범적인 표상들 가운데 하나이다"가 될 것이다. 이 문장은 러셀의 배리
(Russell's paradox)를 포함하고 있다. 즉 본성을 정의할 때 그 자체를 배제하여 정의할
수도 없고 포함하여 정의할 수도 없는 그러한 논리적 모순을 간직한 존재라는 것이다.
이러한 지멜의 화폐관은 근대적 생활의 가치가 자기 준거적인 성격을 갖는다는 자신의
근대 세계론과 밀접하게 연결되어 있다. 이를 잘 보이기 위해서, 이 문장이 인용된 부
분의 전후 맥락을 덧붙여 둔다. "화폐의 이중적 역할은 한편으로는 교환되고 있는 재
화들의 가치 관계를 측정하는 것에 있으면서 또 그러한 재화들과 교환됨으로써 그 자
신이 측정될 수 있는 양으로 변화한다는 점에 있다. 따라서 화폐란 스스로도 규범이지
만 또 자신을 그 규범 아래로 복종시키는 그러한 규범적인 표상들 가운데 하나이다. 이
러한 규범적 표상들은 사유에서 항상 일차적인 엉클어짐과 순환 운동을 낳게 되지만,
이를 해결할 수 없는 것은 아니다. 모든 크레타인들은 거짓말쟁이라고 선언하는 크레
타인은 자신이 내건 공리 때문에 스스로가 언명한 명제도 거짓말로 만들어 버리고 만
다. 이 온 세계가 사악한 것이라고 딱지를 붙이는 염세주의자들은 그렇게 함으로써 자
신의 이론도 사악한 것이 될 수밖에 없도록 해버린다. 모든 진리를 부인하는 회의주의
자는 그럼으로써 자신의 회의주의에 대한 진리성까지도 주장할 수 없는 것으로 만들어
버린다 등등. 이렇게 화폐는 가치 평가가 가능한 모든 사물 가운데에서도 교환의 수단
이자 척도라는 자리에 우뚝 서 있다. 하지만 화폐가 그런 여러 기능을 수행하려면 가장
먼저 가치 평가 가능한 대표물이 있어서 거기에 가치를 부여하는 일이 선행되어야 하
는 것이다. 그 결과 화폐는 다시 여러 가치 평가 가능한 사물들 사이로 들어와 동렬에
나란히 서게 되며 화폐 자체에서 도출된 규범들에 스스로 복종하게 되는 것이다."

나온다. Searle, 1995도 참조하라).

지멜은 금본위제가 절정에 달했던 시대에 글을 썼기에, "화폐가 최상의 기능을 수행할 수 있는 것은 단순히 화폐가 아닐 때, 즉 사물들의 가치를 표현하는 순수한 추상 이상의 그 무엇일 때"라고 한발 물러선다 (Simmel, 1978[1907]: p. 165). 하지만 그렇다고 해서 금본위제 시대 이후를 내다보는 선견지명이 담긴 핵심 주장까지 포기하지는 않는다. "화폐의 기능을 순수한 증표 화폐로 바꾸어 화폐 수량을 제한하는 모든 실질적 가치로부터 완전히 분리하는 것은 화폐의 개념상으로* 보면 올바른 일이지만, 기술적 관점에서 보자면 가능한 일이 아니다. 실제의 화폐 발전은 그렇게 화폐가 모든 상품 형태와 분리되어 궁극적으로는 순수한 증표 화폐로 변하게 될 것임을 암시하고 있지만 말이다"(Simmel, 1978[1907]: p. 165, 강조는 인용자). 실제로 1971년에 금과 달러 사이의 연결고리가 끊어졌고, 이에 따라 상품-화폐는 가치 표준으로서조차도 더 이상 존재할 수 없게 되었다.

지멜은 정통 경제학자들과 달리 화폐 교환은 물물교환과 구조적으로 다른 것이라는 점을 이해하고 있었다. 화폐 교환은 사회적 신용 관계를 통해 구성되는 것이기 때문이다. 화폐는 사람들끼리 관계 맺는 방식, 즉 사회화의 한 형태이지 '사물'이 아니다. "화폐는 사회 앞으로 발행된 청

---

* 이 책의 원본은 '개념상으로 보자면'(conceptually)을 'technically'로 잘못 인용하고 있다. 이해를 돕기 위해 이 인용문 뒤의 문장도 덧붙인다. "이는 모순이 아니다. 수많은 과정들이 이와 똑같은 방식으로 벌어진다. 이 과정들은 명확한 목적에 근접하며, 이 목적은 그 과정들의 발전 경로를 명쾌하게 규정하기도 한다. 하지만 이 과정들이 실제로 그 목적을 성취하고자 하면 그 때까지 그 목적으로 그 과정을 인도해 온 그러한 성격들을 버려야만 하는 것이다."

구권일 따름이다"(Simmel, 1978[1907]: p. 177). 지멜에 따르면, "보통의 경우 금속화폐를 신용화폐와 완전히 상반된 것이라고 여기지만, 금속화폐의 유통 또한 사실상 신용의 두 가지 가정을 포함하고 있으며, 이 두 가정들은 아주 독특하게 서로 얽혀 있다"(Simmel, 1978[1907]: p. 178). 첫째, 금속화폐로 현금 거래를 할 때 그 금속화폐의 귀금속 함량을 검사하는 일은 통상적으로 일어나지 않으며, 발행 당국의 권위로 주화에 찍어 놓은 2차적인 특징들로서 그 함량을 진짜라고 믿는다는 것이다. 둘째, 사람들은 이러한 가치 증표물들이 그 가치를 보유하고 있을 것이라고 믿어야만 한다. 물론 사람들이 이렇게 믿는 것에는 그럴 만한 객관적 개연성이 있을지도 모른다. 하지만 "그런 종류의 믿음이라는 것은 기껏해야 매우 박약한 귀납적 지식의 한 형태에 불과하다"(Simmel, 1978[1907]: p. 179). 어떤 사람이 화폐를 보유하도록 확신하게 할 기초가 될 만큼 그렇게 충분한 정보란 있을 수 없다. 또한 화폐는 '이론을 초월한 믿음' 즉 '사회심리학적이고 유사종교적인 신앙' 같은 요소를 필요로 하는 것이다(Simmel, 1978[1907]: p. 179). "화폐는 수단을 가장 순수하게 물화(物化: reification)시켜 놓은 것으로, 화폐는 하나의 구체적 수단이지만 동시에 화폐라는 추상적 개념과 절대적으로 동일한 것이다. 즉, 화폐는 순수한 수단이다"(Simmel, 1978[1907]: p. 210). 그리고 이 순수한 추상 가치의 여러 특질들은 '사회조직과 …… 주관성을 초월해 있는 규범'에 깃들어 있는 것이다(Simmel, 1978[1907]: p. 210).

현대 사회학은 화폐 문제를 두고 오로지 신뢰 개념만 줄곧 강조하는 바람에 이러한 지멜의 분석을 하찮은 것으로 만들어 버리는 경향이 있다. 베버와 마찬가지로 지멜 역시 비금속 비물질 화폐가 유통되는 현실은 단순히 신뢰라는 것만으로 설명할 수 없으며, 근대국가의 발전과 밀접하게 연결된 문제임을 잘 알고 있었다. 근대국가의 형성에 아주 중요한 바탕이 된 것은 신뢰할 수 있는 귀금속 본위와 주화 주조였다는 것이다. 화폐는 봉건적 관계 속에서 인격화되어 있던 구속을 해체시켰으며, "화폐 거래가 **강제적으로 시행되었다**는 것은 기존에 사적인 교환 양식에 따라 조직된 영역으로까지 왕실의 권력이 확대"되었음을 의미하는 것이었다(Simmel, 1978[1907]: p. 185, 강조는 인용자). 하지만 변증법적 과정을 거치며 "화폐의 가치는 중앙 정치권력으로 표상되는 모종의 보증에 기초를 두게 되었으며, 이 중앙 정치권력이 결국에는 귀금속의 중요성과 의미를 대체해 버리게 된다"(Simmel, 1989[1907]: p. 184). 이러한 역사적 과정 속에서 강제(coercion)는 그 어떤 '신뢰'보다 선행하는 것이었으며, 이는 늘 그래왔듯이 통화의 확립에서도 관철되었던 바이다. 현대 사회학의 분석은 통화 주권성이 극단적인 물리적 강제(이마에 주화로 낙인을 찍거나 화폐 위조자를 사형 시키는 등)에 크게 의지하고 있음을 망각하는 경향이 있음을 명심해야 한다.

하지만 지멜은 화폐의 가치가 귀금속의 내재적 가치에 있다고 믿는 본질주의 이론과 고전파 노동가치 이론을 모두 거부하고 난 뒤, 한계효용 이론이나 오스트리아학파의 주관주의 경제 이론이 직면했던 것과 똑같은 문제에 맞닥뜨리게 되었다. 다양한 개인들의 주관적 선호로부터 어떻게 단일한 상호 주관적 가치의 표준표가 생겨나는 것일까? 지멜에 따르면, "추상적 가치로서 화폐가 표현하는 것은 그 가치를 구성하는 구체적 사물들 사이의 상대성일 뿐이다"(Simmel, 1978[1907]: p. 121). 하지만 화폐는 **그와 동시에** 그 교환 가능한 가치들의 상대성을 또한 초월하여, "안정적인 기둥으로 우뚝 서서, 그 사물들이 다른 모든 사물들과의 관계에서 끊임없이 운동하고 위아래로 가치가 오르내리는 것과 대조를 이루고 있다"는 것이다(Simmel, 1978[1907]: p. 121 강조는 인용자). 그렇다면 어떤 과정을 통해서 화폐가 그러한 위치에 우뚝 서게 되는 것일까?

지멜은 이 질문에 답하기 위해 화폐가 물질에서 순수한 추상으로 전환되는 과정을 역사적으로 분석한다(《돈의 철학》2장 3절을 보라). 그의 역사적 분석이 독일 역사학파로부터 가져온 혜안과 통찰로 가득 차 있는 것은 사실이다. 하지만 비물질적 추상이 바로 화폐라고 옳게 보기는 했지만, 이것이 생성되는 과정에 대해서는 그저 **묘사하는** 것 이상으로 나아가지 못했고, 게다가 그 묘사 자체도 혼동에 빠져 있다. 이를테면 지멜은 자신의 생각대로 모든 화폐가 신용이라면 힐데브란트(Bruno Hildebrand)의 '물물교환→상품-화폐→신용'이라는 진화 도식* 또한 모순에 빠져 버린다는 점을 인식하지 못했던 것이다.

《돈의 철학》에는 두 가지 근본적인 문제가 해결되지 않은 채 남아 있다. 첫째, 가치로서의 화폐라는 개념은 어디에서 기원한 것인가? 지멜은 화폐가 교환 가능성을 의미한다는 오스트리아학파 경제학자들의 생각에 동의했지만, 화폐가 교환 과정의 결과로 생겨날 수 있는 게 아니라는 점을 알고 있었다. 오히려 화폐는 "오직 **그전부터 존재하던** 가치에 근거해서 발

---

* 독일 역사학파의 시조라 할 로셔(Wilhelm Roshcer) 이후 경제 발전의 단계 구분은 독일 역사학파의 가장 중요한 주제 가운데 하나가 되었다. 그중에서 특히 브루노 힐데브란트는 역사 연구를 통하여 로마제국 몰락 이후 대략 중세 초기까지를 '자연경제,' 그 이후 18세기 정도까지를 '화폐경제', 그리고 자신이 살던 19세기 이후의 경제사는 '신용경제'로 나아갈 것이라는 명제를 제출했다. 이런 시대 구분은 19세기의 진보관의 사상사와 맞물리면서 가장 영향력이 큰 경제 발전 단계론 가운데 하나로 맹위를 떨쳤다. 그리고 지멜의 《돈의 철학》은 화폐의 전면적 등장으로 인해 벌어지는 근대적 삶의 형식의 변화를 다룬다는 그 근본 문제 설정에서 이러한 힐데브란트식의 역사 도식을 큰 전제로 깔고 있는 것이다.

전해 나올 수밖에 없는 것이다"(Simmel, 1978[1907]: p. 119, 강조는 인용자). 그렇다면 그전부터 존재했던 가치라는 것은 도대체 무엇이었을까? 지멜은 여기저기 흩어진 단서들만 남겨 놓고 있을 뿐이다.

둘째, 현대의 탈물질화된 화폐의 추상적 가치는 애초에 어떻게 확립된 것이며 그 뒤로 어떻게 유지되고 있는가? 지멜에 따르면 현실 세계에서는 귀금속이 동원되어 신뢰성을 유지시키는 수단으로서 쓰인다. 하지만 '이상적 세계'에서라면 화폐는 오직 추상적 가치의 상징이라는 '화폐의 본질적 기능'만 수행하게 될 것이다. 이 지점에서 지멜은 철저하게 실증주의적인 경제학의 화폐 개념으로 되돌아간다. "야드를 재는 자(尺)가 여러 다양한 길이를 측정하더라도 본래 자의 존재를 유지하는 것과 마찬가지로, 화폐 또한 그것으로 가치를 측량하는 상품들의 가치가 변하더라도 거의 영향 받지 않는 **중립적** 지위에 도달하게 될 것이다"(Simmel, 1978[1907]: p. 119, 강조는 인용자). 상품 가치는 교환하는 개개인들의 주관적 선호가 상호작용한 결과 발생한 것이며, 화폐는 그저 이 상호작용을 매개하는 **중립적 상징**일 뿐이라는 경제학자들의 '이상적 세계'를 지멜도 그대로 수용하고 있는 것이다.

하지만 지멜도 이 '이상 세계'를 설명하지는 못하고 있다. 게다가 이러한 이상 세계에 **사회적 구조**란 애초부터 존재하지 않는 것이다. 따라서 우리는 이제 베버의 논의로 넘어가야 한다. 베버는 화폐란 개개인들의 주관적 선호를 넘어 그 뒷면에서 벌어지는 사회적 갈등이 표현된 것이라는 주장을 사회학적으로 정식화한 이이기 때문이다.

화폐에 대한 베버의 생각

베버의 자본주의 분석에 대한 사회학 2차 문헌들이 엄청나게 많지만, 이 문헌들은 베버의 화폐 분석을 거의 언급하지 않는다. 《일반 경제사》 (General Economic History)에 들어 있는 화폐와 은행에 대한 장은 거의 완벽하게 무시되어 왔다(Weber, 1981[1927]). 반면에 베버의 연구 가운데 종교에 대한 연구가 너무 중시되는 바람에 그의 저작에 대한 전체적 이해가 왜곡되고 말았다.[4] 예를 들어, 베버는 중국에서 자본주의가 충분히 발전하지 않은 것은 종교 윤리 때문이라고도 했지만, 그것과 똑같은 정도로 중국의 화폐 발전 수준이 "프톨레마이오스 시대의 이집트만큼도 발전하지 못했다"는 사실 때문이라고 주장한 바 있다(Weber, 1951: p. 3). 이런 주장이 소홀히 다뤄졌다는 점은 그가 크나프의 《국정화폐론》(State Theory of Money)에 대해 아낌없는 찬사를 보냈다는 사실을 고려하면 더 이해하기 어려워진다. 어째서 학자들은 베버를 따라 크나프의 그 '영원토록 근본적인 중요성'을 갖는 '찬란한 저작'을 탐구하지 않는 것일까 (Weber, 1978: p. 184, 169: 또 pp. 78-9).

화폐는 '간접' 교환인 시장 교환을 확대시킨다. 이러한 교환을 통해 "사람들은 공간적으로, 시간적으로, 또 인격적으로 자신과 멀리 떨어져 살고 있는 이들이 내놓은 재화들도 자신의 재화와 교환할 수 있게 되고, 특히 중요한 점은 거래 양쪽 물품의 실물 수량과도 분리된 채 재화의 교환을 가능하게 한 것이다"(Weber, 1978: p. 80). 이 책의 서론에서 이미

---

4) 《프로테스탄트 윤리와 자본주의 정신》에 대한 지나치고도 잘못된 강조는 베버의 연구 작업에 대한 심각한 왜곡을 불러일으켰다(Ingham, 2003).

말한 것처럼, 가장 중요한 요소는 교환의 매개로서 상품-화폐의 존재가 아니라 화폐적 계산의 가능성, 즉 '모든 재화와 서비스에 화폐 가치를 부여'할 수 있는 가능성이다(Weber, 1978: p. 81). **계산화폐** 즉 "화폐 물질이 변한다 해도 항상 똑같이 유지되는 명목 화폐 단위의 연속성"이 이러한 계산을 가능하게 해주는 것이다. "개개인들이 이 명목 화폐 단위를 자기 소득의 몇 퍼센트가 되는가를 가늠해 볼 때 염두에 두는 모습은 금속이나 종이로 이루어진 증표 쪽지로서가 아니라" 하나의 **추상**으로서 화폐라는 것이다(Weber, 1978: p. 168). 크나프의 입장을 좇아, 베버 또한 국가가 국가 채무에 대한 법적 지불의 계산 단위를 법으로 정함으로써 화폐를 지정하는 것이야말로 화폐의 **형식적 유효성**(formal validity)의 준거라고 보고 있다(Weber, 1978: p. 169).

베버는 크나프가 가치 평가 능력(valuableness)과 가치(value)를 구분한 것에 지지하는 입장을 보인다(Weber, 1978: p. 193; pp. 78-9도 참조하라). 하지만 그는 화폐의 형식적 유효성(가치 평가 능력)만으로는 부족하며, 무언가 더 필요하다고 말한다. "어떤 미래 시점에 대략적으로 평가된 가격 관계에 따라 구체적 재화나 일반적인 재화와 교환 가능하다고 인정받을 가능성"이 또한 필요하다는 것이다(Weber, 1978: p. 169). 이것은 국정화폐론을 수정한 것인데, 이 지점에서 베버는 상당 정도 정통 경제 이론을 따라 상품화폐론과 화폐수량설에 기초하여 크나프의 인플레이션 분석을 비판한다(Weber, 1978: p. 192, pp. 180-4도 참조하라). 베버는 방법론 전쟁의 여파로 마침내 나타나게 된 사회과학 학제 사이의 격리를 한탄하지만, 반대로 재화 가격에 대한 분석(화폐의 구매력 문제를 포함)은 경제학에서 연구하는 것이 더 적절하다고 믿었다. 그럼에도 그는 비록 각주에서나마 경제학의 이론화 작업의 성격에 대해 침묵을 지키지 못하고 날카로운 논평을 남길 수밖에 없었다. 《경제와 사회》(*Economy and Society*)는 실질 화폐 이론(substantive theory of money)*을 사회학적으로 다시 구성할 수 있는 아이디어의 씨앗을 담고 있는데(Weber, 1978: p. 190), 이는 베버의 입장이 정통 경제 이론에서 좀 더 벗어나고 있음을 보여 준다.

참으로 베버답게, 그는 정통 경제학 이론과 이 이론에 대한 사회주의적 비판 양자 모두에 대결하고 있다(Weber 178: pp. 78-80, 107-9). 전통적인 이론에서 가격은 수요와 공급의 상호작용 결과로 정해지는 것이었는데 반해, 베버는 가격을 "경제적 존속을 둘러싼 투쟁"에서 "권력이 어떻게 배치되어 있느냐에 따라 발생하는 여러 집단 간 이해관계에 따른 갈등의 산물"이라 생각했다. 결과적으로 화폐는 경제학 이론에서 말하는 것처럼 여러 상품 간의 교환 비율들 위에 드리워져 있는 '중립적 베일' 따위가 아닌 것이다. 베버가 보기에 화폐는 "일차적으로 이러한 투쟁의 무기이며, 가격은 그러한 투쟁들이 표출된 것이다. 다시 말해 가격은 투쟁의 도구이되, 투쟁 과정에서 각 투쟁 당사자들의 상대적 기회를 수량적으로 평가한 것으로서만 도구가 되는 것이다"(Weber, 1978: p. 108).

---

* 베버는 《경제와 사회》 경제적 행위의 여러 범주를 다룬 앞부분에서 크나프에 대한 논평하는 가운데 크나프의 이론이 화폐라는 '형식'의 연구에만 집중되어 있음을 지적하고, 화폐의 작동을 둘러싸고 어떠한 현실의 역동성이 작동하는 지의 내용을 밝히는 화폐 이론 또한 필요하다고 지적하고 있다. 화폐의 조작을 통한 인플레이션이 발생한 것은 역사적 사실이었음을 지적한 뒤, 이런 것이야말로 "실질 화폐 이론이 다루어야 할 일"이라고 말하는 것이다. 또 "물가와 소득, 따라서 전체 경제 체제가…… 어떻게 영향을 받게 되는지의 문제들에 대해 실질 화폐 이론은 최소한 질문이라도 정식화할 수 있어야 한다."

베버는 시장이 일종의 권력투쟁이라고 주장하지만, 그렇다고 해서 마르크스를 따라 "사회적으로 유용한 노동에 대하여 합의된 양 만큼 쿠폰을 발행"하여 불평등을 교정하고자 했던 사회주의자들이 듣기 좋을 만한 소리를 내놓지도 않는다. 화폐가 합리적 계산 가능성을 낳는 것은 "오로지 수익성만을 지향하는 무수한 이해관계의 작동" 속에서 경제적 생존을 쟁취하기 위한 투쟁의 무기로 쓰일 때에만 가능하다는 것이다(Weber, 1978: p. 183). 구체적인 재화마다 생산하는 데 들어가는 사회적으로 합의된 노동량이 얼마만큼 들어갔는가에 따라 벌어지는 교환이란 "물물교환의 법칙을 따르는 것"이 될 것이며(Weber, 1978: p. 80), 따라서 추상적 가치 척도를 낳을 수가 없게 된다는 것이다.

베버는 '사회주의 계산' 논쟁이 벌어졌을 때, 화폐의 가치는 '항상 아주 복잡한 방식으로 그 희소성에 의존하여' 평가되는 것이기 때문에 화폐를 '무해한 쿠폰' 같은 것으로 취급해서는 아니 된다고 주장했던 오스트리아 이론 경제학자들에 동의했다(Weber, 1978: p. 79). 화폐와 여러 재화 사이의 무수한 등식들 사이에 특히 이자율에 대해서 일정한 균형(equilibrium)이나 물가 안정성이 존재하고 있다면, 이는 **예측 가능한 세력균형의 표출**일 것이다. 물론 이는 완결된 정식화는 아니지만, 또 반대로 여기에서 가격의 불안정성이란 화폐의 과잉(인플레이션)이나 부족(디플레이션)의 산물인 만큼 또 '생존을 위한 경제적 투쟁'의 결과이기도 하다. 요컨대, 사회주의는 합리적 화폐 계산을 해낼 수 없다는 것이다. 베버에 따르면, 관료적 행정으로는 "화폐 문제에서 '올바른' 양이나 '올바른' 유형을 절대로 내놓을 수 없다." 왜냐하면 국가 관료 기구는 "무엇보다도 특정한 이익집단들(여기에는 국가 자신도 들어간다―인용자)에게 구매력을 만들어 주는 것을 그 으뜸가는 지향성으로 삼고 있기 때문"이며 이것이 인플레이션을 불러일으키곤 했기 때문이라는 것이다(Weber, 1978: p. 183).

지멜과 베버는 명목주의 이론, 국정화폐론, 신용화폐론이 갖고 있는 장점을 분명히 알고 있었다. 이 이론들은 사회적 제도로서 화폐에 대한 더 포괄적인 사회학 이론을 구성할 수 있는 기초를 부분적으로나마 마련했던 것이다.

_4_

화폐 이론의 기본 요소들

화폐에 대한 여러 관점을 묘사하는 것은 마치 흘러가는 구름의 모습을 묘사하는 것처럼 어렵다. 그건 부인할 수 없는 사실이다.
— 조지프 슘페터(Schumpeter, 1994[1954]: p. 289)

5장부터 우리는 경험적 역사적 질문들을 분석할 것이다. 그에 앞서 이 장에서는 그러한 분석에 쓸 수 있도록 앞에서 제기한 비판으로부터 몇 가지 요소를 추출하여 종합적 틀을 구성할 것이다. 이 틀을 구성하는 요소들은 또 5장 이하에서 역사적 분석을 진행하는 가운데에서 또 좀 더 상세히 설명될 것이다. 이제 우리는 서론에서 제기했던 서로 연결된 세 가지 질문을 꺼내 볼 때가 되었다. 화폐란 무엇인가? 화폐는 어떻게 생산되는가? 화폐는 어떠한 과정을 거치며 그 가치를 얻고, 유지하고, 상실하는가?

화폐란 무엇인가?

화폐금융론 교과서에 나오는 화폐의 기능 목록 자체만으로는 화폐의 여러 속성들을 만족스러울 만큼 구체적으로 밝혀 주지 못한다. 이렇게 화폐의 여러 기능들의 관계와 그 각각의 중요성에 대한 질문이 해결되지 않은 가운데에서도 화폐 이외의 여러 다른 '사물들'은 그 기능 몇 가지를 얼마든지 수행할 수 있다. 교환의 매개 수단으로는 다른 많은 상품들(예를 들면, 담배)이 기능할 수 있으며, 가치의 저장 수단으로 보면 그 어떤 안정된 화폐보다도 훨씬 유리한 물건이 얼마든지 있다. 게다가 교환의 매개체로서 화폐에 초점을 두게 될 경우에는 특정한 화폐 형태들을 '화폐성'의 일반적 속성으로 오인하는 범주상의 오류가 나타나게 된다. 이 때문에 서로 긴밀하게 연결된 수많은 문제가 혼동으로 빠져들고 말았다. 예를 들어 화폐와 신용/채권의 구별 문제, 이른바 화폐의 탈물질화 문제, 전자화폐의 등장으로 '화폐의 종말'이 올 것인가 하는 문제, 그리고 유로존(euro-zone)과 같은 새로운 종류의 화폐적 공간 문제(2부의 9장을 보라) 같은 것이다. 특히 화폐를 교환의 매개체라고 관념하는 정통 경제 이론은 최적통화지역 이론에서 나타나고 있는 것처럼 옛 공산권 지역, 특히 러시아와 같은 '이행기' 경제에서 유지할 수 있는 화폐 체제를 두고 일어난 논쟁을 혼동으로 몰아넣고 말았다.[1]

　나아가 이러한 접근은 화폐의 기원과 화폐의 지속성에 대해 목적론적이고 기능주의적으로 설명하려는 경향을 강하게 함축하고 있다. 이런 입장에 따르면, 화폐는 개인 차원에서 보든 전체 사회 차원에서 보든 시장교환에서 발생하는 비용의 비효율성을 극복하는 방향으로 진화되어 왔다

---

1) 공산주의 이후의 러시아에서 벌어진 화폐적 무정부 상태를 분석하려는 최근의 시도는 화폐를 교환의 매개체로 보는 정통 경제 이론의 관념을 채택하는 바람에 심각한 장애를 겪고 말았다(Seabright, 2000).

고 한다. 화폐가 효율성을 산출해 온 것은 명백히 사실이지만, 과연 어째서 화폐가 발생하게 되었는지는 화폐가 최초 화폐 사용자의 마음속에 어떤 존재였는지를 보여 주지 않는 한 설명할 수 없다. 앞으로 서술하겠지만, 역사적 기록을 보면 화폐의 기원과 존속에 대한 위와 같은 접근법은 근거 없는 억측임이 드러난다. 게다가 화폐를 사용하게 되면 이런저런 유리한 점이 있다는 단순한 지식만 가지고서 존속 가능한 화폐 체제를 창출하거나 화폐의 존속을 보장하는 문제가 충분히 해결될 리가 없다. 화폐가 존속하는 경우 아주 뚜렷한 사회·정치적 조건을 가지고 있다. 화폐는 '구성 규칙들'(constitutive rules)을 가지고 있는 일종의 '제도적 사실'(institutional fact)이다(Searle, 1995: p. 13). 화폐가 여러 가지 기능을 수행할 수 있게 되는 방식은 사회·정치적인 여러 과정의 결과로 설명되어야 한다.

어떤 것이 '화폐성'을 띠고 있는지는 다음의 두 가지 조건 모두를 만족시키는지 여부에 달려 있다. 두 조건이란, 화폐가 하나의 '제도적 사실'이 되어 가는 과정에서 사회·정치적으로 부과되는 특수한 기능들을 말한다(Searle, 1995). 먼저, 화폐의 고유한 특징은 추상적 가치의 측정 수단(계산화폐)이라는 성격에 있다(Keynes, 1930; Grierson, 1977; Hicks, 1989; Hoover, 1996). 둘째, 화폐는 이 추상적 가치를 축장하고 이전하는 도구(최종 지불수단 또는 채무 청산수단)라는 특징을 갖는다(Knapp, 1973[1924]). 나머지 모든 기능들(일례로 교환의 매개와 같은 기능)은 이 두 가지 속성에 포괄되는 것일 뿐이다(Hicks, 1989). (감옥 안의 담배처럼 단순히 편의를 위한 교환의 매개물은 화폐로 발전하지 않은 채로도 독자적으로 존재할 수 있다) 계산화폐는 추상적 가치를 담고 있는 그 어떤 화폐 형태에 대해서도 논리적으로 선행한다(Keynes, 1930; Grierson, 1977; Hicks, 1989;

Hoover, 1996). '화폐성'을 부여하는 것은 화폐의 형태가 아니라 계산화폐이다. 따라서 어떤 화폐 형태가 '물질성'과 '만져서 알 수 있는 유형성' 또는 '휴대 가능성'을 띠는지 여부를 화폐의 추상적 성질과 혼동해서는 안 된다. 화폐는 반드시 손으로 만질 수 있는 '형태'를 갖지 않는다고 할 수 있다. 통화 체제를 담고 있는 것은 신용/채권 관계이니, 이 관계를 표상해 주는 장부의 기입 사항이나 컴퓨터 네트워크의 마그네틱 추적 장치 같은 형태만으로도 화폐는 충분히 '물질적으로' 존재할 수 있는 것이다 (Searle, 1995).

화폐는 구매력을 지니는데, 구매력은 그 화폐로 구매할 수 있는 재화와는 독자적으로 존재하는 것이다. 즉 화폐는 "순수한 추상 차원에서 존재하는 사물의 가치"이다(Simmel, 1978[1907]: p. 165). 궁극적으로 이 화폐의 구매력에 저장된 '청구권'에 대해 최종 지불수단이 될 수 있는 것은 오직 소비재뿐이다(Schumpeter, 1994[1954]: p. 321). 하지만 그렇다고 해서 화폐가 재화의 가치로 환원 가능하다는 말은 아니다. 그런 일은 오로지 주류 경제학 이론에 나오는 장기적인 '최종 상태'(end state)와 같은 가설상의 조건에서나 있을 수 있는 일이지만, 이런 식의 정식화는 실제 화폐경제가 일상적으로 작동할 때 나타나는 중요한 것들을 모두 빠뜨리고 있다. 여러 재화들 사이에 물물교환이 벌어진다면 실로 무수히 많은 교환 비율들이 쏟아지겠지만, 화폐를 사용하게 되면 그 화폐로 표현되는 미래의 예상 가치를 수단으로 삼아서 이 무수한 재화들 사이에 일련의 단일 가격 목록을 만들어 낼 수 있게 된다. 베버의 표현을 빌리자면, 어떤 주어진 시점에서 화폐의 '실질' 가치(구매력)는 항상 화폐를 무기로 삼아 벌어지는 '인간 대 인간의 경제적 전쟁'의 결과물이다(Weber, 1978: pp. 92-3). 그것은 '중립적 베일'도 아니고, '무해한 쿠폰'도 아니다(Weber, 1978: p.

79). 화폐와 재화가 어떤 균형을 이루고 있다면, 이는 경제적 권력이 일시적으로 균형 상태에 이르렀음을 나타내는 것이지 경제학 이론에서 묘사하듯 장기 균형의 달성 같은 것을 표현하는 것이 아니다.

'화폐성'을 부여하는 것이 계산화폐라는 사실은 화폐 '사물'이 다양하며 또 그것들 사이에 서로 아무 관련이 없다는 점을 생각해 보면 더욱 명확해진다. 측정 수단으로서의 화폐(계산화폐), 채무를 일방적으로 청산하는 데 사용되는 지불수단으로서의 화폐, 그리고 특정한 교환의 매개 수단으로서의 화폐 등이 주화의 경우처럼 반드시 단일한 형태로 통합되어 있어야 할 이유가 없다. 심지어 19세기까지도 영국의 계산화폐인 파운드스털링을 표현하는 매개체들은 소버린 금화, 갖가지 은행권, 국내 환어음, 지역에서 통용되는 동전 등 이루 헤아릴 수 없을 만큼 다양했다. "파운드라는 추상적 개념은 이렇듯 다름 아닌 이질적 여러 매개체들의 형태를 취할 수 있는 능력으로 구성되는 것이다"(Rowlinson, 1999: pp. 64-5). 오늘날에도 현금, 플라스틱 카드, 수표, 컴퓨터 디스크에 들어 있는 마그네틱 추적 장치 등 수많은 매개체들이 공존하고 있다.

'통화 공간'은 이런 계산화폐로 그 범위가 규정된다. 계산화폐를 단위로 하여 채무 계약이 체결되고 이행되며 그 밖의 모든 거래들도 마찬가지로 계산화폐에 기초하여 이루어진다. 이 '통화 공간'이 반드시 '국가 공간'과 일치할 필요는 없다. 하지만 통화 공간은 경제적 거래의 공간 이외의 어떤 것에 장소를 잡아야만 하며, 그러지 못할 경우에는 자체적으로 불안정해지는 경향이 있다. 통화 공간은 최적통화지역 이론에서 말하는 것처럼 실제의 거래 공간이나 시장 공간 같은 것 자체로 환원될 수 있는 것이 아니다(1장을 보라). 통화 공간이란 특정한 통화적 조건 아래에서 **잠재적으로** 거래가 이루어질 수 있는 곳 혹은 장(場: field)이다. 말하자면,

통화 공간은 주권적 공간이다(경제적 장economic field에 대해서는 Fligstein, 2001 : pp. 15-16을 참조하라).

이 추상적 가치를 축장하고 이전시키는 여러 수단들은 바로 통화 체제라는 **사회적 조직**에 깃들어 있다. 이러한 수단들을 통해서만 화폐도 가치라는 추상적 개념을 체현할 수 있게 된다. 이를 통해 화폐는 어느 특정한 물질이나 상품으로부터 탈각되어 나오게 될 뿐 아니라, 현실에서 거래가 벌어졌던 특정 시간과 공간으로부터도 완전히 자유롭게 되는 것이다. 화폐를 사용하게 되면 실제 거래에 참여하는 이들이 서로를 믿을 수 있을까 어떨까를 고민하는 신뢰의 부담이 거래 당사자들로부터 제거되어 화폐를 발행한 제3자에게 전가되는데, 이 점에서 물물교환과 차이가 있다.[2] 이러한 제도적 사실이 어떻게 달성되는가 하는 문제는 우리의 두 번째 질문인 화폐의 생산과 연관되어 있다(이 점은 뒤에서 곧 다룬다). 다만 이러한 제도적 사실을 강조하는 것이 정통 경제학에서 화폐를 **이론적으로** 이해하는 것과는 전혀 다른 접근법이라는 점을 지적할 필요가 있다. 정통 경제 이론에서는 추상적 가치가 실시간을 통과하여 움직여 나가는 것을 파악하기가 어렵다. 반대로, 케인스는 화폐가 현재와 미래를 연결시키는 사회적 기술이라는 면에서 중요하다는 것을 명확히 알고 있었다. "화폐를 부의 저장 수단으로 보유하고 싶은 우리의 욕망은 미래에 대한 우리의 계산과 관습들을 우리가 얼마나 불신하고 있는지를 보여 주는 지표이다. ⋯⋯ 우리는 실제의 화폐를 소유함으로써 우리의 불안을 잠재우는 것이다

---

2) 어떤 이들은 이 과정을 '탈착근'(disembedding)이라고 부르기도 했다(Giddens, 1990). 하지만 이는 몰인격적 믿음(또는 정당성)이 인격적 믿음을 대체한 것이라고 봐야 한다(Shapiro, 1987).

(Keynes, 1973[1936]: pp. 116-117).

 게다가 현재와 미래를 매개한다는 바로 이 화폐의 속성에서 역설적 모순이 발생하며, 이 모순은 케인스의 경제 분석에서 중요한 위치를 차지하고 있다. 화폐가 있어야 '화폐적 생산 경제'(자본주의)도 만들어질 수 있다. 그런데 만약 모든 이들이 자신의 불안을 진정시키려고 화폐를 소유하려 든다면 투자와 수요는 사라질 것이고 화폐적 생산 경제 또한 유지될 수 없을 것이다. 즉, '공동체 전체'가 유동성을 선호하여 화폐를 모조리 쥐고 있을 수는 없다는 것이다(Keynes, 1973[1936]: p. 155). 반대로 사람들에게 과감한 투자자로서 '야수 본색'(animal spirit)이 되살아나면 화폐 형태로 부를 보유할 필요성도 줄어들고 소비자와 투자자도 화폐를 지출하게 될 것이다. 화폐는 결코 중립적인 존재가 될 수는 없는 것이다(부채 디플레이션에 대해서는 2부 9장을 참조하라).

 모든 화폐는 채권-채무 관계, 즉 사회적 관계에 의해 구성된다. 첫째, 슘페터가 지적한 대로 화폐를 보유한 이는 자신이 쥐고 있는 채권에 대해서 재화로 되갚으라고 말할 자격이 있다. 화폐는 사회적 생산물에 대한 청구권인 것이다. 둘째, 화폐는 화폐 발행자에게는 채무(부채)이며, 반대로 화폐 사용자에게는 일종의 채권이다. 화폐를 발행하는 자는 누구든 자신에 대한 채무를 갚을 때 자기가 발행한 화폐로 갚는다면 이를 지불로 인정하겠다고 약속한다. 화폐 보유자는 재화로 지불받을 권리를 보유할 뿐 아니라, 그가 가진 화폐는 자신이 처한 통화 공간의 계산화폐를 단위로 체결된 계약의 모든 채무를 청산할 수 있는 수단인 것이다. 화폐의 창출은 반드시 그에 상응하는 채무의 창출과 동시에 이루어지게 되어 있다. 화폐가 **화폐가 되기** 위해서는 계산화폐로 측정된 채무가 그 사회 체제 어디에선가 이미 먼저 존재한다는 것이 전제 조건으로 충족되어야 한다. 가장 중요한 것은, 화폐 발행자가 채무를 질 때 자신이 발행하여 내어준 화폐를 누구든 가지고 와서 자신에게 진 빚을 갚으려고 하면 그것을 지불수단으로서 인정하겠다고 약속하는 그런 채무여야 한다는 점이다. 말하자면, 그 화폐 채무가 다른 이에게 **양도 가능**(assignable, transferable, negotiable)해야 한다는 것이다. 모든 화폐는 신용/채권이지만, 일부 신용화폐론자들이 이야기하는 것처럼 모든 신용/채권이 화폐라고 이야기할 수는 없다(Bell, 2000. 민스키에 대한 논의를 참조하라).

현대자본주의의 기원은 사적으로 양도 가능한 채무가 확장되기 시작한 16세기까지 거슬러 올라갈 수 있을 것이다(2부 6장). 그러나 초기에는 이 사적 채무의 양도 가능성이 기원전 2000년 무렵 바빌론에서나 마찬가지로 상업 네트워크 안으로만 제한되어 있었으며, 인격적 신뢰에 기초해서 작동하는 수준에 머물고 있었다(2부 5장을 보라). 앞으로 보겠지만, 보편적 양도 가능성(assignability)은 통화 공간 속에 들어온 뒤에야 비로소 생겨났으며, 이 통화 공간은 시장 네트워크로 환원할 수 있는 성질의 것이 아니었다. 이렇게 화폐를 보편화된 신용/채권 관계들이라고 개념화하게 되면, 우리의 관심도 재화와 화폐를 떠나, 가격 형성 과정의 채권자와 채무자라는 사회적 관계로 옮아가게 된다. 곧 우리의 세 번째 질문인 화폐의 가치라는 질문으로 넘어가게 되는 것이다.

화폐를 통한 교환은 물물교환과 구조적으로 다른 것이다. 화폐 사용자와 화폐 발행자 사이의 관계는 물물교환의 두 당사자 관계와 완전히 다르다. 화폐 교환은 재화 교환처럼 일차원적 관계가 아니라 두 가지 다른 수준을 동시에 포함하고 있다. 화폐는 재화와 **맞바꾸어** 교환되는 것이기도 하지만, 다른 한편으로 재화가 교환될 수 있도록 가격을 매겨 주는 추상적 가치이기도 하다. 교환 과정에서 재화와 화폐는 '소유주를 서로 바꾸게'(change hands) 되지만, 또한 이 과정은 재화들(이 재화들은 이미 추상적 가치인 계산화폐로 가격이 매겨져 있는 상태이다)을 가져와서 그 전에 생겨났던 **채무**를 청산하는 과정이라고도 볼 수 있다. 정말로 화폐를 사용한 교환이 좀 더 '효율적'일 뿐 물물교환과 똑같은 것에 불과한 것이라고 보게 되면, "'교환 매개체'라고 불리는 일정한 매개 상품"과 교환하는 과정이 재화의 판매 과정 안에 들어 있다고 생각될 것이다. 하지만 우리가 말한 대로 화폐를 사용한 교환을 화폐가 재화를 가져오면서 걸머지게 된 **채무**를 청산하는 것이라고 본다면, 판매 과정 안에 그러한 매개 상품과 교환하는 과정이 굳이 내포되어 있다고 볼 이유가 없다. 판매 과정이란 한 상품을 내어주고 그 대가로 일정한 '신용/채권'(credit)을 얻는 행위이며, 이 '채권'이 그 다음 구매를 하는 국면으로 들어가면 '원초적 상법'(primitive law of commerce)에 따라 '채무'를 표현하는 것이 된다(Innes, 1913: p. 393).*

---

* 이 대목에서 지은이의 생각에 원천이 되는 이니스의 관련 원문을 옮겨 둔다.
"신용/채권이란 구매력이며, 경제학 저서들에서 화폐의 가장 중요한 속성이라고 자주 언급되고 있는 것도 바로 이 구매력이다. 그리고 이제 앞으로 내가 보여 주려는바, 오로지 신용/채권만이 화폐이다. 만인이 얻고자 뛰어다니는 것도, 그리고 모든 상업 행위가 취득하고자 하는 목적이자 대상이 되는 것도 신용/채권이지 금이나 은이 아니다. '신용/채권'이라는 말은 일반적으로 무언가를 요구할 권리 그리고 채무를 갚으라고 법에 호소할 수 있는 권리라고 기술적으로 정의되며, 이는 오늘날에도 신용/채권이 법적으로 가지는 측면이라는 것은 의심의 여지가 없다. 우리는 오늘날 무수한 소액 거래에서 주화로 지불하는 것에 너무나 익숙해진 데다가 법화[legal tender: 일반적으로 채무를 최종적으로 지불 청산할 수 있는 것이라고 법적으로 정해진 화폐 — 옮긴이]라는 관념에 또한 영향을 입어서, 채무의 지불을 받을 권리란 주화 또는 주화에 맞먹는 등가물로 지불 받을 권리를 의미한다는 생각을 받아들이고 있다. 게다가 오늘날의 근대적 주화 체제 때문에[20세기 초엽의 금본위제를 일컫는다 — 옮긴이]. 주화를 통한 지불은 곧 일정한 무게의 금으로 지불을 하는 것이라는 관념에 길들여지게 되었다.

일부 신용화폐론자들은 이러한 주장을 좀 더 진전시켜, 화폐를 '유통되고 있는 채무'(circulating debt)라고 불렀다(슘페터의 정식화에 대해서는 Earley, 1994: p. 337을 참조하라).[3] 하지만 이러한 이미지는 화폐를 혈액에 비유하던 17세기부터 흔히 사용되던 것으로서, 적절한 것이라고는 할

___

하지만 이러한 잘못된 생각을 머릿속에서 완전히 털어내지 않는 한 상업의 기본적 원리들은 이해할 수가 없을 것이다. '지불한다(pay)'라는 동사의 어원적 의미는 무마한다(appease), 달랜다(pacify), 만족시키다(satisfy)의 의미이며, 채무자가 틀림없이 빚을 갚을 수 있을 만한 상태에 있다면, 신용/채권의 정말로 중요한 특징은 채무의 '지불'을 받을 권리가 아니라 그것을 보유한 이가 그것을 수단으로 하여 채무로부터 자유로워질 수 있도록 만드는 권리로서, 모든 사회들이 승인하는 권리이다. 구매를 함으로써 우리는 채무자가 되며 판매함으로써 우리는 채권자가 된다. 그리고 구매와 판매를 모두 행하는 우리들은 모두 채권자이자 채무자이다. 채무자로서 우리는 채권자들에게 그들이 걸머진 채무에 대해 그들 스스로가 인정한 증서를 넘겨줌으로써 우리의 책무를 청산하도록 한다. 예를 들자면, A가 B로부터 100달러어치 재화를 사들였다면 그 액수에 해당하는 만큼 B의 채무자가 된다. A는 B한테 지고 있는 이 책무를 없애기 위해 C에게 똑같은 가치의 재화를 판매하여 그 대가를 지불 받는다. 이때 A는 C에게 판매 간 재화의 지불로서 B가 C에게 빚을 지면서 C에게 넘겨주었던 채무 인증 증서를 C로부터 받아 낸다. A는 이렇게 받아 낸 B의 채무 인증 증서를 B 본인에게 제시함으로써 자신이 B에게 지고 있는 채무를 청산하도록 요구할 수 있다. A는 자신이 얻어 낸 신용/채권을 사용하여 자신의 채무에서 벗어나게 된 것이다. 이는 곧 그의 특권이다.
이것이 원초적인 상법이다. 끊임없이 신용/채권과 채무가 만들어지고 또 이것들이 서로서로 상쇄되어 청산됨으로써 소멸하고 하는 과정 속에서 상업의 메커니즘 전체가 형성되며, 이는 너무나 간단한 상법이므로 이해하지 못할 이는 아무도 없다"(Innes, 1913: pp. 392-3).
3) "은행 어음에서 장부 신용에 이르기까지 모든 신용/채권 형태들은 근본적으로 동일한 것이다. 그리고 이 모든 형태의 신용/채권은 모두 지불수단을 증가시킨다……. 실제로 유통될 수 있다면, 신용 수단의 외형은 중요하지 않다"(*Schumpeter, The Theory of Economic Development*; Early, 1994: p. 337에서 재인용). 얼리(Early)가 지적했듯, 분실된 신용카드가 '유통'되기 시작했다면, 그것이 바로 은행의 '24시간 분실 신고 센터'에 전화를 걸어야 할 순간이다.

수 없다(Cencini, 1988: p. 74). 화폐는 다양한 채권-채무 관계들로 구성되어 있는데, 이 채권-채무 관계는 언제나 화폐 발행자에 의해 매개되는 관계이며 서로 포개어 겹쳐 있고 상호 연결되어 있다. 19세기 초에 토머스 투크가 이 채권-채무 관계가 채결되는 과정을 일컬어 '유출과 환류'(efflux and reflux)라고 표현했던 것이 이 과정을 더욱 잘 보여 주는 이미지라고 할 수 있다. 이 과정은 은행 지로에서 채무-채권 관계가 '청산'되는 경우를 보면 좀 더 뚜렷하게 드러난다. 화폐-물질은 이 계좌 저 계좌를 실제로 돌아다니거나 '흘러 다니지' 않는다. 신용카드의 경우를 봐도 이런 사실은 명백하게 드러난다. 신용카드는 한 수준에서 보면 교환의 매개이지만, 다른 수준에서 보면 구매자, 판매자, 카드를 발행한 은행이라는 3자 사이의 채권 채무 계약을 형성시키는 매개체이다.

주화와 어음도 이런 측면에서 그 성격을 이해할 수 있는데, 이점에서 '운반 가능한 채무'(portable debt)라고 이름 붙일 수 있을 것이다(Gardiner, 1993: p. 224). 주화는 경제학에서 설명하는 것처럼 단순히 군주가 '공공재'로 분배해 주는 것이 아니다. 주화는 왕실이 스스로의 채무를 갚겠다는 지불 약속의 형태로 발행되는 것이다. 따라서 이 주화로 (조세)채무를 갚을 수단으로 사용하면 군주가 이를 받아들일 것이라는 사람들의 믿음이 클수록 그 주화의 양도 가능성도 높아지게 되며, 또 양도 가능성이 높아질수록 그 주화가 공동체에서 수용될 가능성도 커지는 것이다. 주화란 그저 무수히 많은 채권 채무 관계들 속에서 계속 사용할 수 있는 신용/채권일 뿐이다. 정통 경제학 이론은 주화가 이렇게 계속 사용될 수 있다는 것을 '유통 속도'라는 개념으로 포착하지만, 이것은 방향을 잘못 잡은 것이다. 주화가 그렇게 계속 사용되는 과정은 똑같은 '화폐'가 줄줄이 임자를 바꾸며 유통하는 과정이 아니라, 계산화폐로 가치가 매겨진 채권-채무 관계들을 끝없이 창출하며 이 채권-채무 관계들을 이미 존재하는 궁극적인 최종 수단으로 청산하는 과정이다. 재치 넘치는 슘페터의 말을 다시금 음미해 볼 필요가 있다. 상품과 달리, 화폐는 "그 속도가 너무 빨라서 같은 사물이 동시에 다른 장소에 존재할 수도 있게 만든다"(Schumpeter, 1994[1954]: p. 320).[4]

화폐는 어떻게 생산되는가?

화폐는 "자신이 표상하는 규범들에 스스로를 순종시키는 규범적인 생각"이다(Simmel, 1978[1907]: p. 122). 경제학의 화폐론은 그 기능주의적 설명으로 인해 순환론에 빠져들고 만다는 것을 우리는 앞에서 보았다. 하지만 위와 같은 지멜의 주장은 그러한 순환론을 피할 수 있게 된다. 화폐는 '집단적 지향성'(collective intentionality)이라는(Searle, 1995: pp. 32-

---

4) 화폐는 실질 교환을 매개하는 중립적 매개이며 다양한 속도를 갖는다고 보는 이론은 19세기 말의 케임브리지대학 경제학자 에지워스(Edgeworth)의 우화 속에 잘 드러나 있다. 두 사람은 경마 시합에 가져가서 팔기 위해 맥주 1배럴을 운반하고 있었다. 오래 여행을 하다 보니 목이 말라 왔다. 두 사람 중 하나가 3페니짜리 동전 하나를 갖고 있었는데, 그가 다른 이에게 3페니를 주면서 3페니만큼만 맥주를 마실 수 없겠느냐고 물었다. 날씨가 더 더워졌고, 두 사람은 더 목이 말라졌다. 그리고 거래도 증가했다. 결국, 이 한 닢의 주화라는 '매개체'가 이 사람에서 저 사람으로 오가면서 유통 속도를 더하다 보니 맥주 전체를 팔 만큼의 돈이 되었다는 것이다(Robertson, 1928: pp. 62-3). 이 예에서 두 사람 사이의 대칭적 관계로서 균형 조건을 짜냈다는 것이 흥미로운 부분이다. 하지만 여기서 중요한 것은 두 사람 사이의 거래(대칭적이든 그렇지 않든)에 아예 주화가 필요한 것도 아니라는 점이다. 그들은 후일 받아들일 만한 지불수단으로 청산하기로 하고서 계산화폐로 자기들의 거래를 그저 기록만 해 둘 수도 있는 것이다.

4, 52-4) 모종의 사회적 과정 속에서 계속해서 그 여러 기능들을 부여받기 때문에 화폐 스스로의 규범들에 순종하는 것으로 보이게 된다고 설명하기 때문이다.

화폐는 하나의 약속이다. 약속을 생산하는 데는 신뢰 문제가 중요할 수밖에 없다. 정통 경제 이론에서도 점차 신뢰의 중요성이 인식되고 있다(Dasgupta, 1988). 하지만 정통 경제 이론에서는 신뢰 문제도 화폐 자체와 똑같은 방식으로 다루어지며, 그 결과 1장에서 살펴본 것처럼 그 순환 논리들은 그대로 유지한 채 더욱 복잡하게만 만들 뿐이다. 경제적 거래는 어떻게 해서든 벌어지지만 일정한 마찰이 따르게 마련이며 여기에서 이 마찰을 제거해 주는 윤활유가 신뢰라는 것이다. 하지만 정통 경제 이론답게 신뢰는 또 다시 신용 가능성에 대한 지식의 결과라고 설명된다. 즉, 신뢰란 지금까지 일정하게 알려져 온 행태가 앞으로도 계속될 것이라고 사람들이 확률에 기초하여 확신하는 문제로 왜소화되고 만다(Dasgupta, 1988을 보라). 달리 말하자면, 이런 식의 혼동 때문에 신뢰는 객관적 지식에 기초하는 것으로 여겨지면서도 또 객관적 지식을 대체하는 것으로도 여겨지는 모순이 벌어지고 말았다. 신뢰가 객관적 지식을 대체할 것이라 가정하는 한편에서 또 신뢰가 유지되는 것은 객관적 지식 때문이라고 이야기하는 셈인 것이다. 게다가 내가 앞에서 강조한 바 있듯이, 화폐에 대한 신뢰의 문제는 미시경제학의 양자 간 교환 모델에서 이해하듯이 두 명의 교역자들 사이에서 벌어지는 **인격적 신뢰**의 문제가 아니다. 오히려 그 반대다. 거대한 익명성을 띤 시장에서는 그러한 인격적 개인들 사이에 신뢰가 **생겨날 수가 없다**는 문제를 풀어 주는 것이 바로 화폐의 중요성이라는 것이다.

화폐란 **양도 가능한** 신뢰이다. 현실 세계는 근본적으로 불안정성이 지배하고 있다. 이러한 현실에 맞서 싸우는 방법 가운데 하나가 사람들이 서로 장기적인 신뢰를 갖는 것이다. 사람들이 모두 그렇게 장기적인 신뢰를 갖고 행동한다면 그 장기적 신뢰 자체가 현실이 될 것이기 때문이다. 하지만 이러한 장기적 신뢰는 모종의 사회적 · 정치적 정당성에 뿌리를 두게 되어 있다. 인격적 관계로 보자면 전혀 낯선 이방인들을 믿는 일이란 아주 위험할 잠재성이 높지만, 이 사회적 · 정치적 정당성을 빌린다면 그러한 이방인들도 복잡한 다자간 관계들에 참여할 수 있게 되는 것이다. 바로 이 역할이 역사적으로 국가가 맡아 온 작업이다.

하지만 수많은 사회학적 논의들이 보여 주는 것처럼, 화폐를 구성하는 사회적 관계가 몇몇 지배적 믿음이 존재한다는 것에만 의존해서 성립될 수는 없다. 화폐라는 약속을 타인에게 양도할 수 있는가라는 문제에는 화폐 발행자와 화폐 사용자, 그리고 다른 화폐 사용자들 사이의 **상호 의존적**인 **삼각관계**에서 그 보장성을 더욱 투명하게 확립하는 문제가 내포되어 있다. 앞에서 말했듯이, 이 상호 의존적 삼각관계란 화폐를 발행한 이가 스스로의 채무를 청산하는 과정에 자신이 발행한 바로 그 화폐 또는 '신용/채권'을 받아들이겠다는 약속의 형태를 띤다. "주화를 보유한 이는 …… 그 주화를 정부에 내어주기만 하면 자신이 정부에 대해 지고 있는 그 어떤 채무도 모두 지불할 수 있다는 절대적 권리를 갖게 된다……, 그리고 화폐가 가치를 갖게 되는 것은 바로 이러한 절대적 권리를 얻을 수 있다는 것 때문이며 그 밖에는 어떤 이유도 없다"(Innes, 1914: p. 161). 나아가 심지어 금본위제 시기에조차도, **화폐**를 생산하는 것은 **상품**이 아니라 정부의 **의무**였다. 우선 금 가격을 고정시킨 당자사가 정부였다. "게다가 지폐를 금화로 태환(redemption)해 주는 것은 결코 진정한 상환(redemption)*이라고 할 수 없다. 이는 단지 어떤 형태의 책무를 **동일한**

성격을 갖는 다른 책무 형태로 교환하는 것에 불과하다"(Innes, 1914: p. 165, 강조는 인용자).

군주가 발행한 주화로는 세금을 지불할 수 있고, 은행이 발행한 은행권으로는 그것을 다시 그 은행에 제출하여 그 은행에서 꾸어 온 빚을 갚을 수 있다. 화폐는 항상 채무나 부채로 발행되며, 반대로 이 채무나 부채는 신용/채권을 창출하여 재화와 서비스 구매자에게 동시에 주어진다. 2부에서 살펴보겠지만, 화폐를 생산하는 양식이 다양하므로 이 다양한 양식에 따라 추가되거나 보조적으로 따라오는 약속들이 있게 마련이다. 예를 들어 여러 귀금속들의 계산화폐 교환 비율과 가격을 고정하겠다는 약속이라든가, 또는 일정한 인플레이션 목표를 지킬 터이니 믿어 달라는 숙달된 말솜씨 같은 것 말이다. 하지만 궁극적으로 **화폐에게 가치를 부여하는 것은 채무의 존재이다.** 금속 본위제에서라고 해도 귀금속에 딸려 있는 여러 보조적 약속들이 의미하는 바는 결국 그 귀금속을 시장가격으로 판매하든가 통화 당국이 스스로가 공표한 가격으로 통화 당국에 '판매'할 수 있다는 것이다. 두 번째 경우라면 앞의 인용문에서 이니스가 지적한 바와 같이 통화 당국의 약속 자체가 그 가치를 부여하게 된다. 시장가격에 판매되는 첫 번째 경우에는 그 귀금속을 금은괴로서 무게를 달아 판매하는 것이며 결국 주화로서 매겨진 액면가와는 별개의 가격을 갖는 일개 상품이 되고 마는 것이다.

하지만 상품화폐론이나 금속주의 화폐론에서는 주화의 가격과 금 가격을 구분하지 않은 채 섞어 쓰는 것이 일반적이다. 물론 이 두 가격은 연결

---

* 상환(redemption)이란 기존의 채무 증서를 파기하여 그것을 완전 소멸시켜 버린다는 의미를 담고 있다.

되어 있다. 하지만 흔히 생각하는 것처럼 그 관계는 직접적인 것이 아니며 상품 교환의 '법칙'을 따르는 것도 아니다. 금속주의 이론에서는 화폐의 구매력이 그 주화에 함유된 귀금속의 양과 연관되어 있다고 주장하며, 나아가 악화(惡貨)의 주조와 인플레이션이 직접 연관되어 있다는 주장을 고집한다. 어떤 주화가 금속을 더 적게 함유하고 있다면 특정한 상품을 구매하는 데 더 많은 주화가 필요하게 된다는 것이다. 하지만 주화의 금속 함유와 인플레이션 사이에 **직접적이고 직선적인 관계**를 보여 주는 증거는 찾을 수가 없다. 우선, 귀금속 주화의 순도와 무게를 정확하게, 그것도 거래할 때마다 일상적으로 평가하는 일은 대단히 어렵다. 사실 이것이야말로 바로 국가의 역할이었고(Goodhart, 1998) 또 국가가 철저하게 이용해 먹은 역할이기도 하다.

둘째, 주화 사용에서 중요한 결정 요소로 작용하는 것은 세율이다. 사람들이 주화를 조세 지불수단으로 받아들인다면 그 주화에 포함되어 있는 귀금속 함유량을 보고 받아들이는 것이 아니다(Knapp, 1973[1924]; Innes, 1913). 금속 함유량 감소가 문제를 발생시키는 것은 주화를 **가치 저장** 수단으로 사용할 때이다. 첫째, 귀금속의 시장가격이 상당히 오랜 기간 주화의 명목 가치를 초과하면, 사람들은 차라리 주화를 녹여서 금은괴로 만들어 버릴 것이다(그레셤의 법칙). 둘째, 만약 복본위제*를 채택하여 하나의 주화가 화폐로서 가치가 심각하게 저평가되어 적절한 가치 저장소로서 기능할 수 없게 되고 그 결과 명목 계산화폐와의 관계가 끊어져 화폐로서 자격을 잃게 되는 경우에 이러한 문제가 더욱 악화된다. 바로 이 단계에서 화폐 체제에 대한 믿음이 붕괴되어 사람들은 가치 저장 수단으로서 화폐를 내동댕이치고 다른 상품으로 몰려가게 되는데, 이런 경우 보통 인플레이션이 발생한다. 이런 상황은 4세기 로마와 16세기 중반 영국에서 나타난 바 있다(2부 5장과 6장을 보라).

지불 약속을 사회에서 믿을 만한 것으로 정립시키려면 궁극적으로 강제로 뒷받침되는 '권위'가 필요하다. 화폐 제도를 혼란시키는 범죄와 법률 위반이 반복되면 여러 화폐 기능들의 질서가 무너질 수 있다. 따라서 채무불이행, 특히 조세 채무에 대한 불이행이나 화폐 위조 같은 행위가 처벌의 대상이 되는 것이다. 요컨대, 특정한 계산화폐를 독점적으로 강제하는 것과 발행자가 인정한 신용/채권 증표 이외에 어떤 것도 통용되지 못하게 만드는 것 등은 물리적 폭력의 독점과 나란히 진행되는 과정이다. 19세기 식민지 아프리카에서 조세 징수 체제는 가혹한 처벌로 뒷받침되었고, 이는 원주민들로 하여금 임노동에 복종하도록 강제하는 데 이용되었다. 필요한 만큼 일을 시킨다는 목적을 위하여 조세 수준을 일정하게 올리는 방법이 사용된 것이다. 1920년대 케냐에서 평균 세율은 한 해 임금의 75퍼센트에 달했다(Wray, 1998: pp. 57-61). 의미심장한 사례도 있다. 식민지 화폐를 도입하지 않은 나라도 몇몇 있었는데 벨기에령 콩고도 그중 하나였다. 이곳에서는 계속 '자유로운' 임노동보다 강제노동에 의

---

* 복본위제(bimetalism)란, 예를 들어 금과 은과 같이 두 개의 귀금속 모두를 가치 본위로 삼는 화폐 제도이다. 여기에서 두 개의 귀금속 사이의 교환 비율도 국가가 정한 법정 비율(mint par ratio)로 공시되는데, 이것이 여러 변동 요소들을 반영하게 마련인 시장에서의 두 귀금속 상대 가격과 크게 괴리되는 것은 얼마든지 가능하다. 이렇게 되면 상대적으로 저평가된 쪽의 금속은 주화를 녹여 금은괴로 갖고 있는 것이 더욱 유리하기에 결국 유통에서 사라지게 되며, 사실상 한 쪽 금속만이 계산화폐 및 주화의 기능을 하게 되는 절름발이 복본위제(limping standard)로 귀결되게 되어 있다. 대표적인 예는 1717년 당시 영국의 조폐청을 맡고 있던 뉴턴(Isaac Newton)이 금의 가치를 은에 대해 너무 높게 평가하는 바람에 은 주화가 사라지면서 사실상의 금본위제로 귀결되었던 경우이다.

존하는 경향이 강했다는 것이다(Helleiner, 2003: p. 174).

하지만 통화적 주권이 완벽하게 실현된 예는 찾아보기 힘들다. 앞으로 보겠지만, 중세 말 유럽의 법적 경계선은 제대로 규정되지도 않았고 항상 불안정하였는데 수많은 주화들이 이 경계선들을 넘나들면서 실로 난잡하게 유통되고 있었다. 유럽에서 지역 화폐는 19세기 중반이나 되어서야 발행되었고, 자본주의 네트워크는 언제나 스스로의 '사적' 매개체들과 지불수단들('예금 증서' 같은 '유사 화폐')을 발전시켜 왔다. 오늘날에도 여러 나라에서 '지역통화 체제'(LETS: local exchange trading schemes)가 생겨난 사례가 있다. 실업으로 인해 지배적으로 유통되는 화폐에 접근할 수 없게 된 집단이 그 내부에서 교환을 촉진시키기 위한 매개물로 만든 것이다. 게다가 공통의 교환 매개체라고 해도, 지배적인 계산화폐에 의해 규정되는 공간 전체에 걸쳐 어디에서나 그것이 받아들여지는 것도 아니다. 수표나, 신용카드, 은행 인출권 등이 그런 예이다. 하지만 일반적으로 이렇게 제한된 화폐 네트워크와 순환 체계는 위계 서열을 갖도록 조직되어 있다. 이 위계 서열의 구조는 그 각각의 층위가 어느 만큼 사회적으로 수용될 수 있는가의 가능성에 따라 짜인다. 그리고 그 수용 가능성은 이 제한된 여러 '화폐들'이 가장 강력하고 정당성을 갖춘 발행자가 내놓은 화폐들로 대체될 가능성이 어느 정도인가에 따라 결정된다. 그런 화폐는 거의 항상 국가가 발행한 화폐이다. 이 화폐가 국가 스스로가 선언한 계산화폐로 주어진 '묘사에 상응하는' 것이기 때문이다.

이 시점에서 화폐의 문제는 곧 주권의 문제이기도 하다는 점을 강조할 필요가 있겠다. 예를 들어, 21세기 초 아프가니스탄에서는 지역에 할거한 군벌들이 자기 병사들에게 급료를 지불하고 또 자기 구역의 공물을 거두어들이기 위해 화폐를 찍어 낼 능력을 여전히 가지고 있었다. 이 때문에 중앙은행 통제 아래 현대적인 통화를 창출하려 했던 모든 시도들이 큰 위협을 받을 수밖에 없었던 것이다.

화폐는 발행자와 사용자 사이의 광범위한 채무자-채권자 관계의 네트워크에 깃들어 있다. 그리고 채무를 계약하고 이를 해소하는 연속적인 과정을 내포하는 것이 통화 체제라는 사실도 겉으로는 당연해 보이지만 결코 간과해서는 아니 될 사실이다. 일반적으로 지불 체계의 통합성이 유지될 때 화폐의 생산도 가능해진다. 지불 체계는 화폐의 생산양식에 따라 다양하게 나타난다. 지불 체계의 통합성 문제를 위해서는 세 가지 요소를 고려해야 한다. 첫째 채무자는 기꺼이 지불할 의사가 있어야 하며, 둘째 채무 지불 능력도 가지고 있어야 하며, 셋째 채무와 채권을 효과적으로 이체시킬 수 있는 조직이 있어야 한다. 앞으로 살펴보겠지만, 화폐가 오로지 지불 약속만으로 이루어지는 '순수한' 신용/채권 체제에서는 앞서 세 가지 요소 가운데 특히 세 번째 요소가 중요하다. 화폐 관계를 맺는 두 당사자 모두에게 확신이 있어야 하기 때문이다. 첫째, 신용화폐 창출에 대한 수요와 공급은 신용 가능성이라는 규범과 자금 대출에 따르는 도덕성이라는 매개를 거치기 마련이다. 화폐 창출은 빚을 지려고 하는 사람이 갚을 능력이 얼마나 되는지를 은행이 사정 평가하는 것에 기초를 두고 있다. 신용은 사회적으로 구성된 기준들에 따라서 '배급되며,' 정말로 열심히 하다가 경쟁 과정에서 패배한 이들과 애초부터 돈을 떼어 먹을 심산이었던 불한당들을 구별하기 위해서 파산에 대해서도 규범적인 틀을 마련하고 있다(2부 6장과 7장을 보라). 둘째, 화폐 발행자에 대해 채권을 보유하고 있는 이들(예금주, 즉 화폐 발행자의 부채를 보유하고 있는 이들)은 화폐 발행자의 능력을 신뢰하고 있어야 한다. 이점을 고려하면, 순수한 신용/채권 체제에서는 실질적인 지불 체계의 작동인 '유출과 환류'가 화폐를 구성하는 것이라는 사실에 주목하게 된다. 예를 들어, 전자 장부와 전자 장부로 화폐 이체가 이루어지면서 사기성 예금 인출 또한 크게 늘어난 것으로 보인다. 이 문제를 해결하기 위한 노력들은 여러 장애물에 부딪히고 있는데, 은행 스스로가 그런 문제들의 존재 자체를 좀처럼 인정하려 하지 않기 때문이다. 은행이 그런 문제들이 있음을 인정할 경우 그것이 오히려 은행에 대한 신뢰를 떨어뜨릴 것이므로, 은행들은 통화 기관에 증거를 공개하지 않으려 하며 대신 그러한 손실들을 악성 부채로 취급하여 단순히 상각해 버리는 쪽을 더 선호하는 것이다(*Financial Times*, 3 March. 2003, p. 21). 어떤 나라에서는 이런 식의 사기로 지불 체계가 교란되는 바람에 아예 화폐 체제가 사실상 마비되고 경제 전체의 기능까지 심각하게 망치기도 한다. 나이지리아와 러시아가 그런 경우이다. 이 점을 고려해 보면 광범위한 채권 채무 네트워크로 구성되어 있는 이 경제적 유대에는 약속 이행 여부에 의존하는 '도덕' 네트워크 또한 포함되어 있다는 점을 주목할 필요가 있다.

우리는 여러 다양한 **화폐 생산양식**을 구별할 수 있다. 이 생산양식의 실체는 화폐 발행자들과 화폐 발행자들 사이, 화폐 발행자들과 화폐 사용자들 사이, 그리고 화폐 사용자들과 화폐 사용자들 사이의 **사회적 관계**에 있으며, 또 추상적 가치를 저장하고 운송하는 데 쓰이는 **기술적 수단들**(점토판에서부터 주화, 펜과 종이, 마그네틱 추적 장치까지)에도 있다. 다음에서 제시하는 네 가지 이념형은 기존에 존재했던 화폐 생산양식들로서, 시간적으로 연속적이면서도 서로 중첩되기도 한다. 화폐 '개념'(계산화폐)의 사회적 기원 문제와 '원시 화폐'에 대한 논쟁은 2부 5장에서 이 '양식들'에 나타난 중요한 변화들을 다루면서 좀 더 자세히 설명할 것이다.

① 이동 가능한 증표가 없는 가운데 가치 표준에 따라 화폐 계산이 이루어지
  는 양식(알려져 있는 최초의 사례: 기원전 3000년 무렵 메소포타미아)
② 귀금속 주화 주조 체제(기원전 700년 무렵 소아시아에서 20세기 초까지)
③ 귀금속 주화와 신용-화폐의 이중 체제(15세기부터 20세기 초까지)
④ 순수한 자본주의 신용-화폐 시스템(20세기 중반 이후)

이런 화폐 생산양식들에는 저마다 고유한 투쟁들이 나타나며 이 투쟁
들은 또 화폐 가치를 확립하는 데에도 나타나게 되어 있다. 예를 들어 자
본주의에서 벌어지는 중심 갈등은 '유연한 신용'을 원하는 채무자 계급
과 '엄격하게 가치가 유지되는 화폐'를 보호하고자 하는 채권자들 사이
에서 벌어지는 갈등이다.

마지막으로 우리는 화폐의 생산에 연루된 다양한 발행자와 사용자들이
어떤 **종류**의 사회정치적 관계를 맺게 되는가라는 질문에 답해야만 한다.
정통 경제 이론이 제시하는 것처럼, 화폐란 더 높은 효율성과 더 낮은 개
인적 비용을 창출하도록 고안된 상호 협조의 결과물인가? 화폐가 창조되
는 데에는 그것이 집단 전체에 이익을 준다는 인식도 분명히 한 역할을
한다는 점은 분명하다. 하지만 베버가 말한 것처럼, 공적 화폐 발행기관
은 "단순히 스스로가 이상적인 것으로 여기는 화폐 체제의 규칙을 무심하
게 적용하는 것이 아니며, 그 스스로의 금융적 이익과 주요 경제 집단의
금융적 이익으로 행동을 결정하는 것이다"(Weber, 1978: p. 172). 화폐는
권력투쟁 과정에서 생산된다. 앞으로 나는 화폐 **가치** 또한 그 투쟁의 직
접적인 결과라고 주장할 것이다.

2부에서 좀 더 자세하게 분석할 것이니, 여기서는 전반적 접근법을 보
여 줄 수 있는 두 가지 사례를 짧게 살펴보자. 첫째, 중세 주화 체계는 투

쟁의 결과물이었음을 주목하라. 중세의 주화 체계는 귀금속 표준에 기초하고 있었으며, 이 귀금속 표준에서는 군주가 정한 계산화폐로 표시된 귀금속이 최종 지불수단으로 받아들여졌다. 그런데 이 체계는 광산과 금은괴 공급에 대한 통제권, 화폐 제조자가 화폐를 가공하고 주조하는 실제 과정에 대한 통제권, 그리고 과세 권력에 기초한 군주의 계산화폐 통제권 등을 둘러싼 투쟁의 결과였다. 도매 거래를 위해 사적 신용을 사용한 상인들과 이 사적 신용을 화폐 주권 위반이라고 생각한 왕들 사이에서 벌어지던 투쟁이 가장 중요한 투쟁이었다. 이 갈등이 만들어 낸 서로 다른 결과들이 자본주의 발전에 매우 중요한 영향을 끼쳤다. 그 결과로 화폐 생산이 결과적으로 두 행위자, 즉 은행과 국가에게 분점된 것이다.

둘째, 현대자본주의의 화폐 생산 역시 국가와 국가의 채권자(정부가 발행한 국채의 구매자), 그리고 납세자(채무자)들 사이의 투쟁을 내포하고 있다. 2부 6장에서 보겠지만, 이 투쟁은 18세기 영국에서 가장 중요한 정치적 투쟁이었으며 화폐의 공급에 근본적인 영향을 끼쳤다(Ingham, 1999 ; Ferguson, 2001). 현대의 신증표주의 화폐론자들은 인플레이션을 야기하지 않으면서도 완전고용을 실현할 수 있는 방법을 찾는 과정에서, 국가 재정지출을 **실제로** 융통하는 자금이 조세인가 아니면 국채 발행인가라는 질문과 맞닥뜨렸다. 그리고 국가가 모든 화폐의 궁극적인 원천이라면, 국가가 과연 그 시민들의 조세 화폐를 필요로 하는 것인가라는 질문도 꺼내 들었다(Wray, 1998, 2000 ; Bell, 2000).[5] 하지만 무엇을 무엇으로 지불할 것인가라는 좁은 의미의 경제적 또는 회계적 질문에만 관심을 가지게 되면, 채무자, 채권자, 납세자, 그리고 정부 채권 보유자들 간의 투쟁이 갖는 사회학적 의미를 놓쳐 버리고 만다. 베버주의의 표현을 빌자면, 건전 재정 또는 불건전 재정의 관행이 과세와 정부 차입의 비율과 어떤 규범적 관계를 맺는가라는 질문은 경제에서 나타나는 '만인의, 만인에 대한 투쟁'과 분리될 수 없는 것이다(Weber, 1978: p. 93; p. 79도 보라). 신증표주의 화폐론은 국가가 실제로 납세자의 돈을 필요로 하지 않으며 조세 채무를 이행하기 위해 국가의 화폐를 필요로 하는 것은 납세자일 뿐이라고 주장했는데, 어떤 측면에서 보면 이 말도 옳은 말이다. 하지만 조세 문제는 단지 장부상의 문제로만 볼 수 없다. 화폐처럼 장부 또한 중립적이지 않다. 또 자본주의에서 과세는 국가가 자신의 채권자들과 맺은 협정의 일부분이다. 금리 수취자들이 얻는 각종 배당금은 조세를 담보로 삼는 것이라고 믿어지기 때문이다. '건전 재정'의 개념에 내포되어 있는 '재정 규범들'은 국가와 주요 경제적 이익 집단들 사이의 이러한 재화, 서비스, 화폐의 교환을 둘러싼 여러 투쟁들을 다스리도록 되어 있다. 그리고 근본적으로, 자본주의에서 이러한 여러 협정들의 중심은 채권과 채무라는 관계들 속에 있다. 이러한 종류의 재정 문제를 둘러싼 사회정치적 협정을 확립하는 것이야말로, 제 아무리 경제적으로 유리한 조건을 갖춘 국가라고 해도 실로 어려운 일이라는 점은 앞으로 아르헨티나의 경우를 통해 확인하게 될 것이다.

　　마지막으로 화폐 생산은 화폐라는 사회적 관계를 이데올로기적으로 '자연화'시키는 과정을 수반한다는 점을 지적해야겠다. 순전히 경쟁하는

---

5) "일단 국가가 시민들에게 세금을 부과하고 그 세금을 국가 자신이 창조한 화폐로 지불하도록 만들게 되면, 국가는 자신의 재정 지출에 꼭 공중의 화폐를 필요로 하지 않게 된다. 오히려 세금을 지불하기 위해 정부의 화폐를 필요로 하는 쪽은 공중이 된다. 이렇게 모든 시민들이 정부의 화폐를 필요로 하게 된다는 것은, 이제 정부가 그저 자신이 만들어 낸 화폐를 내놓기만 하면 시장에 나온 것은 무엇이든 살 수 있게 되었다는 것을 뜻한다"(Wray, 2000: p. 59; Bell, 2000).

이익 집단들 사이에서 빚어지는 힘의 균형에만 기초한 여러 사회제도와 전통은 깨어져 버리기가 쉽다. 이런 제도와 전통은 좀 더 강력한 기초를 필요로 한다(Douglas, 1986). "여러 사회적 관계 가운데에서도 결정적인 핵심을 이루는 관계들의 집합이 존재한다. 그런데 이 결정적 관계들의 집합은 사회가 고안해 낸 장치로 보여서는 안 되며, 그런 의미에서 이러한 결정적으로 중요한 사회적 관계들은 마치 물리적 세계나 초자연적 세계 또는 영원성에서 그 형식적 구조를 찾을 수 있는 것인 양 사람들이 여길 수 있도록 해줄 모종의 비유가 있어야만 한다"(Douglas, 1986: p. 48).

20세기 들어 금본위제라는 상품 형태의 화폐와 정통 경제학의 상품-교환 화폐론을 통하여 화폐를 이데올로기적으로 자연화시키는 작업이 달성되었고, 화폐가 사회적 구성물이라는 사실은 은폐되었다. 하지만 금본위제가 철폐되자, 화폐가 보편적이고 변하지 않으며 자연적인 것이라는 관념은 점점 더 지탱하기 어려워졌다. 그럼에도 자연적 경제 과정이라는 수사는 현대 경제학 이론에서 여전히 지속되고 있으며, 또 이러한 이론이 통화정책을 뒷받침하는 근거로 사용된다. 시간이 지나도 화폐는 그 가치가 변하지 않는다는 생각은 허구에 불과하지만, 현대 통화정책에서 이러한 작업상의 허구*는 매우 중요하다. 그렇게 해야만 "채무 계약(궁극적인 가치 창출의 공간)이 여러 다른 날짜에 이루어진다고 해도 그 화폐라는 동일한 단위로써 기록될 수 있게 되는 것이다"(Mirowski, 1991: p. 579). 이러한 작업상의 허구를 유지하는 데 현대 경제학 이론이 중요한 뒷받침 역할을 하고 있는 것이다. 이 문제는 2부에서 계속 다룰 것이다.

---

* 이 '작업상의 허구'라는 말은 7장의 내용을 참조하라.

화폐의 가치

　화폐의 가치야말로 가장 본질적인 경제학의 질문이다. 이론 경제학이 20세기 초 다른 사회과학과 역사과학에서 분리되어 나온 이래 줄곧 주장해 온 것은, 가치에 대한 납득할 수 있는 설명은 오로지 교환에서 발생하는 가치로 그것을 설명하는 것뿐이라는 생각이었다. 방법론 전쟁의 시기에 특히 화폐의 가치에 대한 논쟁이 매우 강렬했고 중요한 위치를 차지하고 있었다는 사실은 이 문제가 경제학의 설명 틀에서 얼마나 중요한 질문이었는지를 보여 준다.[6] 수요와 공급, 한계효용 등등의 방법론으로 화폐 가치를 설명할 수 없다면, 그런 방법으로 설명할 수 있는 게 무어가 있단 말인가?

　하지만 나는 1장에서 경제학이 제시하는 이러한 협소한 답변이 논리적이지 않고 불완전하다고 주장한 바 있다. 내가 주장한 것처럼, 화폐가 교환가치를 갖는 상품이나 이미 존재하고 있는 상품 가치를 표현하는 단순한 상징이 아니라 그 이상의 무엇이라면, 화폐 가치라는 문제에 대한 대답 또한 최소한 부분적으로라도 정통 경제 이론 바깥에서 찾아 마땅하다. 일단 제도적 사실로 굳어지고 나면 화폐는 분명 마치 일개 상품에 불과한 것처럼 거래된다. 하지만 화폐의 '가치 평가 능력' 창출은 그 실질적 가치

---

6) 베버는 크나프와 동시에 크나프의 최대 논적이었던 폰 미제스를 자신이 화폐를 이해하는 데 서로 다른 방식으로 가장 큰 영향을 준 사람으로 꼽는다(Weber, 1978: p. 78). 그리고 '가격과 연관된 실체적 화폐 이론이…… 경제사회학의 영역에 속할 수 있을지'를 묻고 있다(Weber, 1978: p. 79). 하지만《경제와 사회》에서 이 언급 뒤에 나오는 1백 페이지 정도의 내용을 보면 베버 스스로가 자신의 이러한 화해 시도에 대해 완전히 확신하지 못하고 있었음을 알 수 있다!

와 완전히 분리될 수가 없다. 미래의 불확실한 화폐 가치의 전망은 여러 다양한 방식으로 현재의 화폐 가치에도 영향을 미치게 되어 있다.

이제부터 정통파 경제학에 대해 두 가지 근본적인 방식으로 선을 긋는 대안적 접근을 이야기해 보려 한다. 하지만 그 몇 가지 요소들을 제시하는 것 이상의 무엇이라고 주장하려는 것은 아니다. 첫째, 가장 일반적인 수준에서 볼 때 화폐에 대해 최적의 공급과 최적의 가치라는 게 존재하고 이것이 궁극적으로 '실물' 경제의 여러 성향들에 따라 결정된다는 생각을 우리는 거부한다. 화폐 생산과 상품 생산의 사회적 관계는 상대적으로 자율적인 두 영역으로서 구별되며, 따라서 화폐의 가치는 경제의 주요 이익 집단들 사이의 사회·정치적 갈등들이 법제화된 결과물이다. 앞에서 주장한 것처럼, 화폐의 가치는 경제적 생존을 위한 투쟁의 결과이다. 이를테면 안정된 화폐는 안정적 권력균형의 결과이다. "화폐로 존재하는 한"(Weber, 1978: p. 79), 화폐의 가치는 이익 집단들 사이의 갈등에 의존할 것이며, "세상을 지배하는 것은 경제를 운영하는 '이런저런 사상들'이 아니라" 바로 이러한 이익 집단들인 것이다(Weber, 1978: p. 184). 둘째, 화폐의 가치는 상대적으로 자율적인 화폐 체제 안에서 어떤 존재 조건을 갖느냐, 즉 화폐가 어떻게 생산되느냐에 따라 어느 정도 결정된다. 화폐의 순수한 추상적 질과 양은 화폐의 "사회적 조직화 그리고 ……개인의 주관을 초월해 있는(supra-subjective) 규범들에 있다"(Simmel, 1978[1907]: p. 210).

앞에서 보았듯이, 케인스주의와 포스트케인스주의 이론가들이 제시하는 비용 압박(cost-push) 인플레이션 이론과 수요 과잉(demand-pull) 인플레이션 이론은 화폐수량설이 제시하는 인과관계의 방향을 거꾸로 뒤집는다는 것을 함축하고 있다. 즉 여러 사회집단들이 가격을 올림으로써 자신들의 권력적 지위를 화폐화하려고 투쟁한다는 것이다(Fischer, 1996:, 200-3, 232-4, 특히 1930년대에 슬로슨Slawson이 했던 작업들에 대해 언급하는 부분을 참조하라). 이러한 주장들은, 포스트케인스주의의 지평주의자들이 주장하듯이 은행 체제 안에서 신용화폐가 내생적으로 창출된다는 이론과도 부합할 것이다. 인플레이션을 만들어 내고 통제하는 데 권력 배분이 중요한 역할을 한다는 점은 전쟁 상황을 보면 쉽게 알 수 있다. 일반적으로 긴급사태가 발생하고 국가의 수요가 특별할 정도로 상승하면 국가와 다양한 경제 집단들 사이의 세력균형에는 변동이 나타나게 된다. 애국주의에 대한 호소가 사방에 난무하게 되지만 이는 단지 '병목'을 이용할 수 있는 기회가 왔음을 보여 주는 것뿐이다. 재화와 서비스, 노동의 가격에서 '마크업'*을 상승시켜서 인플레이션을 만들어 낼 수 있는 기회가 온 것뿐이다.

제2차 세계대전 기간 동안, 영국이 인플레이션을 통제할 수 있었던 것은 케인스와 영국 재무부의 경제적·관료적 기술 덕이기도 하겠지만 그만큼이나 소득과 이윤에 대한 '노사 대타협'(industrial concordat)과 주요 가격에 대한 직접적 통제 덕분이었다(Skidelsky, 2000: 8장). 1970년대 하이퍼인플레이션이 벌어지자 이러한 방향에서 '분배 갈등' 이론에 기초하여 인플레이션을 설명하려는 전도유망한 사회학이 등장하기도 했다. 하지만 하이퍼인플레이션이 가라앉자 이 사회학 이론 또한 사그라들었다

---

* 마크업(mark-up)이란 상품 생산 비용에 대해 일정한 비율의 이윤을 더하여 가격을 산정하는 행위를 말한다. 실제의 기업들은 주류 경제학의 가격 이론, 즉 한계비용과 한계수입이 일치하는 점에서 생산량이 결정되고 그것이 수요 곡선과 만나는 지점에서 가격을 결정한다는 식으로 행동하기보다는, 비용을 놓고서 자신들의 이윤량 또는 이윤율을 먼저 결정하여 그것으로 일방적으로 가격을 결정하여 버리는 행태를 보이는 것이다.

(Hirsch and Goldthrope, 1978; 특히 Maier, 1978을 참조하라. 좀 더 최근의 비경제적 일반 모델에 대해서는 Fischer, 1996을 참조). 21세기에 들어 디플레이션 압력이 거세졌지만, 아직까지는 이와 비슷한 대응이 나타나지는 못했다. 하지만 나는 특히 1990년 이래 일본의 장기 침체와 디플레이션 같은 경제학의 여러 난문(難問)들에 답하기 위해서는 주류 경제학 분석과 정책 처방을 넘어설 필요가 있다고 주장한다(2부 8장을 보라).

자본과 노동 사이 그리고 생산자와 소비자 사이의 권력균형 상태가 변화하면, 이것은 화폐의 구매력에 영향을 미친다. 이때, 권력균형을 변화시키는 중심적인 투쟁은 채권자와 채무자 사이의 투쟁이다. 역사적으로 채권자와 채무자 사이의 투쟁은 가장 중요한 계급투쟁이었다(Ferguson, 2001). 20세기 말, 자본주의에서 '실질' 이자율(명목 이자율 빼기 인플레이션율)을 둘러싸고 큰 갈등이 발생했는데, 이데올로기 수준에서는 케인스주의와 통화주의자 사이의 갈등으로 표현되기도 했다(Smithin, 1996; 2부 8장도 참조하라). 채권자는 채무불이행 리스크나 인플레이션으로 인한 채무 가치 잠식을 최소화시킴으로써 자신의 지위를 보장받고자 한다. 슘페터는 화폐시장이 자본주의의 총본부라고 기가 막히게 지적한 바 있는데, 2부 7장에서 보게 될 것처럼, 국채 시장은 그 총본부에서도 심장부에 있는 성소(聖所)라 할 것이다. 국채 시장에서는 인플레이션이 벌어질 가능성에 비추어 정부 채권에 대한 이자율이 흥정되며, 여기에서 기준금리(key rate of interest)가 나오고 이것이 투자 행위 일반, 특히 중앙은행의 우대금리(prime rate)에 영향을 미치게 된다.* 신용화폐 창출에 대한 수요와 공급의 과정에는 이러한 중앙은행의 기준 이자율뿐 아니라 앞에서 본 것처럼 신용 평가와 부채 비율에 대한 여러 규범들도 매개물로 끼어들게 된다. 첫째, 신용 대부는 대개 사회적으로 구성된 기준들에 따라 배당

되는 것이다. 둘째, 초기 자본주의에서는 절약과 검소함이 미덕으로 강조되었지만, 20세기에 들어오게 되면 사람들 사이에 기꺼이 빚을 지고자 하는 성향이 크게 늘어나게 되었고, 따라서 신용화폐 창출의 의지 또한 상당히 늘어나게 되었다. 미국처럼 성공적인 자본주의 국가에서는 채무와 파산에 대해 낙인을 찍는 엄격한 도덕률이 사라졌고, 이에 따라 법률도 크게 완화되었다. 기원전 4세기 수메르의 지배자는 '점토판 청산' (clean slate) 정책을** 도입했는데, 이 정책은 채무 부담으로 경제의 작동이 마비되어 버리게 되면 경제를 다시 시작하게 하기 위한 것이었다 (Hudson, 2003). 이러한 시도가 도입된 이래, 경제가 부채 디플레이션으로 빠지지도 않고 인플레이션으로 나아가지도 않으면서 그 사이 길로 지나가도록 만드는 것이 화폐 정책의 가장 중요한 목적이 되어 왔다.

화폐가 경제와 구분되어 있고 자율적인 영역을 이루고 있다는 것, 다시 말해 화폐가 화폐 자체의 사회적 규범 구조와 규칙, 권력관계 등으로 이루어지는 영역이라는 점은 경험적으로 볼 때 명백한 사실이다. 앞으로 보겠지만, 중앙은행이 인플레이션에 대한 사람들의 예상을 창출하고 관리

---

* 미국의 경우 기준금리는 두 가지로 구성되어 있다. 첫째는 연방기금 금리(Federal funds rate)이고 두 번째는 재할인율(discount rate)이다. 연방기금 금리는 각 은행들 (또는 예금을 받아들이는 금융 기관)이 중앙은행에 가지고 있는 계정에서 다른 은행으로 단기(overnight) 대부를 행할 때에 적용되는 금리이다. 이는 시중 자금 시장에 궁극적으로 의존하지만, 중앙은행은 이에 대해 적극적인 목표(target)를 공시한다. 보통 중앙은행이 기준금리를 정한다고 할 때 말하는 금리가 이것이다. 그리고 재할인율은 미국의 경우 신용도가 가장 좋은 고객에게 제공하는 '우대금리'라고 부른다. 이는 여러 은행들이 추가적인 자금이 필요하여 중앙은행으로부터 대출을 요구할 때에 적용하는 금리이다.

** 원문의 '기원전 4세기'는 지은이의 착오라고 생각된다. 수메르 지배자들이 '점토판 청산'을 시행한 최초의 기록은 기원전 2400년 무렵이라고 전해진다.

하는 방법을 경제적으로 분석하는 최근의 연구들을 보면 화폐가 독립적이고 자율적인 영역이라는 사실이 암묵적으로나마 인정되고 있다. 하지만 이러한 인식은 경제학 이론의 기초 교의에 **체계적으로** 결합되어 있지 못하다. 그 이유는 아직도 이러한 인식이 화폐의 근본적 가치라는 질문과 연관된 것임을 이해하지 못하고 있기 때문이다. 경제학 이론에서는 여전히 화폐의 기본적 가치가 화폐량과 재화량 사이의 장기 균형에 있다고 주장하고 있는 실정이다.

그러나 이렇게 모순적인 상태가 오래 갈 수는 없는 노릇이다. 무엇보다 화폐는 국가가 발행하는 불환지폐라는 성격을 갖는다. 경제학 모델에서 가정하는 완벽한 정보라는 것이 존재하지 않는 상황에서는 통화 당국의 정당성과 신용도가 화폐의 가치에 영향을 주게 되어 있다. 왜냐면 화폐의 가치를 결정하는 것은 부분적으로 사람들이 화폐를 보유하고자 하는 의사에 달려 있는데, 이것은 또 어느 정도는 화폐의 **미래** 가치에 대한 평가에 기초하게 되기 때문이다. 금속 본위 화폐의 시대에는 귀금속의 고정 가격을 유지하겠다는 정부의 약속이 화폐의 신뢰성을 만들어 내는 기초였다. 하지만 오늘날과 같은 순수한 신용화폐의 시대에는 정부와 중앙은행이 얼마나 투명하게 건전 통화 관행을 유지하느냐에 그 신뢰성이 달려 있다(7장을 보라).

특정한 주권적 통화 공간 내에서 화폐 발행자들은 계산화폐를 조작함으로써 화폐 가치를 변화시킬 수 있는 권위를 가지고 있다. 2부에서 보게 될 것처럼, 이것이야말로 화폐 가치를 변화시키는 가장 중요한 수단이었다. 중세 유럽에서는 주화와 명목 계산화폐 그리고 가치 표준 사이의 교환 비율을 변경시키는 것이 조세를 증가시키는 일반적인 방법이었고 또 채무자와 채권자의 관계를 조정하는 방법이기도 했다. 계산화폐에 비추어 주화 가치의 '절하를 명령'(crying down) 하게 되면 동일한 수요를 만족시키는 데 더 많은 주화를 지불해야 했다(Innes, 1913: p. 399; Wray, 2003).

변동환율제를 채택하는 개방된 자본주의 경제에서도 통화의 환율을 조정하는 것은 국내 화폐 가치(구매력)를 변경시키는 훨씬 더 지배적인 수단이다. 이 방법은 중앙은행이 외환시장에서 매매를 수행하는 식으로 실현될 수도 있고, 기준금리를 조정해서 통화 구매자들을 끌어들이거나 단념시키는 방식으로 실현될 수도 있다. 이 점에서 보자면 화폐 가치도 화폐가 일개 상품으로서 갖는 지위에 의해 영향을 받으며, 결과적으로 수요 공급의 차원에서 설명된다 할 수 있을지도 모른다. 하지만 이 수요 공급의 수준을 설명하려다 보면 또 다시 정통 경제학 이론의 틀을 완전히 벗어날 수밖에 없게 된다. 화폐를 생산하는 과정 자체가 화폐의 미래 가치에 대한 평가에 충격을 주게 되기 때문이다. 외환시장의 행위자들은 정부와 중앙은행이 거시경제 정책을 통해 화폐 가치에 어떤 영향을 미치게 될 것인지를 나름대로 해석하여 그 통화에 대한 투기를 벌이는 것이다(환율 정책에 대해서는 Kirshner, 1995 참조).

화폐는 일종의 사회적 관계이지 유통 속도를 갖는 사물이 아니다. 화폐를 우리가 말하는 방식으로 생각하게 되면, 화폐 가치가 연속적인 (재)지불 즉 채권과 채무의 유출-환류라는 근본적 핵심 또는 '임계량'(critical mass)에 따라 결정된다는 사실을 주목하게 된다. 화폐는 채무를 지고 채무를 상환하는 과정을 통해 복식부기의 대차대조상에서 창출되고 또 파괴된다. 직관적으로 예상되는 바와는 반대로, 모든 이들이 자신의 채무를 상환해 버리는 일이 혹시라도 벌어진다면 화폐가 그 즉시 사라지게 된다는 사실은 종종 사람들이 언급한 바 있었다(2부 7장 각주 6을 보라). '새로운' 화폐를 생산한다는 것은 곧 새로운 채무가 창출되었고 이 채무가 아직 신용/채권의 환류로 상각되지 않은 상태라는 것을 의미한다. 따라서 화폐의 희소성(또는 풍요성)은 곧 사람들이 새로운 채무 계약을 할 의사, 특히 궁극적 지불수단을 발행하는 이들이 그렇게 할 의사가 얼마나 있는가의 함수이다. 화폐 체제 전체를 포괄하는 복합적인 대차대조표를 상정했을 때 그 한쪽 변이 다른 쪽보다 더욱 빠르게 성장하면 화폐 가치의 변동이 나타난다는 점은 널리 인정되고 있다. 예를 들어, 경제 행위자들이 스스로의 대차대조표에서 균형을 회복하기 위해 차입(화폐 창출)과 지출을 멈추어 부채 디플레이션 상태가 벌어질 경우에는 화폐의 가치가 상승하게 된다. 이는 1930년대의 대공황과 오늘날 일본의 경제 상황이 그 예라 할 수 있다. 그 반대로 채무가 팽창하게 되면 화폐의 구매력이 감가(減價)되는 결과(인플레이션)로 이어진다고 흔히 주장되고 있다. 하지만 앞으로 보겠지만 이것이 반드시 사실은 아니다(2부 8장을 보라).

경험적으로 볼 때, 경제적 행위자로서의 국가는 화폐 유출 및 환류의 임계량을 유지하는 데 중요한 역할을 한다. 경제 이론가들은 예전에 국가가 '법화'(legal tender)에 대한 법률을 제정함으로써 화폐 가치를 정립시킬 수 있다는 생각을 악담과 저주로 매도한 바 있지만, 이는 국가가 최대의 단일 경제 행위자로 '사실로서' 엄존하고 있는 데서 나오는 여러 결과들을 이해하지 못한 결과이다.[7] 국가는 화폐가 조세의 지불수단으로 받아들여질 것임을 공표함으로써 화폐의 가치 평가 가능성을 확립한다. 나

---

7) 19세기 말의 국가 지출 수준이 그다지 높지 않았다는 점을 고려하면 이 경제학자들을 용서해 줄 수 있을 지도 모르겠다. 그럼에도 불구하고 당시에도 이미 크나프는 물론이고, 슘페터(1994[1954]) 같은 이들 또한 이 사실의 중요성을 알고 있었다.

아가 국가는 경제 행위자들이 국가에 조세를 지불하기 위한 소득을 벌어들이려면 경제에서 무엇을 해야 하는가에 영향을 끼침으로써 화폐의 실질 가치를 결정하기도 한다. "돈 1달러가 1달러가 되는 것은…… 조세가 그 달러 가치로 매겨져 있어서 그 조세를 갚기 위해서는 다시 그 달러를 되살 수밖에 없기 때문이다"(Innes, 1914: p. 152). 다른 한편, 국가는 대규모 조달 행위를 벌이는 과정에서 다량의 국가 신용/채권을 발행하게 되고, 또 그 국가 신용/채권을 얻어야 조세 부채를 갚을 수 있는 사람들로 하여금 국가가 발행하는 신용/채권을 얻어 내려면 무엇을 해야 하는가를 좀 더 구체적으로 안내해 주게 된다. 근대국가는 자신의 통화 공간 안에서 다른 이들이 도저히 견줄 수 없는 최대 규모의 채권자이자 채무자이기 때문에, 국가가 조세 지불 의무를 매개로 경제 행위의 범위를 더욱더 화폐의 공급과 그 실질 가치에 지속적으로 가장 중요한 영향력을 행사하게 된다는 것은 불가피한 사실이다(극단적 자유주의 성향의 정통 경제학은 국가의 역할을 과감하게 줄여야 한다고 주장할지 모르겠다. 하지만 이 역할 축소가 어떻게 달성될 수 있는지는 도저히 알 길이 없다).

물론 정통 경제학의 거시경제 이론과 정책 안에서도 경기순환에 맞서 거기에 역행하는 방향으로 과세 및 재정 지출을 행하여 경제를 안정화시키도록 해야 한다는 식의 인식이 존재한다. 하지만 정통 경제학의 화폐 이론에서 말하는 것처럼 이 문제를 국가 지출과 수입, 그리고 인플레이션/디플레이션 사이에 어떤 기계적 연관 관계의 문제로 접근해서는 아니된다. 똑같은 수준의 재정 지출을 시행한다고 해도, 세력균형뿐 아니라 재정 및 통화 정책을 어떻게 하면 가설적으로 볼 때 어떤 충격이 나타날 것이다라는 **이론적 차원**의 이해가 중간에 끼어들어 그 결과를 매개하게 되어 있기 때문이다.[8] 이 점에서 경제 이론은 연행적(performative) 역할을 한다. 즉 어떤 경우의 통화 체제이든 경제학 이론은 그 자체가 그 배후에 존재하는 여러 집단의 세력균형이 확립되는 과정의 일부를 이루는 것이다(20세기에 정책 원리가 통화주의로 전환된 과정은 이 점을 아주 명쾌하게 보여 준다). 또한 이미 지적한 것처럼, 이 '연행성'은 안정적 화폐라는 작업상의 허구를 생산해 내려고 노력한다는 점에서 이데올로기적인 것이기도 하다(Mirowski, 1991을 보라).

화폐의 구매력이 어떻게 결정되는가 하는 질문에 대해 일관되고도 포괄적인 대답을 제시한 경우는 거의 없다. 1장에서 본 것처럼, 통화주의는 화폐와 재화 사이에 명확한 수량적인 단기적 관계를 확립하려고 시도했지만 이는 완전히 실패해 버렸다. 그럼에도 정통파 경제학은 그 '실물' 경제 이론을 여전히 끌어안고서 똑같이 버티고 있다. 그리고 화폐가 장기적으로 중립적이라는 데만 초점을 두기 때문에 그 어떤 이론적 진전도 이루지 못하는 무능력 상태에 빠져 버렸다. 2부 7장에서 다루겠지만, 현대 통화정책의 관행은 갈수록 그 어떤 경제 이론에도 기초를 두지 않은 것으로 되어 가고 있다. 지금까지 화폐 이론의 발전은 경제학의 패권적 헤게모니에 짓눌린 채 이루어져 왔다는 점을 살펴보았다. 그리고 문제 설정과 그 해법을 찾는 대안적인 사고방식을 잠정적으로나마 대략적으로 그려 본 셈이다.

---

8) 엄격히 말해 거시경제적 예측은 어디까지나 가설적인 진술일 뿐이지 확률적인 진술이 아니다. 그럼에도 거시경제학자들은 자신들의 예측이 확률적인 진술이라고 주장하고 있다. 하지만 그런 예측들은 근본적으로 불확실한(케인스가 이 말을 사용했던 의미에서) 것이며, 따라서 해석하기에 따라 아주 다양한 의미로 이해될 수 있다.

2부

역사와 분석

5

화폐의 역사적 기원과 형태

인류가 이룩한 최고의 진보(낡은 세계에서 새로운 세계를 발견하는 것) 가운데 하나는, 두 개의 수량 사이에 비율을 확립할 때 두 수량을 직접 비교하는 대신, 양쪽 각각이 제3의 수량과 갖는 관계를 살펴 그것이 등가이거나 그렇지 않다는 사실을 이용한 것이다
— 게오르크 지멜(Simmel, 1978 [1907]: p. 146)

주화 주조의 배후에는 화폐가 있다.
— 필립 그리어슨(Grierson, 1977: p. 12)

화폐의 논리적 기초를 계산화폐에서 찾을 수 있듯이, 화폐의 역사적 기원 또한 화폐 물질의 발굴이나 연대 판별 등이 아닌 계산화폐에서 찾아야 한다(Grierson, 1977: p. 12). 고고학적 기록이 드물어서 여러 가지 어려움이 있기는 하지만, 여러 증거들로 볼 때 물물교환에서 화폐로 이행이 나타났다는 정통 경제학의 이론은 설득력이 없다(예를 들어 다음을 보라. Davies, 1996: Goodhart, 1998: Wray, 1998, 2004).[1] 대신 이 문제에 대해 서로 밀접하게 연결된 대안적 설명 두 가지가 있다. 첫째는 화폐 진화의 시초를 채무(debt)라는 좀 더 포괄적인 사회적 범주에서 찾는 설명이며, 둘째는 가치 척도 또는 계산화폐라는 개념에서 화폐라는 아이디어 자체

가 기원한 것이라고 보는 설명이다.[2]

화폐의 기원: 채무와 가치 척도

1. 채무와 희생

앞에서 보았듯이, 화폐 발생에서 조세 채무는 역사적으로 매우 중요한데 이것이 바로 국정화폐론의 기초였다. 하지만 화폐가 국가보다 더 밑바탕에 있는 사회적 책무(obligation)에서 나왔다는 주장 또한 제기되었다. 사회적 책무란 개인과 사회를 잇는 가장 근간이 되는 사회적 끈 가운데 하나이다(Aglietta and Orlean, 1998). 사회 속에는 개인마다 차지하고 있는 위치와 신분을 확립하는 '가치 위계'라는 것이 있어서, 이것이 그 개개인들이 지불해야 할 채무의 수준을 구체적으로 적시했다(Aglietta and

---

1) 케인스는 한바탕 '바빌론에 미쳐'(Babylonian madness) 소동을 벌인 후[2장 케인스 부분을 참조하라―옮긴이], 갑자기 변덕스럽게 화폐의 역사적 기원의 문제를 밀어치우고 다른 문제로 넘어가 버린다. "[화폐의] 기원이란 빙하가 녹던 당시의 안개 속에 감추어져 있으며, 인류 역사에서 낙원과 같았던 간빙기(間氷期)까지 거슬러 올라갈 가능성이 높다. 이때는 그리스 신화의 요정 헤리스페데스 4명이 황금 사과를 지키던 낙원이었을 지도 모르고, 아틀란티스 시절이었을지도 모르며, 또 중앙아시아 어딘가에 에덴동산이 있었을 지도 모른다. 여기에서 날씨는 온화하고 사람들의 정신은 새로운 아이디어를 풍부히 쏟아 놓을 만큼 자유로웠을 것이다"(Keynes, 1930: p. 13).

2) 군나르 하인존과 오토 슈타이거(Heinsohn and Steiger, 2000)는 정통 경제학의 화폐 이론에 대한 중요한 비판을 내놓았는데, 여기에서 그들은 화폐를 계약과 관련짓는 케인스의 예를 따르면서 결국 화폐의 기원이 사적 소유에 있다는 잘못된 결론을 내리고 있다. 나는 화폐, 즉 계산화폐라는 생각이 계약 및 가격 목록보다 앞선다고 주장하고자 한다(Keynes, 1930; Hicks, 1989; Grierson, 1977). 또한 베버를 보라. "진화라는 관점에서 볼 때, 화폐는 사적 소유의 아버지이다"(1981[1927]: p. 336).

Orlean, 1998: p. 21; 또 Andreau, 1998에 나오는 로마의 인구조사 분석을 보라). 이러한 사회적 위계는 역사적으로 시장보다 선행하는 것이며, 이것이 바로 여러 가격을 산출한 메커니즘이었다고 생각된다. 사적 소유와 사적 계약을 대표하는 화폐의 역할은 역사적으로 예외적인데, 이는 경제 영역이 나머지 사회와 분리되는 근대에 들어와서야 비로소 나타난 것이다(Aglietta and Orlean, 1998: p. 15).[3] 즉, 화폐가 교환의 일반적인 매개체가 된 것은 경제가 나머지 사회와 떨어져 버리게 되었을 때 비로소 나타난 일이었던 것이다.

이렇게 사회의 모든 개인들이 공동체에 지고 있는 채무를 원초적 채무(primordial debt)라고 한다. 생존해 있는 사람들은 모두 사회의 지속성과 연속성 덕분에 자신들 개개인의 존속을 보장받을 수가 있다. 이러한 근본적 채무를 궁극적으로 청산하기 위해서는 살아 있는 것을 희생시켜서 조상들과 우주의 신들을 달래고 감사를 표현해야 한다(Aglietta and Orlean, 1982).[4] '채무 지불'은 인신 희생의 형태를 띠기도 하지만 또 희생적인 박탈의 형태를 띠기도 한다. 희소하고 가치 있는 물자나 식량 따위를 사회와 우주를 매개해 주는 성직자들의 '사업 조합'(brotherhood)에 넘겨주

---

3) 비록 관점은 좀 다르지만 마르크스도 마찬가지 논지를 내놓은 바 있다. 개인과 사회가 맺는 '현실의' 관계가 그 '현상'에서는 시장에서의 화폐적 관계로 뒤집히게 된다는 것이다. 근대 화폐의 역설적 이중성은 그것이 사적으로 전유 가능한 '사회적 관계의 총체'(ensemble de relations sociales)라는 사실에 있다(Aglietta and Orlean, 1998: p. 16).

4) 미셸 아글리에타와 앙드레 오를레앙은 《화폐의 폭력》(*La Violence de la monnaie*, 1982)에서 지라르(Girard, 1972)가 《폭력과 희생》(*La Violence et le sacré*, 1972)에서 개진했던 사변적 인류학을 화폐 이론과 연결시킨다. 지라르는 사회적 질서의 기원을 이방인들에 대한 집단적 배제에서 찾았다. 이것이 나중에 희생이라는 상징적 표상으로 반복되었다는 것이다.

는 것이다.[5] 이러한 가설은 아직 사변적 추측에 머물러 있는 상태이지만, 어원을 비롯한 간접적인 증거는 상당히 많다.

인도유럽어족의 모든 언어에서 '채무'에 해당하는 단어는 모두 '종교적 죄'(sin) 또는 '범죄'(guilt)와 동의어이다. 이런 사실은 종교, 지불, 그리고 성스러운 영역과 불경스런 영역을 '화폐'로 매개한다는 것 사이에 관련성이 있음을 잘 보여 주고 있다. 예를 들어서 화폐(독일어로는 겔트 Geld)라는 말은 보상금 또는 희생(고대 영어로 Gelid)이나 조세(고트족 언어로 Gild)라는 말은 물론이고, 범죄(guilt)라는 말과도 어느 정도 관련이 있다(Hudson, 2004).* 이러한 단계의 사회 발전에서 가치(value)란 사회 성원들에게 사회가 차지하는 가치를 뜻하게 되며, 그 성원들에게 사회가 얼마나 큰 가치를 가지고 있는가를 측정하는 척도는 바로 제물로 바치는

---

5) 한 예로 크나프의 국가 화폐 이론을 따르는 어떤 이는 이런 식의 공양들이 사원에 바쳐야 할 '식량 화폐'의 형태로 표준화되었다고 주장한다(Laum, Heiliges Geld(1982), Hudson, 2003에서 인용). 오늘날의 영어 단어 'money'는 로마 여신이었던 'Juno Moneta'의 신전(포에니전쟁 기간 동안 여기에서 귀금속을 화폐로 주조했다)에서 기원하였거니와, 이는 초기 문명에서 화폐, 귀금속 정련, 종교가 서로 밀접하게 연결되어 있었음을 보여 준다(Hudson, 2003).

* 이는 비단 인도 유럽 어족들의 경우만이 아닌 것 같다. 고대 일본의 화폐에서도 이와 거의 똑같은 논리 전개가 발견된다. "후쿠다 도쿠조(福田德三)의 연구에 따르면, 일본에서 지불의 기원은 고대의 종교 제사상의 사회적 책무의 해소로서 '죄 씻김'(하라이, 払い)에 있다고 한다. 일본의 원시적 토착 종교인 신토(神道)는 고대인의 생활에 전면적인 침투를 보여 주었으며, 사회적 책무의 많은 것들은 '불결함'(게가레, 穢れ)라는 형태로 관념되었다. 이러한 '게가레,' '죄'를 '하라이'하는 것이야말로 개개인들이 자신의 사회적 지위를 확보한다고 하는 행위가 되었다. 이 '하라이'는 '지불'이라는 뜻의 '하라이'(払い)와 어원적으로 동일하다는 것도 지적되고 있다. 부언하자면, '하라이'(払い)에 사용되는 공양물을 뜻하는 '幣'는 화폐의 '幣'와 어원도 뜻도 동일한 것이다"(栗本慎一郎, 《經濟人類學》, 동양경제신문사, 1979, 166-7쪽).

물건들이었다. 제물로 바치는 물건들은 다양하므로 결국 사회 성원들에게 사회가 가지는 가치 또한 다양한 모습으로 나타나게 된다. 하지만 이러한 다양한 모습의 가치가 추상화를 거쳐 단일한 표준으로 정립되거나 나아가 훗날 일반적 등가물로서의 화폐로까지 발전하는 일이란 아직 멀고 먼 이야기이다. 제도적으로 특정하게 지정된 종교적 채무를 갚기 위해 정해져 있는 공물을 내놓는 '지불'로부터 점차 화폐가 추상화되어 나와, 마침내 구체적인 사회적 맥락으로부터 탈각되어 보편적으로 가치가 매겨진 상징적 증표로까지 발전해 가는 과정에는 무수한 중간 단계들이 있다. 이러한 발전 과정을 해명하기 위해서는 그런 중간 단계들을 촘촘히 채워 나가야 할 것이다.

2. 가치 척도와 계산화폐

일방적 채무란 상품화폐론에 나오는 중립적 교환 매개물과는 달리 본질적으로 사회적 불평등 관계를 담고 있다. 초기 인류 사회의 구성원들은 조상이나 신들에게 갚아야 할 채무를 지는 식으로 종속당했고, 다시 조상과 신들을 대표하는 지상의 신관들에게 종속되었다. 하지만 모든 사회 성원들이 똑같은 정도로 인신 희생 채무와 물자 희생 채무를 지고 있었다고는 말할 수 없다. 인신 희생자를 고를 때 신분을 막론하고 모든 아이들이 과연 똑같이 취급받았을 리가 있을까? 모든 성원들이 똑같은 양의 식량을 희생물로 바쳐야 했을 리가 있을까? 잉여가 거의 없거나 전혀 없는 사회에서는 생계 자원을 배분하는 일이 친절과 호혜의 규범에 지배되었으니, 여기에서는 사람들 사이에 지불 의무의 차별이 있을 리도 없고 따라서 그러한 지불의 차등적 양을 측정하기 위한 표준도 필요했을 리가 없다.[6] 달리 말하자면, 상당히 잘 발달된 노동 분업과 제도적 불평등이 존재하지 않는 한, 사회에 대한 개인들의 차등적 채무를 계산할 수 있도록 등급이 잘 매겨져 있는 가치 척도의 표준 따위는 마련될 이유가 없다는 말이다. '원시 공산주의'가 있었다면 그 사회에서는 '화폐'가 아무짝에도 쓸모가 없었을 것이다. 정밀한 가치 척도도 필요 없었을 것이며 또 일반화된 추상적 지불수단도 필요 없었을 것이다(이집트는 기원전 4000년부터 2500년까지 평등한 부족사회에서 계층화된 파라오 왕국으로 발전했다. 여기에서 화폐가 어떻게 발전하였는가에 대해서는 Henry, 2004를 보라).

　일반적으로, 다양한 형태의 화폐에 '화폐성'을 부여해 주는 이 가치 척도로서의 화폐가 어떻게 발생했는지에 대해서는 두 가지 이론이 있다. 첫 번째는 아마 앞에서 개략적으로 설명했듯이, 사회에 대한 보편적 채무라는 이론으로 묶어 낼 수 있을 것이다. 이 이론에 따르면 다양한 가치 척도는, 사회의 이런저런 가치를 위반했을 때 속죄와 보상으로 어느 만큼의 벌금을 내야 하는지를 계산하는 인명보상(Wergeld) 제도에서 그 기원을 찾을 수 있다고 본다. 두 번째 접근은 계산화폐 사용의 기원을 고대 메소포타미아와 이집트 제국에서 찾는다. 이러한 제국의 명령형 농업 경제에서 중앙 권력 기구가 여러 가지 재화들 사이의 경제적 등가를 계산할 필요가 생겨남에 따라 계산화폐의 사용이 발생했다는 것이다. 여기에서도

---

6) 마야 제국과 같은 초기 라틴아메리카 사회들에서는 희생에서 계산화폐로의 이행이 발생하지 않은 것으로 보이며, 이는 아주 의미심장한 일이다(Sharer, 1994). 아메리카 대륙의 고대사회에서 화폐의 존재는 케인스가 말하는 '중앙아시아의 에덴동산' 이상으로 안개 속에 가리워져 있다. 이 문제에 대해서 여기에서는 다음과 같은 정도만을 말해 두고자 한다. 이곳의 고대 사회는 대단히 철저하게 통제된 사회들이었고 '대중'들에 대한 엘리트의 지배가 거의 전적으로 강제에 의존하고 있었다. 메소포타미아처럼 토지 임대 체제가 있었던 것도 아니며, 인명보상 형태의 지불 표준표가 존재했던 것도 아니었다.

문자로 남아 있는 역사적 기록이 부족하다는 점이 큰 문제이다. 인명보상에 대한 가장 오래된 증거는 5~6세기 유럽의 여러 부족들로부터 내려오는 것인데, 이는 고대 메소포타미아의 점토판에 남아 있는 최초의 계산화폐 사용을 보여 주는 증거와 시간적으로 몇 천 년의 공백이 있다. 하지만 인명보상 지불 또한 마찬가지로 오래된 것이라고 볼 수 있는 증거들이 어느 정도 존재한다(Hudson, 2004). 따라서 인명보상 제도에 나타나는 공공 부채의 성문화(成文化)가 고대 서아시아 제국들보다 앞서 존재한 여러 인류 사회에 나타난 전형적인 형태라고 결론을 내리는 게 적절하다고 생각된다. 그리고 고대 서아시아 제국들에서는 애초에는 인명보상 제도에서처럼 여러 다양한 사회적 책무의 계산으로 시작된 것이 숫자와 쓰기가 발달하면서 여러 상품들 사이의 등가 관계를 측정하는 수단으로 변형되었던 것이다.

3. 인명 보상과 계산화폐

"화폐라는 현상은 주화라는 현상의 배후에 있는 것이다. 화폐의 여러 기원은 시장에서 찾아서는 아니 되며, 시장이 나타나기 훨씬 더 오래 전인 공동체 발전의 초기 단계, 즉 가치(worth)와 인명보상이 서로 바꾸어 쓸 수 있는 용어였던 시절에서 찾아야 한다"(Grierson, 1977: p. 33). 인명보상(wergeld)이란 곧 '가치 지불'(worth payment)을 뜻하는 말로서, 공동체 또는 부족 사회 내에서 한 사람이 다른 사람과 다툼을 벌여 신체에 상해를 입혔을 경우, 이것이 양쪽 혈연집단 간의 복수로 비화(飛火)되어 자칫 그 공동체 전체를 사회적·경제적으로 약화시키는 결과를 낳을 수가 있다. 이러한 사태를 미리 막기 위하여 보복 행위 대신으로 사용된 보상 수단이 바로 인명보상이다. 1장에서 주장한 바 있듯이, '화폐의 가치'

라는 관념이 상품들 간의 교환에서 직접적으로 파생되었다고는 도저히 말할 수 없는 것이다.[7]

"인명보상과 관련된 여러 법률들이 종합적으로 동원되어 판단이 내려지는 상황 쪽이 시장 메커니즘이라는 것보다는 화폐 체제 확립에 필요한 전제 조건들을 훨씬 더 훌륭하게 충족시키는 것이다. 마을 사람들이 모두 모인 공중 회의에서, 상해를 입히게 되면 그 상해의 종류에 따라 어떻게 보상해야 하는가를 밝힌 인명보상표가 확립되었다. …… 여기에 사람들이 모여서 함께 정하는 것은 이런저런 신체 상해에 대한 평가이지 갖가지 상품에 대한 평가가 아니다. 따라서 상품의 경우처럼 서로 무관한 물체들에 일률적인 가치를 매길 공동 척도를 어떻게 고안할 수 있는가와 같은 개념적 어려움이 발생하지 않게 된다"*(Grierson, 1977 : pp. 20-1).

---

7) 물물교환에서는 "어떤 거래에서든 거래 양쪽 당사자들이 각자의 직접적인 필요 욕구를 비교하는 것이지 그 재화들의 추상적 가치를 비교하는 것이 아니며, 그 필요 욕구들은 이 재화들의 특정한 장점이나 결점들에 견주어 서로 균형을 맞출 수 있는 것이다"(Grierson, 1977 : p.19).

* 그리어슨과 인명보상 개념에 대해 약간 보충하면 이렇다. 그리어슨(Philip Grierson)은 케임브리지대학에서 화폐학(numismatics)을 담당하는 교수로서 오랜 시간 동안 고대 화폐의 기원 문제를 연구한 이 분야의 권위자로 여겨져 왔다. 그는 1977년에 출간된 *The Origins of Money*(London : The Athlon Press, 1977)에서 화폐의 기원은 결코 경제학 이론에서 주장하는 것처럼 시장에서의 물물교환일 수가 없으며, 가장 가능성이 높은 것은 본문에 나온 대로 고대 인도유럽어족 등에서 뚜렷이 보이는 인명보상이었을 것이라는 주장을 개진한다. 고대 화폐의 연구를 통하여 그리어슨은 표준적인 계산화폐가 시장경제의 발달보다 훨씬 전에 이루어졌을 뿐 아니라, 실제의 물물교환 과정에서 물품의 교환 비율은 결코 일정하게 표준화된 적이 없었다는 것을 지적하여, 계산화폐 즉 여러 상품들 사이에 고정된 등가 비율을 설정할 수 있는 척도는 시장의 출현과는 별도의 기원을 가진다고 주장하면서 인명보상의 중요성을 내놓았다. 본문에 지은이가 설명하고 있는 내용을 반복할 필요는 없으나, 본문의 설명이 자칫 이 인명보상

이러한 분석은 뒤르켐의 해석과 연결 지을 수 있다. 앞서 원초적 채무와 희생에 관한 논의에서 보았듯이, 인명보상 또한 사회 구조를 비유적으로 대표해 주는 일종의 '집단 표상'*(collective representation)이라고 볼 수 있다는 것이다. '가치'(worth)라는 말은 사회 구조의 두 가지 기초 요소인 효용성과 도덕이라는 두 가지 의미를 모두 담고 있는데, 인명보상 또한 이 '가치'라는 말이 지닌 두 가지 의미를 모두 표현한다. 여기에서도 이러한 해석을 뒷받침하는 강력한 어원적 증거가 있다. 한 예로 화폐라는 독일어 겔트(Geld)는 '앙갚음'이라는 뜻의 **페르겔퉁**(Vergeltung)에서 기

이 사람의 목숨이나 상처의 가치만 평가한 것 같은 인상을 줄 위험이 있다는 것이다. 인명보상이란 그 어원처럼 사람(wer, 또는 남자) 목숨에 대한 지불(geld)이므로 기원은 사람의 살해에 대한 보상이었다. 하지만 이는 곧 발전하여 손, 손가락, 손톱 등 신체 모든 부위에 대한 보상 지불의 구체적 내용으로 발전한다. 이후 이 보상 지불의 내역은 믿을 수 없을 만큼 세세하고 풍부하게 발전하여, 사람의 신체뿐 아니라 가정 경제의 각종 소유물들에 대한 보상도 지정된다. 예를 들어 비록 기록은 클로비스 1세에 이루어졌지만 그보다 훨씬 더 옛날의 프랑크족의 법을 정리한 것으로 알려져 있는 살리카 법전(lex salica)의 경우 2장은 돼지, 6장은 소, 4장은 양, 5장은 염소, 7장은 개의 절도에 대해 다루고 있다. 이 동물들 모두를 연령과 성별에 따라 그 보상을 세세하게 정하고 있다는 것이다(Grierson, 1977: p. 20).

* 뒤르켐은 '사회'가 개개인들의 합에 불과한 단순한 명칭일 뿐 실체가 없다는 명목주의(nominalism)의 입장에 반대하여 사회란 하나의 실체라고 주장했다. 개인이라고 할지라도 다른 개인과 직접 관계를 맺는 것은 동물적 수준 이상으로는 불가능하다. 그 개인들이 공유하는 하나의 '사회'라는 것을 매개로 해서만 개인들조차 비로소 인간으로서 관계를 맺을 수 있게 되는 것이다. 다른 말로 하자면, 심지어 개인과 개인의 지극히 개인적인 '계약'과 같은 행위에서마저도 그 개개인들은 직접 서로 관계 맺는 것이 아니라 사실상 '사회'와 관계를 맺는 것뿐이라는 것이다. 그렇다면 이렇게 추상적일 수 있는 '사회'라는 것을 표상(represent)하는 것이 반드시 필요하게 되는데, 특히 뒤르켐은 그 사회 전체가 공유하는 종교가 바로 그러한 사회의 집단성의 표상이라고 보았다.

원하였는데, 이 말은 빚(score)* 청산과 보복이라는 뜻을 담고 있다
(Einzig, 1966: p. 379). 그리고 화폐 단위인 **실링**(shilling)은 살인 또는 상
해를 뜻하는 **스킬란**(skillan)**에서 왔다(Simmel, 1978[1907]: p. 357). 개
인이나 집단, 심지어 전체 사회가 상해, 상처, 손실 따위를 입어 기능적
손상을 당할 경우 그 피해 받은 쪽이 일방적으로 보상 요금표를 짜서 강
제로 부과할 수도 있겠으나, 만약 그 어떤 가치 합의에 바탕을 둔 정당성
이 부여된다면 더 효과적일 것이다. 더욱이, 사회의 도덕 질서는 기능적
또는 효용적 의미의 '가치'(worth)와 불가분으로 엮여 있게 마련이다. 아
주 명쾌한 객관적 척도가 없는 상태에서는 사회의 작동에 기능적으로 기
여하는 바의 서열을 사회적 신분의 위계에 따라서 매길 수밖에 없다. 그
결과 인명보상은 필연적으로 상해와 모욕의 문제가 된다. 예를 들어서
"러시아인의 콧수염을 뽑아내는 짓은 그의 손가락 하나를 잘라 내는 행위
의 네 배로 갚아야 할 행동이다"(Grierson, 1977: p. 20). 체면을 잃는다는
것은 글자 그대로 얼굴을 잃어버리는 것(loss of face)이니, 신체의 기능
을 조금 잃어버리는 것보다 더욱 중요한 일이라는 것이다. 게다가 죄인이
속죄로서 보상물을 바치는 행위에는 단지 파괴된 기능적 가치를 정확하
게 배상하는 의미만 있는 것이 아니라, 상징적이고 신성한 영역에서 정해

---

* score라는 단어는 본래 즉시 갚지 못한 것들을 수량으로 바꾸어 나무 등에 칼로 베에
  낸 자국을 뜻하는 말이다. 그래서 '외상, 빚'이라는 뜻과 '원한, 복수'라는 뜻이 모두
  있다. "pay off a score"라고 하면 "묵은 원한을 갚아" 그 자국을 지워 버린다는 뜻
  을 갖는다.
** skillan은 고트(Goth)어다. 이러한 지멜의 어원 추측은 오늘날은 받아들여지지 않
  는 듯 하며, 일반적으로 'shilling'의 어원은 아직 합의를 보지 못하고 있다. '자르다
  (cut)의 고트어 'skilja'에서 나와 은 '조각'을 나타낸다고도 하고 그 맑은 소리를 뜻
  하는 '울리다'(skell-)에서 나왔다고도 한다.

놓은 가치들을 위반한 것에 대한 처벌의 의미도 함축되어 있음은 아주 명백하다.

물론 이러한 주장들은 애덤 스미스가 말하는, 교역과 물물교환이 벌어진 최초의 시장(즉 효용을 극대화하는 개인들이 서로 이익을 보기 위해 상호 의존하는 것에 사회의 기초가 있다는 이론)에 대한 익숙한 사회학적 비판을 재구성한 것일 뿐이다. 하지만 존재론적으로 볼 때, 사회란 시장이기 이전에 하나의 도덕 공동체이다.[8] 인명보상은 사회의 두 얼굴을 상징적으로 표상한다. 한편으로 인명보상은 공동체에 거주하는 개인이 겪은 손실이나 기능 손상에 대한 지불을 강제함으로써 여러 가지 사회적 역할이 사회에 기능적으로 얼마나 기여하는지를 수량화하려고 시도한다. 그런가 하면 이 인명보상의 지불표는 그 사회의 여러 가치들을 성문화해 놓음으로써 비로소 그 내용이 채워지게 된다. 이러한 성문화가 없다면 사회에 기능적 가치를 부여하는 일이 계속 아노미와 무정부 상태를 면치 못하게 될 것이다. 그 결과 갖가지 청구권과 그에 맞선 반대의 청구권, 게다가 '대를 이어 내려가는 혈연 복수(blood feud)가 벌어질 경우 이를 해소할 수단이 없어질 것이다. 즉, 화폐의 기원은 법에 있는 것이다.

인명보상은 사회 구조를 이루는 여러 가지 요소를 서열화된 가치의 체

---

8) 사회학의 분석적 기초는, '실물' 경제 분석에서 볼 수 있는 것과 같은 '사물의 자연적 본성'에 뿌리박은 사회적 경제적 질서의 층위가 엄존한다는 가정을 거부하는 것에 있다(Parsons, 1937을 보라). 우리는 이와 똑같은 관점을, 계약이 성립하려면 그 이전에 사전적으로 도덕적 질서가 존재한다는 것을 먼저 가정해야만 한다는 뒤르켐의 주장에서 찾을 수 있다는 것에 주목해야 한다. "계약의 모든 것이 계약적인 것은 아니다……어떤 계약이 존재하는 모든 경우에 이는 사회의 작동이지 개인들의 작동이 아니다" (Durkheim, 1960[1893]: p. 189, 194).

계로 성문화하고, 그럼으로써 그 요소들을 원초적인 계산화폐들로 변형시킨다. 그 지불은 애초에는 개수를 단위로 세어 가치를 표준화할 수 있는 물건들로 이루어졌을 것이다. "노예, 소, 가죽, 과일처럼 셀 수 있고 사용할 수 있는 것(countable-usable)일 수도 있고, 또 이빨, 조개껍데기, 진주 등과 같이 셀 수도 있으면서 장식할 수 있는 것(countable-ornamental)일 수도 있다"(Grierson, 1977: p. 33). 하지만 이러한 가치 있는 물건들이 계산화폐로 변형되는 것은 숫자를 셀 수 있다는 성질에서 말미암은 것이다. 그 다음 단계는, 이러한 '가치 지불'(worth payment)에서 '가치' 척도의 기초였던 물건들과 사회의 여타 물건이나 자원들 사이에 여러 등가 관계를 측량하는 일이다.

4. 가치 본위와 등가 관계

경제적 자원의 배분과 관련하여 우리는 상호성(reciprocity), 재분배(redistribution), 시장가격(market price)이라는 세 가지 이념형을 확인할 수 있다[9](Polanyi, 1957). 기원전 3000년 무렵부터 500년 무렵까지 존속한 메소포타미아와 이집트의 제국들은 관개 치수 능력에 바탕을 두고 농업을 조직함으로써 생계 경제에서 해방된 인류 역사의 중요한 시기이다. 얼마 되지 않는 경제적 자원을 상호성과 친절의 규범에 따라 함께 나누던 관행이 사라지고 잉여를 조세로 거두어들이고 재분배하는 관행이 나타난 것이다.[10] 이러한 제국들은 물질적 삶이 이제 사회에서 노동 분업을 갖춘 채 뚜렷이 구별되는 영역에서 생산되었다는 의미에서 최초의 '경제'라고는 할 수 있지만, 분명히 '시장' 경제는 아니었다. 거의 모든 생산 수단을 여러 왕실과 신전이 보유했으며, 이 왕실과 신전들은 농업 생산과 그 재분배를 조직하고 관리하기 위한 화폐적 회계를 발전시켰다. 사회와 성스러운 영역의 연결이라는 기초적 관계는 조세(채무)와 책무를 통해 매개되었고 신전의 사제단에 의해 통제되었다. 정치적·경제적·이념적 통제가 중앙 집중화되고 행사되었던 매개는 계산화폐였다.

이 회계 시스템은 당시 서서히 발전하고 있던 사회적 기술(수단)의 다양한 요소들과 사회적 관행(관계들)을 결합한 것이었다. 첫째, 이러한 사회들은 위계적으로 조직되어 그 위계에 따라서 개개인의 채무 지불을 서로 다르게 계산하고 있는 상태였으므로, 이에 기반하여 가치 측량표를 얻는 것이 이미 가능한 단계에 도달해 있었다. 둘째, 농업 잉여생산물(곡식,

---

9) 고대 및 고전 시대 여러 경제의 성격과 근대 자본주의와의 관련은 방법론 전쟁에서 중심적 문제였다. 경제학 이론가들은 호모 이코노미쿠스라는 가정이 초역사적 보편정을 가지며 따라서 현대 경제 이론은 고대 세계에서도 적용할 수 있으며 다른 점이 있다면 단지 효용 극대화가 벌어지는 맥락뿐이라고 강하게 주장했다. 이 논쟁은 1920년대에는 사회인류학에까지 침투하였고, 1950년대와 60년대에는 여러 '원시'(primitive) 경제를 어떻게 해석할 것인가를 놓고 벌어진 실체주의-형식주의 논쟁(substantivist-formalist debate)으로 재연되었다. 경제학 이론가들 또는 형식주의자들은 '두터운'(thick) 민족지적 서술이 그대로 설명이 되지는 못한다고 주장했으며, 여기에 일부 인류학자들이 동의했다. 원시적인 교환 매개체가 현대 화폐의 전신이었을 수도 있다는 관념을 기각하는 것으로는 Dalton, 1976을 보라. 이러한 이분법('원시-근대'와 '형식적-실질적')은 역사적 또는 진화적 분석을 배제해 버리는 문제점이 있다. 이러한 입장들에 대해 폴라니(Karl Polanyi)와 그의 동료들은 반대의 연구 업적을 축적하여 왔다. 이들에 따르면 모든 유형의 사회의 경제적 영역을 모두 시장과 동일시하는 것은 잘못이라는 것이다. 역사가 피어슨(Pearson)이 말하는 것처럼, "지난 4천 년 동안의 경제적 변형 속에서 무엇인가 벌어졌던 것은 틀림이 없다. 하지만 황혼기에 처한 정통 경제학 이론의 개념은 이러한 과정을 조명할 능력을 완전히 결여하고 있다"(Polanyi et al., 1957 : p.10).

10) 이제부터 나올 설명은 메소포타미아에 대한 허드슨(Hudson)의 설명과 이집트에 대한 헨리(Henry)의 가장 최근 해석에 기반하고 있다(Wray, 2004). 헨리는 화폐의 발전이 평등주의적인 생계 경제에서 불평등한 잉여 경제로 이행하는 과정에 수반되었다고 주장한다.

기름)과 노동 단위들(시간 또는 생산)의 여러 품목을 표시하기 위해 진흙으로 만든 증표들이 쓰이고 있었다. 이러한 원초적인 부기(簿記)가 문자 발생의 기초였을 가능성이 높다.* 진흙 증표물을** 사용하여 여러 재화들을 표상하게 된 사건은 인간의 사유에서 일어난 큰 도약이다. 이제 각각의 증표물은 그것이 본래 의미를 갖던 맥락에서 떨어져 나와서 독립적으로 이해될 수 있는 고유한 의미를 갖게 되었기 때문이다(Schmandt-Besserat, 1992: p. 161). 예를 들어 톨리 막대기에 그어 놓은 눈금의 경우에는 여러 다른 대상물들을 구별하여 표시하는 것이 불가능하기 때문에 결국 그것이 기록하고 있는 구체적으로 벌어졌던 물품 거래와 결합된 채 사용할 수밖에 없다. 반면 이 기호 증표물들은 각각 다른 물건을 추상적으로 표상하는 것이기에 그것이 나타내는 데이터를 그 구체적 거래의 경우들과 분리하여 조작할 수 있게 된다. 예를 들어 생산된 날짜가 서로 다른 생산물이라고 할지라도, 10일 또는 그 이상의 날짜에 걸쳐서 나온 생

---

* Denise Schmandt-Besserat의 책 *Before Writing: From Counting to Cuneiform* (Austin: University of Texas Press, 1992)은 비록 그 주장이 최근에 나왔기에 아직 정설의 자리를 찾기 위해서는 검증의 기간이 좀 더 필요하지만, 최근 고고학에서 나온 일대 사건으로 일컬어지고 있다. 저자는 최근 이루어진 고대 메소포타미아 초기 시절의 유적 발굴에서 나온 상징물들을 세밀하게 조사하여, 조세나 채무 지불을 위하여 사용되던 초기의 진흙 상징물로부터 상형문자를 거쳐 설형문자로 진화해 가는 일련의 과정을 재생했다. 즉, 문자의 기원이 장부 기록에 사용되는 상징물이었다는 대담하고 충격적인 주장인 것이다.

** 이를테면 맥주 몇 병을 받기로 되어 있는 자는 진흙으로 조그맣게 맥주병 모양을 만들어 그것으로 계산하여 부기(簿記)를 했다는 것이다. 이 진흙 상징의 맥주병 모습이 이후 상형문자로 설형문자로 발전해 가는 모습을 볼 수 있다는 것이다. 이 저서는 단지 고고학적인 발견일 뿐 아니라 인간 역사에서 언어, 쓰기, 회계, 화폐 등 여러 상징 체계의 기원과 발전 과정 전반에 대해 중요한 이론적 함의를 가지는 것으로 이야기되고 있다.

산물들의 기호 증표물을 한꺼번에 묶어서 지칭하는 추상적인 단일 기호로 계산할 수가 있는 것이다. 세 번째, 어느 부족이 성직자나 부족장 같은 지배계급에게 그 책무나 채무를 지불할 적에 실물을 대신하여 이러한 증표물들로 지불하는 것이 가능하다.

물질적 가치(여러 재화들)를 표상하는 여러 증표 척도물과 귀금속 사이에 관계가 맺어진 것이 바로 이 국면이었을 가능성이 높다. 금이나 은 그리고 채무를 표상하는 진흙 증표물들 뭉치나 모두 왕과 성직자의 권력과 신분을 나타내는 상징들이라는 점에서는 동일하다. 이 양쪽(즉 귀금속과 채무 상징물들)을 통합하는 것이 아마도 화폐 형태의 발전에서 중대한 한 고비였을 것이며, 이것이 뒷날 주화로 완성되었던 것이다.

금속은 지속성 면에서 완벽하다. 특히 금은 세월이 흘러도 그 빛조차 바래지 않는다. 따라서 금속이야말로 이 우주라는 실체를 표상할 수 있는 탁월한 상징물이었다. 귀금속 상징물들은 그래서 이러한 초기의 위계 사회 지배계급의 무덤에서 나오는 매장품으로 발견된다(Schmandt-Besserat, 1992: p. 171). 그러므로, 기원전 3천년 무렵의 농업적 명령 경제에서는 숫자 세기와 쓰기가 계산화폐라는 단일한 체계로 통합되어 여러 가지 재화들, 여러 가지 채무들을 표상했을 뿐 아니라 신분의 상징도 표상했으며 가장 중요하게는 성스러운 것과 세속적인 것 사이를 매개하는 고리를 또한 표상했다. 심지어 기원전 7세기가 되어 마침내 주화가 도입되었을 때까지도, 여러 가지 순금 화폐들은 지불수단과 교환 매개체가 아니라 일차적으로 엘리트들의 신분 상징물이자 가치 저장물이었던 것이다.

메소포타미아의 회계 시스템은 은 1세켈(shekel: 무게 단위. 보리 낱알 240개 또는 8그램)과 한 달 식량 소비 단위인 보리 1구르(gur: 약 120리터)를 동등한 가치로 놓는 것에 기초를 두고 있었다. 이런 등가 체제는 아마도 노동자 한 명과 그의 가족을 부양하는 데 필요한 보리 배급량에 기초했던 것으로 보인다. 결국 상품화폐론이 말하는 것처럼 보리나 은의 무게를 측정하는 가운데 화폐의 계산 단위가 나온 것이 아니라 먹기 위한 보리 낱알의 수를 세는 것에서 시작된 것이었다. 따라서 탈렌트나 셰켈을 굳이 주화로 주조할 필요가 없었다. "어느 정도의 무게와 순도를 가진 은이면 채무 청산을 만족시킬 수 있는가를 규정하고 또 관습적으로 행해지는 탈렌트나 셰켈의 은을 통한 지불을 규정한 것은 국가였다. 이런 의미에서, 이러한 계산 단위들은 국가가 창조한 것이라고 말할 수 있다"(Keynes, 1930: pp. 12-13).

요컨대, 이러한 명령형 경제 국가들은 진주, 이빨, 소 따위를 사용한 단순 계산에서 시작하여, 국가 권위로 선포된 중량 단위로 가치 척도를 사용한 계산으로 바뀌어 왔던 것이다. 이러한 계산 단위들은 계산을 하기 위해 사용되던 무게 단위를 지칭하는 것이었다. 이러한 가치 척도들의 크기 또한 주목할 만하다. 가장 작은 단위였던 1셰켈조차도 한 달 치 보리 배급량의 등가물이었다. 계산화폐의 가치를 이런 식으로 매겼다는 점은 시장에서 교환 매개체로 쓰기 위해서가 아니라 대규모 재화와 채무 계산에 사용하기 위해 고안된 것임을 의미한다. 실제 은을 그냥 무게를 달아서 지불수단으로 쓰는 일은 흔한 일이 아니었으며, 특히 초기 바빌론에서는 더욱 그러했다. 다시 말하면, 지괴(地塊: bullion) 상태의 은은 근대적인 의미에서 화폐의 원초적 형태라고 볼 수 없다. 사람들이 세속 권력과 종교 권력에 바쳐야 했던 지대와 조세를 계산할 때는 항상 계산화폐와 가치 본위가 사용되었지만, 이를 지불할 때에는 갖가지 상품과 노동 서비스가 사용되었다(Goldsmith, 1987: p. 10). 이 체제의 핵심을 이루는 것은 사원이나 궁정과 농부들 사이의 작물 대여 관계였다. 지대를 갚을 때 그 지대의 액수는 일단 공식적인 은 단위의 비율로 계산하고, 실제로 지불할 때는 보리를 넘겨주는 식이었다. 그러면 중앙의 신전과 궁정 당국은 다시 이렇게 거두어들인 보리를 다른 노동자들에게 재분배했다. 다른 모든 가격들도 이와 비슷한 방식으로 고정되었는데, 이것이 공공과 민간 사이의 대여 관계를 안정화시키는 것은 물론 여러 재화를 경제의 다른 부분으로 분배하고 판매하는 활동을 안정시키는 데도 크게 기여했다(Hudson, 2004; Polanyi, 1957: pp. 20-1, pp. 264-5).[11] 그 뒤로 2천 년 동안이나 주화는 탄생하지 않았다.

고대 서아시아 제국들(기원전 3000년~기원전 500년 무렵 메소포타미아, 이집트, 인더스 평야)의 경제 체제는 시장의 가격 메커니즘으로 조직되고 통합된 것이 아니었다(Polanyi, 1957; Weber, 1981[1927]; Mann, 1986). 하지만 자유롭게 유통되는 교환 매개체가 없었다고 해서, 일반적인 설명처럼 '이 몇 천 년 동안 이 나라들은 본질적으로 화폐화되지 않은 상태에 있었다'고 결론을 내리는 것 또한 잘못이다(Goldsmith, 1987: p. 10). 오히려 그 반대로, 화폐야말로 이러한 사회들이 조직되고 관리되는 수단이었다. 여러 자원에 가치로 위계 서열을 매기고(계산화폐), 그 흐름과 배분을 측정하고, 또 사회의 핵심이 되는 신전과 농부 관계, 채권자와 채무자 관계를 측정하는 데 사용한 모든 수단은 화폐였다. 작황이 좋지 않거나 심한 흉작이 들 경우 이 상태가 계속 방치된다면 위기가 생겨날 수도 있

---

11) 에쉬누나 법전(Eshnuuna's Laws: 기원전 2000년 경)은 여러 물건들 사이의 등가 관계를 못박는 것으로 시작하며, 함무라비 법전(기원전 1750년 경)은 셰켈 단위의 은으로 가치가 매겨진 모든 채무는 보리로 지불할 수 있다고 정하고 있다. 아슈르바니팔 [Assurbanipal: 아시리아의 왕. 기원전 668~628년 —옮긴이]의 대관식 기도문은 모직, 보리, 기름이 몇 셰켈의 은인지 등가 관계를 읊고 있다(Hudson, 2004: p. 7).

었다. 일단 지대 채무를 보리로 갚을 수 없는 상황이 벌어질 것이다. 그런데 그렇다고 해서 나라 전체에 걸친 보리의 재분배가 한시라도 멈출 수 없는 일이었다. 이러한 문제는 단순하게 군주가 채무를 탕감해 버리는 방식으로 극복할 수도 있었다(Hudson, 2004). 여러 가지 채무로 얽힌 네트워크가 바로 사회적 유대였으며, 이런 틀을 마련한 것이 바로 계산화폐와 가치 본위였던 것이다. 하지만 이런 다양한 채무는 근대 자본주의의 은행 시스템과는 달리 보편적으로 양도할 수 있는 것은 아니었다.

5. 고대의 은행업

고대 은행업의 문제는 사회과학에서 **방법론 전쟁** 이후에 나타난 원시주의-근대주의 논쟁에서 중요한 위치를 차지하고 있다(199쪽 각주 9를 보라). 곡식이나 귀금속처럼 가치 있는 상품들은 고대 제국의 신전과 궁정에 저장되어 있었고, 국가 엘리트들 사이에서는 이러한 저장물들의 영수증이 채무의 양도와 청산에 사용되고 있었다. 또한 신전, 궁정, 그리고 예외적이기는 하지만 독립적 가정 경제 또한 일정한 이자율로 대부를 해줄 수 있었다. 경제 이론가들이나 그 뒤를 따른 근대주의자와 형식주의자들은 이러한 금융 활동이야말로 현대의 금융 관행과 다를 바 없다고 보면서 은행업의 '발명'을 대표하는 것이라고 주장한다(다음을 보라. Heichelheim, 1958[1938]; Baskin and Miranti, 1997). 다른 한편에서는, 원시주의 및 실체주의 역사가들과 인류학자들이 이러한 옛날의 금융 관행은 전근대적인 것이었고 그것들이 '묻어 들어 있었던'(embedded) 사회적 구조의 맥락에서만 이해할 수 있는 것이라고 주장해 왔다(Polanyi et al., 1957). 게다가 고고학적 증거들 또한 그 성격을 판단하기 애매하여 그 결과 공상으로 가득 찬 멋대로의 해석들이 난무하는 장이 되기도 했다. 현대의 금융 기법들을 소개하거나 논평하는 이들은 마치 자본주의가 초역사적이며 거의 자연적인 것임을 입증이라도 하려는 듯, 그러한 세련된 현대적 기법들을 고대 바빌론까지 곧바로 소급할 수 있다는 믿기 힘든 주장까지도 서슴지 않는다(한 예로 다음을 보라. Dunbar, 2001 : pp. 24-6).[12]

바빌론에서는 주화가 없었기에 금융 거래들은 대부분 '채권의 양도와 이전'에 기초하고 있었는데, 대개는 저장된 곡식에 대한 통제권을 기초로 삼아 신전과 궁정들에서 조직되었다(Weber, 1981[1927]: p. 254; Innes, 1913, 1914). 점토판의 기록들이 개인들의 예금이 사적으로 송금되는 것을 기록한 것인지 아니면 그저 관료 기구의 예산 재분배를 나타내고 있는 것인지는 전혀 알 수 없다. 하지만 모든 증거로 볼 때 전체 금융 거래에서 명령 경제 바깥에서 나타난 사적인 송금이 차지하는 비중이 미미하다는 결론만큼은 분명하다. 그래도 좀 더 광범위한 증거를 보게 되면, 프톨레마이오스 왕조 시대 이집트에서는 창고에 쌓아 둔 저축에 기초한 세련된 지로(giro)* 체제가 분명히 존재하였고 이를 통해 계산화폐로 매겨진 가치를 서면으로 이전시킬 수 있었다(Davies, 1996: pp. 51-4). 하지만 화폐의 주된 역할은 조세를 거두고, 관료들의 감사와 회계를 통제한다든가 배급표를 분배하는 일이었다.

---

12) 현대의 금융 기법들은 16세기의 초기 자본주의 무역에 나타났던 리스크 분석에서 기원한다. 이 기법들은 부기 기술에 나타난 중대한 변화들 그리고 수학에서 확률론의 진보에 기초를 두고 있다. 이에 대한 대중적 설명으로 Bernstein, 1996을 보라.

 * '지로'란 '신용의 직접적 이전'이라고 할 수 있다. 예를 들어 자신의 예금을 맡아 두고 있는 은행에게 자신이 돈을 갚고자 하는 대상에게 자신의 신용을 이전하라고 직접 명령하는 방식을 취한다. 이는 자신이 돈을 갚겠다는 증서를 넘겨주어 그것을 받은 사람이 자신의 은행에 가서 돈을 뽑아내야 하는 '수표'(check)와 반대라고 할 수 있다.

게다가 신용 거래도 근대 자본주의 은행업과는 달랐다. 첫째, 대부 이자율은 오늘날 기준으로 볼 때 대단히 높았다(20~33퍼센트). 더군다나 민간 차원에서 이루어지는 일은 아주 드물었다(Goldsmith, 1987: p. 14; Weber, 1981[1927]: p. 256). 기원전 500년 무렵에는 영업을 벌이는 기업들이 바빌론(에기비Egibi 가문)이나 아시리아 제국의 수도인 니네베(무라수Murasu 집안)에 존재했고, 이들을 은행이라고 언급하는 경우가 많지만 근대 자본주의적인 의미에서 은행은 아니었다. 이런 기업들은 예금을 받지 않았으며, 화폐 대부는 다른 많은 활동들과 결합되어 있었다(Goldsmith, 1987: p. 14).

베버가 전자본주의 은행업에 대한 분석에서 경고하고 있는 바와 같이, "우리는 너무 근대적인 관점에서 생각하는 것을 경계해야 하며…… 우리가 쓰고 있는 은행권과 전자본주의적인 은행업을 연결 지어 생각해서는 아니 된다. 왜냐면 현대의 은행권은 특정한 개인이 예금한 것과는 전혀 독자적으로 유통되고 있기 때문이다. 이와 대조적으로 바빌로니아의 은행권 또는 티켓은 단지 예금 고객들 사이의 지불 이전을 더 빠르고 안전하게 하기 위한 수단에 불과했다"(Weber, 1981[1927]: pp. 254-5). 우리가 1부에서 보았고 또 나중에 더 자세히 검토하겠지만, 어느 은행이 발행한 은행권이 그 은행의 어느 개별 예금계좌와도 독자적으로뿐만 아니라 심지어 그 은행의 예금 총액과도 독자적으로 발행되고 유통될 수 있으려면, 채무를 지불수단으로 만들 수 있어야 하며 또 게다가 몰인격적으로 또는 보편적으로 양도 가능한 것으로 만들 수 있어야만 한다. 이러한 사회적 관계는 고대 경제에서 전혀 찾아볼 수 없으며, 또 앞으로 보는 바와 같이 고전 경제*들에도 존재하지 않았다.

상호 채무를 지로 청산으로 해결하는 경우는 상인계급들 내부에서 작은 규모로나마 틀림없이 존재했다(Innes, 1913, 1914; Hudson, 2003; Henry, 2004). 하지만 가장 주요 신전과 농부 사이의 채무들은 인격적인 성격을 여전히 띠고 있었기에 제3자에게 마음대로 이전되어 채무의 지불 수단으로 쓰일 수 있는 그런 것이 아니었다.** 게다가 가치 본위(은 무게) 또한 특정한 채무 관계에서 독립하여 양도와 운반이 가능한 형태로 체현되지 못한 상태였다. 바로 이것이야말로 나중에 주화가 발명되면서 가능해진 일이다. 주화란 발행한 사람이 짊어지게 되는 채무의 증표이기는 하다. 하지만 주화는 그 사람이 그 대가로 가져간 특정 재화나 서비스의 거래 행위와는 별개로 존재하는 것이다. 따라서 주화의 발생은 결국 화폐가 점점 더 추상적이고 보편적인 것이 되는 과정을 심화시켰다.

---

  * '고전적'(classical)이란 보통 고전 고대(classical antiquity), 즉 기원전 8세기 호메로스에서 기독교 개종 직전의 로마까지 고전 문학이 꽃피었던 고대 그리스와 로마 시대를 일컫는다.

** 여기서 우리나라 조선 후기 대동법(大同法)이 시행되게 된 맥락을 상기해 볼 필요가 있다. 조선 전기의 조세 제도는 기본적으로 군주와 인민 개개인들 사이의 인격적 종속 관계를 기초로 하는 것이었으며 또 조세의 구성도 조세(租稅)는 물론 각종 부역과 각종 현물 공납 등으로 복잡하게 구성되어 있었다. 하지만 임진왜란이 끝나고 난 뒤 토지대장 등의 분실로 정확한 전 인민의 인신에 대한 파악이 어렵게 되자 결국 일정한 토지 단위로 일정한 양의 '쌀'을 부과하는 방식으로 이 복잡한 조세 관계를 통일하는 수밖에 없었던 것이 배경이라고 한다. 이 과정에서 이 장에 설명되고 있는 현물 조세의 문제, 사회 권력 구조와 개개인의 채무 관계, 통일적인 계산 단위 화폐의 성립의 문제 등이 모두 연결되어 있지 않을까 하는 흥미로운 의심을 가져봄 직하다. 대동법이 경기도에서 시작하여 평안도를 제외한 전국으로 확대되는 데 100년 가까이 걸렸던 사실은 그래서 전혀 놀라운 일이 아닐지도 모른다.

주화의 발생과 진화

기원전 7세기 이후 2천 년 동안 '화폐'란 주화와 동일한 것으로 여겨지게 되었고, 화폐의 본성에 대한 지적인 혼동도 이미 그때부터 시작되었다. 상품화폐론에서는 화폐 물질(귀금속)의 교환가치가 구매력을 결정하는 것처럼 말하고 있다. 주화는 가지고 다니기 편리한 교환 매개체이자 널리 받아들여지는 지불(결제) 수단의 형태로서 가치 척도 또한 체현하고 있다는 것이다. 하지만 케인스는 "사람들은 주화를 주조하게 되면 그로 말미암아 큰 변화가 나타난다고 흔히들 믿고 있지만, 주조라는 작업으로 그렇게 큰 변화가 생겨난다고는 생각"하지 않았다(Keynes, 1930: p. 11). 분명히 주화는 화폐의 기원이 아니다. 그래도 주화가 무척 중요하다는 사실은 의심할 여지가 없다.

진정한 주화들이 맨 처음 나타난 건 기원전 640년 무렵 서아시아의 리디아 왕국(터키 서부)으로 거슬러 올라간다(Davies, 1996: p. 63). 하지만 이 주화들은 무게와 합금 구성비에서 지극히 불규칙했고 표면에 그 어떤 가치 표시도 담고 있지 않았다(Innes, 1913: p. 380). 다시 말해서, 이 주화들의 귀금속 내용물과 그 구매력 가치 사이에는 그 어떤 안정된 관계도 없었던 것이다. 반세기도 되지 않아 이러한 여러 주화들은 동그란 금속 조각 즉 '주화'로 발전하였고, 여기에 리디아 왕조의 상징이었던 사자 머리가 새겨졌다. 그 뒤로 주화는 이오니아와 그리스 본토로 퍼져나간다.

이러한 발전은 어떻게 설명할 것인가? 주화 주조가 상품화폐론자들이 주장하는 것처럼 교역의 몇 가지 '불편함'을 덜어 준 것은 사실이지만, 그렇다고 해서 주화의 발전 과정까지 그런 논리로 설명할 수는 없다. 우선 고대 서아시아의 여러 명령 경제들 사이에 벌어진 대규모 무역은 여전히 현물로 이루어지는 상태였고, 편리하고도 효율적인 수단으로서 물물교환 또한 계속해서 이루어졌다.[13] 둘째, 이러한 나라들 내부의 소규모 상업 부문에서는 점토판을 이용하여 신용 관계를 기록하였고, 이를 주기적으로 청산하기 위해 사용된 지불수단은 보리나 무게를 단 은을 비롯하여 무척 다양했다. 그리고 이런 식의 거래가 거래 비용을 줄이는 데 더욱 더 효과적인 수단이었다고 볼 수 있다(점토판과 같은 신용 상징물들은 각각의 거래에 고유하게 엮여 있는 것이기에 제3자가 훔쳐가 봐야 쓸 데도 없고, 따라서 도난 위험이 없기에 훨씬 안전하다). 계산화폐, 가치 척도, 지괴(地塊) 형태의 금속을 통한 지불 등 주화의 주조가 나타날 만한 기술적 수단이 모두 존재하고 있었음에도, 주화의 주조는 여전히 나타나지 않았던 것이다. 오히려 주화를 주조하게 되면 반대의 역작용이 나타날 가능성이 높았다. 주화의 주조를 통해 경제활동을 조정하게 될 경우 이런 나라의 재분배 경제 체제에 대한 관료의 통제력이 침식당할 수 있다는 점인데, 이는 실제로 나중에 고대 그리스의 도시국가에서 벌어진 일이기도 하다(Kurke, 1999). 부를 주화의 형태로 바꾸어 놓으면 개인이 더욱 수월하게 전유할 수 있을 뿐 아니라 숨겨 저장하기도 쉽기 때문에 중앙 당국의 통제에서 벗어날 수단이 될 수 있었다. 고대의 여러 제국에서는 주화 주조의 출현에 긍정적으로 작용할 만한 조건들을 찾아내기가 어렵다. 적어도 이 점에서만큼은 폴라니학파가 고대 제국들의 화폐가 그 사회적 구조 안에 '묻어들어 있었다'고 주장한 표현이 정확하다.

주화의 주조가 진화하게 된 결정적인 요인은 고대 서아시아 지역의 지정학적 구조 변동에 있었다. 기원전 시대가 저물 무렵 이 제국들도 해체

---

13) 제2차 세계대전 이후 동유럽의 코메콘(Comecon) 또한 그러했다.

되었고, 그 여파로 수많은 소왕국과 도시국가들이 출현했다. 그렇게 되자 여기에서 두 가지 사태가 전개되었는데, 이 두 가지 사태 전개의 절정이 바로 주화의 출현이라고 볼 수 있을 것이다. 첫째, 나중에 로마제국이 무너지던 무렵과는 달리 이때 일어난 정치적 변화는 교역을 심각하게 위축시킬 정도는 아니었다(사실 경제성장이 계속되고 있었던 데다가 명령 및 재분배 경제 체제가 느슨해지면서 오히려 교역이 증가했을 법하다). 이러한 변화에 대한 대응으로 나타난 한 형태가 농부들이 사용하는 '연장 화폐'(tool money)였다. 더욱 편리하고 유용한 교환 매개체를 점점 더 많이 쓰게 되었다는 것이다(Grierson, 1977). 금속으로 만들어진 연장이나 중량이 찍혀있는 유용한 금속들은 유동성이 아주 높아 교역 가능한 재화이기에 기원전 1000년 무렵에 이미 지중해 동부 지역에서 널리 사용되었다. 이것이 어떻게 '원형 주화'(proto-coin)로 오인될 수 있는지는 쉽게 알 수 있고(Mann, 1986: p. 194)* 그러한 오인의 개략적인 논리는 칼 멩거 식의 화폐 기원 설명에서 잘 드러나 있다. 명령 경제의 외부에서 쓸모 있고 가치 있는 금속이 교환되었던 것이 주화의 진화에 분명히 일정한 역할을 했다. 하지만 여기서 명심해야 할 것은, 이러한 매개체들도 일정한 계산화폐에 연결되지 않았던 상태였으며 그저 물물교환의 일부로 거래된 것에 불과한 상태였다는 점이다. 여러 연장이나 금속들과 여러 다른 상품들 간의 교환 비율은 거래마다 들쭉날쭉했으며, 일정한 화폐 단위로 공통의 가치가 매겨지는 그런 관계는 아니었다는 것이다. 그럼에도 불구하고 이런

---

* 마이클 만(Michael Mann)은 이러한 지괴 형태의 금속들이 교환 수단으로 쓰이기는 했으나, 이를 발행할 수 있는 것은 어디까지나 국가나 대규모 거간상인(middlemen) 들뿐이었다고 말하고 있다. 일상적 시장의 화폐로 쓰이기에는 너무나 그 가치가 큰 물건들이었다는 말이다.

교역 관행이 증가하게 되면서 유동성 있는 가치 저장 수단을 사용하는 일이 나타났던 듯하다. 이는 그 당시 막 나타나고 있었던 시장 체제의 필요성에서 직접적으로 생겨난 결과였다고 볼 수 있을 것이다.

이렇게 무게로 표현된 가치(이를테면 셰켈로 무게를 잰 은)가 계산 가능성과 운반 가능성을 함께 지니게 된 것은 세계 최초의 대규모 임노동 형태의 출현을 통해 비로소 나타나게 되었다. 그 임노동 형태란 바로 용병(傭兵)이었다(Cook, 1958; Kraay, 1964). 대제국들이 해체되고 난 뒤 교역 네트워크가 점점 더 긴밀하게 발전하는 데 한 몫을 했던 것도 농민들이었지만, 새로운 전술과 조직으로 지중해와 서아시아 지역에 걸쳐 큰 인기를 끈 '중장보병'(重裝步兵: hoplite) 용병대를 이루었던 이들도 바로 이 농민이었다. 대규모 용병부대는 정복과 팽창을 위해 원정을 가는 일이 많았기 때문에 전쟁을 치르러 다른 나라로 들어갈 때 원래 출발한 나라의 영토 밖에서도 사용할 수 있는 운반 가능한 지불수단을 꾸준히 공급받아야만 했다. 하지만 주권적인 화폐 공간은 불안정했고 금속의 순도와 중량마저 확실하지 않았기에, 교환에 사용되는 주화의 가치 또한 매우 들쭉날쭉했다. 그 결과 주화에다가 숫자 상징을 부여하고 표면에 찍는 것은 별 의미가 없었다. 다른 말로 하자면, 초기 주화들은 교환 비율은 들쭉날쭉하지만 편리한 교환 매개체라는 단계에서 화폐(계산화폐로 가치가 고정된)의 단계로 넘어가는 이행기를 대표하는 것이었다.[14]

기원전 5백년 무렵 이후부터는 '군사－주화 주조 복합체'(military-

---

14) 좀 더 최근에는 초기 엘렉트룸[금과 은의 합금으로서, 기원전 7세기 경 리디아에서부터 고대 주화로 많이 사용됨—옮긴이] '주화들'이 사적으로 발행된 것이었으며 이것들을 용병들이 받아들였을 것 같지 않다는 주장도 나왔다. 하지만 별 증거는 없다(Redish, 1992).

coinage complex)라 할 만한 것이 있었다고 해도 과언이 아닐 정도였다. 알렉산드로스가 기원전 336년 마케도니아의 왕좌에 오르고 지중해 동부에서 소아시아를 거쳐 인도에 이르는 광대한 제국을 건설하기 위해 출정을 떠나게 되자, '활발하고도 안정적인 주화 주조'가 필요하게 되었다(Hammond; Daives, 1996: p. 80에서 재인용). 초기 단계에는 마케도니아와 그리스에서 가져온 주화로 비용을 감당할 수 있었지만, 병사들에게 지불해야 할 비용이 엄청나게 불어나면서 결국은 전리품, 외국 조폐소와 광산도 필요하게 되었다. 소아시아에서 군사 활동이 정점에 달했을 때에 알렉산드로스의 군대는 매일 12만 드라크마를 지급받았는데, 거기에는 500킬로그램 이상의 은이 들어가야 했다. 게다가 이 군대가 현지의 민간인들에게 지고 있는 부채도 갚아야 했으니, 어떨 때에는 무려 200탈렌트(1백만 드라크마가 넘는 금액)가 필요하기도 했다(Davies, 1996: p. 81).

이러한 군사 활동 일반이 어떠한 소득의 '승수' 효과와 경제성장을 자극했는지에 관해 많은 이들이 주목한 바 있다(Davies, 1996: p. 83; 또한 '전시 케인스주의'에 대한 언급으로 Mann, 1986: p. 150). 하지만 정복과 조세를 통한 국가의 공고화, 그리고 주권적 화폐 공간의 창출 등이 연결되면서 나타난 여러 결과들 또한 주목해야 한다. 정복 후에는 조세가 강제되었고, 이에 따라 전쟁에 패한 지역 사람들은 알렉산드로스의 군대에 재화를 넘겨주고 대신 그 대금으로 주화를 받아 다시 조세로 알렉산드로스에게 지불하게 되었다. 이제 여러 국가들은 조세율을 정하고 또 민간에서 필요한 재화와 서비스를 취할 때에 그 대가로 자신이 발행한 주화를 내준 뒤 이것을 조세 지불수단으로 받겠다고 약속함으로써, 간접적으로나마 사회의 노동을 자신이 원하는 방향으로 몰고 갈 수 있게 된 것이다. 이것이 노예나 강제노동을 사용하는 것보다 훨씬 더 비용 측면에서 효과적인 경우가 많았으며, 훗날 19세기가 되면 유럽의 식민 권력들 또한 이런 사실을 재발견하게 된다(Wray, 1998).

이렇게 조세에 바탕을 둔 제국의 화폐 공간이 창출되자, 전통적인 지역의 물물교환이나 곡식과 같은 상품을 사용하는 관습적인 선물(gift) 거래 등의 비시장적 경제 관계들은 더욱 더 큰 충격을 받게 된다. 그전에는 공동체 안에서는 호혜, 자선, 친절을 베풀지만 공동체 밖의 이방인은 불신하고 착취하며 사기를 친다는 이중적인 윤리가 존재했으며, 그런 탓에 비인격적인 시장 교환이 영역을 크게 확장하는 일이 가로막히고 있었다. 그런데 이러한 변화가 일어나면서 그 이중적 윤리 또한 무너뜨리는 효과를 낳았을 것이다(Weber, 1981[1927]: p. 356).

국가는 주화의 주조라는 도구를 악착같이 독점하려 들었지만, 당시 비교적 느슨하게 통합되어 있던 그리스 그리고 훗날의 로마제국에까지 운반 가능한 추상적 가치를 엄청난 규모로 주입하게 되어 결국에는 필연적으로 경제 권력이 국가 통제를 회피하게 되는 결과를 낳았다. 주화라는 형태로 유동적인 경제 권력을 소유하게 되면 전통적인 가정 경제나 명령 국가 양쪽 모두의 외부에서 경제활동을 통제할 능력을 가질 수 있었다. 그 결과 경제적 계급들이 출현하게 된 것이다(전반적 논의는 Mann, 1986, 특히 216-28).[15] 하지만 근대 자본주의 세계와 견주어 보면 이렇게 주조된 화폐를 사용하여 경제적 권력이 국가 통제를 회피하는 것은 한계가 있었다. 이는 가치를 주화의 형태로 단순히 축적하는 경우에만 가능한 일이었는데 반해 국가가 여전히 주화의 공급을 통제하고 있었기 때문이다. 그런 식의 축적이 화폐 대부의 기초가 되었으며 이는 기원전 5세기 후반의 아테네에 나타난 바 있다. 이는 또 다시 초기 은행업의 질문으로 연결되는데, 앞에서 바빌론과 관련하여 내놓은 주장들이 그리스와 로마에도 똑같이 적용된다. 근대 자본주의 은행업은 대부 활동을 통한 예금의 창출을 뜻하는 것이라는 점에서 화폐 대무나 채무의 지로 청산과 대비되는바, 이러한 의미에서 근대 자본주의 은행업이 이 시기에 존재했다고 볼 만한 증거는 없다. 금고 보관을 위한 예금 수납업이나 대부 연장 같은 영업은 보잘것없는 수준이었다(Goldsmith, 1987: p. 28; 고전 시대 그리스 은행업을 정통 경제학 이론에 기초하여 바라보는 근대주의적 관점으로는 E. Cohen, 1992).

로마의 화폐 체제

기원후 14년 아우구스투스가 죽었을 때 로마제국의 "'가치가 안정된 화폐'는 광범위한 지역에서 널리 통용되었는데 19세기가 될 때까지는 전무후무한 규모였다"(Goldsmith, 1987: p. 36). 전국의 생산량 절반이 화폐로 거래되었고, 모든 제국의 교역이 "오로지 현금에 기초하여 이루어졌다"(Goldsmith, 1987: p. 47). 로마의 경제는 국가가 추동했지만, 전체 자원에서 국가의 소유가 차지하는 비율은 과거 메소포타미아와 이집트 제

---

15) 쿠르케(Kurke, 1999: pp. 12-13)는 고전 시대 그리스 문화에 대한 연구에서, 모든 인간 행동 영역들(경제적, 사회적, 정치적, 종교적 영역들)에 대해 국가가 전목적적 화폐(general purpose money)의 작동을 통해 궁극적인 규제의 권위를 내세우는 것을 표현하는 것이 바로 주화의 발행이라고 주장했다. 국가의 주화는 여러 상이한 가치 영역들을 폴리스의 궁극적인 권위 아래로 통합하는 것을 상징한다는 것이다. 주화를 사용하게 되면, 선물(gift) 교환과 상호성 규범을 통해 자원을 배분했던 전통적 엘리트들이 통제력을 빼앗기게 되므로 결국 주화의 사용은 민주주의적 영향을 행사하는 것이었다는 것이다.

국에 견주어 훨씬 적었고 국가의 직접 통제도 훨씬 미약했다. 다른 한편, 주화 주조에는 조세를 거두기 위해 충분한 강제력과 행정 조직이 결합될 수밖에 없었고 이 두 가지는 제국의 영토를 넓히는 데 크게 기여했다. "핵심 지역의 속주(갈리아, 히스파니아, 아시아 등)에서는 화폐 조세를 뜯어냈으며, 이는 주로 이탈리아에서 지출되었거나 변방 속주에 주둔한 군대의 봉급으로 지출되었다. 그리고 핵심 지역의 속주들은 **조세를 내기 위해서는 자신들이 조세로 바친 화폐를 다시 사 와야 했기에** 이를 위해서 다시 중심부에 여러 재화를 수출하는 수밖에 없었다"(Hopkins, 1978: p. 94. 강조는 인용자). 이를 단순히 국가 재정 관계라고 주장하는 이들도 있지만 (Crawford, 1970: p. 46) 그렇지 않았다. 로마제국은 민간 경제로부터 구매를 통해 필수품을 조달해야 했기에, 결과적으로 주화의 발행은 중대한 경제적 승수효과를 가지고 있었다. 실제로 로마제국이 생산과 교환을 자극하려는 목적에서 일종의 케인스주의의 원형이라 할 만한 정책을 추구하여, 그 직접적인 목적에 필요한 것보다 더 많은 주화를 발행했다고 볼 만한 증거들이 있다. 제국이 팽창하던 초기에 제국은 조세 수입으로 다시 거두어들인 것보다 훨씬 더 많은 주화를 그 뛰어난 도로, 운하, 항해 네트워크를 통해 여러 속주에 풀어 놓았던 것이다.[16]

16~17세기 유럽의 초기 자본주의 국가들과는 달리 로마제국은 국가가 지출할 자금을 융통하기 위해 부유한 시민들에게 채권을 판매하지 않

---

16) "제국의 지출과 상업으로 이어지는 하나의 순환 고리를 통해서 대부분의 로마 주화들은 상시적으로 유통 상태에 있었다." 예를 들어 기원후 132년에서 135년 사이에 로마가 이집트를 통치하는 기간에 유통되고 있었던 주화의 총 숫자는 조세로 거두어들인 것보다 다섯 배가 더 컸다(Harl, 1996: p. 86, pp. 255-6).

았다. 다시 말해서, '국가 부채'란 존재하지 않았다는 말이다. 로마제국의 '채무'라 할 만한 것이 있었다면, 이는 구매한 재화나 서비스에 대해 일정한 주화를 지불하겠다는 채무였을 뿐이다. 그 결과 이 '주화 승수'로 엮인 채권-채무 관계에 조금이라도 교란이 벌어진다면 이는 곧바로 위기를 낳을 수 있었다. 이 체제는 상호 의존관계에 있는 세 가지 요소를 유지하는 것에 기초하고 있었다. 즉 금은괴(bullion)의 유입과 통제, 효과적인 조세 징수 체제, 그리고 속주들이 조세 채무를 감당할 주화를 얻도록 충분한 소득을 발생시켜 줄 수 있는 규모의(주로 국가 주도의) 경제활동이 그것들이었다. 이 세 가지가 상호 작용을 맺으며 화폐 관계의 재생산을 지속하는 데 혹시라도 위협이 나타나게 되면 그에 비례한 만큼 각각의 요소들 또한 결국 교란당하는 것이었다.

일단 로마제국이 '과대한 영토 팽창'을 하게 되자 귀금속의 공급은 물론 조세 징수도 영향을 받게 된다. 또 제국 영토의 낙후 지역에까지 완전히 화폐 조세를 강제할 수가 없었기에 '주화 승수'의 재정적 · 경제적 요소들을 확장하는 것 또한 가로막히게 되었다(Weber, 1981[1927]: p. 60을 보라). 초기에는 제국 팽창과 함께 지중해 연안의 무역 지대가 영토로 들어오게 되었고, 이에 따라 이렇게 로마의 영토로 들어온 지역에서는 조세 지불에 필요한 로마제국의 주화를 얻을 필요가 있었고, 이로 인해 시장을 위한 생산이 추동될 수 있었다. 하지만 이 지역을 넘어 제국의 영토가 확장된 지역에서는 장원적 봉건 관계가 지배적이었으며, 이렇게 새로 확장된 지역에서는 초기의 지중해 연안의 무역 지대들과는 달리 그러한 시장을 위한 생산이라는 것에 강한 저항이 나타났다. 재화와 서비스 시장의 활성화를 통해 로마로 되돌아오는 수입과 군사적 팽창에 따라 나가는 지출 사이의 균형은 몇 세기가 지나면서 후자가 더 커지는 방향으로 기울게 되었다. 뒷날 로마제국이 몰락하게 된 것에는 흉작과 노예 반란과 같은 다른 요인들도 있었지만, 앞에서 본 것과 같은 화폐 체제를 구성하는 여러 관계들을 재생산하기 어려웠다는 것이 독자적인 요인이었다. 소득이 계속 줄어들게 되면서 로마 국가는 생산성이 떨어지는 변방 지역을 야만인들의 침입으로부터 지켜 낼 자금을 융통할 수 없게 된 것이다.

로마제국의 '쇠퇴와 몰락'에 적어도 그 속도를 부추긴 것이 악화(惡貨)의 발행으로 인한 인플레이션이었다는 생각은, 18세기 에드워드 기번(Edward Gibbon)이 처음 내놓은 이후로 널리 받아들여져 왔다. 악화의 발행도 인플레이션도 모두 실제로 벌어진 일들이다. 하지만 어느 쪽도 제국이 서서히 쇠퇴하고 몰락하게 된 직접적 원인은 아니다. 이런 상황은 앞에서 대략 설명한 바와 같은 화폐 관계가 교란당하기 시작한 좀 더 근본적인 변화 속에 나타난 증상들일 뿐이다. 기원후 1세기의 로마제국은 낙후 지역에까지 재정적 관계를 완전히 확장할 수 없었음에도 국가의 지출과 조세의 용도로 쓸 주화의 필요량은 더욱 늘어나게 되었고, 그것을 충당할 만큼 귀금속 공급을 확보하는 데 어려움을 겪고 있었다. 그래서 주화를 만들 때 들어가는 귀금속(특히 은)의 함량을 줄일 수밖에 없었는데, 이것이 비록 그 속도는 느리지만 계산화폐와 가치 척도가 조금씩 혼란으로 빠져들어 가는 과정의 원인이 된다.[17]

첫째, 지불수단이 교환 매개체와 부분적으로 단절되게 된다. 로마는 두 가지 귀금속을 지불수단으로 사용하고 있었다. 황금 주화인 아우레우스

---

17) 19세기 후반의 금본위제 시기에도 교역량을 감당할 만큼의 황금은 없었다. 하지만 결정적인 차이는 런던 금융가의 자본주의적 은행업이 충분한 신용화폐를 공급할 수 있었다는 점이다.

(aureus)는 주로 가치 저장 수단으로 쓰이거나 토지처럼 금액이 아주 큰 것을 구매할 때에 쓰였다. 은화 데나리우스(denarius)는 조세를 비롯한 중요한 것을 구매하는 데 사용했다. 여기에 구리·아연·양철로 된 세스테르티우스(sestertius)와 구리로 된 콰드란(quadran) 같은 금속 교환 매개체로 일상적인 소소한 품목들을 구매하는 데 사용하도록 보조했다.[18] 이러한 값싼 금속 주화들은 조세 지불에 쓸 수 없었고 가치 저장 수단으로도 적당하지 않았다.

두 번째, 기원후 2세기 이후로는 국가가 명령을 통해 금화와 주화의 교환 비율을 결정하였으며 은화 데나리우스의 은 함유 비율을 줄곧 떨어뜨렸다. 로마는 근대 유럽의 자본주의 국가들처럼 '태환'(hylophantism)* 을 실시하지 않았다. 즉, 발행한 주화들을 정해진 비율의 귀금속 덩어리로 상환해 주지 않았다. 금화 아우레우스는 과도하게 저평가된 상태에 이르러 결국 가치 저장 수단으로서는 점차 적합하지 않게 되었다. 화폐와 화폐의 가치는 어느 정도 국가 관료와 군 사령관들을 한편으로 하고 지주들을 다른 한편으로 하는 싸움에서 결정되었다. 이 갈등의 뿌리는 조세와 군비 지출을 위해서 지불수단인 은화 데나리우스를 충분히 확보해야 한다는 국가의 재정적 필요와 황금(금덩어리이든 주화 형태이든)을 부의 상징으로 삼고 저장 수단으로 사용한 농업 지배계급 사이의 반목이었다. 디오클레티아누스 황제가 301년의 칙령으로 물가 안정을 시도했을 때는 이미

---

18) 금화 1아우레우스는 33노동일에 해당했고, 은화 1데나리우스는 1.32 노동일, 동화 1 세스테르티우스는 0.33 노동일, 동화 1콰드란은 0.12 노동일에 해당했다 (Goldsmith, 1987: p. 58).

 * 크나프(Knapp)가 사용한 용어. 발행한 통화가 일정한 가치 아래로 내려가는 것을 막거나(hylolepsy) 더 올라가는 것을 막았다(hylophantism)는 맥락에서 사용한 말이다.

은 1파운드로 거의 3세기 전 아우구스투스 황제가 죽었을 때에 비해 120배나 되는 데나리우스 은화를 만들 수가 있었다(Goldsmith, 1987 : p. 37).

하지만 정통 경제 이론의 상품화폐론과 관련해서 보자면, 이러한 악화 발행의 효과가 아주 뒤늦게야 나타났고 가격은 일정한 기간 동안 크게 오르지 않았었다는 점을 기억해야 한다. "은화의 '화폐 환상'(money illusion)*은 100년이 넘도록 지속된 것으로 보인다"(Goldsmith, 1987 : p. 37). 만약 이 악화들이 변함없이 조세 지불에서 액면가대로 통용되었다면 귀금속 함량이 줄었다고 해도 반드시 가격에 영향을 줄 이유는 없다. 상업적 거래에서도 돈을 주고받을 때마다 귀금속 주화의 중량과 순도를 정확하게 평가하여 거기에 맞게 가격을 조정하는 것은 어려운 일이었을 것이다(Goodhart, 1998 ; Innes, 1913). 하지만 금화인 아우레우스에 대한 은화 데나리우스의 교환 비율이 변화하면서 **화폐의 형태를** 띤 황금의 가치가 점차 떨어지게 되자 황금은 화폐로 사용되지 않게 되었고 화폐의 성격 또한 탈각되어 갔다.** 황금은 덩어리(地金) 형태로 축장되었고 토지와 '물물교환' 거래로 사용되거나 정치적인 출세를 위해 '선물'로 바치거나 하는 데 쓰였다. 이렇게 황금이 화폐 유통에서 빠져나오게 되자 통화

---

* 물가 인상 및 화폐 가치 저하가 벌어지면 실질 소득은 떨어지게 된다. 하지만 사람들은 보통 화폐 액수로 표현된 명목치에 속아서 이러한 소득 저하를 느끼지 못하는 경우가 많고, 반대로 물가가 떨어지는 현상이 벌어질 경우엔 자신의 소득이 늘어났다는 환상까지 갖기도 한다. 이를 화폐 환상이라고 한다.

** 이른바 '악화가 양화를 구축한다'는 그레샴의 법칙(Gresham's Law)에 따라, 은화가 실제 은 함유 가치가 악화되었는데도 법적으로 정해진 비율에 따라 그 전과 똑같은 양의 금과 교환된다면 사람들은 화폐로 사용하는 것은 은화만을 택할 것이며, 가지고 있는 금화는 모두 녹여 금으로 바꾸어 축장해 두게 될 것이다. 금을 통화로 사용하게 되면 금속으로 가지고 있는 것보다 억울한 비율로 유통해야 하니까.

부족 현상이 벌어졌고, 거액의 거래와 지불이 타격을 입게 되었다 (Aglietta, 2002). 하지만 가장 중요한 일은 전체 화폐 체제에 대한 신뢰가 무너지기 시작했다는 점이다.

이렇게 자원은 축소되어 가는 가운데 국가의 지출은 크게 늘어나고 있었고, 여기에 노예의 공급이 둔화된 데에다 토지 수요 증가의 효과가 겹쳤던 것이 당시 물가 상승의 근본 원인이 되었다. 디오클레티아누스가 금화의 함량을 회복하여 화폐에 대한 신뢰를 복구하는 통화정책을 폈을 때 여기에 물가 및 임금을 통제하려는 시도가 함께 결합된 사실은 의미심장한 일이다(Davies, 1996: pp. 101-2). 어느 쪽 조치도 인플레이션에 대해 지속적으로 효과를 주지는 못했다. 결국 인플레이션과 악화 주조가 계속되었고 점차 늘어나는 정치적 · 군사적 문제들이 겹치면서 주화 주조에 대한 사람들의 신뢰는 완전히 무너지게 되었다. 바로 4세기 이러한 국면에서 화폐 체제에 대한 일반적인 신뢰가 붕괴하여 사람들이 가치 저장 수단으로서 화폐를 버리고 다른 상품들을 쓰게 되었다. 또 그 때문에 다시 화폐 가치가 더욱 더 떨어지면서 인플레이션이 더욱 격심해졌다.

주화의 주조 가치는 이제 계산화폐와의 연관이 완전히 끊어지게 된다. 금화뿐 아니라 이제는 은화도 '화폐'의 성격을 잃게 되었다. 은화는 이제 민간 거래에서 그 가치가 결정되는 투기 상품이 되어 버렸고, 이 민간 거래는 이제 계산화폐를 단위로 하여 이루어지게 되었다(Aglietta, 2002). 이러한 탈화폐화로 인해 이미 약화된 조세 체제가 더욱 더 손상되었으니, 이것이 제국 해체에 중요한 원인이 되었음은 의심할 여지가 없다.

1. 로마의 '은행업'과 '자본주의'

정통 경제학의 방법론을 사용하는 연구들은 고전기 그리스와 로마의 금융을 본질적으로 현대 세계와 동일한 것으로 보거나 금융의 초기 발전의 원형으로 본다(예를 들어서 Baskin and Miranti, 1997; Davies, 1996의 토론을 보라).[19] 그리스와 로마의 상인들은 고대 바빌로니아인들과 마찬가지로 신용 계좌를 통해 거래했으며 이를 주기적으로 '그물처럼 연결하여'(netted out) 청산하곤 했다. 하지만 이러한 활동들은 단지 화폐 체제에서 주변적인 활동이었을 뿐이다. 둘째, 또 고전 시대의 여러 경제 체제들의 성격에 대한 여러 근대주의적 해석은 환전(換錢)과 화폐 대부를 은행업이라고 지칭하고 있다. 하지만 이 어느 쪽도 근대 은행업에서와 같은 내생적 예금 창출과 양도 가능한 금융적 청구권 따위를 낳지는 않았다(1부의 2장을 보라).

다음 장에서 보겠지만, 양도 가능한 사적 '신용'이 '화폐'가 된 것은 초기 근대 유럽에 나타난 여러 사회 변동의 결과물이다. 여기서는 그저 로마와 고대 세계 일반이 중요하고 또 서로 연관된 두 가지 면에서 근대 초기 유럽과 달랐다는 점만을 말해 두고자 한다. 첫째, 초기 근대 유럽에는 자본주의적 은행가들이라는 강력한 계급이 존재했다. 이들은 환어음(bill of exchange)에 근거하여 자체적으로 화폐를 생산했고 이렇게 생산된 돈을 도시국가들에게 빌려주었다(Boyer-Xambeu et al., 1994). 자본주의적 신용화폐 창출의 두 번째 단계는 이러한 사적인 지불 약속이 보편적으로

---

19) 최근 일부 역사사회학자들이 무의식적으로 또 암묵적으로 주류 경제학의 전제들을 사용하고 있다. 만과 런시먼 누구도 로마 경제의 전 자본주의적 통화 및 금융 체제가 현대의 그것과 구별된다는 점을 언급하고 있지 않다(Mann, 1986; W. G. Runciman, 1995). 사실 런시먼이 말하는 '수수께끼'라는 것도 고전 시대 로마가 형식적으로 자유로운 노동시장만 빼고 모든 면에서 자본주의적이었다는 잘못된 전제에 근거한 것에 불과하다. 그 비판으로는 Ingham, 1999를 보라.

받아들여지는 지불수단으로서 제3자에게 일반적으로 양도할 수 있게 되는 것이다. 하지만 로마의 사회 구조는 이러한 발전에 아주 적대적인 것이었다. "채무 관계는 지극히 인격화된 성격을 띠고 있었기에 그 결과 환어음처럼 피지불인의 명령으로 제3자에게 지불이 이행되는 금융 도구들(이는 청구권 특히 화폐적 청구권 그리고 상업 재화들에 대한 처분권과 상업 기업들 내의 성원으로서 갖는 여러 권리들과 같은 권력을 이전시키는 수단으로 쓰인다)은 로마법에 전혀 알려져 있지 않다"(Weber, 1978: pp. 681-3).[20] 로마에서는 분명히 일종의 금권정치가 발달했다(Mann, 1986: pp. 267-72). 세금 징수권을 사들이는 세금 농사꾼들(tax-farmers)*은 이 금권적 지배 계급의 두드러진 구성원들이었다. 하지만 이들은 국가의 통제에 굴복하는 존재들이었으며, 재정적 장치들을 어떻게 안배하느냐에 따라 그 운명이 좌우되었다. 이렇게 세금 징수를 사유화했던 것만으로 자본주의가 이

---

20) 다른 말로 하자면, 채무가 거래되는 시장이 존재하지 않았던 것이다. 베버가 주목하고 있듯이, 양도 가능한 금융 기구란 '근대 자본주의 사회에 필수불가결' 하다(Wber, 1978: p. 681). 로마법에서 채무는 계약은 당사자들이 대면한 상태에서 지극히 의례화된 구두 계약을 행하고 이를 제3자가 입회하여 공증해야 유효한 것으로 인정된다. 여기에 채무의 인격적 성격이 제도화되어 있는 것이다(6장의 논의를 참조하라).

* 기원전 123년 그라쿠스(Gracchus)는 로마 영토 내 세금 징수의 효율성을 거두기 위해 세금 농사꾼들(publicani)을 허용하며, 이는 곧 로마의 다른 속주들로 퍼져 나간다. 이들은 단순히 세금을 대신 징수해 오고서 국가로부터 일정한 수수료를 받는 세금 청부업자들이 아니다. 이는 일정한 지역의 일정한 기간 동안의 세금 총액을 한꺼번에 국가에 지불하고서 그 기간 동안 그 지역의 세금을 징수할 권리를 획득하는 투기꾼들이다. 즉, 자신이 지불한 금액보다 더 많은 금액을 뜯을 수 있다고 확신하여 벌이는 투기이며, 자신의 돈을 처음에 씨앗처럼 뿌려 나중에 더 많은 수확을 거두어 간다는 의미에서 농사꾼(farmer)이라는 표현을 얻는 것이다. 신약 성경에 자주 나오는 세리(稅吏), 마태(Matthew)가 전형적인 경우이다. 이들은 가혹한 가렴주구로 인민들의 원성을 샀으며, 이후에 로마제국이 해체되는 한 원인이라고 이야기된다.

루어지는 것은 아니며 '자본가' 계급이 발생하는 것도 아니다. 하지만 정통 경제 이론에 근거한 대부분의 근대주의적 설명에서는 이러한 종류의 세금 징수 사유화를 단순히 이윤 창출과 동일한 것으로 놓고, 따라서 자본주의가 생겨났고 자본가 계급도 존재했다고 주장하는 것이다.

로마의 몰락이 남긴 결과를 보면 화폐의 상대적 자율성의 의미가 더욱 명확하게 드러난다. '실물'의 관점에서 보면 로마제국의 물질적 자원들은 사라지지 않았다. 하지만 화폐가 붕괴한 결과로서 로마 경제는 심하게 위축되었다. 가장 중요한 사실이 하나 있다. 로마제국의 영토를 점령한 야만인 우두머리들이 조세 징수를 강제할 능력이 있었다면 로마의 주화가 계속 통용될 수 있었을지 모르지만, 이들은 그렇게 할 능력이 없었기에 결국 예전 로마의 화폐적 공간은 완전히 파괴되어 버렸다는 것이다. 게다가 이 여러 야만인 우두머리들이 저마다 경쟁적으로 자신들의 주화를 발행했지만, 극단적인 정통 경제학의 화폐 이론이 주장하는 바와 반대로 이러한 경쟁을 통해 더욱 효율적인 화폐가 생겨나기는커녕 오히려 이 때문에 화폐의 무정부 상태만 발생하여 이런 현상이 다시 경제적 붕괴를 가속화시키고 말았다. 화폐를 발행하는 자들도 그것을 주조하고 조폐하는 자들도 그 숫자가 갑절로 계속 불어났다. 여기에 또 중요한 사실은, 이렇게 지역마다 할거한 군벌들이 저마다 화폐 발행을 현실화하려고 기를 쓰는 과정에서 엄청난 강제와 폭력을 행사했고, 이로 인해 가뜩이나 스멀거리고 있던 무정부 상태의 불길에 기름을 붓는 결과만 나오고 말았다는 것이다. 사람들이 이런 여러 주화를 받아들이려 하지 않았기 때문에 이것들을 억지로 받게 만들기 위해 가혹한 처벌을 했다는 것은 주권적 화폐 공간의 해체를 측량하는 척도라고 볼 수 있다(MacDonald의 묘사가 Goodhart, 1998: pp. 428-9에 인용되어 있다).

이렇게 무수한 지역에서 제각기 발행한 주화들이 서로의 영토로 침투하게 되자 경쟁하는 각 지역 우두머리들은 경쟁자들이 발행한 주화를 수집하여 녹인 뒤 다시 자기들의 주화로 주조하여 발행했다. 하지만 이러한 신생 국가들은 안정적인 조세 체제를 강제하기에는 너무 약했기에 조폐 활동 또한 둔화되어 거의 정지 상태에 이르렀고, 이로 인해 더욱 더 큰 경제적 혼란이 벌어졌으며 예전 제국의 큰 지역들에서는 아예 물물교환이 다시 나타나게 되었다. 하지만 화폐적 관계들이 완전히 사라진 것은 아니었고, 채권과 채무를 계산하는 데에는 로마제국 시절의 추상적인 계산화폐가 계속해서 사용되었다. 단지 그 채권 채무를 실제로 청산할 때에는 넓은 범위의 다양한 종류가 지불수단으로 사용되었던 것이다. 앞으로 보겠지만, 이렇게 계산화폐와 지불수단이 근본적으로 단절되게 된 것은 화폐의 그 다음 역사적 발전 단계에 폭넓은 영향을 끼치게 된다.

결론

모든 증거들을 종합해 볼 때, 화폐의 역사적 기원은 시장이 발생하기 이전의 부족 및 씨족 사회에서 사회적 책무와 채무를 계산하는 수단이었다. 초기 정착 농경 사회들은 수렵 채취 상태보다 복잡한 노동 분업을 발전시켰고 여기에서 발생한 잉여를 불평등하게 분배했다. 이러한 차등적인 사회적 · 정치적 책무들을 사정 평가하는 척도들이 발달되었다. 그리고 상해를 입은 쪽의 신분이나 위반 행위의 성격에 따라 다양한 척도들이 사용되었는데, 이러한 척도들이 기초가 되어 계산화폐의 개념이 형성된 것이다. 최초로 화폐를 통해 계산을 행했던 사회로서 기록이 남아 있는 것은 고대 서아시아의 명령형 경제들이었다. 여기에서 가치 척도와 실제 유통되는 물질적 형태는 통합되지 않은 채로 남아 있었다. 계산화폐의 주된 기능은 지대와 조세를 사정 평가하고 또 여러 다른 상품들의 축적량과 유량(流量) 사이에 경제적 등가를 계산해 내는 것이었다. 실제의 지불은 보리를 비롯한 기초적인 보편적 물품으로 이루어지는 것이 전형적이었지만, 그 등가 관계를 계산하는 것은 은(銀)을 통해서였다. 즉, 그 가치는 계산화폐를 단위로 매겨지는 것이었다. 메소포타미아 셰켈의 가치는 그 중량에 해당하는 은에서 나온 것이 아니라 은과 보리의 화폐적 등가를 국가가 확정한 것에서 파생된 것이다.

계산화폐와 지불수단의 통합이 벌어진 것은 이러한 농업적 제국들이 해체되면서 그 여파로 벌어진 일이다. 제국이 해체되자 전쟁 상태가 따라오게 되었고 여기에 용병을 광범위하게 사용하게 되면서, 합리적으로 표준화되어 서로 다른 법적 관할권들을 넘나들며 광범위하게 받아들여질 수 있는 편리한 지불 형태가 필요하게 되었다. 이렇게 국가, 군사력, 경제적 교환의 관계가 느슨해지면서 국가와 조세라는 화폐적 순환 고리 또한 약화된다. 용병들은 자기들을 고용한 국가에 세금 납부의 채무를 져야 할 이유가 없었고 반면 널리 받아들여지는 교환 매개체를 얻고자 하는 필요가 있던 이들이었다. 이러한 용병의 출현 때문에 생겨나게 된 정치적 자유, 경제적 자율성, 시장 교환의 확장 등의 사건들 사이에 어떠한 연관성이 있는지에 주목해야 한다.

역설적인 일이지만, 이렇게 화폐와 정치적 · 행정적 통제력 사이에 연관이 느슨해지면서 결국은 '조세−주화 승수'라는 모습으로 영토적 통제력이 더 크게 확장되게 되었다. 용병제는 시민군과 주권적 주화 주조를 갖춘 그리스의 도시국가 형태로 발달했다. 여기에서 알렉산드로스 제국과 로마제국이 생겨났다. 기원전 150년부터 50년까지 한 세기 동안 벌어진 로마의 대규모 팽창 속에서 은화 주조는 10배가 늘었고, "그 전에는 생계 경제에 묻어들어 있었던 무수한 거래들 사이로 화폐가 속속들이 침투했다"(Hopkins, 1980: p. 110).

이렇게 전례를 찾아볼 수 없을 만큼 주화 주조가 세련되고 시장 교환도 팽창하였지만, 근대 자본주의의 기준에서 보면 로마 경제가 화폐화된 정도가 낮았다는 점을 잊어서는 안 된다(Goldsmiths, 1987: p. 58). 군사 영역을 제외하면 임노동이 존재하지 않았고, 화폐의 주된 용도는 속주가 로마 국가에 지불해야 할 조세의 지불수단을 얻기 위하여 로마 국가에 여러 상품을 판매하는 것에 있었다. 하지만 이 사적인 상업 부문은 이집트나 그리스의 경우보다 크지 않았으며, "전체적으로 보아 진보를 나타내는 것은 아니었다"(Goldsmith, 1987: p. 58). 바빌로니아왕국이 몰락한 뒤 주화 주조가 출현했던 것처럼, 로마제국이 해체되면서 뒷날 근대 자본주의의 기초가 된 화폐적 관행의 발전을 위한 여러 가지 조건이 창출되었다.

6

자본주의적 신용화폐의 발전

'신용'의 운용은 형태와 종류가 어떻든 통화 체제의 작동에 분명한 영향을 준다. 더 중요한 사실은 그것이 자본주의의 엔진이 작동하는 데에도 분명히 영향을 미친다는 사실이다. 그 영향이 너무나 크기에 신용의 운용은 자본주의의 중심부가 되며, 이것 없이는 나머지 다른 부분도 전혀 이해할 수가 없게 된다.
— 조지프 슘페터(Schumpeter, 1994[1954]: p. 318)

프랑스 국립은행은 주주들의 소유물만이 아니다. 마땅히 그 은행에 화폐 창조의 특권을 부여한 국가의 것이기도 하다.
— 나폴레옹 보나파르트(1806, Crouzet, 1999: p. 76에서 재인용)

자본주의의 발생을 설명할 때 신고전파 경제학과 고전적 마르크스주의는 상품의 교환과 생산에 각각 초점을 맞추어 왔다. 화폐는 그냥 수동적인 역할만 하는 것으로 여겨졌다. 화폐의 형태와 기능에 일어난 여러 변화들은 단지 화폐 이외의 부분에서 벌어지는 발전에 대한 대응이며 거래를 좀 더 효율적으로 만들어야 한다는 필요에 맞서서 나온 것 정도로 설명되었다.[1] 물론 자유시장, 기계의 기술, 공장 조직과 노동–자본 관계 등도 중요하지만, 또한 자본주의 체제가 갖는 역사적 특수성은 그 특유의 신용화폐 체제에서도 찾아야 마땅하다.

신용화폐의 발전이 자본주의 발전을 낳은 힘 가운데 하나라는 생각은 독일 역사학파의 영향을 받은 이들의 저작에서 찾아볼 수 있고, 그보다 정도는 덜하지만 프랑스의 '아날학파' 역사학에서도 찾아볼 수 있다.[2] "자본주의적 생산과 교역이 금융으로 보충된 것"은 너무나 중요하기 때문에 "자본주의가 언제 발생했는가를 정하는 데에는 양도성 증서, 예금 '창출'의 관행과 법이 언제쯤 발전했는가가 가장 좋은 지표가 될 것이다" 라고 슘페터는 말한다(Schumpeter, 1994[1954]: p. 78). "은행에서 빠져 나가는 돈이 많아지게 되면 은행으로 들어오는 돈도 더 많아져 그것을 메우게 되기 때문에, 은행들은 언제나 대출량을 계속 늘려나갈 수 있다." 이 점에서, 은행 체제를 통한 신용화폐의 생산이 자체 동력을 가지고 있으며 어느 정도 독자적인 과정이라는 점은 자본주의의 결정적 요소이다 (Schumpeter, 1917: p. 207; Arena and Festre, 1999: p. 119에서 재인용). 게다가 슘페터는 부분적으로 자본주의의 독특성은 바로 그 혁신 기업가 가 채무자의 자리에 선다는 점에 있다고 주장한다. 어떤 이가 부를 축적 해 놓은 것이 있다면 물론 이것이 "현실적으로 큰 이점이 되겠지만," 보 통의 경우 "혁신 기업가가 되려면 먼저 채무자가 되어야만 한다." 나아가 자본주의에서는 "그 경제적 기능의 성격상 본성적으로 채무자가 될 수밖 에 없는 이들은 혁신 기업가들뿐이다"(Schumpeter, 1934: pp. 101-3,

---

1) 조반니 아리기의 《장기 20세기》(*Long Twentieth Century*, 1994, 한국어판, 백승욱 옮김, 그린비, 2008)는 빛나는 예외이다. 이 저서는 스미스, 마르크스, 베버, 브로델을 이론적으로 종합하여 자본주의가 최초 발전 단계로부터 본질적으로 금융적 성격을 가지고 있었음을 강조한다.
2) 슘페터는 그의 동시대인들에 비하여 그 누구보다도 자본주의의 화폐 구조의 독특함을 부각시켰는데, 이것이 프랑스 아날학파에 직접적인 영향을 끼쳤던 것으로 보인다 (Braudel, 1984: pp. 475-6).

Arena Festre, 1999: p. 110). 프랑스 아날학파의 경우, 마르크 블로크 (Marc Bloch)도 자본주의란 "만약 모든 사람들이 자기 채무를 갚아 버린다면 무너질 체제"라고 말함으로써 바로 이러한 자본주의의 본질적 요소를 포착한 바 있다(Bloch, 1954[1936]: p. 77). 자본주의의 본질은 언제나 양도 가능한 채무를 수단으로 하여 화폐를 탄력적으로 창출하는 점에 있다는 것이다.

앞으로 보겠으나, 자본주의적 신용화폐는 중세와 초기 근대 유럽에서 화폐를 생산하는 사회적 관계에 벌어진 두 가지 변화(이는 서로 연결되어 있다)의 결과물이다. 첫째, 상인 네트워크에서 쓰이던 사적인 교환 매개체들(환어음)은 본래 특정한 상품들의 교환이나 이전과 연계되어 있는 것이었지만, 이것들이 분리된 형태를 가지게 되어 교역자들 사이의 순수 신용으로 쓰이게 되었다. 나중에 더욱 심한 혼란 단계에 접어들게 되자 환어음들은 심지어 채권자–채무자 관계에서 이름이 거명된 특정 개인들과조차도 분리할 수 있게 되었다. 본시 구체적 채무 관계를 나타내던 증권들은 제3자에게 이전할 수 있게 되었으며, 결국 상업 네트워크 안에서 사적 화폐로서 유통될 수 있게 된 것이다(Kindleberger, 1984; Boyer-Xambeau et al., 1994). 역사상 처음으로 국가의 독점적인 통화 발행 바깥에서 화폐 형태의 **광범위한** 생산이 벌어진 것이다. 나중에 가면 이러한 채무를 나타내는 증서들이 완전히 **탈인격화되며**(즉 'X' 또는 그 증서를 들고 있는 익명의 아무개에게 그 돈을 지급하라는 증서가 됨), **은행** 화폐로서 발행되었다. 즉, 은행을 통하여 지불하겠다는 약속 증서가 지불수단으로서 널리 받아들여지게 되었다는 것이다. 이러한 변화 덕분에 기업에 대한 자본주의적 방식의 **사적 금융**이 대규모로 나타날 수 있게 된 것이다. 이와 연결된 두 번째 중요한 구조적 변화가 있다. 몇몇 국가들이 자신들의 활동 자금을 자국 내의 부유한 상인계급들로부터 차용하여 조달하기 시작한 것이다. 이 국가들은 이러한 국가 부채를 갚겠다는 약속 증서를 발행했는데, 이것이 기존의 주화 주조 체제와 불편하고도 불확실한 관계를 맺는 가운데 공공 신용화폐의 기초가 된다.

정통 경제학은 신용과 근대적 형태의 금융이 귀금속 광업과 조폐업의 비용을 아끼려다가 생겨난 결과이거나, 자본주의에 들어와서 상업과 산업 생산이 팽창함에 따라 자금의 수요가 늘어나는 것에 비해 상품화폐의 공급이 이를 충당할 만큼 탄력적이지 못했기 때문에 이를 해결하려다가 생겨난 결과라고 본다(North, 1981). 물론 좀 더 유리한 화폐적 관행들의 발전이 촉발된 것에 경제적인 이해관계가 있었다는 말은 맞다. 하지만 이러한 관행들이 실제로 가능했던 이유는 사회정치적 구조에 여러 변화가 일어났기 때문이며, 이러한 사회정치적 구조들과 개인들의 비용 효율성 추구 사이의 관계는 직접적인 것이 아니다. 우선 화폐적 관행은 항상 그렇듯이 자기 이익을 추구하는 여러 국가들의 요구와 함께 진화했다. 둘째, 이러한 여러 변화의 특수한 성격은 중세 유럽의 사회정치적 구조라는 독특한 지형이 보여 주는 여러 정황들을 배제하고는 결코 이해할 수가 없다. 로마제국이 해체된 이후에도 서유럽의 기독교 지역(Christendom)은 문화적으로는 모종의 단일 문명으로서의 껍질을 유지하고 있었지만, 정치적 관할 구역의 관점에서 보면 그 내부는 마치 머리 없는 연체동물마냥 다원적이고 불확실하게 뭉글거리고 있는 상태였다(Mann, 1986). 자본주의적 신용화폐의 진화는 바로 이러한 정황에서 태어난 가장 중요한 결과 가운데 하나라고 할 수 있다.

계산화폐와 지불수단의 연결이 끊어지다

4세기 중반 들어 로마제국이 몰락하기 시작하자 화폐는 거의 완전히 자취를 감추었다. 제국의 교역과 생산이 감소하고 용병들의 임금을 지급할 필요도 없어지게 되자 교환과 지불의 매개체에 대한 수요 또한 급격히 줄어들었다. 하지만 가장 중요한 것은, 앞에서 보았듯이 로마제국의 **재정 흐름**이 중지되어 버렸다는 사실이다. 이러한 상황은 특히 옛 제국의 변방 켈트족 주거 지역에서 심하게 나타났는데, 이 지역은 주화의 주조가 그 이전 무려 5백 년 동안이나 지속된 지역이었음에도 불구하고, 그 뒤로 2백 년 이상이나 화폐가 쓰이지 않게 된 것이다(Spufford, 1988: p. 9). 고고학자들은 이 지역에서 화폐가 무더기로 '축장'되어 있는 유적을 발견했는데, 이런 사실은 화폐가 더 이상 일상에서 필요하지 않게 되었음을 보여 준다. 로마 후기 주화들의 은 함량이 매우 적었다는 것을 감안해 보면, 이 주화 무더기들은 그냥 내버려진 것이었을 가능성이 높다(Davies, 1996: pp. 116-17). 화폐의 두 가지 기본적 기능인 계산 단위 기능과 지불수단 기능이 작동하지 못하게 된 것이다. 추상적 계산화폐로 '회계가 이루어지는'(accounted for) 사회적·정치적 체제가 더 이상 존재하지 않게 된 것이다.

11~12세기가 되면 대규모의 주화 조폐가 회복되는데, 이는 인격적 충성이라는 봉건적 네트워크에서 출현하기 시작한 왕국(kingdom), 군주국(principality), 공국(duchy), 지방 교구 등이 성장했음을 보여 주는 것이다(Bloch, 1962). 은화 펜스(pence: 로마의 데나리우스 화폐에서 기원)가 기본 주화였지만, 그 중량과 순도는 유럽 전체에 걸쳐서 수많은 법적 관할 구역마다 들쭉날쭉했다(Spufford, 1986: pp. xix-xx; Boyer-Xambeau et al., 1994: 3장과 5장). 하지만 이러한 파편화를 부분적으로나마 극복할 수 있었던 것은, 서유럽 가톨릭이라는 틀을 통하여 이 지역 전체에 걸쳐 공통된 계산화폐를 유지할 수 있었다는 점에 있다.

샤를마뉴 대제(768-814)는 신성로마제국을 느슨하게 통합한 뒤 일정한 재정적 일관성을 확립하기 위하여 제국 전역에 걸쳐 로마제국 체제로부터 파생된 단일의 계산화폐 체제를 강제했다. 은화 240펜스(즉, 240데나리denarii)가 1파운드(즉, 1리브라libra)를 이루며, 1파운드는 다시 20실링(즉 20솔리디solidii)으로 나누어지는 체계였다. 이 가운데 여러 지역에 걸쳐 광범위하게 주조된 것은 순도와 중량이 들쭉날쭉한 페니 은화뿐이었다. 실제로 주조되어 통용되는 주화들 중에서 이렇게 파운드, 실링, 펜스에 기초한 계산화폐 체제와 꼭 일치하는 것이 있으리라는 법은 없었다(Einaudi, 1953[1936]; Innes, 1913). 로마의 주화에서는 단일의 물체에 계산화폐와 지불수단이라는 두 가지 기본적인 화폐의 본원 기능이 통합되어 있었지만, 이제는 이 두 기능의 연계가 끊어진 것이다. 곧 "계산화폐가 끊어져 뒤로 물러앉은 것이다"(le décrochement de la monnaie de compte, Bloch, 1954[1936]: p. 46).

가치 척도는 순수하게 화폐적 계산을 위한 **추상물**이었다. 지불은 현물로 이루어질 수도 있고 여러 다른 법적 관할 구역마다 제 멋대로 유통되고 있는 주화들로 이루어질 수도 있었다. 그리고 이 주화들은 그 추상적 계산화폐를 통해 가치를 부여받는 것이지 그 금속 함량에 따라 가치가 결정되는 것은 아니었다(Bloch, 1962: p. 66).* 이러한 상태가 중세 유럽 전역을 지배하였으며 그중 어떤 지역에서는 18세기 후반까지도 이어졌다. 이렇게 계산화폐와 귀금속 주화의 지불수단이 서로 탈구되자, 화폐란 비물질적 또는 '상상 속의' 것이라는 의식이 자라나게 되었고, 이 속에서

"사람들은 1파운드＝20실링, 1실링＝12펜스로 가격을 산정하는 습관을 익히게 된 것이다"(Einaudi, 1953[1936]: p. 230; 또 Bloch, 1954[1936]).

중간에 주화의 금속 함유량이 낮아지기도 하고 사람들이 주화의 일부를 떼어내기도 하는 등 여러 가지 일들이 일어났지만 사람들은 계속 이 파운드, 실링, 펜스의 비율을 사용하여 계산을 수행했다. 이런 의미에서 이 '상상 속의 화폐'가 **불변**이었다는 사실을 이해하는 일이 매우 중요하다(Innes, 1913; Einaudi, 1953[1936]). 17세기 후반이 되면 1파운드의 가치로 조폐된 주화들도 막상 은 함량을 무게로 따져 가치를 측량해 보면 본래 계산화폐 단위대로 240페니는커녕 겨우 7페니 밖에 되지 않았다.

---

* 이 부분에서 독자의 이해를 돕기 위해 관련된 블로크의 인용 부분을 적어 둔다. "물론 '봉건적' 서유럽에서도 화폐가 전혀 거래되지 않았던 것은 결코 아니었으며, 농민들 사이에서조차 이 점은 마찬가지였다. 특히 화폐가 교환의 기준으로서 역할을 중단한 적은 결코 없었다. 채무자는 종종 현물로 지불하기도 했다. 그러나 그 현물은 대개 평가의 합계가 리브라화, 솔리두스화, 데나리우스화로 규정된 가격과 일치하도록 하나하나 '평가되었던' 것이다……게다가 정화(正貨)의 부족 현상은 정치적 권력의 세분화와 더불어 교통 통신의 곤란에서 빚어진 결과인 무질서한 화폐 주조로 인해 더욱 악화되었다. 왜냐하면 정화 부족 사태에 직면하자 중요한 시장이 있는 곳은 제각기 그 지방 자체의 화폐 주조소를 가질 수밖에 없었기 때문이다. 외국 화폐의 모조품과 몇 가지 하찮은 소단위 화폐를 제외하면 은의 함유량이 대단히 낮은 은화이던 데나리우스화밖에 주조되지 않게 되었다. 금화로는 아라비아 금화나 비잔티움 금화 아니면 그 모조 주화만이 유통되고 있었다. 리브라화와 솔리두스화는 각기 몇 배의 가치가 있는가를 표시하는 산술적 배수에 지나지 않았다. 그러나 데나리우스화도 여러 종류가 있어서, 데나리우스라는 같은 이름으로 불리기는 하면서도 주조된 곳이 어디인가에 따라 금속 함유량이 저마다 달랐다. 설상가상으로 동일한 주조지에서조차 발행될 때마다 그 무게와 합금의 비율이 달랐다고 해도 과언이 아니었다. 화폐는 대체로 희소하기도 할 뿐더러 또 들쭉날쭉 고르지 않아 불편하기도 했는데 게다가 유통조차 너무나 느리고 불규칙적이었던 까닭에 사람들은 필요한 경우에 화폐를 손에 넣을 수 있다는 확신을 결코 가질 수가 없었다. 이 때문에 교역이 활발하게 이루어지지 않았던 것이다"(마르크 블로크, 《봉건사회》 1권, 한정숙 옮김, 한길사, 120-121쪽).

즉 그 금속 함량의 가치가 추상적 단위로서의 교환 비율의 3퍼센트에 불과했던 것이다. 그럼에도 불구하고 이 주화가 다른 주화들에 대해서 갖는 구매력은 샤를마뉴 대제가 칙령으로 교환 비율을 정했을 때와 변함이 없었다. 결국 후기 중세 시대에 사람들이 여러 사물의 가격을 매길 적에 머릿속에서 사용한 것은 주화가 아니라 계산화폐였으며, 이것으로 여러 상품과 채무의 가치가 매겨졌던 것이다(Einaudi, 1953[1936]: p. 230).[3] 계산화폐가 지불수단과 관계가 끊어지면서(décrochement) 고대 바빌론에서 벌어진 것처럼 추상적인 화폐 계산의 관행이 다시 확립된 셈이다.

정통 화폐경제사가 말하는 것과는 반대로, 샤를마뉴 대제가 이 가치 척도 기준을 내놓은 의도는 시장 교환을 촉진시키기 위한 '공공재'로서가 아니었다. 그 이전 모든 화폐의 발전 과정이 그러했듯이 이 경우에도 가장 중요한 문제는 다시 한 번 교회와 국가의 재정적 필요였으며, 특히 유럽 가톨릭 지역 전역에 걸쳐 교회 조직의 자금 이전이 가장 절박한 문제였다. 하지만 가톨릭 지역 전역에 걸쳐 통용되는 계산화폐 척도를 사용하

---

3) 예를 들어 14세기 베네치아에서 "10인위원회[Great Council : 베네치아는 일종의 과두제 성격이 강하여, 10인으로 구성되는 이 위원회가 최고 권력 기구였다 -옮긴이]가 야경 집정관[Signori di Notte : 밤 사이에 도시의 치안을 담당하는 두 명의 집정관을 두었다 -옮긴이]들이 임명하는 야경꾼들의 기본 봉급을 그로소(grosso) 은화로 3리라(lira)로 정한다고 표결한 적이 있었다. 이때 그들이 염두에 둔 것은 아마도 그로소 은화에 들어 있는 귀금속 내용물이 아니라 그로소 은화로 6리라로 매겨져 있었던 귀족 야경 집정관들의 봉급이었을 것이다"(Lane and Mueller, 1985 : p. 483)[당시 베네치아의 화폐 단위 또한 영국과 마찬가지로 로마 이래 샤를마뉴 대제 시절에 정해진 계산화폐 단위를 대략 따르고 있었다. 리라(lira), 솔도(soldo), 그로소(grosso), 피치올로(picciolo)로 구성된 단위는 32페치올리 = 1그로소, 12 그로시 = 1 솔도, 20솔디 = 1리라로서, 영국의 옛 화폐 체제로 보면 대략 리라는 파운드에, 솔도는 실링에, 그로소는 페니에 해당했다 -옮긴이]

게 되면서 전유럽적 시장이 생겨날 수 있는 기초 또한 마련되었다. 교역과 재정 수요가 갈수록 급박해지면서 그 대응으로 수십 개의 권위체들이 저마다 수백 곳의 조폐청에서 주화를 발행하여 쏟아냈다. 그리고 다시 한 번 강조하거니와, 이 주화들의 중량과 순도는 천차만별이었다.[4] 이 모든 주화들이 가톨릭 유럽 지역 전역에 걸쳐 한꺼번에 마구 뒤섞인 채 멋대로 유통되고 있었고, 이 모든 주화들의 가치가 정해지는 데 일종의 표준이 된 것은 계산화폐였다.

1473년 프랑스 노르망디 지방에서 이루어진 대규모 거래에서 실제로 어떤 주화들이 지불수단으로 쓰였는지 목록을 보도록 하자. 그 목록에는 아홉 가지 주화가 기록되어 있다. 프랑스의 금화 에퀴(écu), 영국의 금화 노블(noble)과 은화 그로트(groat),* 다양한 프랑스 은화, 플랑드르와 독일의 은화, 브르타뉴 공작이 찍어 낸 약간의 은화 따위가 있다. 이 모든 주화들이 투르 리브르(livre tournois)를** 계산화폐로 사용하여 계산되었고, 그 총액을 반올림으로 끝을 맞추기 위해서 7실링 2펜스의 '현재 유통되고 있는 백색 화폐'를 더하고 있다(Lane and Mueller, 1985: p. 12; 또 Einaudi, 1953[1936]: p. 236; Day, 1999를 보라).[5]

이따금씩 하나 이상의 강력한 왕국이 출현하여 가치 척도와 일치하는 주화를 발행함으로써 최초의 카롤링거왕조 시대의 파운드, 실링, 펜스 같

---

4) 이렇게 찍혀 나온 화폐는 기본적으로 세 가지로 분류되었다. ① '검은' 화폐: 은 가치 함량이 낮은 페니로서, 이는 표면을 비벼대면 검은 색으로 바뀌었다. ② '백색' 화폐: 이는 비벼대도 하얀 색을 유지했다. ③ 순금의 '황색' 화폐(Spufford, 1988: p. xx).

* 에퀴는 루이 9세 때 주조된 금화로서 훗날 루이 13세 시절에는 은화로 바뀌게 된다. 노블은 14세기 앙리 3세 때에 주조된 금화로서 가치는 3분의 1파운드이고, 그로트는 4페니에 해당하는 소액 은화이다.

은 계산화폐 체제를 다시 주화의 형태와 통합시키는 일도 있었다. 1226년 프랑스의 루이 8세는 투르 리브르(또는 그로gros) 주화를 발행하였는데, 이는 '상상 속의' 화폐인 수(sou, 즉 실링)로 중량과 순도가 표시되었다. 그리하여 일정 기간 동안 '실제의' 화폐와 '상상 속의' 화폐가 적어도 프랑스의 여러 지역에서는 다시 통일될 수 있었다. 하지만 결국에는 이 주화의 주조도 중지되었고, 이 투르 리브르 자체는 위에서 본 15세기 노르망디에서 거래된 사례처럼 오로지 계산화폐로만 존재하게 된다.

13세기 이후로는 여러 국가들이 출현하게 되는데, 그 가운데 가장 강력한 국가들은 방금 본 루이 8세의 경우처럼 자기들 스스로의 계산화폐를 선포함으로써 주권을 주장했지만, 그 계산화폐 체제들은 대부분 카롤링거왕조 시대의 파운드-실링-펜스 체제를 변형한 것에 불과했다(Bloch, 1954[1936]; Spufford, 1988; Boyer-Xambeu et al., 1994; Day,

---

** 카롤링거왕조가 해체된 후 카페왕조 시기의 프랑스에서는 여전히 샤를마뉴 대제 시절의 리브라-솔리두스-데나리우스 체제를 계산화폐로 쓰면서 1리브라에 해당하는 리브르(livre) 은화인 '파리 리브르'(livre parisis)를 사용했다. 하지만 카페왕조의 힘은 강력한 봉건 영주들에 압도당하여 파리 지역 일부에 국한되어 있었고(이른바 '파리 섬'isle de France). 따라서 이 화폐는 널리 통용되지 못한다. 그러다가 1203년 필립 2세가 앙주(Anjou)와 투르(Tour) 지역을 점령하면서 왕권을 강화한 뒤, 투르 지역에서 통용되고 있었던 리브르 은화(denier livre)를 공식 화폐로 쓰기 시작하며, 이것이 투르 리브르(livre tournois)이다. 투르 리브르 또한 샤를마뉴 체제와 마찬가지로 1리브르가 20솔(sol, 훗날의 sous), 240드니에(denier)로 나누어지는 체제이다. 14세기 들어 발루아왕조의 장 2세(Jean de Bon)가 1360년 1투르 리브르에 해당하는 금화를 발행하는데, 여기에 찍혀 있는 인장 "신의 은총으로 프랑스인들의 왕이 된 장(Johannes Dei Gratia Francorum Rex)"에서 '프랑'이라는 오늘날 프랑스 화폐의 명칭이 나오게 되었다고 한다.

5) 예를 들어 1614년 네덜란드에서는 4백 종 이상의 주화들이 유통되고 있었다(Lane and Mueller, 1985: p. 12).

1999: pp. 59-109). 이러한 계산화폐들은 지역 주화들의 가치를 매길 때도 쓰였지만 또 다른 용도도 있었다. 당시의 영토 경계선은 명확하지도 않고 또 쉽게 침투할 수 있었기에 여러 나라의 외국 주화들이 영토 경계선을 넘어 마음껏 유통되고 있었거니와, 이렇게 혼잡하게 쓰이던 여러 외국 주화들에 단일한 교환가치를 강제하는 쓰임도 있었던 것이다. 이제는 계산화폐와 주화의 주조 **양쪽 모두**가 들쭉날쭉 다양하게 되었고, 여러 화폐 관계 또한 지극히 복잡해지고 말았다. 모든 주화들이 여러 개의 가치를 가지고 있는 상태였다. 물론 주화를 발행한 국가는 그 주화에 단일한 가치를 선포하였지만, 일단 그 주화들이 다른 주권체의 영토로 흘러 들어가서 유통되면 그 나라의 계산화폐로도 가치를 표현하지 않을 수 없게 되기 때문이다. 그리고 이 여러 다양한 주화들 사이의 상대적 가치는 그 주화들의 금속 함유량으로 결정된 것이 아니라 바로 이 다양한 계산화폐들로 결정되었으며, 이런 의미에서 이 여러 화폐 가치들 간의 교환 관계는 **순수하게 추상적인 화폐적 관계**들이었다. 다른 말로 하자면 주화나 환어음과 같은 신용 도구들까지 모두 **화폐**로서 확립될 수 있었던 것은 계산화폐의 힘에 의존한 것이었다. 요컨대, 다양한 교환 및 지불 매개체들이 화폐가 된 것은 계산화폐를 단위로 한 셈(counted)을 통해서였지, 중량을 실제로 달아 본다든가 하는 방법을 통해 그것이 가치를 가진 **상품**으로서 평가된 것은 아니었다(Boyer-Xambeu et al., 1994: p. 6).[6]

상황이 이러했으므로, 통화정책의 기술 또한 실제 통용되는 주화의 중

---

6) 몇몇 거액 지불에서는 분명히 주화의 중량을 달아 보는 일이 벌어지기도 했다(Spufford, 1988, 2002: Lane and Mueller, 1985). 하지만 이는 사실상 현물 지불의 경우로 보아야 한다. 단순히 주화의 액수를 세는 것이 아니라 그 중량을 달아 보게 되는 순간에 주화는 일종의 상품으로 전환되는 셈이기 때문이다.

량과 순도의 기준, 그리고 현존하는 무수한 주화들에 대한 계산화폐로의 가치 평가라는 두 가지 요소 가운데 하나 또는 둘 모두를 조작하는 방법을 쓰게 되었다. 애초부터 이들이 통화정책을 추동한 두 가지 동기는 서로 모순되는 것이었다. 한편으로 군주들은 주화의 실제 금속 함유량을 줄임으로써 부가적인 주조 이익(seignorage profit)*을 얻었다(군주들 가운데 일부는 자신의 채무를 갚을 때 주화가 아니라 덩어리地塊 형태의 귀금속으로 지불할 수 있었다). 하지만 당시 주화가 그토록 엉망으로 뒤섞여 유통되고 있는 상태였으므로, 군주들은 또한 다른 한편으로 스스로의 주화 발행량을 최대한 늘리는 것을 자기 이익으로 삼게 된다. 이를 달성하려면 효과적인 세금 징수 체제를 통제할 수 있어야 하지만 상대적으로 힘이 약한 국가들의 경우에는 그러기가 쉽지 않았기에, 자신이 발행한 주화를 사람들이 받아들이게 하기 위해서는 일정한 금속 함유량을 유지해야만 했다. 가치 저장 수단으로 쓰이던 고액 금화의 경우에는 특히 그러했다.

여기서 다시 한 번 금속 함유량이 들쭉날쭉했다고 해서 이것이 정통 경제학 이론이 주장하는 것처럼 가격 수준에 명백하고 직접적인 충격을 준 것이 아니었음을 강조하고 넘어가야겠다(Fischer, 1996).[7] 비록 여러 국가들이 귀금속 원천을 직접 통제하고는 있었지만, 그렇다고 해서 주화의 귀금속 함량을 조작하는 것보다는 주권체 스스로가 공표한 계산화폐를

---

* 중세나 근대 초기의 주화 주조는 국가나 권력 당국이 일률적으로 맡아보는 일이 아니었다. 금이나 은을 소유한 개인은 그것을 장식이나 여러 다른 용도로 쓸 수도 있지만, 그것을 주화로 쓰기로 결정을 하게 되면 영주나 국가 등의 권력자에게 가져간다. 권력자는 조폐 시설을 운영하여 그 귀금속에 일정한 인장을 새겨 주화로 찍어 준다. 이때 권력자는 주화 주조 서비스의 수수료로 일정한 양만큼의 귀금속을 가져가는데, 이를 주조세(seignorage)라고 했다.

조작하는 편이 훨씬 더 수월한 일이었다. 즉, '상상 속의' 본위 주화는 새로 조폐할 필요도 없는 것이니, 이 본위 주화에 대한 기존의 여러 주화들의 가치를 그저 새롭게 공표하는 것이 더 쉬울 수밖에 없다. 화폐의 평가 절하와 재평가는 계산화폐를 '가치 절상 공표'(crying up) 또는 '가치 절하 공표'(crying down)함으로써 달성되었다(Innes, 1913). 여러 주화들의 명목 가치를 감가(減價, 즉 주화를 주조할 때 '가치 절하 공표'하는 것)하게 되면 백성들은 똑같은 양의 세금을 내기 위해서 과거보다 더 많은 주화를 바쳐야 한다. 따라서 이는 군주의 구매력을 증대시키는 수단 가운데 직접 조세율을 올리는 것의 대안으로 쓸 수 있는 방책이었다. 예를 들어서 일정한 계산화폐(예를 들어 1플로린florin)*에 해당하는 페니 주화의 수를 늘린다고 공표하는 식이다. 하지만 이러한 전략은 오래가지 못했다. 이렇게 주화의 가치를 낮추면 실제 조세로 납부해야 할 주화의 양이 늘어나게 되며, 사람들은 더 많은 주화를 얻기 위해 자기들 생산물의 가격을 상승시켰기 때문이다.[8]

요컨대, 중세의 화폐는 지금, 주화 주조, 계산화폐 등을 통제하기 위한

---

7) 주화의 명목 가치와 금속 함유량 모두가 너무나 자주 그리고 임의적으로 변동했던 데다가 무수한 조폐소에서 주화 발행이 끊임없이 변동하고 있었으며, 이는 '전문가가 아니라면 누구도 그 주화들의 가치를 알 수 없었다'는 것을 뜻했다(Innes, 1913: p. 386). 이러한 상황에서 어떻게 화폐의 금속 함유량이 상품들 가격의 결정자 역할을 할 수 있었겠는가? 피셔는 16세기의 인플레이션은 라틴아메리카의 은광이 발견된 결과라는 오래된 정통 이론의 설명을 내놓고 있지만, 시간적으로 볼 때 가격이 상승한 것이 먼저였음을 놓치고 있다(Fischer, 1996: p. 75).

* 1252년 에드워드 3세가 피렌체 금화에 기초하여 6실링의 가치로 발행한 금화. 이는 금의 과대평가로 인해 실제의 유통은 곧 중지되었지만, 이후에도 유럽 전역에서 계산화폐로 널리 쓰이고 있었다. 나중에 19세기에 들어 2실링의 가치로 플로린 주화가 다시 발행된다.

투쟁 속에서 생산되었다. 그래서 중세 화폐의 생산은 무정부적이고 혼란스러웠다. 하지만 이러한 혼란으로부터 화폐 발전의 중대한 조건들이 창출되었다(이 혼란스러운 복잡성을 한 눈에 들어오게 해주는 묘사로서 Day, 1999 : pp. 59-110).

자본주의적 신용화폐의 진화

이렇게 계산화폐가 지불수단과 분리되고, 통용되는 지역마다 똑같은 주화의 가치가 다르게 결정되는 가운데 무수한 주화가 제멋대로 유통되는 것이 당시의 상황이었다. 이런 현상은 현대자본주의의 은행업 및 그

---

8) 당시의 화폐 정책에는 또 주화의 소유자들, 귀금속 지괴(地塊)의 소유자들, 주권체의 조폐청 사이에서 서로 간의 교환 조건을 주기적으로 재협상하고 또 새로 주조를 하는 일 등이 포함되었다. 부분적으로 이러한 재협상의 목표는 주화의 명목 가치를 그 지괴 가치보다 높게 유지하는 것이었고, 이는 '악화가 양화를 구축한다'는 그레샴의 법칙 (Gresham's Law)이 작동하는 것을 방지하기 위함이었다. 어떤 화폐의 명목 가치가 그 지괴 가치에 비해 더 낮게 평가되어 있거나 또 복본위제(bimetalism)의 경우 다른 금속 주화에 비해 부당하게 낮게 평가 되어 있는 경우, 이 '양화'(良貨)를 손에 쥔 이들은 그것을 화폐 유통에서 빼내어 녹여 지괴로 바꾸어 버린다. 이리하여 명목 가치가 지괴 가치보다 더 크게 평가된 화폐(惡貨)만이 유통에 남게 된다
[복본위제란 두 가지 귀금속(예를 들어 금과 은)을 모두 가치 본위로 삼는 화폐 제도. 이 경우 두 귀금속 사이의 법정 비율을 실제 시장에서의 두 귀금속 가격 비율과 괴리되게 정할 경우 한 쪽 금속의 화폐는 부당하게 저평가(undervalued) 당하여 사람들이 숨기거나 녹여서 지금으로 바꾸어 팔아 버리고 결국 그레샴의 법칙대로 '구축되어' 유통에서 사라져 버리고 결국 한 쪽 금속만 본위로 사용되는 '절름발이 본위제(limping standard)로 변하게 된다. 영국에서 1717년 금과 은의 비율을 정할 때 당시 조폐청장이었던 뉴턴(Isaac Newton)이 금의 가치를 너무 높게 평가하여 은화는 사라져 버리고, 이후 영국의 화폐 제도가 사실상의 금본위제로 전환하게 되었던 것이 그 예이다 ─옮긴이]

특유의 화폐 형태가 발전하는 데 두 가지 중대한 함의를 가지고 있었다. 첫째, 발행된 법적 관할 구역 바깥에서 주화들이 유통되게 되자 환전업자가 필요해졌고, 환전업자의 활동은 다시 **예금 은행업**(deposit banking)이 출현할 기초를 제공했다(Usher, 1953 [1934]; Mueller, 1997). 둘째, 더욱 중요한 것으로, 주화가 무정부 상태에 빠진 가운데에서도 교역의 범위는 점점 넓어지는 이 독특한 상황 때문에 다음과 같은 일이 벌어질 만한 동기부여가 생겼다. 즉, 모두가 일정한 계산화폐에 합의한다. 그리고 이 계산화폐로 **환어음**에 가치를 매겨서 이것을 일종의 초국적 민간 화폐의 형태로 발전시키게 된 것이다. 그리고 이 새로운 형태의 화폐가 어떤 이점이 있는지가 명백히 밝혀진 나라의 국가, 또 환어음을 통해 채무를 양도 가능하게 만들 법률에 강제력을 부여할 만큼 강력한 국가에서 마침내 자본주의 신용화폐가 탄생하게 되었던 것이다. 다시 한 번 강조하지만, 이는 단지 새로운 형태의 화폐가 더 효율적이라는 인식이 늘어나게 되면서 단순하게 생겨난 단선적 과정이 아니라는 점이다. 그러한 결과가 실제로 일어나기 위해서는 그에 필요한 여러 가지 독특한 조건이 갖추어져야 했으며, 그 조건들이란 항상 수많은 경제적·정치적 이익 집단들 사이에 갈등을 수반하게 되어 있는 것들이었다.

계산화폐가 지불수단과 분리된 것은 우연한 일이었지만, 방금 말한 종류의 혁신이 벌어질 수 있는 기초는 추상적 화폐를 사용한 회계 관행이 공고하게 확립되면서 닦이게 되었다. 계산화폐로서의 화폐('**묘사**' description 또는 '**권리**' title)와 지불수단으로서의 화폐('그 묘사에 대응하는 **사물**')를 개념적으로 구별하게 되었다고 해도, 그 사물이 항상 그 묘사에 대응하지 못한다든가 그 묘사가 오직 하나의 사물만을 지칭한다든가 하면 현실적으로는 그러한 구별도 아무 의미가 없을 것이다(Keynes, 1930: p. 4, 강조는 원문). 하지만 이렇게 둘 간의 연계가 확실하게 끊기게 된 덕분에 일정한 범위 안에 있는 '여러 다양한 사물들'이 모두 그 '묘사'에 대응하는 것으로 간주될 수 있게 되었고, 따라서 그 다양한 물건들이 모두 지불수단으로 사용될 수 있게 된 것이다.

15세기 말 무렵 파치올리(Luca Pacioli)는 복식 부기를 다룬 논고에서 지불 결제를 할 수 있는 **아홉 가지** 방법을 나열하고 있는데, 여기에는 현금뿐 아니라 신용, 환어음, 은행 앞으로 끊은 양도증서 따위가 포함된다 (Lane and Mueller, 1985: p. 6). 이 가운데 두 가지의 발전(환전/예금 은행업의 발전과 신용 수단 사용의 발전)은 모두 다음과 같은 특징을 갖는 후기 중세 유럽의 지정학적 구조에서 나온 것이었다. 즉 당시 유럽의 지정학적 구조는 한편으로 볼 때는 상업의 팽창을 지지할 정도의 정치적·사회적 질서는 충분히 유지하고 있는 것이었지만, 다른 한편으로 보면 화폐적 무정부 상태 즉 여러 계산화폐들이 서로 경쟁을 벌이는 상태로 인해 지불 결제에 어려움을 겪는 특징을 가지고 있었던 것이다.

이러한 복잡한 정황 속에서, 훗날 자본주의 신용화폐에서 정점을 이룰 네 가지 요소가 저마다 점진적으로 발전했다는 것을 발견할 수 있다. 첫째, 13세기 후반 예금 은행들이 (다시) 출현하게 되었다. 둘째, 공공 은행들이 특히 15세기 지중해의 도시국가들에서 형성되었다. 셋째, 16세기 동안 국제적 상업 은행가/무역가들이 환어음을 일종의 민간 화폐 형태로 널리 사용하게 되었다. 넷째, 17세기와 18세기 초 유럽의 주요 국가에서 아주 점진적이나마 채무가 탈인격화되어 양도 가능성을 가지게 되었고, 이것이 사적인 지불 약속으로, 그리고 마침내 '화폐'로 전환하게 되었다.

이 점에서 가장 결정적이고도 최종적인 발전은 은행가들의 민간 어음 화폐와 주권 국가가 발행한 주화를 통합하여 신용화폐와 금속 가치 본위제라는 혼성(hybridized) 또는 이중적인 체제를 형성시킨 사건이다. 이 금속 가치 본위제가 마침내 사라지고 화폐가 순수하게 신용 형태로 되는 것은 20세기 말이 되어서야 벌어진 일이다.

1. '원시적인' 예금 은행들

여러 주화와 계산화폐들이 중첩되는 통화적 무정부 상태 속에서 중세 초기의 환전업 '은행가들'(bancherii)은 없어서는 안 될 존재였다. 또 이들은 현금의 안전한 보관을 위해 예금도 받아들이게 되었는데, 이 예금 업무를 통하여 결국 은행 예금자들 사이의 송금을 통한 장부 청산이 가능하게 되었다. 하지만 이러한 초기 은행들은 어음이나 은행권 같은 신용화폐를 발행하지는 않았다. 이 은행들을 '원시적' 즉 비자본주의적이라고 부르는 까닭은 이 때문이다(Usher, 1953[1934]: p. 264).[9]

이 점에서 볼 때, 앞에서 고대 메소포타미아와 이집트의 경우에서 보았듯이 두 가지 서로 다른 은행 업무를 구별하는 것이 중요하다. 즉, 신용 및 채무의 '장부상' 청산 업무와 대출을 통한 예금 '창출' 업무를 구별해

---

9) 이 '원시적' 예금 은행들이 로마 공화정 말기에 존재했던 여러 금융 기관들과 아주 흡사하지만, 그 둘 사이에 직접적인 역사적 연속성이 존재한다고 볼 증거는 없다. 로마가 몰락한 뒤 유럽에서는 오랜 통화의 혼란기에 접어들었던 반면 그 기간 동안 이슬람 세계 전반에서는 환전과 인격화된 신용 관계들이 유지되었다. 하지만 가톨릭 지역보다 이슬람 지역에서 고리대가 더욱 엄격하게 금지되었던 것으로 보아 이슬람 지역에서도 12세기 말 이탈리아에서 다시 나타난 것과 같은 종류의 예금 은행업은 발전이 억제되었던 것 같다(Udovitch, 1979: Goldsmith, 1987: Abu-Lughod, 1989). 조폐가 재개되고 다종다기한 주화들이 여러 도시들에 넘쳐나게 되고 대규모의 일상적 환전업이 나타나게 된 상황에서 이 이탈리아의 '원시적' 예금 은행업은 은행가들이 새롭게 발견한 것으로 보인다. 'bancus'라는 말은 중세 유럽에 와서야 나타나는 용어로서, 환전업자들이 사용했던 의자(bench) 또는 탁상을 일컫는 라틴어에서 파생된 것이다.

야 한다. 하나의 은행에 예금 계좌를 개설한 예금자의 숫자가 충분한 수에 달하면, 이 예금자들끼리는 장부상의 송금과 청산을 지불 결제 수단으로 쓰는 관행이 나타나게 된다. 여기에서 실제 유통되는 화폐의 대체물로서 '장부상'의 화폐가 존재하게 된다. 예를 들어 베네치아는 1421년 법령을 통해 은행 송금을 통한 지불 결제를 용인하였으니, 이 법령을 통해서 주조된 통화(denari contadi)뿐 아니라 은행 화폐(contadi di banco) 또한 나타나게 된다(Usher, 1953[1934]: p. 263). 은행가들은 또 자기들에게 들어온 예금의 일부를 대출해 주거나 교역에 투자하면서도 예금자들이 계속 예금을 사용할 수 있도록 만들어 줄 수 있었다. 물론 모든 예금자들이 한꺼번에 자기 예금을 전액을 인출하려 하지만 않는다면 말이다. 이 두 가지 업무 모두가 세상에 유통되는 통화의 축적량(stock)을 증가시키지만, 통화 유통량은 여러 당사자들 사이에 실제로 존재하는 구체적인 인간관계로 제한을 받게 되어 있다. 달리 말하자면, 인격적인 신용 관계들의 복잡한 네트워크가 존재하고 있고 이것을 은행이 지휘하는 형국인 셈이다. 계좌 간 이체는 고대 및 고전 세계의 은행가들이 그랬던 것처럼 은행가가 임석한 가운데 이체 당사자들이 몸소 나타나서 수행해야 했다(Usher, 1953[1934]; Weber, 1981[1927]). 문서화된 지급 명령서가 점점 더 많이 쓰이기는 했지만 여전히 불법이었다. 그래서 지급 명령서는 여전히 "상인들이 모두 리알토 광장*에 나와서 날마다 서로 얼굴 보며 부대끼는" 16세기 베네치아처럼 아주 소규모의 인격화된 네트워크에서나 쓰이는 것이었다(Day, 1999: p. 37).

하지만 예금을 받는다든가 신용 관계를 장부상으로 청산해 준다든가

---

* 베네치아 시 중심부에 있는 다리 이름. 가장 큰 시장이 열리는 곳이었다.

주화로 된 현금을 대부해 준다든가 하는 일은 "모두 한 사람한테서 다른 사람으로 구매력을 이전시키는 것에 불과하다. …… 은행 신용만으로 대출을 할 수 있을 때에 비로소 우리는 은행업이 시작되었다고 할 수 있는 것이다"(Usher, 1953[1934]: p. 262). 이렇게 어음과 은행권을 발행하는 형태로 대출을 행하며, 그것도 어떤 특정 시점에서 그 은행이 실제로 보유하고 있는 예금액 수준에 구애받지 않고서 신용화폐를 **창출**하는 것이야말로 슘페터 같은 학자들이 **자본주의의 종차**(種差: differentia specificum)*라고 규정했던 특징이다. 어음과 은행권의 형태로 신용화폐를 발행하려면 채무가 탈인격화되어야 한다. 그래야만 지불 약속을 타인에게 양도하는 일이 가능해지는 것이다. 그렇게 되면 이 다양한 지불 약속들은 어느 특정한 은행과 그 예금자들의 네트워크 바깥에서도 마음껏 유통될 수가 있게 된다. 예금자들 간의 신용 이전으로 장부상에서 청산을 하던 업무가 공공 은행이 출현하고 또 민간 은행가들의 환어음이 출현하게 되면서 탈인격화(depersonalize)되어, 누구에게나 양도 가능한 채무로 탈바꿈하는 일이 서서히 발전되기 시작한 것이다.

2. 초기의 공공 은행들

베버가 18세기 자본주의에서 벌어진 금융가와 국가의 '기념비적 동맹'(monumental alliances)이라고 일컬은 사태는 사실 이미 14세기 지중해 도시국가들에서 비롯했다. 이 '원시적' 예금 은행가들과 환전업자들은 도시국가 정부로부터 허가증을 사들여야 했기에 그 대신 다양한 공공

---

* 아리스토텔레스 철학에서, 어떤 것을 규정한다는 것은 그것이 속한 더 큰 범주(genus)를 밝히고, 그것이 그 범주 안에 들어있는 다른 것들과의 차이(종차)를 밝히는 것이다.

기능을 수행해야만 했고 그 대가로 정부의 보호를 받았다. 예를 들어 14세기 제노바에서는 은행가들이 도시 공동체(commune)를 위하여 여러 통화들을 환전해 주었고, 위조되거나 금지된 주화들을 솎아냈으며, 주화로 이루어지는 통화의 유통 전반을 감독했다. 정부는 은행가들에게 항상 감사를 받을 수 있는 상태로 장부를 유지할 것이며 또 발행한 채무에 대해서는 보증을 내놓을 것 등을 요구했다. 그 대신 정부는 이들의 장부 기입 사항들을 은행 대출과 계좌 간 이체 같은 거래가 벌어진 증거로 인정하여 이 은행가들의 신뢰성을 뒷받침해 주었다. 무엇보다 이 도시국가 정부 자체가 이 은행들의 최대 고객이었다.

공공 은행은 1401년 바르셀로나, 1407년 제노바에 설립되었다. 베네치아의 리알토광장은행(Banco della Piazza di Rialto)은 그보다 늦은 1587년에 설립되었지만 이 또한 이 은행의 예금자들이 발행한 환어음들을 가져온 이들에게 현금을 지불하였고 또 국가 부채를 양도 가능한 채권으로 전환시켜 주었다. 하지만 이 초기 공공 은행들은 국가 부채를 '새로운' 화폐로 전환시키지는 못했다. 그렇게 하려면 국가가 자신의 채무를 되갚을 것이라는 약속에 기초하여 자유롭게 양도 가능하거나 유통시킬 수 있는 은행권을 발행할 수 있어야만 하기 때문이다(Usher, 1953[1934]; Weber, 1981[1927]).

중세 후기 동안 큰 나라의 왕들은 상인들과 은행가들로부터 정기적으로 돈을 꾸는 존재였지만, 이러한 대출은 사실상 군주와 인격적 관계로서 이루어진 대부였다.[10] 하지만 도시국가에 대출하는 경우에는 그 채무자가 군주라는 인격체가 아니라 정부라고 하는 법인체였던 것이다(이에 대한 일반적 개괄로는 Bonney, 1999). 부르주아 예금자들과 도시국가 정부가 이런 식으로 연계된 것이야말로 전형적인 자본주의적 화폐 창출의 초기 형태라고 할 수 있다. 이러한 단계에 도달하게 되자 여러 예금자들의 계좌를 놓고 은행들끼리 지로 금융을 통해 채무와 채권을 청산함에 따라 통해서 도시국가의 채무가 효과적으로 화폐화되게 되었다. 도시국가 정부에 재화와 서비스를 조달하는 이들은 국가로부터 그 대가를 지불받기 전이라 해도 자기들이 은행에 가진 계좌를 통해 미리 돈을 끌어 쓸 수 있었던 것이다(Mueller, 1997: p. 42; Day, 1999: pp. 67-8).

왕국들의 경우에는 주권 군주와 은행가들 사이에 이해의 갈등이 있었지만, 이와 대조적으로 이러한 초기 국가와 은행의 관계는 이탈리아 도시국가를 통치했던 금권정치 내부 여러 계급 분파들 사이의 **내부적** 신용 관계에 기초하고 있었다. 사실상 이들 여러 계급 분파들은 서로서로 돈을 빌리고 있었다. 따라서 화폐라는 기간 구조적(infrastructural) 권력이 얼마나 창출될 수 있는지는 여러 과두 지배 세력 사이의 연대와 응집에 크게 의존하고 있었다. 따라서 파벌 싸움과 정치적 불안정성은 이러한 이탈리아 도시국가들의 재정적 취약성의 원천 가운데 하나였으며, 이는 궁극적으로 군사적 취약성의 원천이었음 또한 드러나게 되었다. 그럼에도 국가의 자금 융통에서 무언가 완전히 새로운 사회적 기술이 이 단계에서 개발되었다고 할 수 있다. 그리고 이것이 나중에 다른 기술들과 통합되는데, 그 가운데에서도 가장 중요한 것이 바로 환어음(bill of exchange)이다.

---

10) 유럽의 여러 왕국과 공국들에서는 도시국가와 전혀 다른 상황이었다. 이런 곳에서는 중요한 것이 은행업이 아니라 지괴(地塊)였다. 이런 나라의 군주들은 귀금속의 흐름을 통제함으로써 계산화폐와 주화 발행 양자를 모두 통제하고자 했다. 이들은 상인 및 은행가들을 주로 경쟁자들로 보았다. 왜냐면 이들이 행하는 장부상 거래는 조세를 회피하는 일일 뿐 아니라 주화 조폐에서 거둘 수 있는 주조세를 줄어들게 만드는 짓이라고 여겨졌기 때문이다.

3. 환어음

채무라는 사회적 관계를 신용화폐라는 전형적인 자본주의적 형식으로 전환하는 것은 그 채무가 나타내는 사실들이 익명성을 갖게 되어 제3자들에게 양도할 수 있게 되면서 시작되었다. 이 과정은 크게 두 시기로 나눌 수 있다. 첫째, 16세기 유럽의 가톨릭 지역에서는 환어음(나중에는 약속어음도)과 같은 민간 화폐 형태들이 상업에 사용되었으며, 여러 국가와 공국에서 발행된 무수히 다양한 주화들이 넘쳐나는 가운데 함께 공존했다. 둘째, 17세기 후반에는 가톨릭 지역 바깥의 국가들(특히 네덜란드와 영국)에서도 이러한 화폐적 기술이 공공 예금 은행업과 통합되었고, 순수한 **명목** 화폐(fiduciary money)가 발행되기 시작했다. 이러한 방식으로 민간 화폐의 한 형태였던 환어음이 점차 공공 통화의 일부로 진화해 갔다. 환어음이 이렇게 통화 주권 영역과 통합된 덕분에 사적인 지불 약속도 이제는 좀 더 광범위하고 안정된 형태의 공공 화폐가 된 것이다. 다시 한 번 강조하지만, 이러한 **특정한 형태**의 화폐들이 출현하게 된 것을 단순히 더 효율적인 교환 수단을 원하는 시장이나 자금 융통을 원하는 국가의 필요에 대한 **직접적** 대응이었다고만 설명하는 것은 불가능하다.

앞에서 보았지만 13세기 이후로 가톨릭 지역의 군주들은 자기 스스로의 주화를 조폐했을 뿐 아니라 자기들 주권의 표현으로서 카롤링거왕조 시절의 계산화폐를 나름대로 바꾸어 선포했다(Boyer-Xambeu et al., 1994: p. 6). 그 결과 국제적 화폐 유통은 뒤죽박죽되었으며 모든 주화는 유통되는 나라마다 다른 가치를 지니게 된다. 공통의 척도는 이제 사라졌다. 또한 앞에서 보았듯이 주화에 숫자 표시가 없었던 고로 지독한 화폐적 불확실성이 뚜렷하게 나타났다(Innes, 1913). 말하자면, 국가들이 나서서 유럽에 평화가 되살아나고 그 덕에 교역이 더욱 광범위하게 살아나게 된 바로 그 순간이 또 동시에 그 국가들이 계산화폐와 주화 양쪽 모두에서 주권을 주장하고 나서다가 혼란만 생겨나고 이로 인해 교역 또한 장애에 부닥치게 된 순간이기도 했던 셈이다. 이러한 상황이니 도처에서 환전업자들이 필요했지만 이들의 활동이란 사실 이 통화 혼란에 따르는 여러 가지 어려움을 완화하는 정도에 지나지 않았고 그것도 지역 수준에서만 가능한 일이었다. 처음에는 이 문제가 이탈리아의 여러 공화국에 기초를 둔 외환 은행가들의 작은 네트워크에서 해결되었다. 이들은 교역 자금을 융통하는 데 환어음을 사용하였는데, 그 환어음의 가치를 산정하는 기초로서 카롤링거왕조 시절의 '1 대 20 대 240'이라는 계산화폐 체제를 나름대로 바꾸어 사용했고 이를 통해 통화적 무정부 상태에 어느 정도 통일성을 부여했다.

근대의 환어음은 이슬람 무역에서 기원하였고, 이것이 13세기 동안 이탈리아의 해양 도시국가들을 통해 유럽으로 들어왔다(Udovitch, 1979; Abu-Lughod, 1989). 환어음을 통한 무역에는 두 개의 네트워크가 필요하다. 무역상들 간의 네트워크와 은행가들 간의 네트워크가 그것이다. 먼저 어떤 지역에 있는 무역 상인이 그 지역의 은행 앞으로 어음을 끊어서 그 어음으로 다른 지역에서 수입한 물품에 대한 지불수단으로 사용한다. 그러면 그 물품을 수출하여 그 환어음을 넘겨받은 다른 지역의 상인은 자기가 거래하는 자신의 지역 은행에 그 환어음을 제시하여 현금으로 바꾸는 것이다. 가장 간단한 형태로 보면 환어음은 이렇게 무역 속에서 오고가는 물품의 가치를 직접적으로 대표하는 것이라 할 수 있다. 환어음을 쓰게 되면서 원거리 무역이 활성화되었지만, 그러한 경제적 이점 자체만으로는 환어음이 신용화폐로 발전하리라고 암시할 무엇인가가 있다고 할 수 없다. 실제로 이슬람 세계에서는 그러한 환어음이 오래도록 쓰였지만 결코 이것이 신용화폐로 발전하는 일은 벌어지지 않았다. 환어음이 신용화폐로 발전하려면 다른 조건들 또한 갖추어져야 한다.

복잡한 사정을 너무 깊이 들어갈 수는 없지만, 여기에서 우리는 환어음 사용이 확산되고 또 나아가 이것이 주권체의 주화와 나란히 존재하면서 민간 화폐로 발전하게 된 것이 중세 후기 유럽의 특수한 지정학적 구조 때문이었음을 이해할 필요가 있다. 무수한 계산화폐들이 서로 병존하고 있는 데다가 수많은 통화 주권체들이 저마다 발행한 다양한 지불수단이 존재하였고, 설상가상으로 이 두 가지 화폐가 서로 분리되어 있는 무정부 상태였던 것이다. 그런데 바로 이 무정부 상태가 외환 은행가들이 환어음을 사용하여 **체계적으로** 돈을 벌 수 있었던 기초가 되었다.

외환 은행가들은 한 **계산화폐를 다른 계산화폐로 전환시키는** 것을 포함한 일련의 교환을 벌임으로써 환어음의 사용을 촉진하고 또 부를 얻을 수 있었다. 이 은행가들은 정기적으로 시장에 모여서 자신들끼리 통용되는 계산화폐를 고정시켜 이를 추상적 주화인 에퀴 드 마르크(écu de marc)로 표현하고, 이것을 민간 환어음 화폐의 가치 기초로 삼았다. 여기에 다음 두 가지 조건이 충족되면 이윤을 얻을 기회가 생겼다. 첫째, 이 은행가들은 중심적인 정기시(fair, 예를 들어 리옹)에서 자기들끼리 사용하는 계산화폐가 다른 모든 계산화폐에 비해 항상 유리하게 교환되도록 비율을 유지해야 한다. 둘째, 이를 달성하기 위해서 이들은 스스로의 네트워크를 활용하여 자기들 쪽으로 들어오는 환어음의 흐름과 바깥으로 나가는 환어음의 흐름을 모두 통제해야 한다. 이러한 방식으로 이들은 환어음이 이들 손에 들어와 한 계산화폐에서 다른 계산화폐로 전환되는 과정을 거치게 되면 반드시 이윤을 낳을 수 있는 유리한 중개업을 **통제**할 수 있었던 것이다(Boyer-Xambeu et al., 1994: 6장).

다시 말해서, 이러한 상황은 관습적인 경제 분석에서 이해하는 바와는 달리 환어음으로 표현되는 실물 시장과는 아무런 관계가 없다. 위에서 말한 상황과 거기에서 나오는 이윤의 기회란 무수한 계산화폐들 사이에 존재하는 순수 화폐적인 관계의 결과일 뿐 아니라 현실에서 통용되는 주화들도 그 무수한 계산화폐들과 마찬가지로 가지각색이면서 또 그 어떤 계산화폐와도 전혀 안정적인 관계가 없다는 사실에서 나온 결과이다. 은행가들은 이렇게 나라마다 다른 계산화폐의 난맥상을 이용하여 환어음이 흘러가는 방향을 통제할 수 있었다. 그것도 자신들에게 항상 유리한 방식으로 통제할 수 있었다. 이 은행가들이 중심적인 정기시에 모여서 자기들의 계좌로 지불 결제를 행했으며, 또 여기에서 자기들끼리 결정한 계산화폐로 그 흐름의 방향을 결정하였기 때문이다. 16세기 다바잔티(Davazanti)가 묘사한 바 있듯이, 이러한 환어음 거래 양식은 상품들의 흐름에 따라 결정되는 강제적 거래(forced exchange)가 아닌 술책에 의한 거래(exchange per arte)였던 것이다(Boyer-Xambeu et al., 1994: p. 130).

자본주의 신용화폐의 발전에서 환어음이 가져온 장기적 결과들에 대한 논의를 잠시만 멈추고 한마디 덧붙이고 지나가자. 환어음의 사용이 경제 생활에 가져온 즉각적이고도 직접적인 효과는 아무리 강조해도 지나치지 않다. 그전까지 재화의 수입과 수출은 늘 대금 결제로 금은괴가 사용되는 물물교환에 가까운 것이었고, 따라서 수입과 수출은 서로 불가분하게 연결될 수밖에 없었다. 더욱이 서로 잘 알고 있는 양쪽 사이에 잘 확립된 무역이라면 모를까, 그렇지 않은 경우에는 상인들이 갖가지 재화들과 지불수단까지 잔뜩 들고서 여기저기 돌아다닐 수밖에 없었다. 그런데 14세기 이후 환어음 네트워크가 꾸준히 확장되면서, 상인들은 떠돌아다니지 않고 한 자리에 앉아서 일하는 존재가 되기 시작했다. 그 대신 도시의 크기가 팽창하기 시작했다.

이 술책에 의한 환어음 거래는 여러 나라의 은행가들이 돈을 버는 수단이었다. 이런 거래를 통해 중세 후기의 특정한 지정학적 구조와 통화 체제로 생겨난 기회들을 이용해 먹을 수 있었던 것이다. 이 과정에서 그들은 초기 자본주의 무역 체제를 확장하기도 했다. 이 환어음 체제는 다른 나라들의 주화 발행을 늘이지 않고도 무역을 증가시킬 수 있게 했다. 하지만 외환 은행가들은 이 특정한 상황을 그저 철저하게 자기 이익으로 이용해 먹었던 것일 뿐, 이러한 결과를 목표로 행동한 것은 아니었다(Boyer-Xambeu et al., 1994: p. 130). 이러한 외환 은행업 공동체가 창출해 낸 이윤의 근원은 '실물' 교환의 수요 공급과는 상대적으로 독자적인 것이었지만, 그 결과로 '실물' 교환이 조직되고 추구되는 방식 또한 근본적인 전환을 겪게 된다.[11]

4. 채무의 탈인격화

술책에 의한 거래(실제 이송되는 재화가 있고 없고를 떠나서 환어음 형태로 신용을 창출하는 거래)는 또 '건조한 거래'(dry exchange)라고도 알려져 있다. 이 거래가 발달하면서 재화의 '실물 표상이 아니라 그로부터 떨어져

---

11) 게다가 각 나라의 은행업 공동체들은 자본주의 발전에 좀 더 전반적으로 기여한 관행 하나를 세웠고, 훗날 산업 생산에서도 이 관행이 답습된다. 이들은 여러 나라 언어를 전공하고 또 거추장스런 로마식 셈법 대신 아라비아 숫자에 기초한 산수를 전공하는 상업학교를 세웠던 것이다. 특히 영(零: zero)의 사용은 복식부기의 발전에 중요한 것이었는데, 이것이 환어음의 양방향 흐름 통제를 가능케 했다(Boyer-Xambeu et al. 1994: pp. 234).

나온 순수 신용이 발전하기 시작한다. 게다가 이는 궁극적으로 환어음이 특정의 건조한 거래의 신용 관계와조차도 완전히 분리되는 것으로 심화되었다. 즉 탈인격화된 채무 관계의 자율성이 점점 늘어나다가 마침내 그러한 채무 관계가 일종의 신용화폐 형태로 진화하게 된 것이다. 이어서 환어음 거래는 공공 은행업과 통합되어 마침내 국가에 의한 신용화폐 발행이라는 결과를 낳게 된다.[12]

앞에서 보았듯이, 16세기까지는 편의적인 신용 관계에서나 좀 더 공식적인 계약에서나 초기 예금 은행들이 로마법에 바탕을 두고 직접 계약 당사자와 대면하여 구두로 계약을 맺는 것이 일반적이었다(Usher, 1953[1934]: p. 273). 이러한 대면(對面) 구두 계약은 증인 역할을 하는 공증인 앞에서 이루어졌으며, 누구나 열람할 수 있는 기록으로 남겨 두었다. 이러한 계약 형태는 채무를 특정인들 사이의 고유한 사회적 관계로 고정시키는 역할을 하였기에, 채무가 일반적인 몰인격적 지불수단으로 기능할 수 있을 만큼 양도 가능성을 가지는 일은 오직 계약의 서면화가 규범이 되기 전에는 불가능한 일이었다.

건조한 거래로 환어음을 사용하는 일(술책에 의한 거래)은 구두 계약에서 문서 계약으로 이행하는 과정을 가속화시켰음에 틀림없다. 그리고 이는 양자 간의 채무 증서가 제3자의 채무를 결제하는 데 쓰일 수 있는 가

---

12) 앞에서 보았듯이, 환어음이 처음 발생한 이슬람 지역에서는 이러한 경로로 발전이 이루어지지 않았다. 신용 도구들과 경제성장 사이에 어떤 관계가 있는가라는 문제를 여기에서 자세히 다룰 수는 없지만, 한 예로 다음과 같은 사실을 주목해야 한다. 중세 비잔틴제국의 지금(地金) 정책과 그 베잔트(bezant) 금화가 부의 상징으로 높은 명성을 얻어 가치 저장 수단으로 축장되었다는 사실은 아마도 비잔틴제국의 경제성장을 뒤처지게 만든 원인이었을 것이다(다음을 보라. Bernstein, 2000: pp. 58-65).

능성을 열어 놓게 된다. "환어음은 애초에 발행할 때부터 최종적으로 지불을 받는 이를 가상 인물로 만들어 놓고 현금 지불은 제노바의 은행에서 받도록 하는 형태로 발행했다"(Lopez, 1979: p. 16; 또 Spufford, 1986: p. xliv). 이는 순수한 화폐적 도구로서, 순전히 **계산화폐로 가치를 매겨서 지불**을 하겠다는 약속으로만 이루어진 증서이다. 그 이전 1천 년 동안 유통 화폐의 **형태**는 항상 귀금속의 모습을 띠고 있었지만, 이제 이런 방식이 출현하면서 유통 화폐의 **형태**가 그 귀금속 체현물과 더욱 관계가 단절되었다. 16세기 동안 각종 환어음은 외환 은행업자들의 네트워크 밖으로 누출되어 좀 더 일반적인(하지만 여전히 많은 제약을 가지고 있는) 지불수단의 성격을 띠기 시작했다(Usher, 1953[1934]: p. 286). 하지만 이 환어음들은 아직 은행가들 네트워크의 **바깥**에서 제3자에 대한 지불수단으로 광범위하게 양도 가능한 것이 아니었으므로, 여전히 사적인 화폐에 머물고 있었다. 게다가 환어음은 채무의 **최종 결제** 수단이 되지 못했고, 특히 조세 채무의 결제 수단은 더욱 되지 못했다. 게다가 엘리트 은행가들의 '공동체'(nations)는 환어음이 자유롭게 널리 유통되는 것을 반대했다. 이들에게 큰돈을 벌어 주는 사업인 술책에 의한(per arte) 환어음 거래는 환어음 흐름의 방향을 완벽하게 통제할 수 있을 때에만 가능한 것이었기에, 이렇게 환어음이 멋대로 아무 곳에서나 유통되었다가는 그 사업 자체가 위협을 받을 수밖에 없었기 때문이다.

여기에 의미심장한 사실이 있다. 환어음이 좀 더 일반적으로 받아들여지는 지불수단으로 발전하는 곳이 네덜란드, 그리고 나중에는 영국이었다는 사실이다. 이 나라들은 외환 은행가들의 **직접적 영향권 바깥**에 있었다. 네덜란드의 경우 이미 16세기 중반 무렵에 환어음에 피지불인으로 이름이 적혀 있는 사람 대신에 적절한 절차와 자격을 거친 사람(소지자

bearer)이 지불받는 것을 법으로 인정했다. 기술적 관점에서 보자면, 이제 환어음 증서라는 문서 **자체**에 모든 필요한 정보가 담겨 있는 것으로 간주된 셈이며, 사실상 채무 증서가 **탈인격화**된 셈이다. 하지만 이러한 채무 증서를 상업 자본가 네트워크의 바깥에서 그리고 주권체 통화 공간 내부어디에서나 완전하게 양도 가능한 지불수단으로 쓰는 관행은 아직 확립되지 않았다. 뒤에 보겠지만, 이런 관행은 18세기 초에 이르러서야 일반화된다.

중세 말기 유럽에는 힘이 약한 국가들이 무수히 병존하고 있었고, 이러한 지정학적 구조 탓에 다양한 계산화폐들이 공존했다. 또 지불수단도 마찬가지로 다양했을 뿐 아니라 이 두 집단의 화폐들, 즉 여러 계산화폐들과 여러 지불화폐들 사이에 안정된 관계 또한 존재하지 않았다.[13] 16세기 동안 외환 은행가들은 이런 상황을 이용하여 독특한 형태의 이윤을 창출할 수 있었다. 얼마 동안은 이 초국적 외환 은행가들이 프랑스 왕이 내건 투르 수(sous tournois)*와 자기들끼리 내부에서 사용하는 추상적 계산화폐(에퀴 드 마르크)의 가치를 연계시킴으로써 전체 체제에 일정한 통합을

---

13) 한 예로 프랑스의 역대 왕들은 당시 맹아 상태에 있었던 국가들 가운데에서도 가장 강력한 전제 권력을 가진 이들이었다(Mann, 1986). 이 프랑스 왕들은 스스로의 계산 화폐를 내걸고 또 20개의 왕립 조폐청을 갖춤으로써 자신들의 통화 주권을 선언하기도 했다. 그럼에도 불구하고 프랑스 내부에는 남작 영주들이 운영하는 2백 곳 이상의 조폐청들이 동시에 존재했다. 이렇게 동일한 법적 관할구역 내에서조차도 무수한 주화들이 주조되면서 또 몇 가지 계산 단위가 병존하는 상태라면 정치적으로 동질적이라고 간주할 수 없다(Boyer-Xambeu et al., 1994: pp. 108-11).

* 이 장 앞부분의 중세 프랑스의 투르 리브르(livre tournois)의 설명 참조. 투르 리브르는 실제로 유통되는 은화(데나리우스 또는 펜스에 해당)였고, 투르 수(sous tournois)는 실제 유통된 화폐가 아니라 12투르 리브르에 해당하는 중량과 순도의 은을 나타내는 '상상 속의 화폐' 즉 계산화폐였다.

가져다주기도 했다. 이는 조세 징수의 권력을 바탕으로 주권을 내건 군주들과 모험적 이윤 사업에 뛰어든 은행가들 사이의 특수한 세력균형을 나타내는 것이었다.

하지만 이러한 세력균형은 16세기 말이 되면서 급격히 무너진다. 여기에 두 가지 상호 의존된 힘이 작용했다. 첫째, 자본주의의 전형적인 지급 불능 사태와 유동성 위기가 나타나게 되었고, 이는 외환 은행가들 스스로의 힘만으로는 안정화시킬 수 있는 것이 아니었기에 결국 외환 은행가들의 네트워크가 붕괴 지경까지 약화된다. 둘째, 프랑스 국가가 그 화폐 체제에 대해 다시 주권적 통제를 확립하고 나서게 된다(Boyer-Xambeu et al., 1994: 7장). 1577년 프랑스의 왕권은 **계산화폐**와 **지불수단**을 다시 연결하는 획일적인 귀금속 본위를 확립하고 외국 주화의 유통을 금지했다. 이로써 술책에 의한 환어음 거래로 돈을 벌 수 있는 기반이 현실적으로 완전히 제거된 것이다. 그 뒤로 환어음 거래는 더 이상 추상적인 계산화폐의 교환 비율로 고정되는 것이 아니라 금속 주화의 변동하는 환율에 기초를 두게 되었고(마치 오늘날의 외환시장처럼), 이러한 의미에서 환어음 거래는 이제 **화폐적** 관계가 아니라 **금융적** 관계로 변모하게 된다(Boyer-Xambeu et al., 1994: p. 202). 절대 왕정이 금속 주화를 앞세우고 밀고 들어오는 사태가 벌어지자 이러한 형태의 환어음 거래와 나아가 은행업 전반이 일시적으로나마 움츠려 들게 된 것이다(Kindleberger, 1984: 6장). 하지만 이 새로운 화폐적 관행들은 네덜란드와 영국처럼 상인 은행업에 종사하는 계급들이 좀 더 큰 권력을 가진 국가들로 지리적으로 이동하면서 나타나게 된다. 특히 영국의 경우 신용화폐와 그 보다 오래된 기존의 주화 형태의 화폐는 더욱 발전하고, 그 과정에서 궁극적으로는 다시 통합을 겪게 된다.

신용에서 통화로 전환

훗날 더 세련화되기는 하지만 실용적 관점에서 보면 다양한 신용화폐 형태를 생산할 기본적인 조직적이고 기술적인 수단들이 이미 16세기에 널리 존재했다. 이 새로운 기술들을 다룬 당시 이탈리아의 여러 논문들을 보면 귀금속 주화 공급을 어떻게 증가시킬 수 있는지에 관해 서술하고 있다. 그 방법들은 세 가지로 정리할 수 있다. 은행을 통한 채무의 청산, 공공 부채에 대한 청구권의 형태를 띤 화폐의 창출, 술책에 의한 환어음 거래가 그것이다(Boyer-Xambeu et al., 1994). 앞에서 보았듯이, 환어음과 약속어음은 이송 중인 재화라든가 인격적 관계를 통한 채무를 직접 대표하는 것과 서서히 분리되어 가고 있었지만 아직 지불수단으로서 널리 받아들여지지는 않았다. 다른 말로 하자면, 사적인 채무를 통화로 전환시킬 수 있는 기술에 비해 그 사회적·정치적 기초가 뒤처지고 있었던 셈이다. 심지어 이 새로운 형태의 신용화폐가 결국 가장 널리 쓰이게 된 영국에서조차도 채무의 양도 가능성이 완전히 확립되기 위해서는 길고도 점진적인 과정을 거쳐 18세기가 되어서야 비로소 완성되기에 이른다.[14]

더욱이 이 새로운 자본주의적 신용화폐(공공 부채와 사적 환어음의 형태를 띠고 있었다)의 기초를 제공하던 사회적·정치적 구조들은 그 자체만으로는 더 이상 팽창할 능력이 없었다. 신용화폐의 탄력적 생산이라는 형태를 띤 새로운 '사회적 권력'이 나타났지만, 이는 애초에 자기 스스로의 발

---

14) 다른 모든 쟁점을 제쳐 놓고 가장 강조해야 할 것은, 이렇게 신용화폐라는 새로운 '사회적 기술'이 확산되는 속도가 대단히 느렸다는 점에서 이러한 발전을 경제적인 '효율성-진화' 방식으로 설명하기가 어렵다는 사실이다.

전을 가능케 했던 바로 그 조건들 때문에 장애에 부닥치게 된다. 예를 들어 이탈리아 도시국가의 상인 과두 지배계급들은 공공 은행을 통해 서로에게 돈을 빌려 줄 때 비공식적 계약의 형태를 빌렸지만, 그러한 과두제 정부 형태에는 파벌 싸움이 나타나는 것이 전형적인 모습이었고, 그럴 때마다 그 비공식적 계약은 위태로워질 수밖에 없었다. 16세기 이후로 지중해의 도시국가 공화국들이 겪은 전반적 쇠퇴에 이러한 갈등이 한 몫을 했다는 점은 의심할 여지가 없다. 화폐의 유통에는 주권적인 법적 관할구역과 어느 정도 수준의 **몰인격적** 신뢰가 확보될 수 있는 화폐적 공간이 필수적인데, 이 상인–은행가들이 자신들의 **사적 환어음** 화폐에 필요한 이러한 화폐적 공간을 어떻게 확보할 수 있었는지는 알 수 없다. 게다가 앞에서 보았듯이, 그렇게 할 경우에는 그들이 이윤을 벌어들일 수 있는 상황도 사라지게 되므로 그런 공간을 확보하는 것이 그들의 이익도 아니었다. 이렇게 광범위한 기초가 없었기에 그들이 사용한 환어음의 유동성은 거의 전적으로 은행과 상인 네트워크로 제한되어 있었고, 신용화폐 **통화**로 진화할 수가 없었다.

다른 말로 하자면, 시장을 동력으로 삼아 신용화폐가 팽창하는 데는 아주 명확한 정치적·사회적 한계가 있었다. 진정으로 몰인격적인 교환 영역을 창출하는 데 꼭 필요한 화폐적 공간은 궁극적으로 국가가 제공할 수밖에 없었다. 국가는 가장 큰 지불자이기도 하며 또 가장 큰 지불 수취자이기도 하다. 또 조세를 지불하는 수단으로서 어떤 것을 받아들일 것이라고 선언할 수 있는 권력이 있기 때문에 궁극적인 조정자 역할도 맡게 된다. 여러 사회집단들의 상호 작용은 특정한 사회적 유대나 고유의 경제적 이해관계 속에 묻어들어가 있지만, 국가는 이러한 사회집단들을 모두 아우르고 통합하는 화폐적 공간을 창출했다. 국가의 재정 시스템은 일정한 정당성을 갖춘 안정적인 법적 관할 구역을 갖게 마련이다. 그리고 사적인 신용화폐가 이러한 국가 재정 시스템에 통합되지 못하는 한 신용화폐의 진화라는 관점에서 볼 때 더 뻗어나갈 수 없는 막다른 골목에 갇혀 있다고밖에 할 수 없다.

중세 말 근대 초기 유럽의 정치 상황의 특징은 언제나 정치체마다 경계선이 빠르게 변동하고 있었다는 점이다. 이와 더불어 무수한 통화가 여러 나라의 경계선을 넘나들며 난잡하게 유통되고 있었을 뿐 아니라 갖가지 계산화폐들까지 서로 경쟁을 벌이고 있었던 게 당시의 일반적 상황이었다. 신용화폐는 이러한 불안정한 화폐적 공간에서 태어난 산물이지만, 그것을 태어나게 만든 바로 이러한 상황 때문에 신용화폐가 오래 유지되는 것 또한 불가능했던 것이다. 이러한 점에서 볼 때, 환어음이 중심적 중요성을 차지했던 것이 15~16세기 샹파뉴와 부르고뉴에서 열리던 정기시장(fair)이었다는 점은 의미심장하다. 이러한 지역들은 유럽에서 비교적 봉건적이지만 평화가 유지되는 장소로서, 강력한 주화의 창출에는 가장 불리한 곳이지만 동시에 그곳에 열리는 정기시장들을 보호할 정도의 힘은 있었던 곳이기도 했다. 은행가들의 환어음 화폐는 그것이 작동할 수 있도록 세력균형이 유지되는 곳에서만 비로소 번성할 수 있었다. 이 지역에 초기 자본주의의 화폐적 관행이 확산된 이유는 발트해와 지중해를 잇는 무역 루트에 자리 잡고 있어서이기도 했지만, 예컨대 부르고뉴의 공작들이 프랑스 왕들과는 달리 단일한 계산화폐에 금속 통화를 통합시켜 화폐적 독점을 확립할 수 있을 정도의 전제적 권력을 갖지 못했다는 사실 때문이기도 했다.

사적인 환어음과 공적인 주화라는 두 가지 형태의 화폐(또는 그 두 가지 화폐 각각을 생산하는 이들의 이해관계와 사회적 관계의 구조)는 모순적이고도 적대적이었다. 아주 일반적 수준에서 볼 때 주화의 주조는 군주가 갖는 주권의 상징이자 실질적 원천이었다고 할 수 있다. 이 주화 주조의 통제를 독점함으로써 군주는 큰 혜택을 보았다. 따라서 만약 환어음의 사용이 주화 사용을 대체할 경우에는 그 혜택도 무너질 것이라는 두려움을 가질 수밖에 없었다. 하지만 역설적이게도, 이렇게 금속화폐 주권을 강화하고자 하는 군주들의 움직임이 신용화폐를 유지시켜 주는 안정된 화폐적 공간 창출의 첫걸음이 되고 말았던 것이다.

금속주의 화폐 정책을 얼마나 엄격하고 효율적으로 강제할 수 있는가야말로 중세 군주국의 권력을 측정하는 훌륭한 척도라고 할 수 있다. 이는 영국에서 가장 뚜렷하게 나타난다. 영국에서는 마침내 처음으로 신용화폐가 공공 통화로서 확립되는 일이 벌어지게 된다. 여기서는 국가의 힘에 대한 중상주의적 관념, 그리고 그와 관련된 금속주의 통화정책이 지배하면서 환어음의 사용이 강력한 반대에 부닥치게 된다. 환어음이 광범위하게 사용되면 주권적 화폐 통제가 무너질 것이며, 특히 주조세에서 오는 이윤뿐 아니라 특정 주화의 가치에다가 '절상' 또는 '절하'를 선포하여 계산화폐를 조작하는 데서 오는 이익 또한 무너지게 될 것이었다. 14세기부터 17세기 중반에 이르도록 영국 왕들은 종종 외국 주화의 수입과 지금의 수출을 금지하였고, 수출업자들에게 그들이 가지고 있는 금은괴를 조폐청에 내놓으라고 명령했다. 나아가 환어음의 사용도 금지하려 들었고, 아예 신용의 사용을 전반적으로 제한하려 들었다(Munro, 1979).[15]

---

15) 영국에서 환어음 사용을 금지하려는 시도가 나타나면서 1429년 모직 교역이 심각하게 충격을 받았고, 모든 거래 당사자들이 경제적 손실을 입었다(Munro, 1979: p. 196).

여기에 의미심장한 일이 발생했다. 금융 관행과 복식부기를 다룬 1494년 파치올리(Pacioli)의 논문이 1588년 영어로 번역되었는데, 이때 이 논문의 은행업에 관한 부분은 영국에 해당되지 않는다는 이유로 번역에서 완전히 제거되었다는 것이다(Lane and Mueller, 1985: p. 68). 영국의 왕권은 외환은 물론 계산 단위에 대해서도 통제를 가했기 때문에 유럽 대륙처럼 여러 주화들과 여러 계산화폐들이 난잡하게 사용되는 일을 대충 막을 수 있었다. 그 결과 환전업을 통한 예금 은행업과 술책에 의한 환어음 거래가 모두 영국에서는 지체 상태에 있었다. 하지만 결정적인 요인은 새로운 형태의 신용화폐를 그렇다고 해서 **완벽하게 억압할 수는 없었다**는 사실이었다. 오히려 바로 이렇게 안정적이고 사회적 · 정치적으로 구성된 화폐적 공간에서 신용화폐가 결국 통화로 기능할 수 있었던 것이다.

앙리 3세는 프랑스의 주화 체제를 재건하였다. 이 때문에 외환 은행가들의 돈벌이는 결정적 타격을 입게 된다. 영국의 엘리자베스 1세는 이를 모델로 삼아 1560년부터 이듬해까지 영국의 주화를 완전히 새로 주조하게 된다(Davies, 1996: p. 203-8). 프랑스의 통화 안정은 1601년 다시 무너지고 만다. 하지만 영국에서 순은 4온스를 1파운드 계산 단위의 불변 표준으로 고정시킨 것은 제1차 세계대전 때까지 그대로 유지된다. 이러한 안정성은 역사적으로 독특한 것이고 "거의 기적이라 할 수 있으며, 처음 보면 거의 설명이 불가능할 정도이다"(Braudel, 1984: p. 356). 설명이 되든 안 되든 간에 이러한 본위제를 유지하는 것이 여러 세기 동안 바로 영국의 재정 체제 및 정치 체제의 기축이었다는 점은 논란의 여지가 없다.

앞으로 보겠으나, 이러한 안정적인 본위 유지는 절대왕정을 주장했던 17세기 제임스 2세, 찰스 1세, 찰스 2세에 대한 저항이 성공을 거둔 후 군주, 정부, 여러 지배계급이 맺은 입헌주의적인 재정 협정을 계속 유지시켜 준 조건이었다. 이러한 본위제를 유지하면서 국가에 대한 **장기 채권자**들을 꾸준하게 공급할 수 있었고, 또 이러한 방식을 통하여 결국 신용화폐 체제의 채택과 확장을 이룰 안정적 기반을 마련할 수 있었던 것이다. 영국은 마침내 베네치아를 비롯한 다른 나라들이 이룰 수 없었던 일을 해냈고, 또 그 수확을 거두어들였다. 우리는 이제 이러한 결정적인 발전, 즉 두 가지 형태의 화폐(주화와 신용)를 성공적으로 합성한다고 하는 위업이 영국에서 어떻게 달성되었는지를 자세히 살펴볼 것이다. 이런 과정은 두 단계를 거쳐 이루어졌다. 먼저 국가적 주화 주조가 통용되는 단일의 화폐 공간이 창출되었고, 거기에 신용화폐가 점차 도입되었다.

1. 영국의 주권적 화폐 공간

헨리 7세는 전쟁에 많은 돈을 써야 했다. 그래서 자금을 구하려 애쓰다 보니 주화의 금속 함량을 줄여서 주조세를 늘이고자 하는 유혹을 떨쳐 버릴 수가 없었다. 이 '거대한 악화 주조'(Great Debasement, 1544~1551년)의 기간 동안 주화의 은 함량은 체계적으로 감소되어 93퍼센트에서 33퍼센트로 낮아졌고, 이를 통해 왕실이 거둔 주조세는 120만 파운드를 넘었다(Goldsmith, 1987: p. 178; Davies, 1996: p. 203).[16] 주화의 금속 함량을 줄인다고 해서 반드시 가격이 영향을 받는 것은 아니지만(Innes, 1913, 1914; Braudel, 1984: pp. 356-9; Davies, 1996), 악화의 주조는 **가치 저장 수단**으로서 화폐에 대한 신뢰를 파괴하여 왕권에 대한 불신을 불러 일으키고 불안감을 조성하게 되어 있다. 심각한 통화적 무질서가 모두 그

---

16) 헨리 7세는 프랑스에 있는 그의 외국 용병들에게 지급하기 위해 금은괴를 필요로 했다. 영국 주화는 은을 현물로 지불하는 것만큼 받아들여지지 못했던 것이다.

러하듯, 악화 주조 또한 정치적·사회적 무질서라는 위협을 가져왔다.

엘리자베스 1세의 개혁은 주화 주조를 안정시키고 외국 주화의 유통을 금지하는 데 성공함으로써 통화 주권을 확립했다. 영국의 화폐 정책은 명백하게 왕권적이며 금속주의적이었다(Munro, 1979). 엘리자베스 여왕의 장관이었던 버글리 경(Lord Burghley)은 '상인 중개인들이 환어음 거래를 악용하는 경우'를 예로 들면서 허가받지 않은 환어음 거래와 신원이 불분명한 상인이 환어음을 발행하는 것을 금지시켰고, 환어음을 주화로 할인할 때는 파운드당 2분의 1펜스의 세금을 부과했다.

국가 건설의 다른 요소들도 화폐 주권의 창출에 기여했다. 영국이 더욱 응집력 있는 언어·문화적 단위로 발전한 시기가 바로 이때이며, 이 언어·문화적 단위 속에서 국가와 계급은 온 나라를 아우르는 민족으로 통합되었다(Mann, 1986: p. 462). 여기서 중요한 점은, 본래 중세에 동족 단위로 통일된 집단을 의미하던 '네이션'이라는 말인, 이를테면 15~16세기 이탈리아의 대가문에 기반을 둔 '은행업 공동체들'(banking nations)의 의미가 변하게 되었다는 것이다. 바야흐로 등장하고 있던 영국의 국민국가가 이러한 몰인격적 신뢰에 기초를 제공했다. 본래 은행업과 환전업의 네트워크라는 인격적인 관계 속에 담겨 있던 신용화폐라는 형태가 바로 이러한 몰인격적 신뢰를 통하여 인격적 관계 바깥에서 확립될 수 있게 된 것이다.

하지만 이 국면에서 16세기 후반의 영국 국가가 확립했던 화폐의 형태는 그보다 1천 년 전에 로마를 해체시킨 화폐 형태와 거의 다를 바 없는 것이었다. 신용화폐라는 새로운 화폐 형태의 기술이 무역과 학술 논문을 통해 온 유럽으로 퍼져나가던 바로 그때, 가장 강력한 국가들은 자기들 주권의 상징이자 척도로서 저 옛날의 화폐 형태를 재건하고 있었던 것이다.[17] 하지만 여기에 더 이상의 사건과 조건들이 나타나지 않았더라면 신용화폐가 공공 통화로 발전하는 것도 이러한 왕권의 통화정책 때문에 즉각 가로막히고 말았을 것이다. 실제 바로 이런 상황이 예컨대 프랑스에서 벌어졌던 바이기도 했다. 하지만 그로부터 100년 뒤 영국은행이 설립되었고, 오래 지속되는 국가 신용화폐가 발행되기에 이른다. 이는 주화와 신용이라는 두 가지 서로 다른 화폐 형태를 저마다 지지하는 세력들 사이에 특수한 **정치적 투쟁**이 벌어진 결과로 나온 것이다. 이러한 결과는 상업의 이해와 국가 관리의 이해 사이에 실로 괄목할 만한 유착이 벌어지면서 나온 것으로, 왕의 권력이 너무 많아도 곤란하고 너무 적어도 곤란하므로 그 중간의 미묘한 균형을 찾기 위한 일종의 타협을 표현한 것이었다.[18]

한편으로 영국 왕들은 계속해서 중세의 왕권이 갖고 있던 화폐적 특권을 주장했다. 찰스 1세는 어용 환전업자(Royal Exchanger)를 임명하고 그에게 화폐와 귀금속의 교환에 대한 전권을 부여했다. 또 1661년 찰스 2세는 환어음을 허가하는 에드워드 3세와 리처드 2세의 옛날 법령을 다시 강제하고자 했다(Munro, 1979: p. 212). 그런가 하면 화폐적 안정성을 원했던 상인 지지자들은 갈수록 더 많은 숫자가 '네덜란드식 국가 재정'

---

17) 로마의 화폐 체제에서 그랬던 것처럼 이 경우에도 화폐의 여러 형태와 기능들이 상당히 분리되어 있었다. 계산화폐의 기능을 통합한 은 본위 주화는 널리 받아들여지는 지불 결제 수단이었다. 하지만 당시의 가장 작은 주화였던 2분의 1페니조차도 한시간 임노동의 가치에 해당하는 것이었기에 소액 거래로 쓰기에는 너무 큰 돈이었다. 그리하여 로마에서처럼 여러 도시와 민간 기관들에서 일반 금속으로 만든 교환 매개체를 발행하여 이것으로 소액 거래를 하도록 했다(Goldsmith, 1987: p. 179). 또 로마에서처럼 금화는 가치 저장 수단으로 쓰었다.

18) 자본주의 발달에서 이러한 종류의 세력균형이 갖는 보편적 중요성에 대해서는 다음을 보라. Moore, 1966; Weber, 1981[1927]; Collins, 1980.

(Dutch Finance), 특히 국가 부채의 창출과 그 화폐화를 옹호했다.[19] 앞에서 강조했듯이, 이런 기술은 이제는 아주 잘 이해되고 있었다.[20] 18세기 후반에만도 공공 은행 설계 계획이 무려 100건 이상 제출되었으며, 그 목적은 국가 수입을 정규화할 뿐 아니라 절대군주의 자의적 통제를 더욱 확실하게 제거하는 것이었다(Carruthers, 1996). 이런 계획들 가운데 다수는 암스테르담의 비셀방크(Wisselbank, 1609년)의 구성에 기초한 것이었는데, 이 은행은 다시 베네치아의 리알토은행(Banco di Rialto, 1587년)을 모델로 삼은 것이었다(Goldsmith, 1987: p. 214).

이렇게 신용화폐를 발행할 은행을 설계하는 데 가장 중요한 문제는 은행의 기초가 될 물질적 부의 성격에 관한 것이었다. 은행들이 발행한 지불 약속이 돌아와 그 약속을 지킬 때 그저 또 다른 지불 약속을 내어주어서는 안 될 일이다. 따라서 과거의 여러 은행이 실험한 사례들로부터 교

---

19) 하지만 상인들의 이익이 군주의 중세적 금속주의에 명확하게 반대 입장이기만 했던 것은 아니었다. 의회는 일관되게 건전 귀금속 화폐 정책을 강제하면서 군주가 독점적인 조폐 권력을 남용해서는 안 된다고 주장했다. 하지만 이는 단순히 경제적 문제도 아니었고 또 경제적 측면이 1차적으로 중요했던 것도 아니라는 점을 강조해야 하겠다. 건전 화폐는 또한 강력한 근대국가를 세운다는 좀 더 폭넓은 프로젝트의 일환으로서 간주되었다. 이러한 강력한 국가를 통해 집단적으로 안전을 보장받는 편익과 어떤 특정한 화폐 정책이 취해질 때마다 특정 경제적 이익 집단이 치러야 하는 비용 사이에는 균형이 이루어졌고, 이 균형은 단일의 화폐 생산 체제 내에 참여하는 여러 주요 집단들 사이의 협정을 통해 표출되었다.

20) 저 박식한 옥스퍼드대학 해부학 교수이자 왕립협회(Royal Society) 창립 회원이었던 윌리엄 페티 경(Sir William Petty)은 《화폐에 관한 소론》(*Quantulumcumque concerning Money*, 1682)에서, 먼저 "화폐가 너무 적다면 무슨 해결책이 있을 것인가?" 하고 수사적 의문문을 던진 뒤 이렇게 답한다. "우리는 은행을 세워야 한다. 은행은 계산만 잘하면 우리의 주화가 가진 효과를 거의 두 배로 늘려줄 수 있다"(Petty, 1682, Braudel, 1985: p. 475에서 재인용).

훈을 배워야만 했다. 베네치아의 경우에서 보듯이, 단지 상인들의 계좌와 부유한 계급들이 맡겨 놓은 재산에만 기초하여 지불 이행의 약속만 유통시키는 것으로는 안정성을 가질 수 없다는 점이 드러났으므로, 그런 계획으로는 신뢰를 얻을 수 없었다. 게다가 좀 더 최근 네덜란드에서조차도 비슷한 문제를 겪은 바 있었다. 따라서 디포(Defoe)를 비롯한 많은 이들은 '토지야말로 은행의 가장 좋은 기반'이라고 주장했다(Davies, 1996: p. 260). 그런가 하면 그저 지불 약속에 불과한 것들이 실제로는 그 어떤 물질적 가치도 표현하지 않는 독특한 형태이며 사실상 새로운 형태의 화폐라는 점도 인식되고 있었다. 우리가 1부 2장에서 본 바 있는 신용화폐론이 등장하기 시작했다.

> 인간의 마음속에 존재한 모든 것 가운데 신용보다 더 환상적이고 멋진 것은 없다. 신용은 결코 강제할 수도 없고 오직 사람들의 의견에 달려 있으며, 또 우리의 희망과 공포라는 정념에 좌우된다. 사람들이 필요성을 느끼지 않을 때에도 나타날 때가 많으며, 종종 아무 이유도 없이 사라져 버린다. 그리고 이것을 일단 잃게 되면 회복하기가 대단히 어렵다. …… 교역을 하는 그 어떤 나라도 실물 자재의 축적만 가지고서 영리 활동을 수행하며 연명해 간 적이 없다. …… 서로에 대한 믿음과 신뢰는 언어의 교환, 사랑과 우정, 순종과 마찬가지로 인민(people)을 하나로 엮어 주는 데 필수적이다(Charles Davenant, 1682년 무렵, Pocock, 1975: p. 77에서 재인용).[21]

17세기 영국에서는 신뢰라는 '공민적 덕성'*이 발전하여 이것이 전 세계적으로 활동하는 상인들이나 정치 엘리트들의 폐쇄적 네트워크 바깥에서도 신용경제가 더 광범위하게 작용할 수 있도록 뒷받침해 주었다

(Muldrew, 1998). 이는 16세기에 나타난 것으로 보이는 신용 관계의 근본적 변화의 결과였다. 1570년대까지만 해도 공증인을 세우고서 당사자들이 구두로 계약을 맺는 전통적 방식에 기초한 양자 간의 인격적 신용은 온갖 종류의 판매와 서비스에서 일상적으로 쓰이는 방법이었다 (Muldrew, 1998). 그 이유는 오늘날까지 명확히 설명되지 않았지만, 지급 불이행 사태라는 현상 또한 이와 함께 퍼져 나갔다. 그런데 이런 신용 관계의 붕괴와 함께 명성이 있는 통화를 기초로 삼아 신용 관계를 맺는 새로운 문화도 형성되었다. 신용 관계란 본래 복잡하게 서로 얽히게 되어 있는 것인지라 어디선가 지급불능 사태가 벌어지면 그 파장이 아주 널리 미칠 수밖에 없다. 그래서 1580년대에 벌어진 전체 소송 건수는 "무려 연간 1,102,367건에 이르게 되었으니, 결국 영국인 모든 가구당 하나 이상씩 소송에 걸려 있었던 셈이다"(Muldrew, 1998: p. 236).

확실하지는 않지만 그런 대규모의 법률 소송 사태는 중세의 인격적이고 봉건적인 귀속 관계와 의존 관계의 최종적 파괴로 이어졌을 가능성이 크다. 그러자 그 어떤 규범의 재건 과정이 나타나면서, 어떤 사람이 얼마나 믿을 만한 사람인가는 더 이상 **인격적** 책임과 의무가 아니라 **공공의 또는 공동체** 생활에서의 덕성이 얼마나 신뢰할 만한가로 전환된 것으로 보인

---

21) 하지만 신용이 제 아무리 '환상적'인 것이라 하더라도, 이러한 신뢰를 배양하는 것은 가능한 일이다. 왜냐면 "이는 사람들이 국가 대사를 관리하며 지혜를 보여 준다든가 전장에서 훌륭한 행동과 용기를 보여 준다든가 하는 방법으로 명예와 명성을 얻는 일과 여러 지점에서 대단히 비슷한 것이기 때문이다"(Charle Davenant, Pocock, 1975: p. 77).

* 공민적 덕성(civic virtue)란 일반적인 내면적 윤리적 도덕이 아니라 어떤 사람이 사회의 일원으로서 즉 공민(公民)으로서 갖는 미덕과 책임감을 말한다

다. 이 과정을 통해서 "남보다 경건하게 보이기 위한 일종의 경쟁이 벌어지게 되었으며, 한 가정의 신용은 결국 그 가정의 덕성에 달려 있게 되었다"(Muldrew, 1998: p. 195). 더욱이 크레이그 멀드루가 강조하고 있듯이, 이렇게 도덕이 신뢰성의 기초가 되고 광범위한 시장 관계와 신용 화폐경제의 버팀목이 되었지만 이것이 자연스러운 사회적 결과물로 나온 것은 아니었다. 이는 법령 제정과 강제 집행으로 창출되었을 뿐 아니라 연극이나 노래, 시 같은 문화를 통해서도 창출되었다. 가족 또는 친족이라는 특수한 유대에 바탕을 둔 협정을 준수해야 할 의무는 사라지고, 그 대신 존경받을 만한 방식으로 행동함으로써 주장할 수 있는 보편적 신뢰성이 그 자리를 차지하게 된 것이다.[22]

2. 이중적 화폐 시스템: 신용과 주화의 혼성

17세기 말엽, 유럽 전역에는 사적인 신용과 공적인 금속 주화라는 두 가지 형태의 화폐가 통용되고 있었지만 그 확산은 고르지 않았다. 하지만 이 둘은 여전히 뚜렷이 구별되고 있었고 그 각각의 생산자들인 국가와 자본가적 교역자들은 갈등 상태에 있었다. 앞에서 언뜻 암시했듯이, 영국의 사회적·정치적 구조는 이 각각의 화폐에 결부된 서로 다른 이익 집단들을 통합시키는 데 유리했다. 영국에서는 화폐 주권을 놓고 타협과 공유가 가능하도록 세력균형이 짜여 있었다. 하지만 그렇다고 해서 주권체의 주

---

22) 베버는 시장 관계가 확장되려면 여러 전통 사회에 전형적으로 나타나는 이중적 윤리가 제거될 필요가 있다고 주장한다(Weber, 1981[1927]: pp. 312-13). 이중적 윤리 아래에서는 공동체 내부의 관계는 호의의 규범과 공정성의 윤리가 지배하지만, 이방인들은 사기당하고 인정사정없이 착취당하게 된다. 또 Collins, 1980을 보라.

화와 사적인 신용이라는 두 가지 장점을 결합시킨 혼성 형태의 화폐가 곧 바로 나올 수 있는 논리적 필연성이 있는 것은 아니다. 이런 형태의 화폐가 나오기 위해서는 화폐 공급을 군주가 독점적으로 통제하는 것과는 반대쪽으로 균형추가 기울어질 필요가 있었거니와, 실제로 세력균형이 그렇게 기울어지는 데는 그 어느 때보다도 구체적 사건들의 영향이 결정적인 역할을 한 것으로 드러났다.

1672년 찰스 2세의 채무 지급불능 선언 사태를 겪으면서, 국가 자금 조달의 수단으로서 공공 은행을 채택하는 일에 가속도가 붙었다. 14세기 이래로 영국의 왕들은 비록 규모는 크지 않았지만 장래의 조세 수입을 근거로 자금을 차용해 왔다. 또한 시중에서 자금을 대부 받고 그 대가로 톨리 막대기 영수증을 내주는 작은 시장도 있었는데, "이것이 통화 공급을 화폐 주조의 한계 너머까지 효과적으로 확대시켜 주었다"(Davies, 1996: p. 149). 하지만 이탈리아와 네덜란드 공화국의 국가 차입과 견주어 보면 영국의 왕들도 다른 군주들과 마찬가지로 불리한 처지에 있었다. 바로 그 군주들이 주권자로서 전제 권력을 가지고 있었기 때문이었다. 군주들은 자신의 권력을 무기로 걸핏하면 지불 중단을 선언했고, 또 자기 왕조가 그때까지 축적한 부채를 갚을 의무는 없다고 주장하면서 선왕(先王)들의 부채도 갚지 않았을 뿐더러, 어떤 법적 책임도 질 필요가 없었던 것이다.

찰스 2세 치세에 왕실의 연간 조세수입은 2백만 파운드도 채 되지 않았고 부채는 130만 파운드였다. 이런 상황에서 또 네덜란드와의 전쟁이 임박해 오게 되자 찰스 2세는 톨리 막대기 소지자들에 대한 부채 지불을 거부하기에 이른다(이른바 '국고 유출 중단'Exchequer Stop). 이 조치는 상업 부르주아들이 영국 절대주의를 거부하게 되는 데 결정적인 사건이었다. 부르주아들의 절대주의 거부는 마침내 명예혁명과 윌리엄 드 오랑예

(William de Orange)에게 영국을 침략하여 왕좌를 취하라고 초대하는 일까지 벌어지면서 절정을 이룬다. 왕이 지불 거부를 하는 사태가 다시는 없도록 막는 것이 당시 가장 중요한 사항이었기에, 영국 의회는 새로 왕좌에 앉은 이 네덜란드인에게 1689년의 헌정 협정에 맹세하게끔 한다. 무엇보다 주목할 만한 것은, 윌리엄 왕의 수입이 정상적인 용도로 지출하기에도 부족한 양이었다는 것이다. 이는 의도적인 것이었다. 이렇게 하여 왕이 더 돈을 얻으려면 의회에 의존할 수밖에 없도록 만든 것이다. 둘째, 영국 정부는 윌리엄의 인증 아래 그가 네덜란드에서 데려온 금융 전문가의 조언에 따라 장기적 차입의 방법을 채택했다. 특정 항목의 조세 수입을 따로 분리하여 이 장기적 자금 차입의 이자 지불 자금으로 삼겠다고 약속함으로써 돈을 조달해 온 것이었다(Carruthers, 1996: pp. 71-83; North and Weingast, 1989; 이 점을 처음으로 밝혀 낸 선구적인 고전은 지금도 Dickson, 1967).

　　채권자는 런던의 상인들이었다. 이들은 금융 발전을 한 걸음 더 밀고 나가기 위하여 영국은행(Bank of England) 설립 안을 지지했다. 이들은 영국은행의 자본금으로 120만 파운드를 조달하였고 이 돈을 왕과 그의 정부에 8퍼센트 이자율로 대출하였다. 그리고 자신들이 지불받을 이자를 위해서 정부가 거두어들이는 여러 관세(customs)와 물품세(excise) 수입을 담보로 잡았다. 영국은행은 또 정부로부터 받아들이는 이 8퍼센트의 이자 수입 이외에도 4천 파운드에 달하는 연간 관리 비용을 받았고, 거기에다가 예금 계좌 개설, 은행권 발행, 환어음 할인 등의 사업권을 왕실로부터 부여받았다. 영국은행과 경쟁 관계에 있던 토리(Tory)토지은행이 실패로 돌아가자, 영국은행은 1697년 왕실이 내려준 헌장을 통하여 은행업의 독점권은 물론 새로 납입된 자본 총액에 해당하는 만큼 또 다시 은행권을 발행할 권리를 부여받게 된다. 갤브레이스는 이를 이렇게 설명하고 있다.

> 모집된 자금의 총액을 윌리엄 왕에게 대부한다. 이를 갚겠다는 정부의 지불 약속 증서를 받아내어 이를 담보로 삼아 그 금액만큼 은행권을 발행한다. 이렇게 국가 권력을 등에 업고 발행된 은행권은 갚을 능력이 있다고 보이는 민간인들에게 대출된다. 결국 정부에 꾸어 준 돈에서도 이자를 벌고, 이렇게 민간에 꾸어 준 돈에서도 이자를 벌게 되는 셈이다. 다시 한 번, 은행업의 기적이여(Galbraith, 1995[1975]: p. 32; 또한 Carruthers, 1996; Davies, 1996).

영국은행은 사적 소유에 바탕을 둔 은행이다. 그래서 실질적으로는 군주가 이 은행으로부터 진 빚이 인격적 부채이지만, 영국은행이 이렇게 사업을 벌이면서 그 인격적 부채를 공공 부채로 전환해 주는 셈이며 궁극적으로는 공공 통화로 전환시켜 주는 셈이다.[23] 화폐의 사회적 생산에 나타난 이러한 전환의 밑바탕에 있는 것은 세력균형의 변화이며, 이 변화는 '의회의 통제를 받는 군주'(King-in-Parliament)라고 하는 마찬가지로 '혼성화된'(hybridized) 주권의 개념으로 표출되었다. 자본주의적 신용화

---

23) 베버식 용어로 하자면, 가산제(patrimonial) 국가가 관료적이고 합리적·법적 국가로 전환되는 데 이러한 화폐적 차원은 매우 중요하다. 하지만 그럼에도 불구하고 이 화폐적 차원이 마땅히 받아야 할 관심을 제대로 받지 못해왔다. 근대국가의 성격은 특정 시점에서 국가의 통제력을 쥔 자로부터 독립적인 존재를 갖는 권력 체제라는 규정이 널리 받아들여지고 있다(Bonny, 1999: p. 3을 보라). 그리고 근대국가의 부채는 마찬가지로 국채라는 형태로 탈인격화되어 있다. 이는 더 많은 개념적인 문제점들을 불러일으킨다(D. Runciman, 2000을 보라).

폐의 생산을 위한 여러 제도와 더불어 그것을 떠받치는 경제적 · 정치적 이익 집단들의 균형이 형성되기 시작한 것이다. 이제 국가는 공공 은행이라는 제도를 채널로 삼아 강력한 채권자 계급들로부터 자금을 대부받게 되었다. 양쪽 모두가 서로 상대방의 장기적 생존을 자신의 이익으로 삼게 된 것이다.

이렇게 영국에서 절대주의적 화폐 주권을 거부하고 생겨난 정치적 협정을 통해 두 가지 화폐가 융합되기에 이르렀는데, 이는 과거에 신용화폐라는 사회적 기술의 적용에 나타났던 두 가지 큰 문제점들을 해결해 주었다. 첫째, 환어음이라고 하는 사적 화폐가 이제는 상인들 간의 사적인 네트워크로부터 풀려나, 몰인격적 신뢰와 정당성에 기초한 더 넓고 더 추상적인 화폐 공간을 얻게 되었다. 그 밑바탕에는 당시 나타나고 있던 신용 가치라는 새로운 공민적 도덕이라든가 계약 관련법 같은 근대적 요소들과 군주의 주권이라는 전통적 요소들이 융합되었다는 사실이 버티고 있었다.[24] 둘째, 미래의 조세와 물품세 수입을 징수하여 국채 이자를 갚는 데 쓸 수 있도록 의회가 인가했다는 점이다. 여기서 다시 한 번 왕권이 너무 크지도 너무 작지도 않게 **균형**을 맞추는 것이 채권자와 채무자 사이의 협정에서 결정적으로 중요했다. 이 균형은 의회 안에 들어온 군주의 주권이라는 관념으로 표출되고 있으며, 이탈리아 공화국에서 장기적인 약속을 불가능하게 했던 파벌 싸움도 줄여 줄 뿐 아니라 18세기의 프랑스 국

---

24) 보수적인 집단들은 공공 은행이란 오직 공화국에서만 있을 수 있는 것이며, 왕이 지배하는 영국에 영국은행을 두게 되면 이는 실질적으로 왕국 전체의 통제력을 상인들에게 넘겨주는 것이라고 주장했다. 이 전통적인 왕당파들은 훗날 마르크스가 영국은행 창설을 두고 국가가 부르주아들에게 양도된 것이라고 판단을 내렸던 것을 알았더라면 아마도 기꺼이 동의했을 것이다.

가를 약화시켰던 절대주의식 화폐 및 재정 정책들 또한 줄여 주는 역할을 했다(Bonney, 1999 ; Kindleberger, 1984). 이 새로운 화폐적 기술들은 당시의 지정학적 투쟁에서 각별한 경쟁력을 가져다주었고, 이는 다시 영국의 조세나 갖가지 관세를 높은 수준으로 끌어올려서 국채 이자의 지불을 더욱 수월하게 만들어 주었다(Ferguson, 2001).

화폐적 관점에서 보자면, 영국은행의 설립에서 비롯된 가장 중요한(하지만 의도된 것은 아니다) 장기적 결과는 환어음 거래의 독점이었다(Weber, 1981[1927]: p. 265). 영국은행이라는 장치를 마련함으로써 사적인 화폐와 공공 주화가 현실에서 융합되었다. 국내에서 발행된 환어음을 만기가 돌아오기 전에 할인하여 구매하는 것이 영국은행에게 독점 이윤의 원천이었다. 그런데 이는 또한 은행 체제 전체를 통합하는 수단임이 입증되었으며, 전체 신용화폐(즉 환어음과 은행권)의 공급은 영국은행이 제시하는 할인율에 영향을 받게 되었다. 이탈리아 은행업에서 기원한 자본주의적 신용화폐의 두 원천(즉 국채의 형태를 띤 공공 부채와 환어음의 형태를 띤 사적 부채)은 이제 처음으로 단일한 제도의 작동으로 결합된 것이다. 하지만 가장 중요한 점은 이러한 형태의 화폐들이 금속 본위에 기초한 계산화폐와 지불수단의 통합으로 규정되는 기성의 주권적 화폐 공간에 도입되었다는 점이다. 영국은행의 은행권은 이러한 여러 화폐의 위계 서열에서 가장 높은 위치를 차지하고 있었고, 사적인 환어음과 은행권을 할인하면서 교부되는 가운데 경제 전체에 널리 도입되었다.[25]

여기에서 강조해 두어야 할 점이 있다. 영국은행이 설립되고 부채의 완전한 양도 가능성이 법적으로 강제된 이 시기가 또한 귀금속 주화의 주조가 크게 강화된 바로 그 시기이기도 하다는 점이다. 다시 말하면, 위와 같은 신용의 발전 과정이 의도적으로나 목적론적으로 더 큰 효율성을 위해서 화폐를 탈물질화시키는 과정이 아니었다는 것이다. 17~18세기는 물론이고 그 이후에도 이론적 견지에서건 실용적 견지에서건 유럽 전역에 걸친 지적 여론은 압도적으로 귀금속 화폐 쪽을 지지했다. 영국에서는 로크, 흄, 그리고 나중에는 스미스까지도 흔들림 없이 강력한 귀금속 화폐 쪽에 섰다. 아이작 뉴턴 경과 같은 대단한 인물까지도 기꺼이 자신의 권위를 빌려 엘리자베스 1세 개혁 이래로 악화일로를 밟아 온 주화 주조를 원상 복귀시킬 것을 지지했다. 뉴턴은 1727년까지 왕립조폐청(Royal

---

25) 국가 부채 또는 공공 부채가 존재하는 가운데 환어음 사업의 확립과 확장이 벌어지게 되자, 부채의 양도 가능성 또는 이전 가능성과 관련하여 상인법[lex mercatoria : 유럽 전역의 도시를 오가며 영업을 하던 중세의 상인들은 분쟁이 생길 경우 비용과 시간이 많이 드는 교회나 영주의 법정에 가기보다는 자신들 스스로 내부에서 일종의 중재(arbitrage)를 통해 문제를 해결했다. 경험과 명망이 높은 중재인을 한명 세우고 분쟁 당사자들이 직접 결정을 보는 식이다. 이는 법(code)이라고 할 만한 체계를 갖춘 것도 아니었고 정당성을 갖춘 폭력으로 뒷받침되는 것도 아니었으나 상인들 내부의 신용과 평판의 압력을 통하여 작동했다. 근대국제 체제가 성립한 뒤에도 국제적인 상거래에서 널리 사용되었고, 오늘날의 국제 중재의 원형으로 알려지고 있다 — 옮긴이]이 보통법(common law)에 도입되었고 이를 통해 사회 전체로 도입되었다. 환어음, 약속어음, 예금 증서와 기타 상업 경제에서 사용되던 금융 도구들은 17세기 말 무렵이 되면 현실 관행에서나 법적으로나 일정한 정도의 양도 가능성을 얻게 되며, 특히 네덜란드(Low Countries) 지역에서 그러했다(Usher, 1953[1934]). 심지어 '후진적'인 영국에서조차도 이미 14세기 말 경부터, "상인들이 자신들의 부채를 결제하는 데 그들 사이의 금융적 청구권들을 '양도'(setting over)하는 방법을 관습적으로 사용했다"(Munro, 1979: p. 214). 영국은행이 설립되면서 이러한 법적 변화 또한 가속도가 붙어서, 마침내 1704년 약속어음법(Promisory Notes Act)이 통과되었다. 이 법을 통해서 모든 약속어음은 지불을 받는 이가 'X'로 되어 있건 'X 또는 명령에 의해'로 되어 있건 아니면 'X 또는 소지자에게'로 되어 있건 모두 법적으로 양도 가능한 것이 되었다(Carruthers, 1996:.p. 130 ; Anderson, 1970). 이러한 법적 변화를 통해서 신용화폐는 사상 처음으로 사적인 거래가 아닌, 공공 영역과 나란히 존재하는 화폐적 공간을 얻게 되었다.

Mint) 청장으로 27년간 재임했으며 그 동안에 주화 주조를 금의 기초 위에 안전하게 올려놓았다.[26) 신용화폐가 가장 일반적인 영업 거래 수단이 되어 감과 **동시에** 영국은 또 역사상 가장 강력한 금속 통화의 창출을 향해 전진했던 것이다.

군주는 화폐에 대해 절대적이던 통제력을 잃고 이제 부르주아들과 공유하게 되었다. 16세기 프랑스에서는 외환 은행가들의 계산화폐나 환어음이 군주가 주조한 주화와 비공식적인 관계였으며 또 법적인 것이 아니라 실정적인(de facto) 관계일 뿐이었지만(Boyer-Xambeu et al., 1994), 이와 달리 영국 국가는 두 가지 형태의 화폐를 통합함으로써 신용화폐를 더욱 발전시켰다. 주화와 은행권과 환어음은 궁극적으로 공식적 태환성을 통해 서로 연계됨으로써 은행권과 환어음도 귀금속 주화로 교환될 수 있었다. 이렇게 두 가지 화폐 형태로 이루어진 체제의 혼성적 성격이야말로 **통제력을 놓고 벌어진 투쟁**의 타협의 결과물이었다. 이 투쟁은 결국 모두 다 이득을 볼 수 있는 합의를 낳았던 것이다.[27)

귀금속 주화와 은행권이라는 주요한 화폐 공급 이외에도 다른 중요한 화폐 형태들이 있었다. 한편으로는 앞에서 보았듯이 영국 국내에서 발행

---

26) 1695년부터 1740년까지 은화의 주조는 1천2백만 파운드였음에 반해 금의 주조는 1천7백만 파운드에 달했다. "금본위제는 법적으로 강제되었던 시점보다 이미 1세기 이상 이전에 실질적으로 시작된 셈이다"(Davies, 1996: p. 247). 이러한 법적 강제를 통하여, 신용 화폐의 방대한 상부구조를 튼튼하게 세워 줄 믿을 수 있는 안정된 가치 저장 수단인 화폐가 확립되었다. 하지만 그렇다고 해서 이 법적 강제가 화폐나 재화가 상품으로서 서로 맺는 교환가치를 기초로 삼아(귀금속과 X라는 재화의 비율이라는 식으로) 둘 사이의 비율을 결정한 것은 아니었다. 금 가격은, 국가의 은행이 주어진 가격으로 금을 구매할 것이며 또 스스로가 발행한 은행권을 그 비율로 금과 태환해 주겠다는 약속을 통해서 고정되어 있었던 것이다.

된 환어음이 19세기 중반까지도 자본주의적 네트워크의 팽창에 중요한 역할을 계속 수행했는데, 특히 잉글랜드 북부의 공업 지역에서 그러했다. 다른 한편으로는 구리로 된 증표들이 온 나라에서 사적으로 주조되었고 지역 경제에서 교환 수단으로 사용되었다. 은으로 주조된 법화(法貨)는 공급도 달렸던 데다가 평민들 대부분이 일상적 거래에 쓰기에는 그 명목 가치가 너무 고액이었기에 구리 화폐가 그 보조의 역할을 맡은 것이다. 이러한 환어음과 동전은 19세기에 들어와서도 오래도록 존재했다 (Anderson, 1970; Davies, 1996). 이러한 지역적 화폐 공간들은 점차 그 정체성을 잃게 되었고, 속도는 느리지만 가차 없이 전국적 화폐 공간으로 통합되어 갔다. 늘 그렇듯이 이러한 통합 또한 **계산화폐**로 성취된 것이었다. 롤린슨은 이렇게 지적하고 있다.

1830년대가 되자 브리튼인들*은 영국 전역에서 소버린 금화와 각종 은행 권과 환어음 등이 모두 파운드를 지역적 차원에서 대표하는 특권적인 화폐 라고 이해하게 된다. …… 파운드는 이러한 다양한 이질적 형태를 띨 수 있

---

27) 하지만 '네덜란드식 재정'(Dutch Finance)의 기법들을 채택할 수 있게 했던 이러한 도시의 이익 집단들이 또 그런 식의 금융이 즉각적으로 발전하지 못하게 막았던 바로 그 집단들이기도 했다. 영국은행이 주식회사 형태의 은행업을 독점하게 되자 런던의 민간 은행들(영국은행의 독점권이 생기기 전부터 있었던 은행들)의 팽창은 모두 짓밟히 게 되었으며, 이 때문에 민간의 '시골'(country) 은행들의 성장 또한 지체되었다고 볼 수 있다. 이러한 상태는 영국은행의 주식회사 형태 독점이 1826년 완화되고 1844 년 철폐될 때까지 계속 되었다(Cameron, 1967: pp. 18-19, 또 Davies, 1996). 그럼에 도 불구하고 18세기 중반 시골 은행들은 빠르게 성장하여, 그 숫자가 1800년이 되면 3백 개 이상으로 불어난다(Cameron, 1967: p. 33). 어떤 연구자들이 내놓은 수치 평 가는 18세기 후반이 되면 은행 화폐의 양이 금속 주화의 양을 상당히 크게 앞질렀던 것으로 보고 있다(Davies, 1996: p. 238).

다는 바로 이 능력을 통해 추상적 관념이 되었다. 왜냐면 그렇게 다양한 형태의 화폐들끼리 매개되는 것을 통해 통화로서의 파운드의 존재가 결정되었기 때문이다(Rowlinson, 1999: pp. 64-5)

이렇게 영국의 화폐 체제가 중앙집권화되고, 영국의 자본주의적 발전을 모방하려는 나라들 또한 화폐 체제를 중앙집권화하게 되었다. 이는 귀금속과 신용화폐라는 **이중적** 체제 내에서 공공 은행이 국내뿐 아니라 국제적으로 맡게 된 역할의 필연적인 귀결이었다. 첫째, 공공 은행 또는 중앙은행은 사람들이 가장 원하는 지불 약속, 즉 국가가 그 채권자에게 내어주는 지불 약속에 직접 접근할 수 있다. 중앙은행권은 신용화폐 체제의 여러 약속 위계에서 정상을 차지한다. 그래서 중앙은행은 신뢰가 덜한 다른 신용 형태들을 <u>스스로가</u> 발행한 은행권으로 할인해 줌으로써 지불 체제 전체에 대한 사실상의 지배를 성취할 수 있고 또 이를 통해 그 통일성을 유지하게 되며, 이것이 자본주의적 신용화폐를 구성하는 것이다(Weber, 1981[1927]; Bell, 2000; Aglietta, 2002).[28] 두 번째, 18~19세기 내내 은행권 발행은 국가의 지불 약속이라는 기초 외에도 고정된 비율로 금과 태환할 수 있다는 보장을 추가적으로 받았다. 19세기 끝 무렵에는 다른 나라들도 금본위제를 채택했으며, 이에 따라 각국 중앙은행들은 자기들끼리의 국제적 관계와 그 사이에 오가는 금의 흐름을 업고서 각자 국내 화폐 체제에 대한 중앙집권적 통제력을 강화하는 경향이 있었다

---

* 본래는 앵글로색슨족 침입 이전 영국에 살던 켈트족을 일컫는 말이지만, 나중에는 스코틀랜드, 웨일스 등 영국 전역의 사람들을 총칭하는 말로 쓰였다. 하지만 뉘앙스에서는 여전히 잉글랜드 변방 특히 스코틀랜드 쪽의 켈트인들을 포괄한다는 의미가 강하다.

(Helleiner, 1999)

    1971년 미국이 브레턴우즈 국제 통화 체제의 금본위제를 폐기하면서 귀금속 화폐의 마지막 흔적이 사라지게 된다. 그 뒤로는 각국의 중앙은행들이 외환시장에 대한 통제력을 어느 정도 상실했다는 주장도 나왔다(B. Cohen, 2001b). 하지만 이런 현상이 중앙은행업의 몰락 신호는 아니었다. 오히려 믿을 수 있는 순수 신용화폐를 창출하는 중앙은행 본연의 역할 덕에 권력과 독자성이 더욱 확대되었다. 사실상 주요 국가의 중앙은행들은 안정적 가치를 가진 순수 신용화폐의 공급이라는 목적을 추구하면서 국내에서 외환 준비의 공급과 할인율 통제를 방법으로 쓰게 되었으며 이로 인해 국내 체제에 대한 권력을 얻게 된다.[29] 이런 문제들은 다음 장들에서 더 깊이 다룰 것이다.

---

28) 이러한 관행은 19세기 런던 금융가를 다룬 베저트(Walter Bagehot)의 고전《롬바드가》(*Lombard Street*)에 성문화되어 있다. 이러한 신용화폐 체제에서의 '화폐'가 사실상 신용의 이체를 통한 지불 체제로서 성립한다는 점은 기본적인 사실이지만 충분히 강조해 둘 필요가 있다(이 책의 1부 4장을 보라). 만약 이를 효과적으로 달성하지 못하게 되면 그 '화폐'는 사라지게 된다. 이 오래된 문제를 여기서 더 논할 수는 없지만, 모든 역사적 증거로 볼 때 이러한 위기가 벌어졌을 때 권력 당국이 나서서 전체를 통합할 수 있는 계산화폐와 신용의 위계 정상에 있는 믿을 수 있는 신용을 공급해 주면 이런 식으로 화폐가 사라지는 것을 피할 수 있는 것으로 보인다. 지급불능 선언이 계속 이어져서 화폐의 존재 자체가 위협당할 경우에는 최종적인 수단으로서 이러한 화폐를 화폐 체제에 주입할 수 있는 것이다(2부 7장을 보라).

29) 이러한 두 가지 발전은 서로 연결되어 있다. 중앙은행이 국내의 신용화폐 공급에 대한 권력을 강화하려고 노력하는 것은 국제 시장에서 환율에 대한 직접적 통제력을 상실하게 된 결과인 것이다(Aglietta, 2002).

결론

　자본주의적 신용화폐를 '제조'하는 사회적 관계들은 영국에서 17세기 말 이래로 성공적으로 발전되어 왔으며, 당시 발전 도상에 있던 서유럽 세계 전반에 걸쳐서 복제되었다(성공의 정도는 다양했지만). 자본주의적 신용화폐는 국가와 부르주아계급을 연결시켰다. 이러한 형태의 화폐는 그 제도적 구조를 볼 때 국가, 국가에 대한 대부자들, 납세자들이라는 세 집단 간의 채무자-채권자 관계로 이루어져 있었고, 이러한 관계들은 공공 은행, 효율적인 관료행정 체계, 탄탄한 의회라는 세 가지 틀로 매개되고 재생산되었다. 국채를 보유한 이들이, 국가가 이자와 원금을 갚을 것이라는 확신을 가질 수 있었던 것은 방대한 관료제가 징수하는 조세 수입을 담보로 잡았기 때문이었다(Brewer, 1989). 국가, 채권자들, 조세 납부자들 사이의 이러한 협정(즉 국가 차입의 수준과 세율)은 의회에서 협상되고 또 세밀하게 검토되었다(North and Weingast, 1989). 이러한 형태의 화폐는 이미 존재하고 있던(하지만 크게 강화된) 귀금속 주화와 3세기에 걸쳐서 접합되었고, 그를 통해 신용화폐는 가치 저장 기능 또한 추가적으로 보장받게 된다. 하지만 앞에서 여러 차례 강조했듯이, 화폐와 재화의 비율 즉 화폐의 구매력이 귀금속과 다른 상품들 사이의 시장 교환 비율로 직접 결정된 것은 아니었다. 화폐 당국은 자신들이 고정시켜 놓은 황금과 은행권 사이의 태환 비율을 유지하겠다고 약속했다. 자본주의의 화폐는 대개 그 역사의 기간 동안 공공 금속 주화와 사적 신용이 변형되어 서로 통합된 이중적 또는 혼성적 체제에서 생산되었다. 우리가 1부에서 보았듯이, 금속 본위제라는 생각 때문에 이렇게 화폐의 기반을 이루는 여러 사회적 관계들이 은폐되고 마치 그것이 자연적인 것처럼 보이게 만드는 이데올로기적 효과가 나온 것이다. 금본위제는 이제 거의 반세기 동안 작동하지 않은 체제가 되었으며, 브레턴우즈 통화 체제에서 한 역할은 거의 완전히 상징적인 것에 불과했다.[30]

순수한 형태의 자본주의 신용화폐를 이루는 기본적 요소들을 이제부터 좀 더 깊이 탐구해 보겠다. 하지만 여기에서 이렇게 비교적 탄력적인 화폐 생산이 나타난 덕분에 사회의 기간 구조 권력(infrastructural power)이 엄청나게 증대된 점을 주목할 필요가 있다. 이미 당대에도 관찰되었던 사실이지만 오늘날에 널리 받아들여지는 진실이 하나 있다. 영국이 18세기에 유럽의 지배권을 놓고 프랑스와 맞붙었을 때 승리를 거둘 수 있었던 것은 영국이 신용화폐를 창출할 능력이 있었던 데 반해 프랑스는 그렇지 못했기 때문이라는 점이다(Crouzet, 1999; Ferguson, 2001). 윌리엄 패터슨(William Paterson)*이 제안한 영국은행과 반대로 존 로(John Law)가 프랑스에서 제안한 왕립은행(Banque Royal: 1719년)은 완전히 실패작이었다.

이 두 가지 은행 실험을 자세히 비교하여 분석할 수는 없지만, 명백한 중요한 차이점이 있다. 첫째, 프랑스에는 영국만큼 강력한 부르주아 상인계급이 없었다. 영국의 상인계급은 '네덜란드식 금융'을 속속들이 알고 있었고 그것을 확신하고 있었기에 금융과 화폐 제도들을 만들어 갈 때 국

---

30) 그럼에도 불구하고 오늘날까지도 정통 주류 경제학의 권력 중심에서는 금본위제를 강력하게 지지하는 이들이 존재한다. 예를 들어 노벨상 수상자인 로버트 먼델(Robert Mundell)이 그러하다.

* 스코틀랜드 출신의 상인으로 영국은행에 대한 아이디어를 맨 처음 낸 사람이다. 영국은행이 설립된 뒤에는 스코틀랜드공공은행(The Bank of Scotland)을 세우는 역할을 한다.

가에 대해 일방적으로 조건을 결정할 수가 있었던 것이다. 둘째, 프랑스 국가는 그 잠재적 채권자들에게 영국이 제시할 수 있었던 두 가지 결정적인 보증을 제시하지 못했으니, 징수 과정을 신뢰할 수 있는 조세 수입과 금본위제에 따른 은행권의 태환 가능성이 그것이다. 베버식으로 말하자면, 프랑스 국가는 화수분과 같은 부의 원천이기만 했지 더 많은 부를 창출하는 수단은 아니었으며, 그런 점에서 프랑스는 여전히 **가산제적*** 정치체였던 것이다. 국가의 자금은 관직 매매를 통해 조달되었고, 조세 징수는 여전히 세금 농사꾼들(tax-farmers)의 손에 사유화되어 있었다. 구체제(ancien régime)의 전통적 수혜 계급들은 화폐와 금융을 합리화하는 작업에 아무런 이해관계가 없었다. 결국 프랑스가 19세기에 들어와 경쟁국인 영국의 금융 체제를 모방하게 되기까지는 프랑스대혁명과 혁명의 실패라는 대변동을 겪어야만 했던 것이다.

따라서 자본주의 시대의 가장 성공적인 두 나라인 영국과 미국이 가장 국가 부채가 많은 나라라는 점은 의미심장한 일이다(Ferguson, 2001 : pp. 133-41). 권력, 성공, 부채, 화폐 창출 사이의 관계는 실로 복합적이다. 여기에는 국채를 발행하면 국가 활동이 순탄히 이루어질 뿐 아니라 시중에

---

* 가산제(patrimonialism)란 왕실 재정과 공공 재정이 분리되지 않고 나아가 사적 소유조차도 원칙적으로 군주의 재산으로 간주되는 정치체를 말한다. 베버는 이것이 기본적으로 가부장이 가정 경제 내부의 모든 물적 자원에 대한 처분은 물론 구성원의 인신에 대해서도 예속권을 가지는 가부장제(patriarchy)가 확장된 형태라고 보고 있다. 프랑스의 국가는 절대왕정 이래에 왕실을 정점으로 하여 봉건제의 권력을 재조직하고 봉건 귀족들 일반이 자신들의 잉여를 수취하고 수탈하는 하나의 중심 기구라고 간주되는 경향이 있다. 이는 페리 앤더슨(Perry Anderson)의 《절대주의 국가의 계보》(*The Lineage of Absolutist State*)에서 중심 논지를 이룬다. 마르크스 또한 프랑스혁명 3부작에 걸쳐서 프랑스 국가의 '기생적' 성격을 논하고 있다.

도 신용을 팽창시켜 자금 차입자들에게 더욱 좋은 조건으로 신용을 제공할 수 있게 된다는 선순환 고리가 내포되어 있다. 이를 통해 경제활동이 자극을 받게 되고 이에 따라 조세 징수 또한 유리해져서 그 수입으로 국채의 이자와 원금을 갚을 수 있을 것이라는 신뢰도 또한 좋아진다. 다른 한편, 이러한 과정이 완전한 재난으로 끝장날 가능성도 똑같이 존재함은 물론이다. 국채를 발행하여 국가가 착수한 이런저런 모험들이 실패하게 될 경우에는 조세도 제대로 걷히지 않고, 그리하여 부채를 갚을 수 없게 되면 다시 처음으로 돌아가 하락의 악순환 고리가 시작된다. 이 두 가지 가운데 어느 쪽 결과가 나올 지는 수많은 요인들이 작동하여 결정되며 그 중에는 우발성과 우연 또한 늘 중요한 역할을 한다. 하지만 신용화폐를 수단으로 하여 사회의 '기간 구조' 권력을 성공적으로 확장하는 경우는 오로지 채권자들과 채무자들 사이에 널리 인정되고 또 현실에서 작동 가능한 협정이 맺어져서 이를 바탕으로 정당성을 갖춘 제도적 틀이 만들어질 때 그 틀 안에서만 가능한 일이다.

7

자본주의 신용화폐의 생산

은행가들은 근본적으로 '구매력'이라는 상품의 중개자라기보다는 생산자다.
— 조지프 슘페터(Schumpeter, 1934: p. 74)

국민들이 은행과 통화 체제를 이해하지 못하는 건 아주 다행스런 일이다. 그들이
은행과 통화 체제를 이해하게 되면 당장 오늘 밤에 혁명이 일어날 것이다.
— 헨리 포드(Greider, 1987: p. 55에서 재인용)

시장에 기초하고 있는 사회에서 가장 중요한 문제는 불변의 화폐라는 작업상의
허구를 유지할 수단을 찾는 것이다. 그래야만 채무 계약(가치가 창출되는 궁극적인 장
소……)이 서로 다른 날짜에 벌어져도 모두 그 불변의 화폐를 단위로 삼아 체결될
수 있게 되는 것이다.
— 필립 미로스키(Mirowski, 1991: p. 579)

그린스펀은 아주 당연하다는 듯이 이렇게 말했다. 연방준비제도이사회가 가장
효과적으로 작동하는 방법은 지금까지 연준이 창조해 온 사람들의 예측을 연준
스스로가 충족시키는 것이라고.
— 마틴 메이어(Mayer 2001 :p. 225)

자본주의 통화체제는 은행대부나 신용카드 계약처럼 사적으로 계약
된 채무-채권 관계를 일상적으로 화폐화시켜 주는 사회적 메커니즘을 내

포하고 있다. 그러한 다양한 지불 약속의 위계 서열 꼭대기에는 모든 사람들이 원하는 '지불 약속'이 존재하며, 다양한 형태의 사적 채무(수표, 신용카드, 약속어음 등)는 이 최정상에 있는 '지불 약속'으로 태환된다. 그 최정상의 '지불 약속'이란, 조세의 지불에서 최종적 결제 수단으로 받아들여지는 국가 발행 화폐이다. 이렇게 사적 계약의 채무가 화폐로 전환되는 것은 은행, 금융 체제, 국가 간의 복잡한 연결망, 다시 말해서 국가, 국가에 대한 채권자(국채 보유자), 그리고 국가에 대한 채무자(납세자)들 사이의 연결망을 통해 달성된다. 이 복잡한 관계들을 중앙은행이 매개하고 또 중앙은행은 은행 체제 내에서 사적으로 발행된 지불약속들에 국가 화폐를 내주고 받아들이는 것(즉 매입해 주는 것)을 그 방법으로 삼는다.

앞 장에서 언급한 것처럼, 영국 화폐 발전의 가장 결정적인 국면은 영국은행이 지방에서 발행된 환어음을 할인해 주게 된 일이었다. 이 과정을 통해 다양한 형태의 사적 채무는 화폐화, 즉 일정한 계산화폐가 통용되는 통화 공간 내에서라면 어디서든 완전히 양도될 수 있고 또 채무 지불수단으로 인정받을 수도 있는 주권체의 지불 약속으로 교환되는 것이다. 이 통화 질서는 갖가지 채무들을 단일한 위계 서열로 조직하는데, 그 위계 서열의 기준이 되는 것은 각각의 채무가 지급불능 사태에 빠질 위험도가 얼마나 되는가이다. 이 채권/채무의 위계질서에서 사람들이 가장 얻기를 원하는 신용이 그 최정상의 자리를 차지하게 되는데, 항상 그런 것은 아니지만 이 자리는 주권 국가의 지불 약속이 차지하는 게 보통이다.

이렇게 다종 다기한 지불 약속들에 순위를 매겨 서열을 정하는 일은 모든 수준에 걸쳐서 벌어지며 또 그것들 사이의 차등적 이자율에 기초해서

조직된다. 중앙은행이 전체 은행체제에 대부해 주는 이자율이 '기준금리'이다. 은행업과 금융 체제가 제공하는 다양한 이자율은 나름대로의 신용 리스크와 수익성을 고려하여 계산된다. 예를 들어 '신용 리스크가 높은' 차입자가 소비 목적으로 대출을 할 경우에는 이자율이 기준금리보다 몇 배 더 높을 것이다. 화폐가 아닌 사적 신용 형태('유사 화폐'near money)는 그 양도 가능성에 제한이 가해질 것이다. 많은 나라에서 유통되고 있는 배서한 수표(endorsed cheque)가 그러한 경우이다.

　이미 서술했던 것처럼, 복잡하고도 계속 변화하는 이 통화 체제는 여러 다양한 경제 이론의 분석에서 관심을 끄는 주제이기도 하다. 하지만 이 경제 분석들은 주로 이론 차원의 논의로 추동되는 경향이 있다. 신용화폐가 창출되는 과정의 민족지(民族誌: ethnography)에 대한 관심, 즉 실제 어떻게 신용화폐가 만들어지는지에 대해서는 별 관심을 두지 않는다. 이런 면에서 보면, 금융 저널리스트들이나 때때로 신용 창출 과정에 실제 참여하고 있는 이들이 더 훌륭한 가이드 역할을 할 수 있다. 그러나 사회학자들과 인류학자들이 모두 알고 있는 바이지만, 이러한 민족지적 접근 방법에는 명백한 한계가 있다. 미국에서 가장 박식한 금융 분석가 가운데 한 사람에 따르면, 연방준비제도이사회 지도부는 오늘날 자신들이 무슨 일을 하고 있는지 명확하게 이해하지 못하고 있으며, 심지어 자기들이 무슨 일을 하고 있다고 스스로 생각하는지조차 제대로 모르고 있다고 한다. 역설적이지만, 통화 당국이 최근 들어 통화 체제를 보다 투명하게 하고 공식적인 규칙에 따라 작동하게 하려 노력을 쏟아 왔지만 오히려 그 과정 때문에 통화 체제가 더욱 이해하기 어려운 것이 되어 버린 것 같다는 것이다(Mayer, 2001). 이러한 위험과 어려움을 염두에 두고, 이제부터 자본주의 경제에서 화폐를 생산하는 사회적 구조를 하나의 '이념형'으로 구성해 보도록 하자.

19세기 말이 되면 선진국에서는 더 이상 귀금속 주화가 화폐의 주요한 형태가 아니었다. 은행권은 원리상 은행의 여러 계좌들을 이용하여 자본주의 영리 활동의 대부분이 일상적으로 이루어지는 장부 기입 사항이었지만, 또 동시에 귀금속으로 태환이 되는 것이기도 했다. 하지만 그렇게 신용 형태의 화폐 사용이 급격하게 팽창하게 되자 여러 형태의 화폐들(동전과 같은 비귀금속 주화를 포함해서)을 태환해 줄 금 준비의 비율이 빠르게 떨어졌다. 즉, 그 신용화폐들에 대한 보장 수단이 흔들리기 시작한 것이다. 국제적인 수준에서도 금이 부족하다는 사실이 점점 명확해졌다(de Cecco, 1974). 그러자 금본위제가 사실상 18세기에 흄(David Hume)이 명료하게 제시했던 정통 상품화폐론의 정화유동 메커니즘(specie-flow mechnism)[1] 방식으로 작동하는 것도 아니며 그것이 가능하지도 않다는 점이 널리 받아들여졌다. 당시의 국제 거래는 영국 파운드화로 가치가 매겨져 있었으므로, 이 시대의 통화 체제는 금-파운드 본위제(gold-sterling standard)라 부르는 것이 더 정확하다(Williams, 1968; Ingham, 1994). 둘째, 교환과 지불의 매개 수단은 런던 금융가의 상인 은행가들이* 파운드를 계산 단위로 하여 발행한 신용이라는 형태를 취하고 있었다. 국내 체제와 마찬가지로 국제 금본위제 또한 '놀랄 만큼 적은 금 보유고'를 가지고도 작동할 수 있었다(Bloomfield, 1959: p. 26). 그럼에도 항상 부족한

---

1) 예를 들어 어떤 나라의 무역수지가 적자가 되면 금의 순유출이 발생할 것이며 이는 국내의 통화 공급을 줄이고 이에 따라 가격을 낮추게 될 것이다. 그러면 이 나라 수출품의 가격은 저렴하게 되며 외국에서의 수입품 가격은 비싸게 될 터이니 다시 무역수지 균형이 회복되게 되어 있다는 것이다. 마치 '보이지 않는 손'의 작동인 것처럼.

금 준비 보유를 놓고서 국내와 세계적 수준 모두에서 지불 체제를 작동시킬 수 있으려면 금융 행위자들 사이에 일정 수준의 상호 협조와 조정이 필요했는데, 이 때문에 선진국에서는 중앙은행의 권력이 크게 확대되었을 뿐 아니라 화폐 체제의 중앙 집중화와 통합이 진행되었다(Ingham, 1984 ; Helleiner, 1999).

대략 이 무렵부터 화폐에 대한 '순수' 신용 이론이 사람들 사이에 검토되기 시작했다. 하지만 당대의 가장 명민한 학자들(지멜과 빅셀 같은 학자들)조차도 귀금속 지급보증 없이 '순수한' 화폐 기능이 작동할 수 있다고 생각하지는 못했다(1장과 3장을 보라). 어쨌든 이제 화폐에 대한 신뢰는 전적으로 지불 약속에 대한 신뢰에 기초하게 되었다. 제도적 사실로서의 화폐란 사실상 화폐 체제 내 모든 행위자들의 차입/대출 활동을 정당화하고 틀을 잡아 줄 규칙이나 관습들을 통해 확립된다. 따라서 이제 화폐는 지불 약속에 대한 신뢰를 보여 주는 것 이상도 이하도 아니게 된 것이다.

---

* 상인 은행의 기원은 멀리 중세 이탈리아 도시와 이슬람 지역으로 거슬러 올라가며, 본래 대규모 원거리 무역을 주업으로 하는 상인들이 그러한 무역에 수반되는 여러 금융 서비스를 스스로 제공하는 데에서 시작되었다. 하지만 근대에 들어 특히 프랑크푸르트의 로스차일드(Rothschild)가 영국으로 본거지를 옮기면서부터 이러한 금융 서비스의 종류가 폭발적으로 늘어나서 개인들의 사적 채권과 국가가 발행하는 여러 국채들의 인수 및 거래뿐 아니라, 여러 나라 상업 상황의 정보를 접할 수 있는 이점을 이용하여 기업에 대한 주식 투자와 심지어 인수 합병까지 사업을 확장해 나가서, 사실상 미국의 투자은행과 그 경계선이 모호하게 되었다. 특히 본문에서 지적하는 것처럼, 런던 금융가의 베어링, 로스차일드 등 대상인 은행이 자기 앞으로 끊은 어음들('bills on Londond')은 국제무역에서 현금처럼 지불 결제의 수단으로 쓰이기도 했다.

자본주의 신용화폐의 사회적 구조

'순수' 신용화폐 체제에서는 사적 채무들이 화폐화된다. 따라서 화폐가 어떻게 생산되는가 하는 질문은 신용에 대한 수요와 공급이라는 관점에서 고찰해 볼 수 있다. 하지만 우리가 취하고자 하는 접근 방식은 정통 경제학에서 다루는 방식과 몇 가지 점에서 중요한 차이가 있다. 첫째, 수요 공급은 각각 독립적인 변수일 수 없으며, 따라서 외생적 화폐론과 내생적 화폐론의 논쟁에서 나타난 것처럼 하나의 변수가 다른 변수를 결정하는 식의 일은 일어날 수 없다. 1부에서 강조했던 것처럼, 화폐는 수요/공급의 균형이라는 형식으로 쉽사리 분석할 수 있는 그런 단순한 상품이 아니다. 앞으로 보게 되겠지만, 화폐에 대한 국가의 수요(부채)는 동시에 통화 체제 전체에 대한 화폐 공급의 기본적인 원천이기도 하다. 둘째, 화폐에 대한 수요와 공급 두 가지 모두를 통제하고 규제하는 기준인 신용 가능성이라는 것은 사회적으로 구성되는 것이라는 게 나의 관점이다.

1. 화폐에 대한 민간 부문의 내생적 수요

20세기 말이 되어 주요 자본주의 경제의 통화 당국자들에게 명확해진 사실이 있다. 상업 은행들이 시중의 자금 수요에 맞추어 대출을 해주다가 부실에 빠진다고 해도, 중앙은행의 입장에서 볼 때는 적어도 단기적 차원에서 그 은행들이 다시 준비금을 확보하여 장부상의 균형을 회복하도록 만들어 주는 수밖에 달리 도리가 없다는 점이다. 만약 중앙은행이 이러한 요구에 응하지 않는다면 다른 모든 문제 이전에 우선 지불 체제 전체의 유동성 자체가 위기에 빠지게 될 것이기 때문이다. 이러한 인식은 1959년 영국의 〈래드클리프 보고서〉(Radcliffe Report)에서 제시되었다

(Smithin, 2003: p. 44, 96). 하지만 이러한 생각이 곧 공식적으로 받아들여진 것은 아니었다. 1980년대 들어서 통화주의 정책의 실패가 결국 확연해진 뒤에야 공식적으로 받아들여지게 된다. "최소한 민간 은행의 예금계좌도 화폐로 작동하는 세계에서는, 단순히 중앙은행이 경제에 어느 만큼의 통화를 유통시킬 것인가를 문제가 화폐 정책이 되어서는 결코 안 된다"(Bank of England, 1993). 그래도 여전히 중앙은행은 통화를 자신이 관리하고 있는 것 같은 겉모습을 유지하기 위해 신경을 쓰고 있다. 하지만 중앙은행이 실제로 통제하는 것은 기준금리뿐이다. 중앙은행의 통화 정책이란 물가 수준을 안정적으로 유지하는 데 적정하다고 보이는 수준으로 금리를 매기는 것에 제한되어 있는 것이 현재의 실정이다.

이러한 제약 아래에서, 자본주의 경제를 부양시킬 신용화폐를 풀어내는 쪽은 대출 여부를 결정함에 있어서 신용화폐를 원하는 쪽의 신용 가능성 평가, 적정하다 싶은 이자율, 그리고 현재 신용 시장의 경쟁 수준을 볼 때 더 좋은 대부처가 있을지 등을 고려하게 된다. 은행 체제에서 대출이 이루어질 때 은행은 자신의 이윤 극대화 전략에 따라 가격을 매기며, 여기에는 지불 불이행 리스크에 대한 계산이 포함된다. 첫째, 리스크는 대부 기간이 길어질수록 증가하는 것으로 간주된다. 둘째, 리스크는 대부 목적에 따라 다를 수 있다고 간주된다. 예를 들어 투자, 특히 담보가 있는 투자에 돈을 대출해 주는 것은 소비를 하려는 이에게 해 주는 대출보다 리스크가 낮은 것으로 평가된다. 셋째, 차입자의 지불 능력, 즉 신용 가능성을 평가한다. 이제 신용 평가는 형식화되어 있고 거의 완벽하게 몰인격적인 절차가 되어 버렸으며, 차입자 및 신용 평가 기관이 제공한 정보를 전산화한 데이터베이스에 기초해서 이루어지고 있다.[2] 물론 이러한 일상적 은행 활동보다 높은 수준에서 벌어지는 자본주의적 금융의 경우에서는 이야기가 달라질 수 있다.

어쨌든 이렇게 신용 등급이 나누어지는 데다 리스크가 서열을 이루고 있다는 사실 자체가 경제학에서 '시장 실패'로 간주하는 예 가운데 하나임을 분명히 보여 주고 있다. 즉 수요와 공급을 균형 상태에 이르게 하여 시장을 청산할 수 있는 하나의 단일한 가격을 산출하지 못하고 있는 상태라는 것이다. 만약 어떤 단일한 이자율이 통용되고 있다고 해도 그것이 모든 경우의 지불 불이행 리스크를 다 보충할 만큼 아주 충분히 높게 형성된다면, 리스크가 낮고 신용도가 좋은 이들은 이자율이 너무 높다고 생각해 돈을 꾸려 들지 않을 것이다. 게다가 세상에는 무책임하고 신용할 수도 없으면서 미친 듯이 돈을 꾸러 다니는 이들이 있으며, 이들은 아무리 높은 이자율로도 막을 수가 없는 법이다. 그래서 결국 신용의 배분이라는 문제는 일물일가(一物一價)의 법칙이 지배하는 시장의 가격 기구로는 해결할 수 없다. 그 결과 신용은 '배급'(ration)된다(Stiglitz and Weiss, 1981).

이렇듯 신용 시장에서는 본질적으로 구조적 불평등이 내재한다는 특징이 두드러지고, 이는 신약성경에 나오는 '마태 효과'(Matthew effect), 즉 "무릇 있는 자는 받아 풍족하게 되고, 없는 자는 그나마 있는 것까지 빼앗

---

2) 옛날에는 집집마다 얼마나 공공연하게 '종교적 경건함의 경쟁력'을 보이느냐에 따라 신용이 주어졌다. 이러한 부채의 '도덕적 경제[moral economy: 이해 당사자들의 물적 이해가 아니라 공동체 전체의 도덕적 가치에 의해 물자의 생산과 배분이 조직되는 경제활동 부문을 말한다. 전통 사회에서는 이러한 경제 부문이 어디에서나 존재했었고 지금도 도처에 잔존하고 있다. 지은이는 이를 냉정한 신용 대출 관계에 적용하여 역설적인 의미로 말하고 있다 ―옮긴이]는 근대에 들어와서 변형된 것이다(Muldrew, 1998: p. 195).

기리라" *의 경우임이 분명하다(이제부터 논의는 Ingham, 2000b에 바탕을 두고 서술한다). 자본주의 체제의 위쪽 수준에서는 **돈을 꾸어주는 쪽**이 더 매달릴 수밖에 없게 되는 성격이 상당히 강하다. 속담에도 나오듯이, 당신이 은행에서 5천 파운드를 빌리면 괴로운 쪽은 당신이지만, 5억 파운드라면 괴로운 쪽은 은행이 된다. 은행이 그렇게 큰 액수로 빚을 졌다거나 그 정도의 채무불이행을 겪게 되면 지급 결제 시스템자체를 유지하기 위해 어쩔 수 없이 그 채무를 탕감해 주지 않을 수 없게 된다.

1998년 미국 '헤지 펀드' 롱텀캐피털 매니지먼트(LTCM)는 1천억 달러에 이르는 은행 빚 때문에 파산했다. 그런데 월스트리트 은행들이 컨소시엄을 구성하여 이 회사를 구제해 주었으며, 이를 명령한 것은 미국 연방준비제도이사회였다. 반대쪽 극단으로 가면 사정은 완전히 달라진다. 영국에서 성인 인구의 대략 25퍼센트는 은행 계좌가 없거나 공식적 금융 체제에서 신용을 제공받을 수 없는 상태에 있다. 이 사람들은 불법 고리대금업체의 먹잇감이 되고 있다. 250퍼센트가 넘을 정도로 어처구니없는 현금 대부 이자율을 갚아야 하고, 빚 받아 낸답시고 집집마다 마구 들이닥치는 물리적 폭력을 감수해야 한다. 노동자들과 복지급여 수령자들은 받은 수표를 현금으로 바꾸기 위해 '현금 센터'나 '환전업자'를 찾아야 하는데,** 이때 '가입비'를 지불해야 하는 데다가 수표 액수의 10퍼센트를 수수료로

---

* 마태복음 25장 29절.
** 서구의 경우 수표(check)는 정부에서 발행하는 경우도 있고 개인이 자신의 계좌에서 발행하는 경우도 있지만, 이는 우리나라 은행이 발행하는 '자기앞수표'와는 달라서 직접 사용할 수는 없고 일단 자신의 계좌에 입금시킨 후 현금으로 바꾸거나 자신의 수표를 발행해야 한다. 그런데 이들 중 은행 계좌를 갖지 못한 이들은 그럴 수가 없어서 결국 여러 업체에 들러서 비싼 수수료를 내고 현금으로 바꾸어야 하는 것이다.

내야 한다. 1990년대 말, 영국 인구의 10퍼센트는 1천 군데가 넘는 현금 센터에서 15억 파운드에 달하는 액수를 현금으로 바꿔갔다.[3]

일반화시켜, '화폐의 생산을 둘러싼 사회적 관계'를 염두에 두게 되면 우리는 아주 일반적인 세 가지 유형의 신용 관계 또는 계급적 위치를 구별할 수 있다. 최상층의 활동은 더 많은 돈을 벌기 위해 돈을 빌리는, 기본적으로 자본가의 행동으로 이루어진다. 중간층의 활동은 대체로 소비를 위해 돈을 빌리는 행동이다(대출 때마다 신중함의 정도는 디킨스의 소설에 나오는 미코보 씨Mr Micawber가 적어 놓고 경고했던 것처럼 다 다르다). 이 책을 쓰고 있는 시점에 이미 선진 자본주의 경제에 살고 있는 인구는 사상 유례가 없는 가계 부채 기록을 쌓아 놓은 상태이지만, 끝없이 그 기록을 갱신하고 있는 중이다. 최하층은 신용화폐 생산의 회로 바깥에 있으며, 현금과 유사 물물교환 방법을 사용하고 있다(9장에서 살펴본 지역교환거래 체계LETS의 논의도 보라).

여러 선진국 경제에서 현금은 주변적인 화폐 형태로 밀려났다. 무엇보다도 국가 조세라고 하는 기초적 화폐 관계에 참여하는 것을 회피하는 방법으로서 범죄나 비공식 경제 부문에서 사용되고 있는 것이 현금이다. 몇 가지 명백한 이유 때문에 비공식 경제의 규모는 정확하게 측정하기 어렵고 형태도 매우 다양하다(8장의 아르헨티나에 관한 논의를 보라). 하지만, 2002년 1월 유로가 도입되기 몇 주 전 사람들이 그동안 벽장에 쌓아 놓고 있던 다양한 국가 통화들을 빨리 처분하려고 허둥대는 사태가 벌어진

---

3) 화폐 체제 자체의 구조가 또한 '마태 효과'를 창출하여 불평등성을 증가시킨다는 점에 주의해야 한다. 화폐는 존재하는 불평등성을 측량하는 중립적 척도이기만 한 것이 아니다(Ingham, 2000b를 보라).

적이 있는데, 이때 숨겨진 현금 경제의 규모를 대충이나마 짐작할 수 있었다. 동유럽 사람들은 독일 마르크를 팔고 미국 달러를 사들였는데 이는 심지어 환율에까지 커다란 충격을 줄 정도였다. 2001년 12월 무렵 에스파냐와 이탈리아에서는 사치품에 대한 현금 지불이 크게 늘어났는데, 이는 두 나라의 '암흑' 경제가 GDP의 20~30퍼센트에 이를 정도로 규모가 컸다(*Financial Times*, 2001년 12월 13일, p. 10). 어떤 나라에서 **외국통화**가 광범위하게 통용되고 있다면 일반적으로 이런 현상은 그 국가가 스스로의 화폐 사용을 보장할 수 있을 만큼 효과적인 조세 체제를 통제할 능력이 없거나 너무 약하다는 사실을 보여 주는 지표이다.[4]

2. 은행 체제와 '승수효과'에 따른 화폐 공급

1920년대 동안 사람들은 은행 체제의 채무 피라미드가 그 자체로 새로운 화폐를 생산하는 수단임을 서서히 깨닫기 시작했다.[5] 은행은 예금을 받고 그 이자를 지불한다. 그리고 은행은 자신의 이러한 채무(은행 회계장부에는 채권자에 대한 **부채**liabilities로 기록된다)를 **기초로 삼아** 또 대출을 한다. 하지만 필요하다면 대출하는 금액을 유입되어 들어오는 예금보다 훨씬 넘도록 팽창시킨다. 확대된 대출에 대해서는 당좌예금 계정이 만들어

---

4) 싱가포르와 같은 강력한 도시국가의 경우 현금을 폐기하고 전자화폐를 도입하면서 이를 주민등록증과 같은 공식 신분증, 조세 징수 등등의 체계와 통합시킬 계획을 가지고 있다는 점은 실로 의미심장하다(OECD, 2002).

5) 슘페터가 강조하듯이, 은행들은 단순히 '작은 저축'으로부터 돈을 모아서 이를 꾸어 주기만 하는 것이 아니라, 대출을 통해 화폐를 창출하기도 한다. 하지만 이 점은 널리 이해되지 못하고 있는 듯하다. 그래서 1970년대에 이르러서조차도 미국 지주회사법에서 은행은 '어떤 공동체의 거래 잔액을 모두 모아서 상업적 기업에게 이자를 받고 대부해 주는' 기관이라고 정의하고 있다(Lieater, 2001 : p. 306에서 인용).

지고 또 이 계정만큼 수표가 발행될 것이다. 이 대출금은 대출받은 이가 은행에 갚아야 할 채무가 된다(은행 회계장부에는 자산asset으로 기록된다). 이런 식으로 은행 대출을 통해 만들어지는 채무가 곧 화폐가 되며, 이 화폐는 결국 다른 은행에 예금으로 들어가게 된다.

오랜 전통과 규제를 통해 발전해 온 은행업의 관행상 은행들은 신용을 제공해 주는 고객이 예치한 예금(부채) 가운데 예금주가 언제든지 인출해 갈 수 있는 지급준비금으로 아주 **일부분만** 떼어놓는다. 지급준비금은 이자 수익을 얻을 수 없는 부분이므로, 은행은 지급준비금을 최대한 적게 유지하면서 영업하려 노력한다. 은행이 예금으로 100파운드를 예치 받을 때마다 그중 10퍼센트를 지급준비금으로 떼어 놓게 된다면 받은 90파운드가 대출금(자산)이 될 수 있다. 90파운드가 대출금으로 지출되면, 이 화폐화된 채무는 같은 은행 체제 내의 다른 어떤 은행의 계정에 모습을 드러낸다. 그러면 이 돈은 또 그 다른 은행이 받은 예금이 된다. 그 은행은 이 돈을 근거로 다시 대출할 수 있는 자금으로 81파운드를 마련하여 대출을 확대한다(90파운드에서 9파운드[90파운드의 예금에서 떼어 낸 10퍼센트의 지급준비금]를 뺀 금액). 나중에 가면 결국 맨 처음 100파운드이던 예금이 대출금의 형태로 900파운드라는 새로운 화폐를 만들어 내게 되는 것이다.

복식부기 전통에 따르자면 **전체 은행 체제 내의 총예금(부채)과 대출금(자산)은 서로 상쇄되게 된다**. 이러한 인식은 예금과 대출금 사이에 마치 일대일 대응관계가 존재하는 듯한 **겉모습**을 부여해 준다. 이는 일반적으로 통용되는 상식과도 일치할 뿐 아니라 아주 최근까지도 학계가 뒷받침해 온 입장이기도 하다. 그러나 회계 규칙과 전통적 관행으로는 자본주의적 은행업이 화폐를 창출하는 **역동적** 역할을 포착할 수가 없다. 위대한 프랑스의 역사가 마르크 블로크의 말처럼, 자본주의 체제의 '비밀'은 "채무의 지불과 청산을 늦추고, 지불이 연기된 채무들을 모순 없이 서로 중첩시키는 것"에 있다(Arrighi, 1994: p. 114에서 재인용). 이런 식으로 지불유예와 연기가 벌어지면 은행 체제의 대차대조표에서 **차변과 대변이 모두 확대**될 수 있게 되는데, 이때 유예와 연기를 얼마만큼 할 수 있느냐 하는 시간 프레임은 전통적 규범에 따라 만들어진다.

  이런 시간 프레임은 문화에 따라 차이가 있고, 이러한 차이 때문에 진정으로 지구적인 화폐시장이 발전하는 데 장애가 생겨나게 된다. 동아시아 경제, 특히 앞으로 보겠지만 일본 경제는 채무를 상환 연장하고 연기시켜 주는 시간 프레임이 매우 길고 때로는 정해져 있지 않은 경우까지 있다. 은행 체제가 계속 화폐를 생산할 수 있으려면 결국에는 채무에 대한 지불이 이루어져야 하며 그것도 관습적 시간 프레임 안에 이루어져야 한다. 지불 유예와 연기를 정해 놓은 관습적인 규범들은 준수되지 않으면 안 되는 것이다. 케인스의 표현을 빌리자면, 은행들은 통화의 팽창을 이루어 내기 위해서는 은행 체제 전체 대차대조표의 차변과 대변에 균형이 만들어지도록 조심해서 함께 '발맞추어 행진'(march in step) 해야 한다는 것이다. 이러한 은행 체제의 일상적 작용이 조금이라도 교란될 경우에는 은행 체제가 지금까지 쌓아올린 신용의 피라미드 전체가 무너질 위험이 있으며, 그 채권자−채무자 관계들로 구성되었던 화폐 또한 '소멸'할 위험이 나타나게 된다.[6] (앞으로 보겠지만, 이 복잡한 은행 체제 전체의 차변과 대변 체계가 깨어지지 않으려면 모든 은행들이 저마다 스스로 장부의 균형을 맞출 수 있어야 하고, 그러기 위해서는 보통 중앙은행으로부터 단기 대부[필요하다면 오버나이트 대부]를 얻을 수 있도록 하는 것이 반드시 필요하다.)

  하지만 모든 사적 채무가 이런 식으로 완전히 화폐화될 수 있는 것은 아니다. 모든 화폐는 신용이지만 모든 신용이 곧 화폐가 되는 것은 아니다. 민간 부문에서 자본주의가 확대되는 과정에서, 양도 가능성이 제한되어 있는 채무 계약과 사적 신용 수단('유사 화폐'라는 이름으로 알려져 있다)이 급증하는 과정도 함께 내포되어 있다. 이런 것들은 보통 공식적 은행 체제에서는 충분히 신뢰할 만한 것이라고 받아들여지지 못하는 것들이다. 자본주의에서 기업들은 자기들끼리 신용 네트워크를 만들어 내려 하게 되어 있고, 은행은 이런 식으로 신용이 창출되는 조건을 통제하려 노력하게 되어 있으므로 이 둘 사이에 투쟁이 벌어지게 되어 있거니와, 이 중대한 투쟁이 벌어지는 장이 바로 이 지점이다. 은행은 위계의 정점에 놓여 있는 국가 화폐를 항상 얻을 수 있는 특권이라는 유리함을 가지고 있다. 하지만 신용이 창출되는 과정은 이렇게 중앙은행 화폐에 대한 직접적인 접근권을 가지는 공식 규제 체제의 바깥에 존재하기 때문에 '탈중개화'(disintermediaton)라고 불린다. 앞으로 살펴볼 것처럼, 이 과정은 잠재적으로 안정성을 흔드는 경향이 있다. 1970년대 초 영국 '제2금융권 은행 위기'가 그런 예라고 볼 수 있다(미국에 관해서는 Gutterman, 1994 참조).

---

6) 만약 모든 이들이 자신의 채무를 지불해 버린다면 화폐가 **소멸해 버릴** 것이다. 그런데 이는 분명히 직관적으로는 알쏭달쏭한 명제일 터이다. 여기에서 통화 창출의 과정을 복식 부기의 차변(대출 = 은행이 채권으로 쥐고 있는 자산들)과 대변(예금 = 은행이 예금주들에게 갚아야 할 부채) 사이의 균형으로 나타내 보면 이해가 쉬워질 것이다. 대출을 받은 이들이 모두 한꺼번에 그 대출을 갚아 버린다면 은행의 자산도 소멸할 것이며 이 과정에서 대차대조표의 반대쪽인 대변에 기입되어 있는 모든 예금, 즉 은행의 부채도 소멸해 버릴 것이다. 이 예금 즉 은행의 부채야말로 화폐의 원천이므로 결국 화폐도 소멸해 버릴 것이다. 앞에서 보았듯이, 마르크 블로크는 만약 모든 부채가 동시에 전액 갚아져 버린다면 자본주의가 붕괴할 것이라는 사실을 파악했다(물론 은행 체제의 규범으로 정해져 있는 시간 내에 아무도 부채를 갚지 않을 경우에도 똑같이 자본주의가 위험에 처한다는 좀 더 당연한 사실도 주목해야 한다.)

오늘날에는 보통 '증권 유동화'(securitization)라고 불리는 유사한 신용 창출 과정이 있는데, 여기에서 기업은 미래 수익을 비롯한 자산에 대한 청구권을 직접 구매자에게 판매함으로써 은행 체제 바깥에서 화폐를 조달한다.[7] 증권 유동화처럼 시장에 기초해서 자금을 조달하게 되면 은행에 의해 '중개'되지 않은 채 신용 창출이 직접적으로 벌어지기 때문에 이것이 '은행의 종말'을 야기할 것이라는 주장도 종종 제기됐다(Martin, 1998, Mayer, 2001 참조). 하지만 이러한 주장은 자본주의에서 반복적으로 발생하는 순환 패턴을 오랜 기간 지속되는 장기 추세로 혼동한 것이다. 자본주의 경제가 확장 국면에 있을 때면 언제나 '탈중개화'와 사적 채무 또는 '유사 화폐'의 발행 같은 현상이 생겨난다. 그럼에도 이런 것들은 중앙은행의 주권적 화폐를 이용할 수 있는 은행을 통해 할인되어 완전한 화폐로 전환되는 과정을 밟지 못하는 한 심한 불안정성을 낳게끔 되어 있다(8장에서 논의할 민스키의 금융 불안정성 가설을 보라). 나아가 이러한 사적 신용 수단을 구매하는 자금은 은행에서 차입한 돈이다. 이렇게 사적으로 발행된 신용을 어느 정도까지 수용해야 하는가 하는 문제야말로 명백히 통화 당국이 직면하고 있는 근본적 딜레마라고 할 수 있다.

3. 화폐에 대한 공공 부문의 수요: 국가 채무와 '고성능통화'의 창출

어떤 국가가 튼튼한 힘을 가지고 있고 조세 징수가 효과적으로 이루어지고 있다면, 그 국가가 자신의 채무를 갚겠다는 약속(화폐에 대한 수요)은

---

7) 이는 '금융 공학(financial engineering)'이라고도 한다. 한 예로 1990년대 씨티그룹(Citicorp)은 미래에 들어올 신용카드 이자 지불액들을 채권으로 전환하여 시장에 내다 팔기도 했다. 미국에서 증권 유동화 시장의 크기는 1985년에서 1995년 사이에 4천억 달러에서 2조 달러로 불어났다.

여러 지불 약속들 가운데에서도 가장 많은 이들이 얻고자 하는 지불 약속이 될 것이며 그 결과 은행 체제에서 화폐가 창출되는 기초가 될 것이다. 이러한 관계의 기원에 대해서는 앞 장에서 대략적으로 다룬 바 있다. 민간에서 신용의 청산을 행하는 은행이 고객에게 대부해 줌으로써 화폐를 창출하는 것과 똑같은 방식으로, 중앙은행은 또한 국가가 빌린 돈을 나중에 갚겠다는 국가의 지불 약속(보통 국채라는 형태)을 받아들임으로써 국가에게 예금 계좌를 개설해 준다. 국가는 국채 보유자들에게 돈을 지불할 때 중앙은행에서 개설해 준 계좌 앞으로 수표를 끊어 그것으로 지불할 수 있게 된다. 일단 이 수표가 그렇게 해서 민간인의 손에 들어오면, 그 수표는 그 지불받은 민간인이 거래하는 상업 은행의 계좌로 지불될 것이며, 다시 이를 손에 넣은 상업 은행은 자기가 중앙은행에 대해 지고 있는 채무를 갚을 때 그 수표를 중앙은행에 건네게 된다. 상업 은행으로서는 위기관리를 위해 자산 일부를 유동성이 높은 형태로 보유할 필요가 있으며, 이에 따라 예금으로 받은 현금의 일부를 지급준비금으로 중앙은행에 예치하여 보유해야 한다. 따라서 이런 지불 메커니즘은 상업 은행의 준비금 보유고를 증가시킨다. 주류 경제학 이론은 이 정부의 지불 약속이 사람들이 가장 얻고자 하는 지불 약속이기 때문에 '신용화폐 증식'의 '기초' 통화가 된다는 뜻에서 '고성능통화'(high powered money)라 부른다. 이런 원리에 따를 때, 다른 조건이 동일하다면 정부의 차입과 지출은 신용화폐 공급의 잠재력을 증가시킬 것이다. 은행체제가 새로운 채무를 발행할 수 있는 능력이 커지는 것이다.

정부와 중앙은행은 화폐 공급을 조절하기 위한 수단으로 신규 채권을 발행하는 대신 '공개 시장 조작'이라는 방식을 선택할 수도 있다. 정부는 중앙은행에게 기존에 발행된 각종 국가 발행 증권들을 화폐시장에서 판매하거나 구매하라고 지시할 것이다. 만약 중앙은행이 민간 부문에서 국채를 매입하게 되면 민간 은행들은 지급준비금이 늘어나게 되고 이렇게 되면 민간 은행들은 이 늘어난 지급준비금을 기초로 삼아 더 많은 신용화폐를 창출할 능력을 얻게 되므로, 앞에서 본 국가가 새 국채를 발행한 경우나 마찬가지의 효과가 나타난다. 한편 국가는 중앙은행에게 지시하여 민간의 상업 은행들에게 국채를 판매하라고 지시할 수도 있다. 이 경우에는 상업 은행의 지급준비금이 줄어들게 되고 따라서 상업 은행이 더 많은 돈을 대출하여 신용화폐를 창출할 능력도 제한을 받게 된다. 이 모델에서 민간 은행들은 자신들의 지급준비금을 고성능통화라는 현금으로 가지고 있도록 되어 있으며 이 현금 준비금은 결국 귀금속 본위제 아래에서 금 보유고가 했던 역할과 똑같은 역할을 맡게 된다. '통화주의자'들은 고성능통화를 얼마든지 섬세하게 통제할 수 있으며 그렇게만 하면 전체 화폐 공급(이 화폐 공급은 외생적으로 결정된다)도 규제할 수 있다고 주장하고 있거니와 이 주장의 근거가 되는 것이 바로 이러한 모델이다. 1부에서 우리는 화폐의 양을 측정하는 데는 개념적 문제와 방법적 문제들이 있고, 이 문제들 때문에 통화주의의 교리는 곧바로 포기될 수밖에 없었음을 살펴본 바 있다. 하지만 그렇다고 해서 일부 이단적 경제학이나 포스트케인스주의 경제학처럼 이른바 고성능통화라는 것의 중요성 자체를 부인해서는 안 된다. 이미 살펴본 것처럼, 문제는 통화량의 결정이 내생적이냐 외생적이냐가 아니다. 내생성과 외생성이라는 말은 자본주의에 전형적인 신용화폐 생산 과정을 둘러싼 투쟁의 두 측면을 표현하는 것뿐이다.

고성능통화이든 다른 어떤 방법이든, 20세기 말의 경험은 화폐 공급 총량을 **직접적으로** 통제하려는 시도가 현실에서 먹힐 수가 없음을 암시하고 있다. 오늘날 주된 통화정책 수단은 간접적인 것이다. 즉 이자율을 통해 사람들이 돈을 꾸려는 성향, 다시 말해서 신용화폐에 대한 수요를 통제하는 것이다. 나아가 대부분의 중앙은행들은 통화 총량에 별로 관심을 기울이지도 않는다. 자본주의 체제에서 화폐 창조는 확실하게 결정될 수 없다는 것을 자신의 본성으로 삼는다. 은행을 거치지 않는 탈중개화된 신용 창출이란 자본주의에서 일탈이 아니라 정상적인 상태로 보아야 하며, 은행 대차대조표 상태와 실제 채무 수준 사이에 상당한 격차가 벌어지는 일도 얼마든지 일어날 수 있다.[8] 다음과 같은 말에서 이런 특징이 잘 드러난다. "실제 세계에서 은행들은 신용을 확대하고 이 과정에서 예금 계좌를 창출하는데, 그에 대한 준비금을 채워 넣는 것은 나중 일이다. 그렇다면 문제는 이 준비금에 대한 수요를 연방준비은행이 채워 줄 것이냐 말 것이냐 또 채워 준다면 얼마나 채워 줄 것이냐가 된다. 아주 짧은 기간에서 보자면 연방준비은행은 이러한 화폐 수요에 응해 주는 것 말고 다른 선택의 여지가 거의 없거나 전혀 없다. 하지만 오랜 시간이 지나게 되면 중앙은행의 영향력은 명백히 감지할 수 있게 된다"(미국 중앙은행 간부 Alan Holmes의 말, Henwood, 1997: p. 220에서 재인용).

중앙은행의 영향력은 그 어떤 것도 직접 느낄 수 있는 것은 아니지만, 은행들이 지급 결제 시스템의 화폐 환류를 유지할 수 없어서 화폐 자체가

---

8) 굿하트의 법칙[Goodhart's Law: 어떤 경제 지표가 정부 정책의 중요한 목표로 설정이 될 경우 이 지표는 실제 경제 상태를 나타내는 정보로서의 의미를 상실하게 된다는 명제 — 옮긴이]이 함의하는 바가 이것이다. 메이어는 그린스펀(Alan Greenspan)의 임무를 이렇게 설명한다(Mayer, 2001: p. 225). '금융 중개에서 은행이 그저 작은 역할 이상을 하지 못하는 세계에서 연방준비제도이사회는 민간 은행들의 초단기(overnight) 금리를 상승시켜서 실물경제의 흐름에 영향을 끼치고자 한다. 이것이 어떻게 가능한지를 설명하는 것이 그의 임무이다.'

사라질 사태가 벌어질 때는 중앙은행이 '최종 대부자'의 역할을 할 권력과 재량권을 가지고 있으며, 중앙은행의 영향력은 이러한 사실의 결과로서만 감지된다. 은행들은 궁극적으로 중앙은행에 의존할 수밖에 없는데다가 또 다른 고려 사항을 제쳐 놓더라도 신용화폐 창출과 관련하여 중앙은행의 요구에 순응하는 것을 스스로의 이익으로 삼는다. 사람들이 가장 원하는 지불 약속을 생산하고 통제하는 것이 중앙은행이며, 그 권력도 여기에서 나온다.[9] 예를 들어 1970년대 초 '제2금융권' 위기를 맞아 영국은행은 침몰하고 있는 은행들에 '구명보트'를 던져 주도록 조직했고, 생존한 은행들은 그 대가로 '자발적 감독에 스스로 복속하도록' 인도되었다(Mayer, 2001 : p. 113에서 인용. 더 많은 예들을 보려면, Mayer, 2001, 5장과 6장). 영국은행의 말을 듣지 않은 금융 기업들은 아무런 구제도 받지 못할 처지에 놓였다.

4. 국가 고성능통화의 신뢰성: 예산, 조세, 국채

2장에서 서술했듯이, 현대의 신증표화폐론(neo-chartalism)은 고성능통화의 외생적 기원과 효과를 강조하는 정통 경제학에 반대하는 한편, 화폐의 내생적 위치만 단순하게 강조하는 그 반대 극단도 넘어서는 대안을

---

9) 월터 베저트는 19세기의 런던 금융가의 경험을 서술한 《롬바드가》에서 은행 패닉 상태를 중지시킬 수 있는 세 가지 규칙을 제시한 것으로 유명하다. 은행 패닉 상태를 중지시키기 위해서 영국은행은 '건전한 담보물'을 잡고서 '자유롭게 대출'을 해주는 대신 '벌금에 해당하는 높은 금리'를 적용해야 한다는 것이다. 많은 신고전파 경제학자들은 이런 식의 안전망이 존재하게 되면 은행의 리스크 회피 성향을 줄이게 되고 결과적으로 전체 체제를 위기에 빠져들게 하는 경향('도덕적 해이') 또한 확대시킬 것이라 주장한다. 다음을 참조하라. Kindleberger, 1989[1978]

제시한다(Wray, 1998; Bell, 2000). 이들은 정부가 원한다면 고성능통화를 마음껏 만들어 내고 지출할 수 있음을 인정하지만, 이럴 경우 은행 체제에 존재하는 지급준비금의 양을 과잉 상태로 만들어서 결국 이자율을 하락시킬 수밖에 없게 될 것이라고 주장한다(Bell, 2000). 과잉으로 쌓인 준비금은 두 가지 방법으로 빼낼 수가 있다. 첫째 방법은 조세이고 둘째 방법은 은행 체제에 정부 채권을 판매하는 것이다. 첫 번째 경우, 납세자가 은행에 자신이 가지고 있는 계좌에서 수표를 발행하여 그것으로 국가에 세금을 지불하게 되면 결국 그 은행이 중앙은행에 가지고 있는 계좌의 잔고가 줄어들게 될 것이다. 두 번째, 정부는 중앙은행에 명령하여 은행 체제에 국채를 매각함으로써 자신의 지출로 야기된 민간 은행의 과다한 준비금을 빼낼 수가 있다. 따라서 재무부 채권의 판매는 차입을 위한 작업이 결코 아니라 이자율을 유지하기 위해 은행 체제의 과다한 준비금을 제거하는 수단으로 사용되는 것일 뿐이라는 게 신증표화폐론의 주장이다.

신증표화폐론은 국가가 사실상 정부 지출을 위해 조세나 채권 매각을 통해 시민들의 돈을 끌어들일 필요가 없다는 점을 입증하려고 노력한다.[10] 하지만 1부에서 언급했던 것처럼, 그들은 자본주의 체제에서 정부 지출, 조세, 국채 사이의 연결이 그 기원에서나 기능에서나 모두 정치적 성격을

---

10) 2장에서 언급했듯이, 신증표화폐론은 기능적 재정[functional finance : 정부가 재정을 편성할 때 경기순환을 완화하기 위해 의도적으로 경기 과열 시에는 긴축 및 흑자 재정을 추구했다가 경기 침체시에는 팽창 및 적자 재정을 추구하도록 해야 한다는 생각 – 옮긴이]이라는 러너(Abba Lerner)의 아이디어를 따르고 있으며, 정부가 인플레이션을 일으키지 않으면서 최종 대부자 역할을 할 수 있다는 것을 확립하는 것을 관심사로 삼는다.

지닌다는 중요한 사실을 놓치고 있는 듯하다. 예를 들어 정부 지출, 조세, 국채 사이에 존재하는 연결 관계는 애초에 과다한 준비금으로 이자율에 하락 압력이 생길 것을 두려워하여 그것을 뽑아낸다고 하는 기능적인 목적을 이루기 위해서 생겨난 것이 아니다. 이는 강력한 주권 국가가 나타나서 재정 지출과 조세를 임의적으로 통제하려 들고 또 이에 저항하는 부르주아계급이 출현하게 되면서 그 역사적 결과로 나타난 것이다. 그 뒤로는 재정 지출, 정부 차입, 조세 사이의 균형을 유지하기 위해 어떤 원칙을 따를 것인가(통화 가치를 건전하게 유지한다는 원칙도 그 한 예가 될 것이다)의 문제는 결과적으로 국가, 자본가적인 '금리 수취자,' 세금을 내는 자본주의적 생산자 및 노동자 사이에 어떤 암묵적인 협정이 맺어지는가 하는 문제가 되었다. 게다가 그 과정에서 맺어지는 협정이 어떤 것이건 그것을 경제학의 원리와 관행이 정당화해 준다면 그 협정의 안정성이 크게 증대된다. 이러한 여러 경제적 이해 집단 사이의 정치적 균형을 국가가 만들어 낼 수 있거니와, 그 정치적 균형의 주된 관심은 궁극적으로 국가의 전제적 권력을 견제하고 국가의 신용도(즉 국가의 채무 지불 능력)를 확고하게 만드는 것에 있다. 국가가 현실에서 실질적으로 무엇을 할 수 있는가가 중요한 것이 아니라, 서로 경제적 존속을 유지하기 위해 투쟁을 벌이면서 화폐를 생산하게 되는 여러 집단과 계급들(여기에는 국가 자신도 들어간다)이 화폐에 대한 국가의 이런저런 활동들을 정당한 것으로 해석하느냐 그렇지 않으냐가 더욱 중요하다. 이것이 건전 통화 원리가 실질적으로 작동하는 방식이다. 즉, 재무부 채권을 보유한 이들이 국가의 이자 지급과 채권 상환 능력을 철석같이 믿도록 만들어야 한다는 것이다.

국가와 시장은 자본주의적 신용화폐를 생산하는 과정을 공유하고 있다. 앞서 강조한 것처럼, '안정적' 화폐를 생산할 수 있을지 여부를 결정하는 것은 자본주의적 화폐 생산 과정에 참여하는 이 두 주요 참가자들 사이의 **세력균형**이 어떻게 되는가이다. 첫째, 정부 채권의 발행과 공개 시장 조작은 오직 국채 발행이나 매매의 조건을 채권자들이 수용할 때만(다시 말해 어떤 방법을 통해서건 국채 수익률이 기대 인플레이션을 충분히 넘어설 것이라 확신하는 경우에만) 시행될 수 있다. 간단히 말하자면, 자본주의 체제에서 화폐의 생산을 규제하는 규칙들(아래에서 논의한다)은 궁극적으로 독립적인 금리 수취자 계급이 국가 채무를 수용할 의사가 있느냐에 달려 있다.

조세와 국가 발행 유가증권은 자본주의 국가를 구성하는 가장 본질적인 양대 요소 또는 가장 본질적인 두 가지 사회적 유대이다. 이 두 요소는 채무의 창조와 파괴를 통해 **실제의 화폐 흐름**을 만들어 낸다. 조세와 국가 증권 발행은 모두가 합의하는 규칙들에 따라 이루어지며, 이는 국가 예산으로 표현된다. 그리하여 이런 규칙들은 갈등하고 경쟁하는 이해 집단들을 만족시키는 한편, 그러한 화폐 생산 과정을 정당하고도 유의미한 것으로 만들어 준다. 이 합의된 규칙이 조금이라도 훼손된다면 매우 심각한 사태가 발생한다.

불변의 가치 기준이라는 허구

우리는 이제 추상적 가치를 표현하는 불변의 통화가치 기준이 존재한다는 작업상의 허구(working fiction of an invariant monetary standard of abstract value)가 얼마나 큰 중요성을 갖는 것인가를 되새겨 보아야 한다. 실질 수익률은 인플레이션 때문에 계산하기가 어렵고, 투자를 위해 채무를 내주고 얻는 계약이나 가치의 창출은 그러한 불확실성 때문에 제약을 받을 수밖에 없다.[11] 가장 중요한 문제가 또 있다. 인플레이션 상황에서도 채권자들에게 플러스의 수익률을 안겨줄 만큼 이자율을 높게 설정하게 되면 이번에는 채무자들이 지급불능에 빠져 파산할 가능성이 크게 높아지게 될 수밖에 없다는 점이다. 이렇게 되면 "채무자-채권자 사이의 관계야말로 자본주의 궁극적 기초를 형성하는 것이지만, 그 둘 사이의 모든 영구적 관계가 완전히 무질서에 빠져서 거의 무의미한 것이 되어 버린다. …… 현실 사회의 기초를 뒤집어 버리는 데 이보다 더 음흉하고도 확실한 방법은 없다"(Keynes, 1919: p. 220). 여기서 금융시장에서의 벤치마크는 국가 부채의 장기 이자율이라는 사실을 다시 상기해야 한다.

20세기까지는 불변의 가치 기준을 만들어 내려는 시도가 국가 은행(훗날의 중앙은행)이 시장 가치를 갖는 귀금속과 명목 화폐 사이의 교환 비율을 행정적으로 고정시키는 방식으로 이루어졌다. (여기에서 이것이 물가 수준에 어떤 영향을 주었는지를 논의할 필요는 없다. 단지 귀금속 본위제의 목적은 화폐가 가치의 저장 수단이 될 수 있다는 신뢰를 낳기 위한 것이지 화폐와 여타 상품들 사이에 각각의 교환 비율을 확립하기 위한 것이 아님을 다시 한 번 말해 둔다.) 하지만 오늘날에는 순수한 신용화폐 본위제가 시행되고 있으므로, 사람들이 믿을 수 있는 화폐 제도를 확립하기 위해서 과거와는 상당히 다른 방법을 고안해야 한다는 문제가 오늘날까지 이어지고 있다. 그 다른

---

11) 하지만 인플레이션이 현실에 초래하는 여러 비용들을 수량화하는 일은 불가능하다는 것이 입증되었다. 인플레이션을 적대시하는 저명한 경제학자들조차도 인플레이션이 연간 20퍼센트에 미치지 못하는 한 경제성장에 부정적 영향을 가져온다고 제시할 증거가 사실상 존재하지 않음을 인정했다(Barro and Gordon, 1983: p. 104). 관련 문헌에 대한 개괄은 Issing, 2001: pp. 16-18; Kirshner, 1999.

방법의 기초가 되는 것은 이런 것이다. 우선 과학임을 자처하는 경제학이 몇 가지 명제를 내놓고, 이는 경제에 대한 객관적 지식으로서 통용되며, 그러면 국가와 중앙은행은 그 명제들을 법령으로 현실화한다. 이렇게 경제학에 의해 객관적 지식이라고 통용되게 되는 명제들과 그것이 어떻게 법령화되는가를 자신의 기초라고 내세우면서 사람들이 믿을 수 있는 화폐 제도를 확립하는 방법이 고안되는 것이다. 오늘날에는 이 불변의 가치라는 작업상의 허구가 정부의 재정 관행과 중앙은행의 통화정책 양자 모두에 대한 감정평가의 함수로서 주어지게 되었다. 중앙은행의 역할은 바로 정부의 재정 정책과 관행에 대하여 불변의 화폐 기준에 대한 신용도를 확립하는 것이다. 통화 체제 안에 존재하는 통화량을 정밀하게 통제해 보려던 통화주의의 시도는 예전에 포기되었고, 그 뒤로 화폐의 안정성에 대한 신뢰도는 이제 사람들이 빚을 낼 의향을 규제하는 이자율에 대한 결정이 어느 만큼이나 절차적 정당성에 따라서 이루어졌는가를 놓고서 감정되고 평가된다.

불변의 가치 기준으로서의 화폐에 대한 신뢰성을 구축하는 문제와 관련하여 오늘날 통용되고 있는 정통 경제학 이론은, 1970년대 초 인플레이션 이후 주요한 경제적 이익 집단이나 계급 사이의 세력균형이 구조조정을 겪는 와중에서 발전되어 나온 이론이다. 이러한 세력균형의 구조조정과 새로운 협정의 형성이 어떻게 이루어졌는지는 다음 장에서 다루기로 하고, 여기에서는 오늘날 여러 나라의 통화 당국이 실제로 시행하고 있는 정책의 기본 요소들을 개략적으로 살펴보겠다(Blinder, 1999; Blinder et al., 2001; Issing, 2001을 보라). 그 일반적인 특징들은 다음과 같다.

정부는 통화정책의 기본 요소들을 정식화한다. 그 통로는 재무부가 되는데, 여기에서 앞에서 말한 것처럼 정부 지출의 수준과 예산 적자의 크기 등과 같은 재정 상태가 고려된다. 여기에 추가적으로 중앙은행이 재무부와 협조하여 국가와 정부 기관들이 인플레이션을 일으키지 않도록 따라서 행동해야 한다고 여겨지는 여러 경험적 규칙들의 내용을 구성한다. 한 예로 '테일러 준칙'(Taylor Rule)이란 '총생산 격차'(output gap)*와 현실의 물가 상승률이 정부가 명시적으로 내건 '목표 물가 상승률'에서 얼마나 벗어나는지 그 편차를 놓고서 이것들의 선형함수로서 이자율이 결정되는 모델을 상정한다. 경제학 저서와 논문에 **명시적으로** 드러나 있는 차원으로 보자면, 중앙은행의 정책에서 중앙은행이 미리 정해진 단순한 규칙을 따르는 것과 자율적 재량권을 발휘하는 것 가운데 어느 쪽이 더 장점이 큰가 하는 질문은 선험적으로 대답할 성격이 아니라 경험적으로 판단해야 할 질문으로 다루어지고 있다. 하지만 암묵적인 차원에서 보면 이 문헌들은 이 문제를 기본적으로 신뢰의 문제로 보기 때문에 단순한 규칙들을 따르는 쪽이 더 장점이 많을 것이라는 쪽으로들 판단을 내리고 있다. 왜냐하면 이러한 단순한 규칙들은 "제3자들도 감시하는 것이 가능하기 때문에, 신용도를 얻고 또 유지하는 것을 궁극적으로 보장해 주는 수단으로 볼 수 있기" 때문이라는 것이다(Issing, 2001: p. 42). 하지만 이러한 단순한 규칙들 쪽을 옹호하는 이들조차도 이 규칙들을 경제 정책을 **처방하는** 수단으로서 옹호하지는 않는다. 이 규칙들은 단순함 자체가 생명이기 때문에 이런 것들로는 신뢰할 만한 경제적 분석을 내놓을 수 없다는 것이다.

현재 대부분의 중앙은행들은 이러한 정책들에 조응하도록 이자율을 결정하거나 화폐적 안정성을 달성하고 있으며, 여기에서 상당한 정도의 독

---

* 잠재적 경제성장률과 실제 경제성장률의 차이를 말한다.

립성을 누리고 있다. 이렇게 중앙은행들에게 독립성을 보장해 주는 의도는 통화정책을 탈정치화시키기 위해서이다. 중앙은행은 특히 정부와 유권자들로부터 인플레이션을 발생시키도록 하는 압력을 받을 수 있으므로 이렇게 큰 독립성을 부여하여 그 압력을 제거하자는 것이다.

몇 가지 중요한 예외들이 있기는 하지만, 인플레이션을 통제하기 위한 주요 정책 목표는 보통 2~4퍼센트 범위 내에서 목표 인플레이션 수준을 명시적으로 내거는 것으로 제시된다. 중앙은행의 통화위원회는 중앙은행 공무원들과 기술적 전문성이나 현장 경험을 갖춘 경제학자들, 그리고 어떤 경우에는 주요 경제적 이해 집단 대표들까지 포함하여 구성되며, 주어진 규칙들을 고려하여 목표 인플레이션을 달성할 만한 단기 이자율을 결정한다. 통화 당국(가장 중요한 부처는 중앙은행과 재무부이다)은 정기적으로 자주 만나 통화 상황에 대한 자신들의 인식과 이미 그 내용이 정식화되어 있는 기존의 규칙들을 적용할 때 의사결정의 일관성을 유지하고자 노력한다(하지만 이 일관성이라는 목적은 중앙은행과 재무부 사이의 경쟁과 갈등 그리고 전문가의 계량 경제 모델과 데이터의 불확실성 때문에 위태로워질 때가 많다는 것도 유념해야 한다).

오늘날 경제학자들은 의사결정에 일관성을 유지할 수 있는 가장 좋은 방법이 '투명성'이라고 주장한다. 투명성이란 의사결정을 내릴 때마다 어째서 그러한 결정을 내리게 되었는지에 대한 논리 도출 과정을 공공 영역에서 공개적으로 소통한다는 것을 말한다.[12] 통화정책의 일관성은 경제 이론과 경제 모델이 묘사하고 있는 바의 통화 상황이 어떤 의미를 지니는지를 놓고 여론의 합의가 조성될 때 오직 그 여론 합의와의 관련 속

---

12) 현시점에서 유럽중앙은행은 아주 두드러진 예외이다.

에서만 달성될 수 있다는 것이다. 앞으로 보겠지만, 이런 조건에서 통화 당국은 이론 경제학의 지식과 일상화된 관행에 기초하여 상황을 이해하는 '인식 공동체'를 육성하는 작업에 몰두한다(하지만 이 투명성이 실현되는 바람에 전문가들 사이의 의견 대립이 투명하게 드러나 버릴 경우에는 오히려 일관적 통화정책이라는 목표가 흔들릴 수도 있다. 320쪽 각주 18을 보라). 요컨대, 통화정책을 탈정치화시켜서 제도적으로 자율성이 보장된 전문가들에게 통화정책을 맡기는 것을 목표로 표방하는 것이다. 이 전문가들은 실증적인 경제 과학을 통화정책에 적용시키기 때문에 자신들이 중립적이라고 주장한다.

국가의 재정적 신용도는 스탠다드앤드푸어스와 무디스 같은 신용평가 기관들이 공식적으로 등급을 매기기도 하며, 국제통화기금(IMF)이나 경제협력개발기구(OECD)의 보고서가 판단을 내리기도 한다. 일단 이러한 평가가 이루어지고 나서 또 중앙은행이 그 나라의 신용도를 확립하게 되면, 그 나라의 통화가 가치 불변이라는 이 '작업상의 허구'가 이제 통화, 정부 채권과 같은 형태를 띠고서 지구적 화폐시장에서 거래될 수 있다. 최근 미국의 한 저명한 경제학자는 이 과정을 이렇게 설명한 바 있다. "나라마다 중앙은행은 자신들이 인플레이션을 막을 능력이 있음을 보여 주는 성적 증명서를 완벽하게 갖추어 제출한다. 그러면 각 나라 채권 시장은 만에 하나라도 은행들이 이런 책임을 내팽개치고 싶은 유혹에 빠지는 일이 없도록 그 약속을 철저히 지키는지 시시각각 감시의 눈길을 부라린다"(Dornbusch, 2001 : p. 15).

1. 경제 이론, 연행성, 이데올로기

오늘날의 이러한 장치들은 20세기 말 통화 체제의 사회적 구조에서 벌어진 두 가지 서로 연결된 변화가 낳은 산물이다. 첫 번째 변화는 1970년 대 이래로 인플레이션을 완벽하게 일소하려는 노력이 나타난 것과 관련이 있다(8장을 보라). 두 번째 변화는 주요 금융시장에서 '빅뱅'이라 불리는 규제완화 정책이 나타면서 화폐시장 특히 국채 시장이 지구화되기 시작했고, 이에 따라 각 화폐시장과 국채 시장이 보다 몰인격적 방식으로 조직되게 되었다는 것이다(8장을 보라). 이런 변화가 나타나기 전까지 국채의 매매는 '공개 시장'이라는 이름에도 불구하고 폐쇄적인 개인적 네트워크가 운영을 맡은 국내적 차원의 문제였고, 공공에 공개된 것은 거의 없었다. 그러나 이러한 인격적인 소유 대신 금융 기관의 소유가 나타나게 되고 몰인격적인 초국적 시장들이 확대되자, 이 조건 아래에서 화폐시장이나 국채 시장이 작동하려면 예전과는 상당히 다른 구조로 변하지 않을 수 없었다. 예전처럼 사회적 관계 속에 묻어들어 있던 거래는 사라지게 되고, 대신 공식적이고 투명한 규칙들 그리고 시장 규칙과 거시경제 지표의 의미에 대해 인식을 공유하는 인식 공동체들이 그 자리를 차지하게 되었다. 새로운 조건 아래에서 변화무쌍한 상황과 사건들에 의미를 부여하기 위해서는 공통의 이해가 필수적일 수밖에 없으며, 화폐시장과 국채 시장은 이러한 이해의 공유를 기초로 삼지 않으면 아예 작동이 불가능했던 것이다(H. White, 1981). 이 새로운 조직적 장치들은 주어진 상황에 대한 공동의 정의들을 창출하기 위한 수단이었다.

이렇게 건전 통화의 가치를 유지한다는 관행이 최신판으로 재구성되는 과정에서, 언제나 그렇듯이 경제학 이론이 중요한 역할을 했다. 특히 주류 경제학의 합리적 기대 이론(rational expectations theory)은 위에서 대략적으로 언급한 변화들의 표출로서 이해할 수 있다. 이 점에서 대학에서 가르치는 경제학이 이론과 실천의 관계를 파악하는 방식은 독특하다. 즉 이론적으로 최적의 상태를 가정해 놓고서 실천이 최대한 그에 가까워지게 되어 있다고 보는 것이다. 하지만 좀 더 자세히 들여다보면 통화정책이 실제로 결정되는 과정에 전문성이나 투명성이 주류 화폐경제학의 기본 교리들에 그다지 확고하게 뿌리박고 있는 것이 아님은 분명하다.[13] 확실히 중앙은행은 정통 경제학 통화 이론의 기본 교리, 특히 화폐량과 가격 수준이 장기적으로 조응한다는 교리에 대해 입으로는 지당한 말씀이라는 언사를 아끼지 않는다. 하지만 그들도 이 교리로는 자신들이 단기적 불균형이라고 보는 상황을 다루는 데 지침으로 쓸 수 없음을 인정한다. 이러한 단기적 불균형이 어떤 결과들을 가져오는가에 대해서 경험에 기초한 모델을 새로 구성할 수 있는 만족스런 방법도 없으며 또 기존의 여러 모델 가운데 어떤 것이 상대적으로 더 뛰어난지를 가려 선택할 수 있는 만족스런 방법도 없다는 점 또한 널리 인정되고 있다(Issing, 2001 : p. 7, 21). "통화정책에 열쇠가 되는 질문은 특정한 통화정책이 시간이 지남에 따라 '실물' 변수들에 정확하게 어떤 방식으로 충격을 가하는가를 밝혀내는 것이다. 그런데 이 문제에 대한 우리의 이해는 아직도 불완전할

---

13) 유럽중앙은행에서 최고 책임자의 위치에 있는 경제학자가 최근의 개괄적 조사를 통하여 이 주류 화폐경제학의 여러 가정들이 실제 정책 과정에서 어떤 처지에 있는지를 분명하게 확인해 주었다. "통화량과 가격 사이에 일대일 대응 관계가 존재한다는 주장은 오랜 시간 동안 경제학자들 사이에 당연한 것으로 여겨 온 결과 아직도 통용되고 있는 소수의 명제들 중 하나이다"(Issing, 2001 : pp. 76-7). 화폐량과 가격이 장기적으로 조응한다는 것은 단지 하나의 이론적 가능성에 불과하며, 항진명제에 불과한 화폐수량설 등식 내에서만 성립 가능한 것이라는 것이다(1부 1장을 보라). 더욱 중요한 문제점은 실제 실행에서 발생하는 것들이다. 화폐수량설 등식은 장기적으로 균형을 창출하려면 어떤 정책 수단들을 사용해야 하느냐라는 질문에 대해서, 전혀 정밀하지도 않고 조작도 불가능한 것으로 악명이 높은 통화량이니 유통 속도니 하는 것들 말고는 아무 것도 구체적으로 말해 주는 것이 없다는 점이라는 것이다.

뿐이다"(Issing, 2001 : p. 7, 21).

그렇다면 각국의 중앙은행과 전문가라는 이들은 현실에서 도대체 어떤 식으로 일을 하고 있는 것일까?[14] 과거 몇 십년간 해오던 대로 하고 있는 듯하다는 것이 대답이다. 인플레이션이 임박했다는 신호를 어떻게 읽어 낼까라는 가장 중요한 경험적 문제가 닥쳤을 때, 중앙은행들이 의지하고 있는 방법은 그간 축적되어 온 관습적인 지혜이다.[15] 물론 일반성을 갖춘 이론 구성은 포기한다고 해도, 특수한 경우(ad hoc)를 다루는 계량경제학을 통해서 이러한 관습적인 신호들을 얼추 이런저런 모델로 엮어 내기도 한다. 하지만 "이 가운데 어떤 모델을 확실하게 고를 것인지는, '진리'는 고사하고 심지어 '최선'의 참조 모델을 선택하는 것조차도 신앙의 문

---

14) 게다가 경제 모델을 분석하면 통화정책에 대한 여러 함의점을 얻을 수 있다고들 하지만, 그 함의점이라는 것도 어떤 경제 모델을 쓰느냐에 따라 아주 크게 달라지게 된다. 따라서 경제 분석을 기초로 삼아서 안심하고 정책을 결정할 수는 없는 것으로 보인다 (Issing, 2001 : p. 7).

15) 중앙은행은 첫째, 경제가 그 잠재적 최대 가동 능력에 근접하고 있다는 신호가 있는지를 찾는다. 만약 경제가 완전히 최대 가동 능력까지 가동된다면 더 이상의 공급이 불가능하기 때문에 공급 부족 사태가 야기될 것이며, 그렇게 되면 경제 행위자들이 저마다 자기 생산물의 가격을 인상하여 이러한 공급 부족 사태를 이용해 먹으려 들 기회가 생겨날 것이고 그렇게 되면 인플레이션이 벌어진다는 것이다. 둘째, 중앙은행은 공급 측 비용 특히 임금 협상의 결과가 어떻게 변화되고 있는지를 대단히 세심하게 살핀다. 셋째, 자산 가격의 상승은 두 가지 신호를 전달해 주는 것이라고 생각된다. 한편으로 자산 가격 상승은 '부 효과'(wealth effect)를 낳아 소비 지출을 늘려 주며 이것이 인플레이션의 도화선이 될 수 있다고 본다. 다른 한편으로 금리 수취자들은 인플레이션에 민감하기 때문에 이들이 인플레이션의 가능성을 감지하게 되면 장기 채권 가격과 단기 채권 가격의 차이가 벌어지게 된다. 중앙은행은 이 두 종류 채권 가격의 차이를 보여 주는 '수익률 곡선'(yield curve)의 기울기 변화 추이를 살펴서 화폐시장이 중앙은행의 인플레이션 억제 정책을 어느 만큼 신뢰하고 있는지의 지표로 삼는다.

제가 될 뿐이다"(Issing, 2001: p. 40, 강조는 인용자). 중앙은행들이 하고 있는 행동이 경제학에서 합의되고 입증된 결과물들을 통화정책에 적용하는 것이 아니라 이렇게 신앙에 기초한 행동에 불과한 것이라면, 이러한 행동들이 의도하는 바는 무엇인가? 도대체 21세기의 중앙은행들은 무엇을 하고 있는 것인가?

분명히 중앙은행은 모두가 합의한 조직적 장치들과 최신의 거시경제학 조류에 맞추어 평가되는 절차적 투명성을 확립하려 하고 있다. 화폐 가치의 안정이라는 제도적 사실은 최소한 부분적으로나마 전문가들의 경제 이론과 실천의 연행성(演行性: performativity)*을 통해 구성되는 것이다 (Searle, 1995). 중앙은행 전문가들의 의사결정은 연행적이라 할 수 있다. 그들의 발언은 그 발언이 묘사하는 상황을 실제로 창출하려는 것이기 때

---

* 어떤 발언을 할 때 그것이 단순히 현실을 묘사하는 것이 아니라, 연극 등의 연행 예술 (performative art)의 대사처럼 그 발언의 내용을 실제로 수행하는 효과를 갖는다는 뜻. 특히 사회적 제도에 의해 만들어지는 제도적 사실들(institutional facts)은 이 연행 적 발언에 의해 다시 사실로서 공고하게 된다. 본문에서 지은이가 언급하고 있는 설(J. Searle)의 원문은 "제도적 사실들의 창출에 있어서 연행적 발언의 활용"이라는 제목 아래에 다음과 같이 설명하고 있다. "제도적 사실들의 가장 흥미로운 특징들 가운데 하나는 그중 전부는 결코 아니지만 아주 큰 숫자의 사실들은 명시적인 연행적 발언들에 의해 창출될 수 있다는 것이다. 연행적 발언이란 발화(發話) 활동 가운데에서 내가 '각종 선언 또는 천명'(declaration)이라고 부르는 종류의 발언들을 말한다. 선언이나 천명에서 제시된 내용을 통해 묘사되는 상황은 그 선언이나 천명의 발화 활동 자체가 성공적으로 연행 또는 수행되는 덕에 실제로 존재하게 되는 것이다. 다음과 같은 문장의 연행적 발언이 이루어짐으로써 여러 제도적 사실들이 창출될 수 있다. '폐회를 선언합니다.' '나의 전 재산을 내 조카에게 유증하는 바이다.' '귀하를 의장으로 임명합니다.' '이에 전쟁을 선포하는 바이다' 등등. 이러한 발언들은 그것으로 표현되는 바로 그 상황을 창출하는 발언들이다. 그리고 이 각각의 경우에 그렇게 해서 나타나는 상황들은 모두 일종의 제도적 사실들이다."

문이다. 앨런 그린스펀이 미국 연방준비은행의 역할을 "연준 스스로가 만들어 낸 사람들의 기대를 실제로 실현시키는 것"이라고 말했을 때 의도한 바도 동일한 것이었다. 중앙은행의 인플레이션 목표 설정이 현실적 효과가 있다는, 다시 말해서 인플레이션 목표를 설정하는 것만으로도 의도한 결과를 산출할 수 있을 것이라는 널리 받아들여지는 믿음에서 이 연행성이 아주 현저하게 나타나고 있음을 볼 수 있다. 예를 들어 일본에서 중앙은행이 인플레이션 목표를 아주 높게 제시만 해도 일본의 지속적이고 장기적인 디플레이션 상황이 끝날 것이라는 주장이 널리 퍼졌다. 게다가 모두가 함께 상황을 규정하는 과정(즉 벌어진 '연행'에 대한 '표정 관리')도 아주 능숙하게 이루어져야만 한다(Goffman, 1969[1959]). 중앙은행은 "자신이 목표를 달성할 능력이 있을 뿐 아니라 …… 일단 목표가 설정되면 거기에 묵묵히 따르는 존재라는 인상을 창출해야만 하는 것이다"(Blinder et al, 2001 : p. 23).

중앙은행이 연행을 펼치는 대상은 두 종류가 있다. 하나는 공중(the public)이고 다른 하나는 시장이다(Blinder et al., 2001을 보라). '공중'이란 노동과 생산적 자본을 말하고, '시장'은 화폐시장 특히 정부 채권 시장을 말한다. 이들은 세 핵심 경제 계급이다. 화폐의 구매력 안정성에 결정적인 영향을 미치는 것이 바로 이 세 계급 각각의 인플레이션 기대(또는 '상황 규정')이기 때문이다. 1970년대 이후 이 가운데 두 생산자 계급의 동맹이 약화되기 시작하면서, 통화 당국이 연행을 펼치는 과정에서 여러 시장들이 아주 중요한 관객의 자리를 차지하게 되었다. 그리고 "통화 당국과 여러 시장들 사이의 소통 경로는 갖가지 경제 예측에 지배되기 때문에, '시장에 확신을 주는 것'은 통화정책 결정 패키지의 한 부분인 것이다"(Blinder et al, 2001 : p. 25). 이미 지적한 것처럼, 화폐시장은 화폐 가치 안정에 대한 약속이 얼마나 믿을 만한 것인지를 감정평가하며 오늘날에는 이 감정평가가 장기 국채 이자율에 직접 영향을 미치는 결정적 요소가 된 상태이다. 중앙은행의 운영상 독립성과 토의 과정의 투명성이 정립되어 주기만 하면 통화정책은 정치적 동기에 따라 결정된 것이라 해석되지 않을 것이다. 예를 들어 중앙은행이 단기 이자율을 하락시킨다 해도 이것이 소비자, 생산자, 정부의 요구 때문에 정치적 의도를 가지고 생겨난 통화팽창이라고 해석될 가능성은 낮아진다. 따라서 화폐시장이 그것 때문에 인플레이션을 보충할 만한 더 높은 이자율을 장기 채권에 대해 요구하거나 강제하려들 가능성도 낮아진다. 실제로 최근에 와서는 장기 이자율이 이따금씩 단기 이자율 수준보다도 낮게 떨어지는 일이 있었고, 이것이 새로운 통화정책이 성공했음을 보여 주는 척도가 되기도 했다(이는 정상적인 이자율 구조가 역전되었음을 나타내는 것이다. 정상적인 상태에서라면 장기적인 불확실성이 더 높은 이자율로 표출되기 때문에 장기 채권의 이자율이 더 높게 되어 있다).

1부에서 나는 정통 경제학의 상품화폐론이 화폐 창조의 사회적 성격을 은폐시키는 이데올로기의 역할도 수행한다고 주장한 바 있다. 하지만 최근 화폐의 생산 과정에 여러 변화가 나타났고, 이러한 변화의 성격 자체 때문에 이제는 화폐가 사회적으로 구성된다는 사실을 이데올로기적으로 은폐해 버리고 이를 마치 **자연적인 과정인 것처럼 보이게** 만들기가 훨씬 어려운 일이 되어 버렸다.[16] 하지만 현대의 독립적인 중앙은행들은 여전히 계속해서 이런저런 사회 · 정치적 관계들을 이데올로기적으로 **보편적인 것처럼** 만들기 위해 노력하고 있다. 가장 근본적인 차원에서 보면 이 노력은 다음 두 가지 개념 속에서 명백하게 드러난다. 하나는 중립적 화폐라는 개념이고, 다른 하나는 실제의 화폐 창조 과정에서 나타나는 불평등과 이해관계 갈등을 부정하거나 은폐시키는 통화정책 개념이다. 이러한 개념들에서 다음과 같은 주장이 나온다. 첫째, 인플레이션은 사회 구성원 모두가 똑같이 짊어지게 되는 명백한 비용이며, 이러한 인플레이션의 비용을 최소화시켜 줄 최적의 통화정책을 수립하는 것이 비록 실천적으로는 이루기 어렵지만 최소한 이론적으로는 가능한 일이라는 것이다

---

16) 그런데 지구적 화폐시장과의 대화에서 신뢰성을 쌓는 과정에서 중앙은행이 이렇게 정책 정식화의 투명성을 계속 강화하다 보면 이데올로기적으로 화폐를 더욱 탈자연화시켜 버릴 수도 있으며, 그 결과 본래 그러한 투명성으로 강화하고자 했던 바로 그 제도들을 약화시켜 버릴 수도 있다. 정통 경제학의 경제 분석이 말하는 것처럼, 상황에 대한 공공연한 의견 불일치가 나타나는 사태는 투명성의 규범과 물론 합치하는 것이다. 하지만 그러한 공공연한 의견 불일치는 의도하지 않은 가운데 또한 다음과 같은 사실을 폭로하는 결과를 낳을 수도 있다. 즉, 경제 데이터라는 것이 전문가의 해석에 따라 얼마든지 다르게 해석될 수 있는 것이며 그 다른 해석들 중 어느 것도 사이비라고 치부할 수 없다는 사실이 그것이다. 영국은행의 통화정책위원회 (Monetary Policy Committee)에는 만장일치 제도가 없는데, 이 때문에 시장이 필요로 하는 확신을 영국은행이 제공하지 못하고 있다고 비판받아 왔다. 위원회 내에서 이토록 의견 차이들이 나타나게 되자 마침내 위원회 의사 결정에 대한 사회 심리학적 논의까지 촉발되었고, 또 그러한 사회심리학의 작동으로 인해 어떻게 체계적인 정책 오류들이 빚어지는가에 대한 토론까지 나왔다. 예를 들어 이들은 모두 전문가들이기 때문에 그 어떤 이도 자신과 반대되는 주장을 펴는 경쟁자가 자신보다 우월하다고 인정하기 싫어한다는 것이다. 요컨대 정통파 경제학의 실증주의적 사회과학의 개념에 입각한 합리적 의사 결정 모델을 따르다가 오히려 현실 세계에서의 집단적 합의라는 것이 기실 얼마나 깨어지기 쉬운 것인가 그리고 화폐라는 사회적 구성물 자체 또한 얼마나 깨어지기 쉬운 것인가만 더욱 적나라하게 드러날 수도 있는 것이다. 유럽중앙은행의 경우는 여러 나라들로 구성되어 있기 때문에 가입 국가 간의 의견 불일치가 나타날 잠재적 가능성이 훨씬 더 클 수밖에 없다. 따라서 유럽중앙은행이 새로이 창출된 유로(euro) 통화의 가치를 안정시킬 수 있다는 믿을 만한 증명서를 내놓기가 훨씬 더 어려워질 수밖에 없다. 이러한 어려움에 직면하게 된 유럽중앙은행이 결국 의사 결정 심의 과정의 세부 사항을 공개하지 않기로 선택했다는 것은 그래서 참으로 의미심장한 일이라 할 것이다.

(Issing, 2001 ; Kirshner, 1999). 둘째, 통화정책에 내용을 제시하는 경제이론의 기초로서 다음과 같은 메타이론의 가정을 들이민다. 즉 '실물'경제는 자연적* 수준의 실업률, 이자율 따위를 이미 자체에 내포하고 있기 때문에 이 '실물'경제의 **자연적인** 최적의 효율적 상태를 찾아내는 일이 가능하다는 것이다. 이렇게 생각하게 되면 여러 이해관계의 충돌에는 아무런 '실물적' 혹은 '현실적' 기초가 없다는 이야기가 된다. 단지 잘못된 인식 때문에 여러 집단들 간에 인식상의 오류만이 있을 뿐이며, 이 오류로 인해 공동의 문제에 대해서 최적에 미치지 못하는(sub-optimal) 해결책을 내오게 되면서 전체가 모두 손해를 입는 일만 벌어지고 있을 뿐이라는 것이다. 이러한 관점에서 보자면, 경제적 존속을 위해 여러 집단들이 벌이는 투쟁들은 결국 누가 가장 합리적인가를 놓고 벌이는 투쟁으로만 치부될 뿐이다.[17] 그러나 다음 장에서 보겠지만 이 두 가정은 모두 그릇된 것이라는 점이 명백하게 입증되었으며, 1970년대 '대인플레이션'의

---

* 이 '자연적'(natural)이라는 표현은 통화주의 경제학의 대표자인 밀턴 프리드먼이 자주 썼던 용어이다. 그는 거시 경제의 상태를 각종 경제 정책으로 개선하고 조종할 수 있다는 70년대 이전의 경제학의 전제를 부정하고, '실물'경제는 시장 기구의 자율적 작동에 의해 지배되게 되어 있는 고로 실업률, 성장률 등등의 기본적인 경제 지표들도 모두 시장의 자율적 결정에 의한 '자연적' 수준에 수렴하게 되어 있으며, 이를 재정 및 금융 정책으로 바꾸려고 하는 것은 불가능할 뿐만 아니라 바람직하지 못한 결과만 가져오게 되어 있다고 주장한 바 있다. 즉, '인위적인 개입을 허용하지 않은 채 시장 기구에 의해 결정되는'이라는 의미가 바로 이 '자연적'이라는 문구라고 할 수 있다.

17) 거시경제학 모델에서 행위자들은 '대표적 행위자'(representative agents)라고 불린다. 이 '대표적 행위자'는 '경제적 인간'의 가정들에 따라 행위하는 사람을 말한다. 즉 이들은 이들을 만들어 낸 경제학자 자신들이 세상을 이해하는 인식의 틀을 똑같이 내면화하고 있는 자들이다. 이러한 방식으로 경제학자들은 자기들이야말로 공동선(common good)의 조정자들이라고 내세우는 것이다(Persson and Tabellini, 1990).

발생과 소멸에 대한 설명을 어렵게만 만들 뿐이다.

베버의 개념을 적용해 본다면, 현대 중앙은행의 관행이 지향하는 명시적 목적은 인플레이션 예측에서 최고 수준의 **형식 합리성**을 수립하는 것이라 할 수 있다. 다시 말해, 위에서 대략적으로 언급한 중앙은행의 관행은 은행, 화폐시장, 자본시장에서 벌어지는 저마다의 예측을 서로 조정할 수 있는 일상적이고도 **절차적으로 예측 가능한** 체제를 확립하려는 것이다. 중앙은행이 그러한 신뢰를 확고하게 얻으려면 모범적인 정책 결정의 업적을 착실하게 쌓아야 한다. 그 정책 결정이 모범적이라고 여겨지기 위해서는, 먼저 경제학자들, 정책 결정자들, 금융 체제의 업자들로 이루어진 인식론적 공동체가 인플레이션의 원인뿐 아니라 전반적인 경제 전망에 대해 합의를 이루어야 하며, 이 합의 과정은 철저하게 합리적인 형식을 갖추어야 한다. 하지만 베버는 어떤 행동이 예측 가능한 일상적인 것이 되었다는 점에서 제 아무리 형식적 합리성의 겉모습을 잘 갖추고 있다고 해도, 그 행동의 기초가 되는 고유의 **권력관계들**에 대한 예측 가능성의 실질적(substantive) 기초를 어느 정도는 반드시 갖추어야 한다고 강력하게 주장했다.

자본주의 신용화폐의 생산은 복잡하게 얽혀 있는 '인간 대 인간의 경제적 투쟁'(채무자, 채권자, 납세자, 정부 채권 보유자 간의 투쟁)에서 핵심부를 차지한다. 이 투쟁에는 화폐 가치 자체의 문제뿐 아니라 건전 재정의 문제도 포함된다. 레이(Wray)가 지적한 것처럼, 고성능통화가 그냥 나무에 자라는 열매 같은 것이라면 그 화폐는 별 가치가 없을 것이다(Wray, 2004: p. 106). 고성능통화는 채무자의 화폐 수요와 국가가 국가 채무를 상환할 수 있을 것이라는 채권자의 믿음 사이에 벌어지는 투쟁의 결과물이며, 이 국가의 채무 상환 가능성은 다시 조세 수입에 의존하는 것일 수밖에 없다. 그리고 사람들이 조세의 대상이 되는 수입을 벌기 위해 일해야 한다는 필요, 이것이 화폐에 가치를 부여하는 것이다.

결론

다음 장에서 보겠지만, 선진 자본주의 경제에서 권력관계의 구조가 앞에서 말한 방식으로 변화함에 따라 자본가가 가지고 있는 독점적 가격 결정력과 노동자가 가지고 있는 임금 청구권은 크게 약화되었다. 간단히 말하자면, 지구적인 경쟁 강화와 그 귀결로서 노조가 약화되고 규제가 완화된 유연한 노동시장이 창출되면서 세력균형의 변화가 나타나게 된 것이다. 중앙은행의 인플레이션 예측은 이 세력균형이 어느 정도까지 지속될 것인가에 크게 좌우될 것이다. 이 말은 통화정책이 별 효력이 없다는 말이 아니라, 통화정책이란 그 동안 형성되어 온 특정한 세력균형 상태를 보강 강화시키는 것으로서 존재한다는 말이다. 화폐 제도를 둘러싼 현재의 장치들은 20세기의 마지막 20년 동안 그 이전에 존재했던 세력균형을 재구조화하는 과정을 뒤이어 나타난 것이다.

자본주의 전체 구조 차원에서 볼 때 가장 근본적인 투쟁은 생산적 자본과 노동 사이의 투쟁이 아니라 채무자 계급(재화 생산자 및 재화 소비자)과 채권자 계급(화폐 생산자 및 화폐 통제자) 사이에서 벌어지는 투쟁이다. 이 투쟁의 중심은 장기와 단기라는 두 가지 이자율이라고 주장할 수 있을 것이다(국가는 그 자신이 채무자이므로 채무자의 이해관계를 갖기도 하지만, 또 동시에 이러한 투쟁이 벌어지는 장소이기도 하다). 이렇게 서로 갈등하는 여러 집단들 사이에 '협정'이 맺어질 때 그 협정의 준거를 표상하는 것이 여러 종류의 이자율인 것이다.

중앙은행은 이 투쟁에서 주요한 중재자 역할을 맡게 되는데, 최근 중앙은행의 조직과 운영에 나타나고 있는 모든 양상들은 하나같이 화폐-자본가들의 채권자 권력이 부활했음을 나타내고 있다. 중앙은행가들은 경제의 궤도를 통제할 수 있는 지식과 능력을 갖추고 있는 이들이라고 여겨지고 있으며 어떤 경우엔 그들 자신이 스스로 그렇게 자처하기도 한다. 하지만 실제로는 그들의 통제력이 심각하게 제약되어 있다. 첫째, 모든 증거들을 종합해 볼 때, 이자율이 주어져 있을 때 중앙은행은 화폐에 대한 민간의 수요를 수용할 수밖에 없다. 즉, 화폐 공급은 내생적인 것이다. 둘째, 중앙은행이 정하는 기준금리는 화폐시장과 금융시장에서 자산 가격을 통제하는 데 상대적으로 무능력하다. 사실상 중앙은행은 '시장의 뒤를 따를' 뿐이고, 이미 '각종 자산 가격에 묻어들어 있는' 이자율을 그저 교부해 주는 유혹에 휘둘린다는 주장도 있다(Blinder, 1999: p. 60).[18]

1부에서 보았듯이, 우리의 접근법은 '자연' 이자율 개념을 부정한다. 즉 생산 요소의 자연적 한계생산성을 표현해 주는 이자율 따위는 없다고 말하는 것이다(Smithin, 2003도 참조하라). 오히려 자본주의의 핵심은 신용화폐의 축적과 생산과 통제(M-M₁) 그리고 상품 생산(M-C-M₁)이라고 하는 두 **가지 가능한 행동 경로**의 이익과 비용을 각각 어떻게 계산할 것이며 또 그

---

18) 이런 점에서 중앙은행가들은 골치 아픈 위치에 놓여있다. 중앙은행가들은 그들이 요구하는 만큼 또 실제로 가지고 있다고 일반적으로 여겨지는 만큼의 힘을 실제로 가지고 있지는 못하다. 그럼에도 불구하고 사람들은 중앙은행이 인플레이션과 디플레이션을 모두 막아 줄 것이라고 기대하는 것이다. 앨런 그린스펀은 1990년대의 호황기 동안 세심하게 조금씩 자신의 카리스마를 쌓아 올렸지만, 이는 21세기의 초두 버블이 붕괴했을 때 단 몇 주 만에 날아가 버렸다.

사이를 어떻게 오갈 것인가에서 찾아야만 한다(이 책의 8장 및 Arrighi, 1994 ; Minsky, 1982 ; Keyens, 1973[1936]). 자본주의란 화폐시장의 이자율과 기업 생산으로 사람들의 욕구를 만족시켜 주는 활동의 이윤율 사이를 끊임없이 비교하는 데에 그 본질이 있다(Weber, 1978: pp. 96-7).[*] 경제의 이 두 측면은 각각 상대방의 작동을 제한하기도 하고 계속해서 서로에게 교란 방해를 만들어 낼 위협이 되기도 한다. 예를 들어 실질 이자율(명목 이자율 빼기 물가 상승률)은 자본을 생산 부문으로부터 빠져나오게 할 만큼 높아서는 안 된다. 이렇게 되면 소득 창출이 흔들리게 되고 결국 부채의 상환과 이자 지불 또한 위협을 받게 되는 것이다. 또 반대로 실질 이자율이 채권자로 하여금 신용을 제공할 동기 부여를 느끼지 못할 만큼 낮게 떨어져서도 안 된다. 하지만 이 두 한계 사이의 범위 내에서 실질 이자율이 어떻게 결정될 것인가 하는 것은 자본주의의 사회적 구조에서 서로 상대적 자율성을 가지고 있는 생산과 금융이라는 두 부문 사이의 투쟁으로 결정된다. 이자율이 한계선의 경계 지점에 도달하여 하이퍼인플레이션이나 부채 디플레이션 둘 중 하나가 터지게 되면, 그 두 부문 사이의 투쟁은 권력관계의 새로운 균형과 새로운 협정의 길로 나아가게 될 수도 있다.

---

[*] 베버의 자본주의 이론에서 흔히 간과되고 있는 것은 '자본 회계'(capital accounting) 개념의 중심성이다. 자본 회계는 단순한 장부 기록이나 베버가 '예산 활동'(budgetary action)이라고 부른 것과 본질적으로 구별되며, 이에 근거하여 베버는 '대부 자본에 대한 이자'(interest on loan capital)를 염두에 두고서 그를 뛰어넘는 이윤을 거두는 행위 조직만을 자본주의적 영리 조직이며 자본주의적 영리 활동이라고 보는 입장을 전개하고 있다. 그리고 이러한 자본에 대한 이자를 염두에 둘 수 있으려면 자본시장이 나타나서 그 가격을 산출해 주어야 한다는 전제 조건 또한 달고 있다. 요컨대, 자본주의적 영리 기업에서 대부 자본의 이자율은 기업 영리 활동의 지속 여부를 결정하는 최소한의 이윤율을 뜻하는 것이 된다.

8

통화의 무질서

어떤 공동체의 경제가 자본주의적인 한, 그것은 금융적으로 불안정할 것이다.
— 하이먼 민스키(Minsky, 1982: p. 36)

주류 경제학은 순전히 이론적 관점에서 인플레이션, 디플레이션 같은 통화의 '무질서' 상태를 경제가 화폐와 재화의 장기적인 균형으로 나아가는 경향의 와중에 잠시 일탈한 결과라고 본다. 이런 입장은 화폐가 상품의 교환 비율을 상징한다는 '중립적 베일'이라는 화폐 개념으로부터 논리적으로 도출된 인식이다. 하지만 만약 우리가 주장하는 대로 화폐가 부채(이는 지불의 약속으로서, 생산과 교환 체제와는 비교적 독립적으로 계약이 이루어진다)로 구성되어 있다면 상품 세계와 화폐 세계 사이에는 여러 불균형이 나타날 거라고 예상할 수 있다. 주류 경제학이 화폐가 장기적으로 중립적이라는 교리를 여전히 끌어안고 있다는 것은, 곧 통화 시스템이 급격하게 붕괴되는 사례나 화폐가 확실한 가치를 유지하는 데 만성적으로 실패하고 있는 사례들을 분석하는 데 지금까지 별 관심을 기울이지 않았다는 것을 뜻한다.

이러한 현상들은 화폐의 본성에 대해 흥미로운 의문을 제기하는 것들이며, 특히 다른 방면에서는 경제가 잘 굴러가고 있는 가운데 이러한 현상들이 벌어졌다면 화폐의 본성이 도대체 무엇인가라는 의문이 더욱 더 강하게 제기될 수밖에 없는 것이다.

이제 우리는 근본적으로 '통화적 무질서'를 보여 주는 세 가지 사례를 다루게 될 것인데, 1부에서 전개된 대안적 접근을 보다 넓은 범위에서 설명해 보고자 한 것이다. 각 사례들을 빈틈없이 분석하는 것이 목적은 아니다. 각각의 분석은 '무질서'가 갖는 근본적으로 사회적이고 정치적인 성격에 대한 관심을 불러일으키는 것이 목적이다.

첫 번째 사례는 20세기 후반 자본주의의 인플레이션 대한 통제 문제를 다룬다. 주요 자본주의 국가들에서 신자유주의 정부 또는 신자유주의적 규제라는 새로운 형식이 강요되었다는 사실과 그것을 어떻게 해석할 것인가의 문제는 수많은 연구가 이루어져 온 분야이다. 여기서 내가 초점을 맞추고자 하는 것은 인플레이션이 발생해서 다시 그것이 제거될 때까지의 기간 동안 '경제적 존속을 위한 투쟁'의 결과 어떤 세력균형이 만들어졌으며 또 거기에 어떤 변화가 나타났느냐 하는 점이다.

두 번째 설명 사례는 그 반대의 현상을 다루게 된다. 지속되는 디플레이션 또는 더 정확히 말하자면 '부채 디플레이션'인데, 1990년 이래 일본의 침체에 대해 간략하게 설명하게 될 것이다.

마지막으로 다룰 것은, 2001년 이후 나타난 아르헨티나 화폐의 붕괴이다. 국가가 납세자 및 금리 생활자들과 기본적인 재정 관계를 수립하는데 무기력했으며, 이것이 주권적 화폐 공간을 생산하는 것을 잠식하게 되었다는 좀 더 장기적인 맥락 속에서 화폐의 붕괴를 바라보게 될 것이다.

20세기 후반에 발생한 인플레이션과 소멸

　심각한 정치적 위기로 촉발된 하이퍼인플레이션이 아니더라도 비교적 안정된 국가에서 가격이 급격히 상승하는 경우들이 없는 것은 아니지만, 역사적으로 흔하지 않은 일이다. 특히 19세기 산업자본주의가 매우 급속히 확대되어 가던 때에도 선진국 경제에서는 가격이 안정적 수준을 유지했으니, 이른바 '빅토리아 균형'(Victorian equilibrium)이라고 한다 (Fischer, 1996: pp. 156-78). 하지만 그 뒤로 주요 자본주의 국가들에서 주요 집단이나 계급들 사이의 권력 균형에 근본적 변화가 나타났다 (Keynes, 1919). 물론 프롤레타리아혁명이 성공한 적은 없었지만 그래도 대의제 민주주의가 진전되어 가는 중심에는 마르크스가 분류한 두 계급 사이의 갈등이 중심적인 역할을 했으며, 완전고용과 사회복지 같은 사회민주주의 체제가 만들어져 가는 과정에서도 그런 역할을 했다. 하지만 대의제 민주주의와 사회민주주의의 발전은 국내의 사회 갈등뿐 아니라 국가 간 관계의 맥락에서도 이해할 수 있어야 한다. 국제 관계는 국내적·국제적 차원 모두에서 화폐 생산에 영향을 주기 때문이다. 국제 금본위제가 내부적으로 여러 불안 요소를 안고 있기는 했지만 그것이 해체된 가장 중요한 원인이 제1차 세계대전으로 국제 시스템의 권력 위계가 불안정하게 된 것에 있다는 사실이 그런 예라 할 것이다. 이렇게 금본위제가 무너지자 그 결과로 사회민주주의적 목적을 위하여 화폐를 정치적으로 관리하는 체제가 자라날 여지가 생겨난 것이다.

　탈냉전 시기인 오늘날 저 옛날 제2차 세계대전을 전후한 시기에 파시즘이 어떤 영향을 끼쳤는지 그리고 대량 실업과 경제 침체로부터 해방시켜 주겠다는 공산주의의 약속은 또 어떤 영향을 주었는지를 올바르게 평가하기란 쉬운 일이 아니다. 두 차례의 세계대전 사이에 자본주의는 역사상 처음으로 **체제 전체 차원**의 실패를 경험하였고, 이로 인해 경제적 자유주의에 대한 신념을 포기하는 계기가 생겨났을 뿐 아니라 금융시장과 화폐시장이 본원적으로 불안정 상태로 나아가는 힘을 내포하고 있다는 사실 또한 인식되는 계기가 되었다. 자유시장은 의심의 눈초리를 받게 되었다. 제1차 세계대전 후 금본위제는 다시 복구되기는 했지만 또 다시 작동할 수 없는 상태로 떨어졌고 1931년에 최종적으로 붕괴되었다. 그러자 신용화폐 시스템의 작동에 대한 이론들이 더욱 발전하게 되었고 또 사람들의 신뢰를 얻게 되었다. 사람들은 당시 막 발견된 '통화 승수'가 '고용 승수'를 증가시킬 수도 있다는 점 또한 곧 깨닫게 되었다. 그리고 케인스와 케임브리지대학의 동료들, 뮈르달과 '스톡홀름학파,' 칼레츠키를 비롯한 수많은 이들이 사회민주주의의 정치경제학을 만들어 내기 시작했다.

제1차 세계대전의 결과로 이러한 변화의 길이 닦인 것은 사실이지만, '값싼 화폐'를 주창했던 개혁가들이 전통적인 '건전 화폐'의 논리에 대해 승리를 거두는 것은 제2차 세계대전에 돌입하면서 통화 시스템의 정상적인 작동이 중지된 후에야 가능했다. 제2차 세계대전이라는 상황에서 국제 화폐시장은 작동하기 어려웠다. 또 대규모 재정 적자가 불가피한 상황이니 국내의 기존 재정 규칙과 통화 규칙 및 전통들은 예외 없이 느슨해지거나 폐기될 수밖에 없었다. 정부 채권 수익률과 인플레이션 예측과 같은 사항들 또한 금리 수취자들의 입장에서도 점차 고려 사항으로서 의미를 잃게 되었다.

완전고용, 사회복지, 관리 통화에 기초한 새로운 사회민주주의 체제를 한사코 반대했던 건전 통화 이론은 1945년 무렵이 되자 완전히 무대에서 쫓겨나게 되었다. 평화와 번영에 대한 노동자계급의 기대는 높아지고 있었지만 언제 다시 경제가 무너질 지도 모르는 상황이었고 게다가 공산주의 전체주의 위협이 계속되고 있었으니, 이것이 케인스주의적 복지국가가 탄생한 배경이었다. 이 과정에서 경제 분석이 그 이름에 함축되어 있는 대로 한몫을 했다는 점은 분명하다. 그러나 항상 그렇지만, 당시에도 경제 분석은 실제 경제적 의사결정에 실질적 가이드 역할로 영향을 주었던 것만큼이나 그 수사학적 역할의 비중이 컸다.[1] 내가 강조하고자 하는 것은 자본주의 3대 계급 사이의 세력균형이다. 1930년대에 화폐-자본은 사회적으로 불신을 얻게 되었고, 또 전쟁 기간 동안에는 경제적 존속을 위한 투쟁에서조차 일시적으로나마 축출 당했다. 이러한 상황은 통화를 창조하는 데 화폐-자본을 배제하는 새로운 규칙들을 포함한 경제 조절의 양식이 창출될 기회를 뜻하는 것이었다(Ingham, 1994).

전후 국제 통화 체제는 자본주의적 생산과 국제무역의 팽창을 꾀하면서도 또 한편으로는 그것을 관리된 상태 아래에 있도록 하려고 마련되었다. 두 차례의 세계 대전 사이 지구 경제가 쪼그라들게 된 원인은 최소한 부분적으로나마 적당한 국제적 교환과 지불수단이 없었기 때문이라는 생각이 널리 퍼져 있었다. 이윽고 미국 브레턴우즈에서 전후 통화 체제를 결정하는 협상이 열렸다. 주요국인 미국과 영국은 국내에서 전쟁이 끝난 뒤에도 높은 고용 수준을 유지하겠다는 것을 정치적 약속으로 내건 바 있었는데, 이를 위해서는 국제적 화폐 이동을 통제하는 것이 필수적이라고 여기고 있었다. 그래서 브레턴우즈 회의에 금융가들이나 화폐 자본가들

---

1) 이 자본주의의 '황금기'에 경제사상이 어느 만큼이나 효험을 발휘했는지 그리고 그것들이 실제로 현실에 이루어진 정도가 얼마나 다양했는지 등에 대해서는 엄청난 양의 문헌이 있다. 간략한 설명으로는 Smithin, 1996을 보라.

은 아예 초대조차 받지 못하였고, 이런 상황에서 영국과 미국은 마음껏 그러한 국제적 화폐 이동에 대한 통제의 규칙을 강제할 수 있었던 것이다(Helleiner, 1994). 국제경제에서 화폐의 역할은 교환과 지불의 중립적 수단이라는 기초적 기능으로 한정되어야 한다는 것이 브레턴우즈 체제의 의도였던 셈이다. 다시 말해서 이제 한 나라의 화폐가 그 나라의 경제적 성과와 같은 '기초 여건'(fundamental)과 무관하게 외환시장에서 벌어지는 투기에 따라 가치가 마구 변하는 투기적 상품이 되도록 허용하지 않는다는 것이었다.

케인스가 명확하게 이해하고 있었지만 만약 주권 국민국가들이 자국의 국내 이자율을 통제할 수 없다면 완전고용이라는 정치적 서약은 실현은 고사하고 아예 시작조차 할 수 없는 것이었다. 완전고용을 낳을 만큼의 투자 수준을 유발시키기 위해서는 이자율 조정이 필수적이며, 그 이자율의 조정은 정치적인 목적에 따라 결정되어야 한다는 것이다. 그래서 화폐자본의 민간 소유자들과 통제자들이 이자율이 높은 나라를 좇아서 마구 돌아다닌다든가 또는 좌파와 사회민주주의 정권이 들어서 지출을 늘리고 이로 인한 인플레이션이 벌어질까 두려워 이 나라 저 나라로 맘껏 돌아다니는 것은 허용될 수가 없었다. 케인스는 이렇게 설명한다.

많은 이들이 앞으로도 어떤 나라가 당분간 다른 나라보다 더 심하게 좌경화될 것 같다고 겁을 먹는 일이 끊임없이 계속될 것이다. …… 국내 경제 전체를 관리할 수 있는가의 여부는 전 세계 다른 곳의 이자율에 신경을 쓰지 않고도 마음껏 적절한 국내 이자율을 정할 수 있는가에 달려 있다. 자본 통제는 바로 이것의 논리적 귀결이다(Keynes, 1980: p. 149)[2]

이렇게 하여 1945년 이후의 비교적 풍요로웠던 4반세기 동안에는 '대자본,' '대규모 조직 노동,' '금리 수취자'라는 3대 경제적 계급들이 언제 깨어질지 모르는 불안한 타협이나마 유지하면서 공존할 수 있었다. 생산자 계급은 국민소득에서 자신들이 가져가는 몫을 확대했다. 금리 수취자들과 금융 이해 집단들은 비록 일시적으로 약화되었지만 최소한 이자율이 마이너스로 떨어지지는 않는다는 것을 위안으로 삼을 수 있었다 (Smithin, 1996: p. 5; Rowthorn, 1995).

　　하지만 경제가 계속 팽창하면서 이러한 전후의 세력균형에 두 가지 변동이 생겨났다. 한편으로 자본주의가 전후의 코포라티즘적 통제에서 벗어나면서 이 세 집단 모두가 점차 국가에 대한 권력을 회복하기 시작했다. 완전고용 상태란 실질적으로 '금본위제'를 '노동 본위제'로 대체한 상태이기에, 거대한 독점적 생산자들을 파산하도록 내버려두는 일이란 있을 수 없었다. 게다가 정부의 적극적인 장려 속에서 경제의 집중도는 빠르게 늘어갔다. 이러한 독점자본 부문에서는 주식회사들도 자신들의 독점력을 이용하여 생산물 가격을 원가에 대한 보통 이윤 마진보다 더 높게 매기는가 하면 그들이 거느린 노동력도 계속 임금을 더 높은 수준으로 요구한다. 이렇게 되면 결국 한편에서는 전반적인 비용 상승이 벌어지게

---

2) 국내 경제의 관리와 국제 통화 사이에 이러한 일반적 관계가 있다는 것은 나중에 1960년대가 되어 먼델-플레밍 모델(Mundell-Flemming model)로 정식화되었다. ① 각국이 독립적인 통화정책을 추구한다(국내 이자율을 통제), ② 고정 환율을 유지한다, ③ 국제 자본의 이동성을 허용한다라는 세 가지 조건으로 구성되어 있는데, 이 중 두 가지를 취할 수는 있지만 셋 다 취할 수는 없다는 것이다. ①과 ②를 취한 것이 브레턴우즈라고 할 수 있으며, 이것이 붕괴되고 변동 환율 체제가 들어서면서 ①과 ③이 취해진 것이라고 할 수 있다.

되고, 그러면 이를 보상하기 위해 수요 측에서는 더 높은 소득을 얻고자 하면서 비용 압박-수요 견인(cost-push-demand-pull)의 인플레이션 순환 고리를 형성하게 된다(1부 2장을 보라. 또 Phelps Brown, 1975 ; Hirsch and Goldthorpe, 1978 ; Lindberg and Maier, 1985).

다른 한편, 화폐자본이 생산자들에 대해 자연적으로 누리던 지배적 위치도 회복되게 된다. 자본주의적 팽창은 이제 그 어느 때보다도 부채와 신규 화폐 창출을 자금 공급에 의존하게 되었고, 이는 불가피하게 은행가들의 권력 증대로 이어지게 되었다. 앞에서 보았듯이, 민간 화폐자본의 권력이 점점 늘어나는 것은 중앙은행 통제 바깥에 있는 '가장자리' 은행들의 성장에서 뚜렷하게 나타났다. 이 은행들은 전후의 호황에 자금을 공급하는 데 참여하며 성장한다. 국제적 수준에서는 민간 은행들이 브레턴우즈 체제에 기초한 국제 자본 흐름의 규제를 피해 가면서 그 체제를 서서히 침식해 들어온다. 게다가 미국의 무역 적자가 늘어나면서 엄청난 양의 달러가 외국인들 손으로 들어간다. 런던 금융가의 은행가들은 이러한 브레턴우즈 규제에 구멍을 내고 또 그것을 이용하면서 이렇게 미국 밖에 떠도는 달러를 '역외' '유로 통화' 시장으로 조직한다. 국제 통화의 흐름에 대한 통제는 서서히 국가의 손아귀에서 빠져나오게 된다(Helleiner, 1994 ; Ingham, 1994 ; Germain, 1997).

1970년대 초가 되면 서유럽 민주주의 국가에서 인플레이션에 가속도가 붙는다. 원자재 상품 가격들이 급격히 상승하고, 특히 석유 가격이 오른 데다가 정부 지출이 유례없이 증가하고 독점자본과 노동의 가격 상승 능력이 결합된다(Fischer, 1996 : 200-5). 1970년대 중반이 되면 인플레이션은 이제 실질 이자율과 금융자산 수익률을 마이너스로 만들 정도로 치솟는다. 이제는 통화가치 하락을 보충하기 위해 이자율을 더 올렸다가는 곳곳에서 파산 사태가 벌어질 수밖에 없는 시점이 도래했다. 결정적인 상황에 도달한 셈이다. 그러자 주요 자본주의 국가들에서 경제적 존속을 위한 투쟁에 골몰하는 여러 세력들이 이제 새로운 세력균형을 만들기 위한 정치 투쟁을 본격적으로 시작한다. 본질적으로 이 투쟁은 '금리 수취자들의 복수'가 되고 말았다(Smithin, 1996).

1980년대 들어 미국의 레이건과 영국의 대처가 취한 조치들이나 그 과정에서 나타난 사건들은 잘 알려져 있으므로, 여기서는 그 주요한 특징 몇 가지만 지적하고자 한다. 하지만 이러한 정책에 참여했던 이들이 당시 상황을 반드시 금리 수취자들의 지배가 회복되어야 할 상황이라고 이해했던 것은 아님을 명심할 필요가 있다. 당시의 위기에서 나타난 모든 대응이 한결같이 경제적 계급이나 집단의 균형을 그러한 방식으로 바꾸어 놓으려 했던 것은 분명히 아니었다. 그럼에도 우연이든 그 어떤 계획에 따른 것이든, 결과는 그렇게 금리 수취자들의 지배가 관철되는 방식으로 세력균형이 형성되고 말았다. 근본적으로는 제2차 세계대전 이후에 마구 풀려나온 수요와 여러 요구를 다시 건전 통화의 기율로서 고삐를 죌 필요가 있었고, 이는 통화주의의 모습으로 현실에 나타났다.

통화주의 전략은 1979~80년에 미국과 영국에서 이자율을 거의 20퍼센트로 끌어올리는 것으로 시작되었다. 그 이후 장기적인 세계 경제의 후퇴가 나타났음에도 이러한 고금리 정책은 계속되었다. 이미 1944년 칼레츠키(Michal Kalecki)는 완전고용 상태가 지속될 경우 민주주의 국가들은 자국의 노동력을 '기율로 훈육해야' 할 것이라고 경고한 바 있다. 마르크스는 실업 '예비군'의 기능에 대해 언급한 바가 있었거니와, 이제는 정치적 온건파들조차 이러한 좌파 경제학자들의 지혜에 주목하지 않을 수 없게 되었다.

미국에서는 1930년대 뉴딜 시대의 여러 입법을 통하여 생산자와 소비자에게 유리하도록 세력균형을 바꾸어 놓은 바 있지만, 머지않아 뒤집혀 버린다(Fischer, 1996을 보라). '마치 실제로 존재하는 양 우화처럼 꾸며진 소액 저축자들'에 대한 이야기를 날마다 떠들어 댄다. 그러면서 이런 이들이 인플레이션의 희생물이 되고 있으므로 이들을 보호해야 마땅하다는 명분을 만든다. 이 명분을 업고서 이자율 상한제처럼 금융 권력을 견제해 오던 여러 다른 장치들도 함께 철폐하게 된 것이다. 물론 이러한 조치는 그런 '소액 저축자'들뿐 아니라 '미국의 순 금융적 부의 86퍼센트를 차지하는 가장 부유한 10퍼센트'에게도 큰 혜택을 주었다(Greider, 1987: p. 168). 재화 시장에서나 노동시장에서나 독점 공급자들은 이제 경쟁 강화 정책들이 여기저기 나타나면서 견제를 받게 된다. 특히 영국에서는 대처 정부가 고의적으로 노동조합과 대결 국면을 조성하여 노조의 권력에 재갈을 물리는 일도 있었다. 공기업들이 독점적 조달업자들과 공모하여 높은 관리 가격(administered price)을 매기고 그 때문에 인플레이션 충격이 나타나던 예전의 관행은, 이제 지방 정부의 지출을 통제하고 공공 부문에서 서비스 조달을 사유화해 버리는 방법으로 해결했다. 그리고 궁극적으로는 통화량 조절을 정부의 손에서 독립적인 중앙은행의 손으로 넘기는 통화정책이 점차 모든 선진국에 채택되었다. 여러 증거를 볼 때 이러한 통화주의적 제도가 먼저 확립된 나라는 화폐자본가의 **채권자적** 이해에 기초한 동맹이 정치적으로 강력한 힘을 가지는 나라였다는 사실이 입증된다.

1990년대가 되면 채권자 계급에 유리한 방향으로 눈에 두드러진 재분배가 이루어진다. 무엇보다도 실질 이자율의 상승과 실질 임금 그리고 생산 및 서비스 부문의 이윤 하락을 통해 이러한 변화가 벌어졌음을 분명하게 알 수 있다(Henwood, 1997). 1970년대 후반 이래로 이자율은 역사적으로 가장 높은 수준에 이르고 있었다(Rowthorn, 1995). 그런가 하면 임금은 계속 떨어져 1998년이 되어서야 비로소 미국의 실질 임금이 1979년 수준을 회복할 수 있었다. 인플레이션이 떨어지고 경제성장이 회복되고 나서도 실질 이자율은 계속 높은 수준을 유지했는데, 이는 새로운 정치적 타협이 확고하게 뿌리박은 증거라고 볼 수 있다(Rowthorn, 1995). 게다가 화폐자본의 권력은 간접적이지만 대단히 구체적인 결과를 낳았다. 한 예로, 미국에서 생산 자본과 노동이 지배하던 1950년대부터 70년대까지 기업 부문 잉여에서 금리 수취자들이 차지하는 몫은 20~30퍼센트로 아주 느리게 증가한다. 하지만 1980년대 후반 이후로는 이 수치가 60~70퍼센트로 치솟는다(Henwood, 1997: 2장). 이렇게 금융의 지배력이 날로 성장한 곳이 또 있으니, 바로 기업의 내부였다. 전후에 나타난 주식회사 경영은 대량생산과 경영자 지배를 특징으로 하여 기업 성장과 매출에 강조점을 두는 쪽으로 이루어졌던 바, 이제는 생산성과 채산성, 그리고 '주주 가치'(shareholder value) 쪽으로 이동한 것이다(Fligstein, 2001). 기업 전략은 이제 기업 성장과 산출 증대에서 생산성과 투자에 대한 금융 수익 쪽으로 관심이 옮겨갔고, 이것이 1980년대와 1990년대 초에 벌어진 제조업 '인원 감축'(downsizing)과 '부서 정리'(de-layering)의 배경이 되었다. 차등적 소득의 변화 또한 금융 부문이 점차 지배력을 가지게 되었음을 보여준다. 1998년 1/4분기 영국에서 금융 부문의 수익은 전반적으로 5.6퍼센트 성장한 반면 공공 부문은 2.6퍼센트밖에 되지 않았다(Ingham, 2000b).

이렇게 화폐자본의 지배력이 다시 부상하면서 생산 및 재화 서비스 교환에 해당하는 거래에 대해 순수하게 금융적인 거래가 차지하는 비율이 증가하였고, 부분적으로는 '빅뱅' 금융 탈규제로 인해 엄청나게 가속화되었다. 미국 연방준비은행의 자금 순환표 데이터를 보면 1950년대부터 1980년대까지 비금융 기업이 차지하는 몫은 국내총생산의 25퍼센트에서 50퍼센트로 늘어났음을 알 수 있다. 하지만 금융 부문의 몫은 보잘것없던 2퍼센트에서 이제는 50퍼센트 이상으로 급속하게 증가했다 (Henwood, 1997; Guttmann, 1994: p. 38). 게다가 금융 부문으로 자원이 집중되고 채권자 권력이 증대함에 따라, 가난한 이들이 더 많은 채무를 지고 사회적 양극화가 심화되는 결과가 함께 따라왔다(Fischer, 1996; Arrighi, 1994).

이렇게 국내의 세력균형과 보상의 분배가 화폐자본 및 금융에 유리하게 변화하는 과정을 재촉한 것은, 국제적 자본 이동을 통제했던 브레턴우즈 국제 통화 체제의 해체였다. 1971년 닉슨 대통령이 금-달러 본위제를 포기하는 조치를 취하게 되자 화폐시장의 모든 부문에 걸쳐 급격한 변형이 일어났다. 이는 거의 불가피한 일이었다. 브레턴우즈 체제가 국제 자본 이동을 제약함으로써 국지적 공간이 유지될 수 있었고, 여기에 묻어들어 있던 폐쇄적인 주식시장은 온갖 제한적 관행을 가지고 있었다. 하지만 변동환율제가 시행되자 그 필연적 귀결로서 이런 제한적 관행들이 이제 '탈규제'를 만나게 되었다. 그리고 환율 통제가 해체됨에 따라 지구적 차원에서 주식 및 증권 시장이 출현할 수 있게 되었다. 하지만 우선 그 시장들을 묶어놓고 있던 예전의 사회적·법적 구조들을 쓸어 버릴 필요가 있었다. '노동절'(May Day, 1975년 5월 1일)을 맞아 뉴욕 증권시장에 대한 진입 장벽이 철폐되었고 고정 중개료도 폐지되었다. 이렇게 해서 외국 투자의 물결이 월스트리트로 밀려들게 되자 런던 주식시장을 비롯한 다른 주식시장들은 졸지에 지구적 차원의 경쟁에서 밀려나게 되고 등급이 좋지 않은 국내 증권들만 거래하는 곳이 되고 말았다. 이리하며 미국의 조치를 시작으로 온 지구로 퍼지는 하나의 물결이 나타나게 되었다.

1980년대에 걸쳐 온 세계는 경쟁적인 금융 탈규제의 물결이 휩쓸게 되었고, 그 정도가 심한 나머지 1992년이 되면 심지어 일본인들까지도 시무룩한 표정을 하고서 본래 자국민들만을 위한 자신들의 '회원 전용' (closed shop) 증권시장 규칙들을 아주 점진적이나마 완화하도록 떠밀리게 되었다. '땅을 평평하게 고른 경기장'과 같은 지구적 금융에서는 과연 의도한 대로 가장 강한 선수들만이 살아남는다는 이상이 그 어느 때 보다도 현실로 나타난 것이다. 아직 일본 경제가 무너지기 전인 1980년대에는 어떤 선수가 승자가 될지 전혀 알 수 없었다. 하지만 1990년대 중반 이후부터는 미국 기업들이 인정사정없이 지구적 화폐시장과 자본시장을 지배하게 된다. 앞으로 살펴보겠으나, 금융화의 성장은 1996년 앨런 그린스펀의 유명한 표현처럼 '비합리적으로 날뛰는 투기 심리'(irrational exuberance)의 결과가 아니라 자본주의에 전형적으로 나타나는 순환적 현상의 일부라고 볼 수 있다(Arrighi, 1994).

금융화는 종종 투기 '거품'이 꺼지는 것으로 종말을 맞게 되는데, 그 뒤에는 부채 디플레이션이 벌어져 팽창 기간 동안 사람들이 무릅쓴 채무를 도저히 더 이상 감당할 수가 없게 된다.[3] 그런데, 2001년 통신 기술주 가격이 폭락하고 또 대기업들의 사기와 파산이 나타나면서 1930년과 같은 부채 디플레이션 기간이 다시 온 자본주의 세계를 뒤덮을 수 있다는

---

3) 이 무렵에는 미국 적자가 증가하여 외국이 보유한 달러의 액수가 엄청나게 축적되었는데, 이것이 런던 금융가의 느슨한 규제와 맞물리면서 규제가 없는 외환시장을 낳았고 이것이 결국에는 전후 브레턴우즈 체제를 무너뜨리는 압력으로 작용했다(Ingham, 1994; Helleiner, 1994).

가능성이 생겨났다(Bootle, 1996 ; Warburton, 2000 ; Economist 22 January, 2001 ; Financial Times, 3 January, 2003). 하지만 일본에서는 이러한 상황이 벌써 10년 이상 지속되고 있었다. 그러면 일본에 무슨 일이 벌어졌는지를 살펴보자.

부채 디플레이션과 일본

장기적으로 지속되는 디플레이션이 인플레이션보다 자본주의에 훨씬 더 큰 위협이 된다고 생각하는 이들이 많을 것이다. 가격의 하락은 '투자가의 야수 본색'(animal spirits)을 가라앉히고, 신용화폐에 대한 수요를 억누르고, 자본가의 활동 확장을 둔화시켜서 마침내 체제 자체가 수축하기 시작하게끔 만든다. 자본주의는 '제자리걸음'을 하게 되면 무너지는 존재이며, 영구적인 균형에 도달하여 그 상태를 유지하는 일 따위는 근본적으로 불가능하다. 게다가 디플레이션은 인플레이션보다 훨씬 더 치료가 어려워 보인다. 이자율이나 조세 정책이 경제활동을 축소시키는 데는 효과적인 정책일지 몰라도 그 정책으로 경기를 부양한다는 건 훨씬 더 어려운 일이다. 경제학자들이 쓰는 용어로 하자면 통화정책과 재정 정책은 '비대칭적'이라고 할 수 있다. 비유를 들어 말하자면, '끈으로 물건을 밀 수는 없는 일이다'(push on string).

일반적 가격 수준이 계속해서 떨어지다 보면 앞으로도 가격 하락이 계속될 것이라는 예측이 지배하게 되며, 그렇게 되면 가격 하락의 악순환 고리는 자체 동력을 지니게 된다. 예를 들어 소비자들이 가격이 더 떨어질 것으로 예상하여 소비하지 않고 기다리고 있으면 생산자들은 이렇게 머뭇거리는 구매자들을 꾀어 내기 위해서라도 가격을 내리지 않을 수가 없다. 물론 이런 상황이 반드시 경기 침체로까지 이어질 필연성은 없다. '디스-인플레이션'(dis-inflation), 즉 가격이 낮은 수준에서 꾸준히 머물러 있는 상태와 진짜 '디플레이션'을 구별하는 일도 종종 있다. 물론 디스-인플레이션이 결국 디플레이션으로 이어지게 될 가능성은 항상 존재한다. 하지만 제대로 된 디플레이션이란 은행에서 꾼 돈으로 생겨난 인플레이션의 투기 '거품'이 꺼지면서 나타나는 결과일 때가 더 많다. 투기 자산들(주식, 부동산)에서 가격 붕괴가 벌어지면 결국 그 자산들을 사기 위해 꾸어온 돈의 원금과 이자를 갚기 위해 그 자산을 팔 수밖에 없으며, 이렇게 되면 그런 자산의 가격은 더 떨어지게 된다. 이렇게 계속되는 자산 가격 하락은 곧 다른 부문으로 확산될 가능성이 있고, 이로 인해 '과잉 부채'(debt-overhang)*를 갚기 위해 투자와 지출이 계속 줄어들게 되면서 경제활동은 더욱 침체를 겪게 된다. 이리하여 경기 침체가 나타나게 된다.

경제학에서는 이러한 부채 디플레이션 과정의 기본 구조에 대해 상당한 합의가 존재하기도 한다. 이에 대한 분석은 사실상 1930년대의 대공황 당시 어빙 피셔(Irivng Fisher, 그보다 20년 전에는 정통 경제학의 화폐수량설을 신봉하던 사람이었다)가 내놓은 저작들에서 직접 내려오는 것이다 (Fisher, 1933). 하지만 정통 경제학의 분석은 이러한 종류의 교란을 경제의 화폐 측면에 의해 벌어진 것으로, 장기적인 균형 상태에 도달하는 과

---

* 부채가 너무 많아 현금 흐름의 양을 이자 지출이 압도해 버리는 상태를 뜻한다. 이 상황에서는 채권자의 권리가 우선하므로, 신규의 대출이나 투자가 생겨난다고 해도 모두 이자와 원금 등을 갚는 데 써야 하므로 결국 경제활동 자체가 극히 위축당하게 된다.

정에서 잠깐 단기적으로 벌어지는 일탈 정도로 보고 있다. 디플레이션이란 시장의 여러 힘들이 정상적으로 작동하는 과정에서 잠깐 나타나는 이탈이라는 것이다. 이는 외부의 충격들, 예를 들어 전쟁이나 재난으로 원자재 상품 가격들이 크게 오르내린다든가 하는 문제로 생겨난 결과일 수도 있다. 또는 비합리적인 '광기' 때문에 투기적인 자산 인플레이션이 벌어질 수도 있다. 하지만 장기적으로는 좀 더 정확한 정보에 기초한 경제적 합리성이 우세하여 '정상적' 상태가 회복되게 마련이며 이를 통해 균형 상태가 다시 확립되게 되어 있다는 것이다. 하지만 케인스나 슘페터 같은 이들의 이단적 경제 분석에서는 경제의 화폐적 측면을 자본주의 관계를 구조화시켜 줄 뿐 아니라 그 관계를 시간이라는 **근본적 불안정성을** 뚫고 미래로 투사해 주는 독자적이고 능동적인 힘으로 보아야 한다고 주장한다. 실로 '투기적 공황'이야말로 역사적으로 자본주의가 출현했음을 알리는 신호라는 것이다(Weber, 1981[1927]: pp. 286-92).

일반적 의미에서 모든 자본주의적 활동은 '투기적'이다. 말하자면 모든 재화가 구매자를 다 찾게 되어 제대로 팔릴 것이라는 보장 따위는 없는 것이다. 하지만 케인스와 베버는 또 순수하게 금융적인 투기를 들어 투기적인 것이라고 말하고 있다. 금융적 투기란 미래 소득에 대한 청구권 (주식을 비롯한 여타 자산들)을 거래하는 것이기 때문이다. 1929년에 찾아온 월스트리트의 주가 폭락과 그 뒤를 이은 대공황을 정리하면서 케인스는 이렇게 말한다. "기업의 수익이 꾸준한 흐름을 이루고 투기자들이 그 위에 생기는 거품으로 달라붙는 경우라면 큰 해가 되지 않을 것이다. 하지만 아예 기업이 투기의 소용돌이 위에 떠다니는 거품이 되어 버리는 식으로 위치가 뒤바뀌어 버리면 문제는 심각해진다. 한 나라의 자본 발전이 노름판의 돈 놓고 돈 먹기 활동의 부산물이 되어 버리면 자본 발전이 제대로 이루어질 수가 없다"(Keynes, 1973: p. 159). 케인스는 투기 거품의 팽창에서 은행 대출이 차지하는 역할에 대해 면밀한 논리적 분석을 내놓지 않았지만, 이 문제는 민스키의 '금융 불안정성 가설'에서 중심적인 역할을 맡게 된다.[4]

자본주의 기업의 대차대조표에서 현금 수입과 부채를 살펴보게 되면 그 기업의 '현재, 과거, 미래가 공존하고 있음'을 알 수 있다(Minsky, 1982: p. 19). 예상되는 현금 흐름과 부채 사이의 관계에는 세 가지 조합이 있을 수 있다. 헤지 금융, 투기적 금융, 폰지(Ponzi) 금융이 있는데 이 모델의 뒤쪽으로 갈수록 점점 위험성이 커진다. 헤지 금융에 속하는 기업이란, 예상되는 총수입이 통상적인 회계 기간 동안 들어가는 경상비용과 현금 지불의 양을 넘는 경우이다(Minsky, 1982: p. 21). 투기적 금융에 속하는 기업이란, 대출에 대한 이자에 더하여 원금 상환까지 임박하면서 스스로의 화폐 자산들을 쓰거나 은행 또는 자본시장에서 새로운 부채를 구해 옴으로써 겨우 상환을 해나가는 기업이다. 폰지 금융(보스턴의 한 사기꾼이 만든 피라미드 조직에서 따온 이름이다. 자세한 내용은 Kindleberger,

---

3) 민스키(Minsky, 1991)는 자신의 가설이 케인스의 《일반 이론》과 대공황기 피셔의 부채 디플레이션 이론을 해석한 것이라고 여긴다. 정통 경제학은 그의 해석을 채택하지 않았는데, 두 가지 점에서 그 기본 신조와 모순되기 때문이다. 첫째, 민스키의 가설에서는 경제 행위자들이 근본적으로 '비합리적'이어서 투기적 광풍에 반복하여 휩쓸려 들어가는 것으로 보고 있다. 둘째, 화폐 부문과 상품 부문이 계속해서 그리고 반복적으로 분절되어 다루어지기 때문에 '실물' 경제의 선차성이라는 공리를 계속 침범한다. 이러한 내용에서 민스키를 반대하는 주장을 Kindleberger and Laffarge, 1982 에서 찾을 수 있다. 민스키 저작을 좀 더 긍정적으로 평가한 글은 Dymski and Pollin, 1994에서 볼 수 있으며, 특히 이 책에 실린 글들 가운데 대공황을 보면서 민스키 해석을 지지하는 증거들을 다룬 아이젠버그(Isenberg)의 논문을 보라.

1989[1978]을 보라)에 해당하는 기업이란, 현재 걸머지고 있는 지불 약속을 이행하는 것이 당기 수익으로는 불가능하며 오로지 '시간 지평 위에 미래의 어떤 소실점에서만 가능한' 기업을 말한다(Minsky, 1982: p. 22).[5] 영국-프랑스 해저터널*과 같은 대규모 건설 프로젝트가 이 범주에 들어가지만 폰지 금융은 주로 금융 부문에서 발견되며, 다시 내다 팔 목적으로 투기 자산을 구입하는 데 돈을 꾸는 행태가 전형적이다. 부채 비용은 시간이 지나면 상승하게 되어 있기 때문에 대부분의 경우 이윤을 거두는 것이 가능하려면 자산 가격이 지속적으로 상승해야만 한다.[6] 결과적으로 폰지 금융은 화폐시장의 상황 변화에 특히 취약하며 행여 이자율 상승이라도 벌어지게 되면 아주 위험해진다.

슘페터처럼 민스키 또한 은행은 사람들에게 투기적 금융과 폰지 금융을 조장하는 것으로 이익으로 삼는 '채무의 상인들'이라고 보았다. 생산이 확장되면 비교적 안정된 헤지 금융 기업들의 현금 잔고가 늘어나게 되

---

5) 소비자 부문에서 예를 들어 보자. 카드 빚에 몰린 이들은 신용 불량자가 되는 것을 피하기 위해서는 더 상환 기간이 긴 다른 빚을 또 내어 원래 빚을 갚는 수밖에 없다. 한 '극단적인' 폰지 금융의 행태를 보자면, 여러 장의 카드를 가지고서 한 카드로 진 빚을 다른 카드로 막는 시나리오가 가능하다. 미국 중서부의 시장을 다룬 독일 풍자 영화 〈로잘린, 쇼핑 가다〉(Rosaline Goes Shopping)를 보면 어떤 주부가 실제로 이렇게 이자를 갚으려고 카드 돌려막기를 하다 보니 30장 이상의 카드를 쓰게 된다. 그러자 그녀는 은행에 가서 1백만 달러를 대출해 달라고 설득하고, 그 다음에는 액수가 2백만 달러로 올라간다.

* 영국과 프랑스를 연결하는 해저터널 프로젝트는 1998년 파산 지경에 몰린 바 있다.

6) 물론 하락장에서 '공매도'(short selling)하는 것과 같은 예외도 있다. 거래자들은 지금 갖고 있지 않은 자산을 나중에 현행 가격보다 더 싼 가격으로 살 수 있을 것이라고 예측하여 그 자산을 일단 미래 인도(引渡) 시장에 팔아 차액을 챙기는 행위이다. 이는 '하락장'(bear market)을 더욱 악화시키는 행위라는 주장이 있으며, 이 글을 쓰는 시점(2003년 초)에 그 금지를 요구하는 목소리가 많다.

고, 이는 은행들이 신용화폐를 팽창시킬 수 있는 기초가 된다. 시간 지평은 더욱 미래로 멀어지게 되며, 금융 관계의 총량과 복잡성도 증가하여 투자의 호황이 벌어지게 된다(Minsky, 1982: pp. 30-2). "안정성은 불안정성으로 변해 간다"(Minsky, 1982: p. 26). 이 국면에서 안정성이 낳은 투자의 팽창은 이자율 상승으로 이어지게 된다. 더 많은 자금을 끌어올 필요가 나타나는 것에 대한 시장의 반응일 수도 있고, 또 이러한 호황을 진정시키고자 하는 통화 당국의 반응일 수도 있다.[7] 어느 쪽이건, 투기적 기업은 폰지 기업으로 변화하게 되며 아주 신중한 헤지 기업들도 투기적 기업의 위치로 끌려가게 된다. 이렇게 하여 갚을 수 없는 부채의 수준이 늘어 가게 되면 이자율이 상승할 경우 지급불능 상태에 빠지는 기업이 늘어나고 공황이 발생한다. 이자율이 점점 올라 들어오는 소득으로는 도저히 이자를 갚을 수가 없게 되면 결국 빚을 갚기 위해 가지고 있는 자산들을 정리하여 현금으로 바꾸지 않을 수 없게 된다. 각종 투자 계획들은 취소되고 노동자들은 해고당하며, 수요와 생산 모두가 하락하면서 부채 디플레이션을 촉발시킨다. 그리하여 경기 후퇴가 나타나게 되고 이것이 경기 침체로 이어질 수가 있다.

요약하자면 민스키의 강조점은 다음 두 가지 명제에 있다고 할 수 있

---

7) 이 투자 호황 기간 중 만약 이자율이 오르지 않는다면 이는 '금융 혁신이 폭발적으로 이루어지고 있음'을 뜻하는 것이다(Minsky, 1982: p. 33). 앞장에서 보았듯이, 금융 혁신이 벌어지게 되면 금융 체제는 그 스스로의 '내부적' 화폐 또는 '유사' 화폐를 창출하여 통화 당국의 통제를 빠져 나갈 수 있기 때문이다. 비록 민스키는 이 측면을 자세히 논하지 않고 있지만, 이렇게 신용이 통화 당국의 통제 바깥에서 팽창하는 것은 갑절로 불안정성을 증가시킨다. 한편으로는 폰지 금융의 수준을 증가시키고 또 다른 한편으로는 훨씬 더 위태로운 신용 관계가 규제조차 피해 나갈 수 있는 언저리 영역이 생겨나게 되기 때문이다.

다. "자본주의 경제의 내적 작동에서 필연적으로 나타나는 금융 관계들은 불안정성을 낳는 데 한몫을 하게 된다. 그리고 붕괴되기 쉬운 금융 구조에 금융 공황을 촉발시키는 것은 가격과 자산 가치의 관계들이거니와, 이는 **자본주의의 정상적 기능에서 벌어지는 사건들이다**"(Minsky, 1982: p. 37, 강조는 인용자). 즉 채무의 화폐화를 통한 신용화폐의 탄력적 창출이야말로 경제를 불안정으로 몰고 가는 경향을 본질적으로 낳을 수밖에 없다는 것이다.

하지만 민스키는 자본주의 경제가 이러한 내적(금융적) 모순들 때문에 붕괴할 것이라는 '마르크스적' 결론을 끌어내지는 않는다. 대신 그는 대단히 흥미로운 역설을 제시하고 있고, 그 역설에 대해서 어떤 결론도 내리지 않는 바람직한 태도를 보여 준다. 그의 표현대로 말하자면 일종의 미묘한 균형이 나타나게 된다. 자본주의적 금융이 신용화폐를 창출하고 리스크를 관리하는 데 더욱 효율적이 될수록 그 취약성도 점점 늘어간다. 그런데 이와 동시에 각국 정부와 통화 당국은 자신들이 금융 체제 전체를 감독하여 이러한 '취약성'이 '공황'으로 발전하는 것을 예방하는 방법을 익혔다고 스스로 믿게 된다. 하지만 경기순환의 양 극단을 영구적으로 완화하는 방법이라는 것은 모두 환상일 뿐이라고 믿을 충분한 근거가 있다.[8] 민스키 분석에서 나오는 중요한 함의 가운데 하나는, 공황으로 야기

---

8) 20세기 끝 무렵 기술주 거품이 일어났을 때에 여론은 이를 '투기 심리가 비합리적으로 날뛰는 것'이 아닐까라는 고찰을 하기는커녕 '신경제'(new economy)가 세워졌다는 생각 쪽으로 몰려갔던 바 있다. 정보통신 기술을 통하여 무한한 생산성 증가를 창출하는 것이 가능해졌고, 이로 인해 호황과 거품 붕괴를 반복하는 경기순환이 제거되었다는 주장이었다. 여기서 이런 식의 경기순환 관념은 암묵적으로 화폐가 중립적인 '실물' 경제 모델에 근거하고 있다는 점에 주목하라.

된 여러 기업들의 실패와 파산은 금융 체제 내의 과도한 부채를 털어내 버리고 부채를 통한 생산 자금의 융통이라는 순환 주기를 새롭게 시작하도록 만들어 준다는 점이다. 통화 당국은 비록 자신들이 통화와 금융을 관리하는 전문성을 가지고 있어서 공황을 회피할 수 있다고 주장하지만, 민스키의 관점에서 보자면 이런 전문성이란 단지 청산을 뒤로 미루는 것에 지나지 않는다. 기업들을 파산시켜서 부채를 털어내지 못한다면 이 부채들은 '과잉 부채'로 장부에서 두드러진 모습을 유지할 것이며, 이는 경제 전체로 줄줄이 파급되는 도산 사태를 낳을 수 있다.

실제 증거를 살펴보면 이런 현상이 장기적 추세가 될 수 있음을 알 수 있다. 예를 들어 미국의 국내총생산에 대해 가계와 비금융 주식회사 부채가 차지하는 비율은 1960년대 초 이래 지금까지 두 배로 늘어나면서 역사적으로 전례가 없는 기록적 수준으로 올라섰다. 이것이 미국이라는 세계 경제의 동력 엔진에 부채 디플레이션이라는 치명타를 안기게 될지 여부야말로 오늘날의 자본주의에서 가장 결정적인 문제라고 해도 과언이 아니다. 또 아직도 부채 디플레이션을 해결하지 못한 일본 경제가 종종 불길한 그림자를 드리우고 있다(Economist, 2000 ; Warburton, 2000).[9] 이런 예들은 민스키 모델의 예시도 되겠지만 나아가 화폐를 창출하고 파괴하는 일이 근본적으로 얼마나 사회적이고 정치적인 성격을 갖는 일인지를 잘 보여 주고 있다.

---

9) 이제부터 나올 설명에 암시되겠지만, 미국의 사회적 정치적 구조는 일본과 같은 식의 디플레이션의 막다른 골목으로 가는 것에 대해 저항력으로 작용할 것이라고 볼 충분한 이유가 있다. 이 문제는 흥미롭지만 여기서 더 다룰 수는 없을 것이다.

1. 일본의 디플레이션

1980년대 일본 경제의 상승이 절정에 달하였을 때 토지, 부동산, 주식 등 자산 시장에 급속한 인플레이션이 나타났다. 1985년부터 1989년까지 닛케이225 주가지수는 13,000에서 38,915로 올라간다. 부동산 가격은 연평균 22퍼센트 상승하여 1989년에는 도쿄 도심의 부동산 가격이 미국 전체 국토의 가치를 넘어서는 것으로 평가되었다(Van Rixtel, 2002: p. 171). 여기서 그 원인들을 자세히 다룰 필요는 없겠으나(이에 대한 일반적인 해석으로는 Van Rixtel, 2002를 보라), 이것이 금융에서 나타난 인플레이션 거품의 전형적인 경우였다는 점은 지적해 두어야 하겠다. 각종 자산 가격을 이렇게 위로 밀어올린 것은 대부로 빌린 자금으로 불어난 수요였다.[10] 1980년대에 걸쳐 일본 국내의 신용 창출은 '세계 어느 곳보다 막 나가는' 것이어서, 그 총량은 순식간에 두 배로 늘어 국내총생산의 300퍼센트에 이르렀다. 비록 초기에 위험 신호들이 나타났음에도 일본 특유의 민간 금융 부문과 통화 당국 사이의 제도화된 비공식적 인맥(amakudari, 낙하산 인사)으로 인해 '규제의 관대함'이 생겨났기에, 이러한 위험 신호들을 무시하고 '투기 거품'이 은행의 자금력을 등에 업고서 한없이 팽창할 수 있었던 것이다(Van Rixtel 2992: p. 177). 그리고 1990년의 주가 폭락 이후에도 이 비공식적 인맥 때문에 엄격한 회복 조치를 도입하는 것이 저지되었다.[11]

하지만 1989년 초가 되면 이 대책 없는 통화 당국조차도 더 이상 상황

---

10) 게다가 설상가상으로 인플레이션 팽창기에 전형적으로 나타나는 바와 같이, 이 신용 기구들은 우후죽순처럼 생겨난 '외곽'의 '비(非)은행' 업체들의 무책임한 '금융 공학'으로 만들어진 것들이었다(Van Rixtel, 2002: p. 171).

을 무시할 수가 없었고 결국 이자율을 올리게 된다. 그러자 그때까지 자산 인플레이션을 만들어 온 원동력인 부동산 회사들과 기타 금융 기업들이 곧 그 엄청난 부채를 갚는 데 어려움을 겪기 시작했다. 지급불능 사태가 확산되고 부채를 갚기 위해 자산을 매각하려는 소동이 벌어지면서 자산 가격은 더욱 하락했다. 닛케이 주가지수는 1989년에 절정을 구가한 39,000에서 1992년에는 14,000으로 떨어졌고, 토지와 부동산 가격도 같은 기간에 반토막이 나 버렸다(Van Rixtel 2992: p. 174).

거품이 붕괴되면서 디플레이션의 악순환이 시작되었고 이는 결코 사라지는 법 없이 오늘날에도 꾸준히 계속되고 있다. 물가 수준이 하락하자 부채의 실질 비용은 올라가게 되었다. 이에 기업들은 비용 절감(특히 노동 비용의 절감)에 나서게 되었으며 이로 인해 총수요가 삭감되면서 악순환을 더욱 악화시켰다. 사람들은 디플레이션이 계속될 것이라고 예측하고 이러한 예측에 따라 투자와 소비를 줄였기에 거꾸로 또 그 디플레이션의 예측이 현실이 되었고, 이렇게 원인과 결과가 서로 주거니 받거니 하는 가운데 물가 하락은 계속되었다. 일본 경제의 모든 부문이 이런 상황의 영향을 받았다. 1990년대가 끝날 무렵에는 파산의 속도가 빨라졌고, 심지어 전후 일본 경제 '기적'의 원동력이었던 거대 기업 집단들마저 노동자들을 해고하고 전통적으로 유지해 오던 종신고용제를 포기하기에 이른

---

11) 물론 어느 사회에나 사업을 수행하는 과정에 민간 부문과 공공 부문을 연결하는 비공식 네트워크가 생겨나게 마련이다. 하지만 일본의 경우에는 이러한 네트워크가 각별히 튼튼하여 사회 구조의 기본 요소가 되어 있을 정도이다. 예를 들어 민간 부문과 공공 부문 사이에 걸친 인간관계들을 인맥(jinmyaku)이라고 하며, 대장성과 일본 중앙은행에서 퇴임한 관료들이 민간 은행의 이사진에 자리를 얻는 것을 낙하산(amaku-dari, 글자 그대로 '하늘에서 뚝 떨어지는 것')이라고 한다. Van Rixtel, 2002: esp. 3장을 보라.

다. 일본의 실업률은 약 6퍼센트 정도로 서유럽의 기준에서 보면 비교적 낮은 편이지만 지금도 여전히 늘어나고 있으며, 결국 사람들이 느끼는 불안정성을 만성화시키고 또 더욱 악화시키고 있다.

만약 생산 투자와 소비를 장려할 수 있다면 약한 인플레이션이 나타나면서 이러한 난국을 타개할 수도 있었겠으나, 이는 정부의 능력을 넘어서는 일임이 드러났다. 이럴 때는 통화 공급을 늘여야 한다는 것이 정통 경제학의 해법이지만 이는 전혀 효과가 없었던 데다가 이자율이 거의 영으로 떨어지고 국내총생산에 대한 정부 부채의 비율이 유지될 수 없을 만큼 팽창한 상황에서 이러한 전통적 정책은 한계를 가질 수밖에 없었던 것으로 보인다(이자율이 영 아래로 내려갈 수는 없다).

그럼에도 여러 정통 경제학자들은 통화정책이 궁극적으로 디플레이션을 막아 줄 수 있다는 믿음을 고집하고 있다. 한 예로, 정부가 조세를 대폭 삭감하고 또 엄청난 양의 무이자 채권을 찍어 내면 고성능통화를 은행 체제에 주입할 수 있다는 주장도 있었다. 미래 세대에게 부채 지불의 부담을 지우지 않으려면 무이자 채권이 더 바람직하다는 것이다(A. Turner, 2002). 이러한 처방은 현대의 신증표화폐론과 비슷한 방식으로 국가가 경제에 인플레이션 충격을 촉발하는 데 필요한 만큼의 화폐를 얼마든지 찍어 낼 힘을 가지고 있다는 점을 인정하는 것이다.[12] "정부와 중앙은행의 관계만 튼튼하다면 그들이 힘을 합쳐 명목 수요를 자극할 수 있는 능력은 무한하며, 그러한 관계는 정부 스스로가 규정할 수 있는 것이다"(A.

---

12) 앞에서 보았듯이, 이 새로운 정통 이론을 지지하는 이들은 또 통화 당국이 목표 인플레이션율(예를 들어 3퍼센트)를 명시적으로 정해야 한다고 주장한다. 이렇게 되면 상황을 바로잡는 데 필요한 사람들의 합리적 기대를 낳을 수 있다는 것이다.

Turner, 2002). 하지만 앞에서 보았듯이, 이러한 능력은 정부 재정을 규제하는 정통적인 관행의 규범으로 제한되는 것이다. 이러한 정통적인 관행은 잠재적인 인플레이션 가능성을 예방하는 데 목적이 맞추어져 있으며, 제아무리 경제가 침체 상태에 있다고 해도 일본 중앙은행이 이것을 스스로 깰 의사가 없음은 분명하다. 일본은행 총재가 퇴임하면서 자신을 비판하는 이들에게 응수하였듯이, "중앙은행은 우리 나라 통화의 가치를 보전하는 수호자가 되어야 한다"(Financial Times, 3 December, 2001). 더욱이 금리 수취자들은 장기적인 인플레이션을 보전할 수 있을 만큼의 이자율을 요구하기 마련이고, 정부 공채 시장에서 이러한 이자율을 보장받기 위해 '협상'을 벌이게 된다.[13] 게다가 이들은 정부가 자신들에게 계속 이자를 지불할 수 있을 만큼 충분하다고 생각되는 조세 수준을 요구하게 마련이다. 요컨대, 위와 같이 무이자 채권을 엄청나게 발행하는 극약 처방이 가능하려면 국가와 그 채권자들 사이에 새로운 정치적 협정이 있어야만 하며 또 새로운 규범 구조가 나타나야만 한다.[14] 그런데 전쟁과 같은 긴박한 상황이라면 모를까 그렇지 않은 상황에서 이런 조치들이 도입되기를 기대할 수는 없는 법이다.

정통 경제학 분석가들은 또 현재 상태에서는 일본의 은행 체제가 과잉 부채에 손발이 묶여 있는 상태여서 정부가 거대한 부채를 갈수록 불려 가며 고성능통화를 찍어 댄다 해도 이를 사용할 수가 없다고 주장한다.[15]

---

13) A. Turner(2002). 또한 정부가 통화를 창출할 수 있는 권력은 무한하지만 이 사실은 "관습적인 장치들로 교묘하게 위장된다"고 쓰고 있다.

14) 말할 것도 없이 이러한 상황은 케인스가 영국 재무성 관료들의 속 좁고 완고한 인습을 마구 꾸짖던 1930년대를 상기시킨다.

1990년 이후의 각종 자산 가격 하락은 은행 체제에 직접 영향을 미쳤다. 은행들은 악성 부채 또는 '수익 없는 여신'을 잔뜩 짊어지게 되었고, 주식 가격이 하락하면서 은행의 자본과 지불 준비금의 가치 또한 크게 줄어들어 버렸다. 은행들이 지급준비율을 규제하는 현행 규범을 준수하는 이상 악성 부채와 주가 하락 문제는 둘 다 은행이 대출을 늘릴 수 있는 능력을 심각하게 할 수밖에 없고, 결국 이론상 경제를 부양시킬 은행 대출도 불가능해지는 것이다. 물론 투자를 위한 자금 수요 자체가 이제는 너무 낮아져 버렸다는 점도 기억할 필요가 있다. 일본의 회계 관행과 은행 감독이 투명하지 않았기에 이 '수익 없는 여신'의 크기에 대한 평가 또한 상당히 다양하지만, 그 규모가 대단하다는 것은 분명하다. 공식적으로는 그 수치가 60조 엔이라고 하지만, 어떤 이들은 237조 엔에 달한다고 보고 있다(*Financial Times*, 13 February, 2002).

이 문제에 대한 기존의 처방전은 은행이 그 대출 손실액을 상각해 버리고 대차대조표의 균형을 회복하여 다시 지급준비율에 해당하는 만큼 대출할 수 있는 능력을 회복하는 것이다. 그런데 이렇게 경제를 다시 활성화하고 디플레이션을 막는 데 절실한 정책 조치를 일본 정부는 도무지 취할 의사가 없어 보인다. 그래서 정통 경제학계와 통화 관련 집단에서는 때때로 분통을 터뜨리는 소리가 들려온다("World Bank chief hits at Japan's efforts on deflation," *Financial Times*, 17 January, 2003). 하지만 일본의 엘리트들은 1990년대 말의 은행 위기를 겪은 바도 있고 또 '빅

---

15) 2002년 일본은행은 본원 통화를 25.7퍼센트나 늘였지만, 은행의 신용화폐 공급은 여기에 별다른 호응을 보이지 못하였고 고작 3.3퍼센트만 증가했을 뿐이다(*Financial Times*, 17 February, 2003)

뱅' 금융 탈규제 도입을 시도했다가 수많은 기업이 파산하고 온갖 스캔들이 줄줄이 벌어진 일도 겪었던지라 더 이상의 불안정성을 만들어 내는 것을 꺼리게 된 것이다(Van Rixtel, 2002; Murphy, 2000). 부채를 상각해 버리게 되면 돈을 꾸어 갔던 기업들의 파산이 늘어나고 실업률이 올라가게 된다. 여기서 감안해야 할 점이 있다. 일본 경제의 핵심은 게이레쓰(系列) 기업집단들이 차지하고 있고, 그 각각의 상층은 상호 주식 보유(cross-shareholding)로 탄탄한 네트워크를 맺고 있는 것이 일본 경제의 특징이다.* 이러한 조건에서 만약 은행들이 그 정도 규모로 어떤 행동을 취하게 되면 현실적으로는 일본 경제 전체의 현존하는 사회적 · 정치적 구조 자체를 파괴하는 결과를 낳을 수도 있다. 사회의 기존 권력 구조에 튼튼한 기득권의 자리를 차지하고 있는 지배 엘리트들이 의도적으로 자기들의 지위를 위태롭게 하는 경우는 아주 드물다. 사실 일본의 경우에는 경제와 정치를 잇는 사회 구조가 기본적으로 비공식성('낙하산')을 띠고

---

* 일본 경제는 미쓰이, 미쓰비시, 스미토모, 후요, 다이이치칸킨, 산와 등 6대 기업 집단(게이레츠)이 중핵을 차지하고 있다. 이들의 기원은 제2차 세계대전 이전 지주회사를 통한 피라미드 형태의 소유 구조를 취했던 가족 소유의 '재벌'로 거슬러 올라가기도 하지만, 이는 전쟁 이후 미군정에 의한 재벌 해체와 여러 우여곡절을 겪은 후 다시 새로운 기업 관계로 형성된 기업 집단이다. 가장 큰 차이는 그 소유 구조의 상호주식소유(相互持合い cross-shareholding)로서, 이전과 달리 정점의 지주회사가 아니라 같은 계열 소속의 기업들이 서로의 주식을 나누어 가짐으로 해서 소유 구조를 안정화시키는 이른바 '안정화 공작'이 기업 집단 형성을 매개하는 끈이 되는 것이다. 여기에서 이 상호주식소유의 중심에는 각 기업 집단의 '주거래 은행'이 중심적 역할을 하게 된다. 결국 각 기업 집단들은 그 중심의 은행을 매개로 하여 각자 수많은 기업들을 복합적인 관계로 하나로 엮어 놓는 것이다. 이때 소속 기업들의 경영이 실패한다든가 주가가 하락할 경우 그 가운데에 있는 은행을 매개로 하여 그 충격이 기업 집단 전체로 확산되는 문제도 있으며, 이것이 1990년대 후반 이래에 상호 주식 소유가 상당히 완화되어 온 원인으로 지목되기도 한다.

있는 지라, 이러한 조치를 취할 가능성은 더욱 낮다(Van Rixtel, 2002). 악성 부채를 상각해 버리고 기업들의 대규모 파산을 통하여 일본 은행들의 대차대조표를 다시 균형으로 가져온다는 것은 물론 생각해 볼 수 있는 가능성이겠지만, 이는 긴밀하게 연결된 재계와 정계 엘리트들의 권력 기반을 파괴하게 될 것이다(Murphy, 2000).

이런 진단은 일본 안에서도 인정하고 있다. 2001~2002년에 걸쳐서 고이즈미라는 정치인을 내세워 기성 정치계 바깥으로부터 카리스마적 권력 기초를 창출하여 경제의 구조조정을 위한 단호한 조치를 취할 수 있도록 많은 노력을 했다. 은행들은 악성 부채들을 상각하라는 압력을 받았고, 기업 집단들은 과도한 생산 설비를 털어 버리라는 압력을 받았다. 하지만, 2003년이 되면 적어도 서방세계에서는 고이즈미가 일본 자민당과 관료들의 기득권 세력의 저항을 물리치는 데 실패했다는 게 공통된 의견이었다. 일본 엘리트의 대부분은 자신의 특권적 지위와 권력 때문만이 아니라 사회적 안정성이 무너지는 것을 크게 두려워했다.

하지만 제아무리 급진적인 조치를 취했다 해도 그것이 좁은 의미의 경제적 통화적인 것에 머무는 한 과연 원하는 결과를 얻을 수 있었을지는 의문이다. 다른 모든 것을 제쳐 놓고 우선 생각해야 할 점은 일본이 이미 오랫동안 경기 후퇴를 겪어 왔고 그 때문에 사람들의 불안이 높은 수준에 달하면서 전체 소비자 수요 자체가 마비되어 버렸다는 점이다. 이 문제가 이토록 크게 나타나게 된 것이야말로 일본 경제가 갖는 특유의 **사회적 구조**에서 나온 직접적 결과이다. 전후 경제재건 과정에서 일본 사람들에게 사회복지와 경제적 안정성을 마련해 준 기초는 서유럽과 달리 국가가 아니었다. 그 기초는 오히려 일본의 기업집단들(게이레쓰)이 시행한 종신고용제였다. 하지만 앞에서 보았듯이 1990년대의 경기 후퇴가 벌어지면서 기업 집단들이 이러한 역할을 감당할 수 있는 의지도 능력도 침식당하고 말았다.

일본의 엘리트들이 자국 경제가 처한 난국을 타개할 역할을 회피한다는 점은 제쳐 놓고서라도, 사람들은 이렇게 만성화되어 버린 경제적 불안정에 짓눌려 있는 상태였으므로, 경기를 부양하는 데 써 온 그 어떤 관습적인 정책도 듣지 않게 된 것이다. 1930년대에 케인스가 말한 바 있듯이, 사람들은 경제적 안정성을 찾아 헤매다가 이제 화폐를 가치의 축장 수단으로 쓰게 된 것이다. 정부가 금리를 거의 영으로 내린다고 해도 디플레이션이 벌어지는 상황이니 저축된 화폐의 가치는 시간이 지나면서 계속 늘어가게 되어 있다. 따라서 화폐를 소비하지 않고 그냥 보유하고 있으면 이중으로 위로를 얻을 수 있다. 하지만 이러한 행태는 '검약의 역설'을 통해 그저 경기 후퇴를 더욱 심화시킬 뿐이다.

아르헨티나의 통화 해체

2002년 4월, 부에노스아이레스의 한 카페에서는 멋지게 차려 입은 숙녀 둘이 찻값을 어떻게 낼지 고민하고 있었다("Argentines snowed under by paper IOUs," *Financial Times*, 11 April, 2002). 그 카페에서 찻값으로 페소를 내면 달러로 내는 경우보다 3배나 비싸게 돈을 지불하는 셈이었다. 그런데 옆에서 웨이터가 페소만 아니라면 달러말고도 대신 받을 수 있다는 돈의 종류를 줄줄이 늘어놓고 있었다. 유럽 여러 나라들이 서로 공통의 통화를 사용하는 단계로 원만하게 넘어가고 있던 바로 그 시점에서, 아르헨티나는 그 반대 방향으로 움직여서 화폐의 무정부 상태 단계까지 퇴보한 것이다. 아르헨티나 정부는 2001년 크리스마스이브에 채무불이행 상태에 빠졌고, 곧이어 나타난 통화의 해체 상태는 전시도 아닌 평화시에, 발달된 국가에 나타난 사건으로는 실로 근대에 들어 전례가 없을 정도로 심각했다. 바로 그 얼마 전에도 멕시코나 러시아처럼 채무불이행 상태에 빠지고 난 뒤 통화 무질서와 붕괴를 경험한 나라들이 있었지만, 멕시코는 물론 러시아조차도 아르헨티나만큼 사태가 심각하지는 않았다.

1990년 이래 미국 달러와 페소의 교환 비율은 고정되어 있었지만 채무불이행 상태에 접어들면서 이 비율이 깨지고 말았다. 곧 미국 달러와 가치가 땅에 떨어진 페소라는 두 가지 다른 계산화폐가 나타났다. 이 두 화폐는 서로 **국내의** 채권-채무 관계에 가치를 매길 계산 단위의 자리를 놓고 경쟁했다. 게다가 이 둘 사이의 환율이 극심하게 변동하여 혼란은 더 심해졌다. 페소와 달러 모두 통화로 유통되기는 했지만, 여기에 지방 정부들이 발행한 파타콘스(patacons, series I · II · III), 레콥스(lecops), 료하스(la Riojas) 등 열 가지가 넘는 지권 신용들이 가세했다. 이게 끝이 아니었다.

갈레리아스 파시피코(Gallerias Pacifico) 쇼핑센터에서 발행한 파시피코 같은 백화점 상품권은 물론이고, 심지어 식당에서 발행한 식권까지 모조리 통화로 유통되기 시작했다. 원래부터 날아다니는 **수표**(cheque volador) 같은 비공식 통화 제도가 아르헨티나의 거대한 암시장에서 늘 중요한 위치를 차지하고 있었다(Powell, 2002). 하지만 지불수단 화폐의 종류뿐 아니라 그보다 더 중요한 계산수단 화폐까지 다양해져서 그 비율이 불안정하고 서로 경쟁하는 관계로 들어서자, 통화의 파편화는 새로운 단계로 접어들게 되었다. 모든 채권-채무 관계는 2001년 후반 이래로 계속해서 가치를 다시 매기고 또 다시 정리해야 하는 상황이 되었다. 그야말로 화폐가 '비중립적'이라는 사실을 적나라하게 보여 주는 예로서, 이 혼란 속에서 불과 몇 주 만에 폭동이 일어나고 정권마저 몇 번이나 교체되는 사태가 벌어졌다.

이러한 상황은 여러 단기적 원인들과 장기적 원인들이 얽히고설킨 결과였다. 만성적으로 저조한 경제 실적, 정치 불안정, 1990년대 통화정책의 직접적 결과들이 그 원인들이었음은 더 말할 것도 없다. 하지만 내가 주장하는 바는, 실제 위기가 벌어지고 또 그 직후에 통화 해체가 벌어지는 과정에 나타난 성격은 아르헨티나 통화 체제의 고유한 특성 자체에서 찾을 수 있다는 것이다. 자세한 논의는 힘들겠지만, 또 아르헨티나가 장기적으로 경제 실적이 낮았던 것도 상당 부분 그 나라 통화 체제의 제도적 약점에서 찾을 수 있다고 생각된다. 요컨대, 이 통화 혼란 사태는 아르헨티나 국가가 자신의 채무자들(조세 납부자들) 및 채권자들(금리 수취자들/국채 보유자들)과 안정된 관계를 창출하고 유지하는 데 장기간에 걸쳐 무능했던 역사적 결과였다. 그 결과 국가는 튼튼한 은행 체제를 번성시키면서 또 페소 화폐도 마찬가지로 튼튼하게 유지할 수 있는 생존력 있는 주권적 화폐 공간을 확립할 수가 없었다. 물론 경제 발전이 변덕스럽게 오르내리다가 결국 침체에 빠져 버린 것도 원인이지만, 이 또한 마찬가지로 독자적인 사회적·정치적 원인들에서 나온 결과이니, 아르헨티나 화폐의 취약함은 곧 국가의 허약함이 표출된 다른 모습이었던 것이다.

아르헨티나는 누구나 부러워할 정도로 많은 '생산 요소와 자원'을 가진 나라이건만, 화폐의 취약함 때문에 그 잠재력을 실현하는 데 어려움을 겪었던 것이다. 이러한 아르헨티나 경제의 장기적 발전 과정이야말로 화폐가 장기적으로 중립적이지 않다는 점을 뚜렷하게 보여 주는 예라고 하겠다. 아르헨티나 경제 발전의 성격이 수수께끼라는 점은 널리 인식되어 있다(예를 들어 Manzetti, 1993 ; Lewis, 1990 ; *Economist*, 2 March, 2002).

제2차 세계대전이 발발할 무렵 아르헨티나는 프랑스와 독일을 제치고 세계에서 가장 부유한 나라들의 최상층 자리를 차지하고 있었다. 여러 측면에서 볼 때 이 나라는 라틴아메리카의 '미국'이 될 가능성까지 가지고 있었다. 천연자원, 공업, 이민자 유입에 따른 넘치는 활력, 밀려 들어오는 화폐자본이 경제성장을 이어갈 수 있게 했다. 이러한 형편은 양차 대전 사이의 세계 대공황 기간에도 계속되었건만, 1990년에 이르자 70번째 자리로 추락하고 말았다(*Economist*, 18 April, 1992).

1. 최근에 벌어진 사건과 위기

1980년대 이전의 30년 동안 아르헨티나 경제의 연평균 성장률은 1퍼센트도 채 되지 못했고, 1980년대는 최악의 나락이었다고 할 수 있다. 1984년부터 1988까지 연간 국내총생산 증가율은 0.3퍼센트에 지나지 않았고 실업률은 빠르게 늘었다. 1980년대 끝 무렵에 가서 결국 하이퍼인플레이션이 나타나고 말았다(Bethell, 1993 : 61). 하지만 그 뒤 이 나라는 자유무역, 사유화, 탈규제화 같은 정통적 경제 자유주의와 현대적 통화 관리 기업을 엄격하게 적용하는 정책을 채택했고, 1990년대 말이 되면 그 효과를 톡톡히 본 나라로 온 세계의 박수를 받는 상황이 되었다. 1991년부터 1997년까지 연평균 성장률은 대략 6퍼센트 정도 되었으니, 이는 라틴아메리카에서 가장 높은 수치였다(*Economist*, 2 March, 2002). 이러한 회복의 공덕은 페소를 정해진 비율로 달러에 법적으로 고정시킨 새로운 통화 체제로 돌아갔다. 페소화의 가치 절하와 인플레이션의 위험이 사라진 것으로 보이면서, 외국 투자가 19세기 때처럼 물밀 듯이 밀려 들어왔고 신속한 경제성장을 가져온 것이다.

하지만 이러한 달러-페소 고정 환율에는 두 가지 문제점이 있었다. 첫 번째는 모든 종류의 환율 고정에 일반적으로 따라오는 불리함이다. 이렇게 고정 환율제를 채택하게 되면 국내의 경제 상황이 나빠졌을 때 환율 변동을 통해 대처할 수 있다는 정책 옵션이 사라지게 되고, 결국 국내 경제는 온갖 기우(杞憂)와 상황에 볼모로 잡히게 된다. 지구적 화폐시장의 '선수'들은 이렇게 실질적으로 통화 주권을 포기하는 극단적인 조치는 오로지 약자들만이 어쩔 수 없이 선택하는 것이라는 점을 잘 알고 있다. 처음에는 이러한 환율 고정이 제공하는 보장 덕에 외국 자본이 꾀어들지만, 만에 하나 아르헨티나가 그러한 장치를 철폐할지 모른다는 불길한 사인이 나타나면 이 외국 자본도 아주 재빨리 신경질적으로 빠져나가는 반응을 보일 수밖에 없는 것이다.

이러한 사태가 1995년에 실제로 나타난 바 있다. 당시 국내총생산이 4퍼센트 떨어지면서 열 몇 개의 은행들이 무너지기는 했지만, 그래도 당시의 위기는 큰 탈 없이 넘어갈 수 있었다. 그런데 1998년에 다시 수출이 붕괴하고 경기 후퇴가 벌어졌을 때에는 이 환율 고정으로 인해 페소가 달러에 견주어 그동안 얼마나 과대평가되어 왔는지가 확연히 드러났다. 가장 중요한 것은 국채가 달러로 매겨져 있는 상황에서 경기 후퇴로 정부 지출이 늘어나게 되자 이 국채의 이자 지불을 감당할 수 없게 되었다는 점이다. 2001년 크리스마스 연휴에 아르헨티나는 적어도 잠깐 동안이나마 사상 최대의 국가 부채 채무불이행 상태에 빠지게 되었으니 그 채무가 무려 1천550억 달러에 이르렀다. 결국 페소화의 가치 절하가 불가피했고, 그 결과 국내와 외국의 채권자들 모두에게 심각한 결과가 초래되고 말았다.

두 번째 문제는 아르헨티나에만 나타난 것이었지만 더욱 근본적인 문제였다고 할 수 있다. 이러한 '달러화'는 아르헨티나가 안고 있는 근본적인 구조 문제, 즉 효율적인 재정과 자생력 있는 국내 은행 체제에 기초한 주권 화폐를 유지할 능력이 없다는 문제를 오히려 감추고 치장한 것일 뿐이었다.[16] 아르헨티나의 엘리트들은 그전부터 국내의 통화 체제에는 그저 미미한 정도로 참여하면서 자산을 외국의 달러 자산으로 바꾸어 놓는 습속이 있었으니, 어떤 면에서 미국 달러를 화폐 본위로 받아들인 조치는 이들이 이미 수십 년간 현실에서 해 오던 바를 공식적인 것으로 만든 것일 뿐이라고 할 수 있다. 요컨대, 페소를 달러에 고정시킨 것은 페소의 취약점에 대한 해결책처럼 보였지만 기실은 이 만성적인 문제점을 더욱 악화시켜 버린 것이다.

이 공황에 대해 정통 경제학의 설명들이 곧 나왔는데 이는 충분히 예측할 수 있는 범위를 넘어서지 못하는 것이었다. 예를 들어 아르헨티나 정부의 지출이 늘어나는 등 방만한 재정(즉 아르헨티나의 부채 규모 증가)이 이러한 붕괴의 가장 중요한 요소라는 주장이 널리 나타났다. 누가 봐도 뻔한 이야기이다. 만약 부채 규모가 작았더라면 지급불능 문제도 그다지 크지 않았을 것이라는 말이니까. 특정한 악재들에 초점을 두는 설명도 나왔다. 1990년대 후반에 나타난 경기 후퇴가 문제라든가, 하필이면 아르헨티나의 주된 무역 상대국인 브라질이 가치 절하를 할 때 달러 가치가 올라 버렸다든가 하는 얘기이다(*Economist*, 2 March, 2002). 하지만 어째서 **통화적 무정부** 상태가 현실에서 나타났는지 그것도 아르헨티나의 **경제적** 문제들을 해결할 어떤 해법도 불가능하게 만들 정도의 규모로 나타났

---

16) 아르헨티나의 전 역사에 걸쳐서 외국 은행들이 이 나라를 지배했다는 사실을 명심해야 한다.

는지에 대해서는 전혀 설명이 없었다. 이토록 위험한 달러화라는 전략을 애초에 채택할 수밖에 없었던 원인 자체가 아르헨티나 통화 체제의 만성적인 취약성에 있었고 또 당면한 위기 또한 그 취약성의 표출이었는데도 말이다.

1990년대 말 경제 문제들이 쌓여 가는 과정에 통화 당국과 전체 국민들 사이에 아무런 신뢰 관계가 없다는 만성적인 문제가 또 한 번 드러났다. 아르헨티나 경제의 국제수지 적자가 늘어나 고정된 달러 본위제를 유지할 능력이 위협받기 시작했을 때 정부가 보여 준 반응은 아주 전형적인 것이었다. 정부는 달러 지불 능력과 국채 비용 보상 능력을 유지하려는 목적으로 모든 수단을 다 짜 내어 은행과 금융 체제가 보유한 준비금을 몰수하려 들었다(중앙은행 총재는 이런 전략에 반대했지만 곧 자리에서 쫓겨났다). 중앙은행이 요구하는 지급준비율은 낮아졌으며, 연기금들은 정부 국채를 매입하라는 압력을 받게 되었고, 은행들은 낮은 이자율의 대출로 정부 국채와 맞바꾸라는 압력을 받았다.

지급불능 가능성이 떠오르게 되자 아르헨티나의 외국 채권자들은 손실을 줄이기 위해 자기들이 보유한 채권을 매각했고, 국내 은행의 예금자들은 또 현금을 인출하기 위해 달려들었다. 이러한 국채 가격의 폭락 사태를 막기 위해 국채의 이자율은 50퍼센트 이상으로까지 인상되었지만, 이는 가뜩이나 산더미처럼 늘어나고 있던 채무의 이자 지불에 필요한 자금량만 더 늘리는 결과를 낳았다. 2001년 12월 아르헨티나 정부는 은행 체제에 들어와 있는 예금을 자기가 쓸 수 있도록 유지하겠다는 목적에서 한 달에 1천 달러 이상 인출하지 못하도록 하는 상한선을 강제했다. 중간 계층은 자신들의 예금을 몰수당하자 분노했고, 뒤이어 현금 부족 상태가 벌어지자 그동안 널리 작동해 온 '검은 경제'마저도 어려움을 겪게 되었다. 결국 페소의 가치 절하가 나타나고 난 뒤 폭동과 정치 위기가 잇따라 벌어졌다. 2002년 1월 말 에두아르도 두할드(Eduardo Duhalde)가 대통령에 취임할 때까지 단 2주 만에 대통령이 네 번이나 바뀌는 혼란이 벌어졌다.[17]

이러한 혼란에도 불구하고 국제통화기금은 1990년대 후반의 어려움들 속에서도 꾸준히 달러화를 지지했다. 2001년 1월 140억 달러를 이미 대출해 주었지만, 최악의 상황에서 구출하기 위한 마지막 노력으로 80억 달러를 더 대출해 주었다. 2002년에도 아르헨티나 정부는 더 많은 대출을 요구했지만, 이제 국제통화기금은 통화 체제와 정치 체제에 걸쳐 총체적인 구조 개혁을 하기 전까지는 대출해 줄 수 없다고 단호하게 거절했다. 어쩌면 몇 가지 조치들만 취했더라도 상황이 좀 나아졌을 것이라고 생각할 수도 있다. 예를 들어 지방 정부의 재정 통제권을 빼앗고 새로운 지역통화를 쓰지 못하게 하는 등의 조치들 말이다. 하지만 이러한 해결책들이 실행되려면 생존력 있는 주권적 통화 공간이 있어야만 한다. 하지만 이런 문제들이 애초에 생겨나게 된 원인 자체가 그러한 생존력 있는 주권적 통화 공간이 없어서 벌어진 것이니 이는 결국 애초부터 논리적 악순환에 빠진 불가능한 해결책이라고 할 수밖에 없다.

---

17) 그런데 평가 절하와 예금 몰수를 겪고 나서 들어선 새 정권이 취한 조치들은 또 다시 외국 관찰자들을 놀라게 하고 국내의 중간계급 은행 예금자들을 분노로 몰아넣었다. 2002년 초 새 정부는 모든 은행 예금과 채무를 '페소화'할 것을 강제하고 은행들이 보유한 달러 준비금을 강탈하고, 기업 파산 관련 법률을 개정하여 채무자의 자산에 대한 채권자의 청구권을 약화시켰으며, 과거 페론 정부 시절에 있었던 긴급 경제법에 호소하는 등의 행동으로 은행들을 더욱 겁먹게 만들어 버렸다("Argentina on the road to ruin," *Financial Times*, 1 May, 2002).

2. 아르헨티나 통화의 실패

현대자본주의에서 화폐의 성패 여부는 국가와 시민들이 맺는 두 가지 상호 관계가 얼마나 훌륭하게 제도화되는가에 달려 있다. 조세와 국가 부채, 이 둘은 모두 그 국가가 사용하는 계산화폐로 가치가 매겨지게 되어 있다. 이 두 관계는 국가 재정을 관리하는 관행에 대해 널리 받아들여질 수 있는 규범 그리고 지속적인 신뢰를 받을 수 있는지 등에 대한 단일한 협정을 그 틀로 삼는다. 국가 채무의 채권자들이 자금을 더 대 줄지 여부는 국가가 채무의 이자와 원금을 갚을 수 있을 만큼 수입을 확실하게 거두어들일 수 있는지에 달려 있다. 국가의 수입은 대부분 조세에 의존하게 되어 있다. 오늘날 많은 국가들은 차용 자금을 과거 어느 때보다도 지구적 화폐시장을 통해 외국 채권자들로부터 조달하고 있다. 하지만 가장 성공적인 국가라고 해도 정당성을 확보하는 데에서는 재정의 구성을 놓고 국내의 채권자들과 어떤 관계를 맺느냐가 우선 중요하다. 아르헨티나는 이러한 두 가지 관계를 튼튼히 엮어 내는 데 실패했고, 그 결과 조세를 효율적으로 거두지 못했고 또 이로 인해 정부가 싼 이자로 신용 자금을 빌릴 수 없는 악순환의 상황에 갇혀 버린 것이다. 이 상태를 더 악화시킨 것이 있다. 페론 정권의 시절부터 1990년대까지 비대한 공공 부문 노동자들의 비위를 맞추는 인민주의(포퓰리즘) 때문에 임금을 더 높게 유지했을 뿐 아니라 갖가지 수당까지 얹어 주었던 것이다. 이러한 유산은 지금도 여전히 남아 있다.

게다가 법적으로 세금을 내야 할 아르헨티나 인구의 절반 이상이 세금을 내지 않고 있으며, 이러한 상태는 적어도 반세기가 넘도록 계속되었다 (Manzetti, 1993: p. 135; Lewis, 1990: p. 362). 이렇게 널리 확산된 납세 거부는 몰래 벌이는 탈세 형태보다는 세금을 거두는 국가 권위에 대한 공공연한 거부의 모습을 띤다. 설령 자본가 계급들이 세금을 납부하는 경우가 있다고 해도 그것은 국가와 사후적인 협상의 결과이며, 이런 사실은 아르헨티나 정부가 자본가 계급 앞에서 힘이 약했다는 사실을 더욱 잘 보여 준다(Lewis, 1990: p. 270). 물론 페론 정권 이후 줄줄이 나타나던 권위주의적이고 인민주의적인 정권을 대기업들이 불신할 만한 이유도 있었다. 예를 들면, 1970년대 중반에는 정부가 사회보장 체제에 들여야 할 세수가 무려 1천10억 페소나 구멍이 났건만, 이 가운데 그 세금 원천을 추적할 수 있는 액수는 480억 페소(퇴직 군인 연기금)에 불과했다(Lewis, 1990: p. 273).

세금 미납이 이 정도 수준에 이르면 필시 거대한 비공식 또는 '검은' 경제가 나타나게 마련이다(Powell, 2002). 물론 어느 사회에나 비공식 부문은 있게 마련이지만, 옛 공산주의 국가들을 제외하면 아르헨티나만큼 이 부문이 공공연하고 광범위한 경우는 찾아보기 힘들다. 게다가 이 비공식 부문은 경제의 모든 수준에서 작동하고 있다. 비공식 부문이 공식 부문보다 낮은 수준으로 제한되기는커녕, 러시아의 경우처럼 공식 부문과 대등한 하나의 '대칭' 경제를 이루고 있는 것이다. 1970년대 후반 어떤 빈민가의 경우 3만 명이 넘는 그곳의 주민들은 신발 공장, 가구 공장 등을 운영(이 가운데에는 외국 회사들과 직접 연결된 곳도 많았다)하면서 상당히 풍족하게 사는 이들이었다. 이들은 잘 정비된 도로망은 물론 가까운 곳의 전력까지 불법으로 몰래 끌어다 쓰고 있었다(Lewis, 1990: p. 364).

이 비공식 경제에서는 페소·달러와 더불어 '날아다니는 수표' 같은 자체적 교환 수단까지 갖추고 있다. 이는 근대 초기의 유럽 자본주의 시절과 마찬가지로 두 거래 당사자들의 이름이 적힌 약속어음을 일정하게 할인하여 제3자에게 지불수단으로 쓰는 것이다. 외국의 은행 앞으로 끊은 달러 수표 또한 지불수단으로서 널리 통용된다. 게다가 아르헨티나처럼 높은 인플레이션이 지배하는 나라에서 현금을 쌓아 두는 것은 불리할 수밖에 없으니까 이 비공식 경제에서 축적된 부의 대부분은 나라 밖으로 빠져나가게 된다. 합법적 부분에서도 끊임없이 화폐가 외국으로 빠져나가는 데다가 여기에 비공식 부문의 부까지 가세하여 빠져나가는 셈이다. 그래서 인구의 대부분은 사실상 국가에 대한 납세 의무를 위해 국내에서 발행된 공식적 화폐를 손에 넣을 필요가 없게 된다. 따라서 국내의 은행 체제가 사람들의 신뢰를 얻는 것도 아니니까 여기에 근거한 지불 체제도 확립하기 힘들게 되고, 또 국내에서 페소 가치를 안정적으로 확립하는 것도 어렵게 된다. 이렇게 주권적 화폐 공간이 존재하지 못한 상태이니 경제의 달러화는 거의 필연적인 일이었던 것이다.

이 책 앞부분에서 강조한 바 있지만, 국내의 자본가계급과 '기념비적 동맹'을 맺는 것은 현대자본주의 국가가 성공하기 위한 핵심적인 기초이다. 국가 부채가 기초가 되어 비로소 신용화폐를 탄력적으로 공급할 수 있게 되었으며, 이것이야말로 17세기 이후 서유럽에서 자본주의 체제가 확실하게 뿌리를 내리게 한 기반이었다. 이러한 국가와 채권자들의 동맹 관계에서 양쪽 모두는 서로를 강화시키고 장기적으로 존속시키는 것을 스스로의 이익으로 삼게 된다.

외국의 채권자들에게만 크게 의존하는 국가들이 번영한 경우는 드물다. 아르헨티나는 국가와 토착 자본가계급 사이에 서로가 자신의 이익으로 삼을 만한 상호 의존 관계를 결코 형성한 적이 없다. 그 결과 국내의 은행과 금융 체제가 만성적으로 허약했고 페소의 가치도 언제 깨질지 모르는 상태가 이어진 것이다. 아르헨티나 자본주의가 겨우 화폐를 만들어 낸다 해도 이 화폐를 손에 쥔 이들은 어떻게든 그것을 달러로 바꾸려 들고 결국 뉴욕과 런던에 안전하게 예금해 버리고 마는 것이다. 결국 국가의 재정과 금융을 올바로 세우는 것을 자신의 이익으로 삼고 또 그러한 요구를 효과적으로 현실화시킬 수 있는 강력한 국내의 금리 수취자 계급이 아르헨티나에 존재하지 않았던 것이다.

3. 아르헨티나 경제와 통화의 역사

아르헨티나가 가장 번영한 시기는 19세기 말부터 1930년대까지인데, 이 기간에는 효과적인 국내의 금융 및 재정 시스템이 발전되지 못했다. 1890년대 이후로 국제수지는 상당한 흑자를 보였음에도 경제 발전이나 정부 지출에 필요한 자금은 변함없이 외국 투자에 크게 의존하는 상태였다(Bethell, 1993: pp. 64-6). 1차 생산품의 수출(특히 밀과 소고기)을 통해 부를 창출할 수 있었지만 이것이 국내의 신용화폐 창출의 기초를 형성하여 민간 또는 공공의 투자와 소비의 자금줄이 되어 주지는 못했다. 이러한 소득의 흐름을 은행이 효과적으로 매개하지 못했던 것이다.[18]

1930년대 세계 대공황으로 아르헨티나의 밀과 소고기에 대한 수요가 줄어들게 되자 이 나라 경제의 발전 패턴 또한 영구적으로 바뀌게 된다. 아르헨티나는 적어도 1914년까지는 사실상 영국에 공산품이나 투자 자본의 수입을 의존하고 그 대신에 농산물을 수출하는 구조였다(Bethell, 1993: p. 173). 19세기의 번영기에는 대토지 소유자들의 과두정이 지배했지만, 그 경제가 혼란에 빠지고 쇠퇴가 이어지자 1930년대에는 군사 쿠데타가 일어나 입헌 정부를 무너뜨리게 된다. 그 뒤로는 허약한 민주주의 정권이 들어서고 이것을 다시 군사 독재가 대체하는 순환 고리가 시작된다. 1943년 쿠데타 이후로 후안 도밍고 페론(Juan Domingo Peron) 대령이 점차 엄청난 정치권력을 손에 쥐게 된다. 1930년대 이후 공업화 과정에서 도시 인구가 폭발적으로 늘었고 페론은 이들의 지지를 얻고 권력 기반으로 삼았던 것이다. 그런데 바로 이러한 정치적 동맹 관계가, 국가 재정을 놓고 자본주의적 통화 체제 유지에 이해관계를 갖고 있는 부르주아 금리 수취 계급까지 포괄하는 단일한 협정을 형성하는 것을 더욱 방해한 것이었다.

페론 정부는 경제적 민족주의 전략을 추구했고 특히 정치권력 유지에 그 초점을 두고 있었다. 국가가 경제를 통제하여 수입 대체 전략을 통해 공업화를 가속화시키고 또 체제 지지자들한테 유리하도록 소득 재분배를 이루어 낸다는 것이었다. 이 지지자들이란 노동자, 새로이 국유화된 산업

---

18) 1891년 베어링(Baring) 위기[아르헨티나가 발행한 국채 가격의 대폭락으로 영국 최대의 상인 은행 가운데 하나였던 베어링이 몰락하는 일이 벌어졌다 ─옮긴이]가 벌어진 이후 영국은행은 압력을 행사하여 아르헨티나 국가와 은행 체제에 다시 자금을 대부해 주기 위한 조건으로 아르헨티나 국내에 엄격한 재정 압박을 받아들이도록 만들었다. 1899년 아르헨티나는 태환위원회(Conversion Board)가 관리하는 금본위제를 받아들이게 된다. 그런데 다른 나라들은 금본위제에 참여하는 가운데에서도 또 동시에 중앙은행을 두어 민간 은행과 대출자 사이의 사적 채무를 화폐화하여 신용화폐를 '제조'하는 장치를 갖추었건만, 아르헨티나는 그렇게 하지 않았다. 이 나라의 통화 위원회는 외국 채권자들의 불안감을 달래려는 열망이 너무나 컸기에 금본위제가 강제하는 금속주의 화폐론의 엄격한 원칙에 집착하였고, 그 결과 그렇게 큰 국제수지 흑자를 거두고서도 그 이점을 잘 활용할 기회를 스스로 부정해 버렸던 것이다. 1903년에서 1913년에 이르는 기간 동안 금 준비 보유는 3천8백만 금 페소에서 2억 3천3백만 금 페소로 급증했지만, 이 기간에 통화 위원회는 법정 은행 지급준비율을 23.1퍼센트에서 72.7퍼센트까지 올려 버렸던 것이다(Bethell, 1993: p. 73). 물론 은행권 형태의 화폐 공급은 늘어났지만 늘어날 수 있을 만큼 충분히 늘어나지는 못했으며, 은행 대출을 통한 화폐 창출의 양도 계속 낮은 상태로 머물렀다. 더욱이 이 번영과 안정의 기간 동안 국가의 재정 상태는 계속 악화되었다. 1900년과 1912년 사이에 재정 지출은 118퍼센트가 늘어났지만, 조세를 통한 수입은 단지 59퍼센트가 늘었을 따름이었다(Bethell, 1993: p. 74).

의 엘리트, 급속히 팽창하고 있던 국가 기구 모든 층위의 피고용자들이었고 군대도 물론 이 범주에 들어갔다. 1940년대 후반에 실질 임금은 60퍼센트 넘게 인상되었다(Manzetti, 1993: p. 38; Lewis, 1990: p. 182). 중앙은행은 1946년 국유화되어 이러한 발전 전략이 필요할 때마다 언제든 돈을 찍어 낼 수 있도록 만들었다. 민간의 화폐자본은 사실상 몰수되었다. 모든 은행들은 자신들이 보유한 예금을 중앙은행에 등록해야 했고, 어떤 민간 은행도 중앙은행의 허락 없이는 대출을 할 수 없게 되었다. 혹시라도 허가받지 않고서 대출을 감행하는 민간 은행이 있으면 중앙은행에 등록된 그 민간 은행의 예금을 몰수해 버렸다(Lewis, 1990: p. 159). 자본주의 경제가 성공하려면 국가와 그 채권자들 사이에서 중앙은행이 매개자 역할을 하는 것이 필수적이건만, 페론은 그런 의미에서 중앙은행이 아르헨티나에서 발전할 수 있는 가능성을 사실상 짓밟아 버린 것이다.

페론 체제는 통화 관계의 구조에서 엄청난 세력균형의 이동을 불러왔다. 급속한 인플레이션이 발생했음에도 임금 및 봉급 생활자들의 실질 가족 소득은 1946년에서 1953년 사이에 평균 15퍼센트씩 증가했다. 그런데 공업과 광업 부문 자영업자의 경우에는 이 수치가 비슷한 양만큼 하락했다. 하지만 가장 큰 피해를 입은 것은 화폐자본이었다. 상업과 금융의 소득은 60퍼센트나 떨어졌고 금리 수취자가 이자와 배당금으로 얻는 소득은 50퍼센트가 하락했다(Lewis, 1990: p. 209). 아르헨티나 국내총생산에서 은행업이 차지하는 몫은 이미 비교적 낮은 7퍼센트 정도였으나 이 수치가 1945년에서 1972년 사이에 또 다시 절반 이상 하락했다. 이런 현상은 바야흐로 공업화를 겪기 시작한 경제로서는 드물게 일어나는 일이다(Manzetti, 1993: p. 293).

수입 대체 전략을 추구하는 가운데 제조품의 수입은 엄격하게 통제했지만, 역설적이게도 화폐가 안전한 도피처를 찾아 외국으로 빠져나가는 흐름도 함께 가속화되었다. 산업 생산자들과 공무원들은 경쟁이라는 압력에서 완전히 해방된 상태이므로, 아무리 페론이 호소를 한다고 해도 페론 스스로가 부여한 권력을 이용하여 갈수록 국내총생산의 더 많은 몫을 가져갔다. 임금, 봉급, 정부 예산만 늘어난 것이 아니었다. 노동자들이 일터에서 보내는 시간도 갈수록 줄어들어 갔다. 1951년에 되면 아르헨티나 노동자들은 평균 사흘에 하루 꼴로 놀았으며, 여기에 페론 정부는 또 가외로 휴일을 주었다(Lewis, 1990: p. 183). 이리하여 실제의 재화 및 서비스 생산과 갈수록 높아지는 임금 및 봉급 격차는 갈수록 넓어졌다. 그리고 국가는 필요한 대로 마음껏 화폐를 찍어 냈으며 통화 및 은행 체제의 통제에 대해 이해관계를 갖고 있던 강력한 토착 채권자 계급도 없었기에, 이를 견제하여 균형을 유지해 줄 힘도 존재하지 않았던 것이다.

사실상 채무자들이 채권자들을 수탈한 셈이며, 그 결과는 연간 30퍼센트가 넘는 인플레이션 그리고 토착 자본가, 특히 금리 수취자들과 화폐자본가들의 마음속에 깊이 뿌리박은 반감이었다.

페론 정권이 끝난 뒤 국가는 재정과 통화 시스템에 대한 통제력을 완전히 상실했다. 정부는 자신의 채권자들 그리고 조세를 납부하는 시민들과 그 어떤 협정도 수립할 수가 없었다. 그 결과 아르헨티나는 전적으로 대외 채무에 의존할 수밖에 없었는데, 무엇보다 문제는 점점 채무를 갚을 능력까지 잃어 갔다는 점이다. 그리하여 해외 채권자들의 압력 때문에 국가는 주기적으로 세금을 걷고 해외로 빠져나간 자본의 귀환을 장려했다. 1956년부터 1980년대 후반까지 '검은 자금'에 대한 여섯 차례의 사면 또는 '표백'이 선언되었다(Lewis, 1990: p. 558). 불법적으로 은닉한 자금을 스스로 신고만 한다면 원래 갚아야 할 조세의 일부만 물리겠다고 국가가 나서서 약속한 것이다. 하지만 이 물리겠다는 조세의 액수가 너무 높다면 불법 자금을 신고할 동기가 사라질 것이고, 또 너무 낮다면 소수이지만 정직하게 세금을 내 오던 이들을 완전히 소외시켜 버릴 것이다. 결국 이러한 사면 조치들은 성공하지 못했다.[19] 2001년의 시점에서 외국에 보유되고 있던 자금은 대략 1천500억 달러가 넘었을 것으로 짐작되는데, 이는 지불중지 사태 시기의 전체 정부 부채에 맞먹는 액수였다.

아르헨티나 경제의 문제는 크게 보아 그 허약한 통화 체제의 문제가 반영된 것이었다. 이 문제는 다시 국가의 문제였다. 국제통화기금은 계속해서 정통적인 통화 및 재정 정책을 채택해야만 추가적인 대출을 해 줄 수 있다고 고집했지만, 주요 계급들 사이에 단일한 협정이 존재하지 않는 상태에서 그러한 약속을 한다는 것은 애초에 불가능한 일이었다.[20] 게다가 나라 안에서 튼튼한 연합이 만들어지지 않은 상태에서 설령 국제통화기금이 대출을 해준다고 하더라도 그저 일시적인 도움 이상은 될 수 없는 것이다.

생존 가능한 통화 체제를 확립하는 데 실패한 경우는 이 밖에도 많이

---

19) 페소를 달러에 고정시키기 전에 아르헨티나는 공식적인 페소의 평가절하를 시행했다. 재정 상태가 이렇게 주기적으로 심각한 상황에 빠져들고 있었기 때문에, 그때까지 신고하지 않은 지하 자금을 끌어내기 위한 조치였던 것으로 보인다(Lewis, 1990: p. 363).

20) IMF는 정치적·재정적인 퇴화가 아르헨티나의 높은 공공 지출 수준의 주요 원인이라고 주장했다. 1853년의 참여법(Participation Law) 이래로 지방 정부들이 사회적 지출의 가장 큰 몫을 차지했으며 또 중앙 정부의 세수까지 가져갔으니 그럴 만도 하다. 원리상 이렇게 되면 중앙 정부가 경제 전체에 걸친 지출과 세수의 균형을 통제할 수 없게 되므로 상황을 악화시킬 수밖에 없는 것이다. 하지만 이는 근본적인 원인이라 할 수 없다. 아마도 이러한 지방의 권력이 도심부의 부르주아계급이 지방의 지주들을 길들일 능력이 없음을 표출한 것으로 해석한다면 또 모르겠지만.

있고 그런 사례를 살펴보면 화폐의 본성이 무엇인지를 더 많이 알 수 있겠지만 여기서 더 자세히 논의를 이어갈 수는 없다. 아프리카의 여러 나라에서도 주요한 경제적 이해 집단들과의 협정 속에서 국가의 지불 약속이 이루어질 만큼 안정된 국가가 형성되지 못하는 상태가 만성적으로 계속된 바 있다(아프리카의 가산제적 국가들에 대한 베버적 분석으로는 Chabal and Daloz, 1999).

물론 이유는 상당히 다르지만, 공산주의 이후 러시아에서 나타난 통화 혼란 또한 아르헨티나의 상황과 많은 공통점을 가지고 있다(Ledeneva, 1998; Ledeneva and Kurchiyan, 2000; Busse, 2000; Woodruff, 1999). 두 나라 모두가 조세와 국채 시장이라는 두 가지 기본적인 통화 순환 장치를 확립하여 주요한 경제 집단들을 연결하고 통화가치를 안정시키는 데 어려움을 겪었다. 특히 러시아 자본가들은 아르헨티나의 자본가들처럼 국가 규제에서 안전하게 떨어진 채로 잘 발달된 '가상' 경제를 유지했고, 또 국내 경제에 얽매이지 않는 해외 지향적 취향을 가지고 있었다. 그 결과 러시아의 자본가들은 루블 대신에 달러를 사용했고 현물로 지불했다. 이 모든 사례는 통화 체제의 실패가 어째서 국가의 실패에서 나온 결과인지를 잘 보여 주고 있다. 안정된 계산화폐를 강제하고 또 일정한 '임계량'에 이르도록 조세와 채권의 통화 흐름을 만들어 낼 수 없다면 통화적 무정부 상태가 나타나게 되고, 이럴 경우에는 경제의 모든 수준에서 이질적 형태의 여러 화폐들이 그 이질적인 거래 네트워크(지역적인 준 물물교환과 같은) 속에 묻어든 채로 함께 공존하는 상태가 지속된다.

9

새로운 화폐 공간

전자화폐가 발명됨에 따라 통화 창출은 점점 민간화될 것이다. 좋은 것이든 나쁜 것이든, 통화들이 무제한의 경쟁을 벌이는 하이에크가 전망한 세상이 곧 현실이 될지도 모른다.

— B. 코언(Cohen, 2001b: p. 221)

인터넷이라는 속도감 있는 매체는 우리가 가진 중요한 전략적 자산이다. 사회가 점점 더 세계 시장이라는 형태를 띠어 가고 있는 지금 자기 해방을 위한 우리의 노력은 화폐라는 도구 자체에 초점을 맞추어야 한다.

— 키스 하트(Hart 2000: p. 310)

유로를 쓰는 지역에서는 통화 창출과 주권 간에 맺어 온 전통적인 역사적 연관 관계가 아주 특이한 방식으로 무너지게 될 것이다.

— 찰스 굿하트(Goodhart 1998: p. 425)

선진 자본주의 세계는 스스로의 국민 경제와 일국 통화를 갖춘 국민국가들로 나누어져 있는 것이 전형적인 모습이다. 물론 중요한 예외와 이탈된 경우도 있었지만 지금 여기서 상론할 만큼 중요한 것들은 아니다 (Helleiner, 2003). 하지만 이러한 모습이 하나의 '규범'으로서 널리 인정된 것은 아니다. 경제적 자유주의자들을 비롯한 이들은 국민국가와 그 개별 통화들이 비록 꼭 필요하기는 해도 진정한 지구적 시장이 가져다줄 경제적 복지를 실현하는 데 심각한 장애물이라고 여기고 있다. 이러한 주장은 세계 경제를 단일의 '실물'경제로 가정하여 세계경제가 단일한 교환 매개 수단을 가지는 것이 효율적이라는 생각을 전제로 깔고 있다. 나라마다 고유한 통화를 쓰고 있다면 국민국가가 이를 이용하여 보호주의로 흐르는 등 여러 문제가 생긴다는 것이다. 하지만 다른 모든 것 이전에, 이렇게 서로 다른 통화가 무수하게 병존하게 되면 거래 비용 자체가 상당히 증가한다는 문제가 생긴다. 그래서 예를 들어 하이에크 같은 이는 화폐의 '탈국민국가화'를 옹호한다. 민간의 여러 통화들이 서로 경쟁할 수 있도록 용인하여 그중 가장 널리 받아들여지는 것을 그대로 '지구적' 화폐로 쓰자는 제안이다(Hayek, 1976).

최근에 나타난 여러 새로운 상황으로 인해 이러한 국가 · 영토 · 화폐 형태 사이의 관계에 대한 관심이 새롭게 일어나고 있다. 경제적 지구화와 정보통신 기술의 급속한 발전 등으로 인해 세계 경제가 더욱 긴밀하게 통합되었고, 그 결과 국가 · 경제 · 통화 사이의 전통적인 연관이 느슨해진 것으로 보인다. 통화의 탈영토화, 탈국민국가화, 전자화폐, '가상 화폐,' 심지어 '화폐의 종말' 같은 이야기까지 나오고 있으며, 이 모든 논의는 국가가 통화에 대한 통제력을 상실했다는 것을 주요한 내용으로 포함하고 있다(Helleiner, 1999, 2003 ; Hart, 2000 ; OECD, 2002 ; B. Cohen, 2001b). 어떤 이들은 지구화가 마침내 19세기 자유주의자들이 소망했던 진정한 세계 시장을 가져다 줄 것이며, 경제적 비교 우위에 근거한 국제적 노동 분업이 인류의 복지를 확장시켜 줄 것이라고 믿는다. 적어도 이론적 차원에서 이들은 지구적 화폐시장이 이끄는 국제적 요소 이동성을 통해 '일물일가의 법칙'이라는 신고전파 모델이 현실화될 것이라고 본다(Banuri and Schor, 1992: p. 5). 먼델(Mundell)의 유명한 이론으로 표현하자면, 지구적 경제 관계로 인하여 전 세계가 마침내 단일한 최적통화지역으로 가는 길에 들어섰다는 것이다(1장의 논의를 보라).[1]

이러한 주장을 더 밀고 나가서 마침내 경제 거래가 컴퓨터로 이루어지고 인터넷이 확산되면 실제로 물물교환이 아주 효과적으로 되어 화폐라는 '중립적 베일' 조차 불필요하게 될 것이라고까지 주장하기도 한다. '신통화경제학'에 바탕을 둔 여러 논자들은 정보통신 기술의 발전을 통해서 '욕망의 이중적 일치의 부재'라는 물물교환의 난점이 제거되었다고 주장한다. 여러 재화에 대한 '욕구'와 '제공'이 바로바로 짝을 찾을 것이며, 또는 거래자들이 일정한 범위의 다양한 재화들(특히 다양한 금융자산들)을 지불수단으로 받겠다고 제안하는 '준 물물교환'의 형태가 나타날 것이라는 것이다. 지구화된 세계에서 물물교환이 전산화되면 국가 화폐와 중앙은행은 불필요하게 될 것이다. 정통 화폐 이론이 늘 주장해 온 것처럼 이

---

1) 지구적 무역이 달러로 이루어지고 있다는 사실이 이러한 생각의 타당성을 입증한다는 주장이 종종 나온다(Helleiner, 1999). 하지만 이러한 달러화가 과연 좁은 의미의 경제적 힘들의 작동만으로 나온 결과인지는 심히 의심스럽다. 궁극적으로 이 문제는 과연 시장이 어떻게 창출되는가 하는 문제이다. 시장은 '교환·교역·물물교환'의 과정에서 자생적으로 발전하는 것인가? 아니면 이 책에서 내가 주장하는 바대로 그리스, 로마, 영국 같은 고전적 제국의 경우와 같이 국가와 국가의 화폐에 의해 가능해지는 것인가? 이 문제는 지구화의 성격에 대한 아주 큰 질문 또는 여러 질문들을 담고 있지만 여기서 그 꾸러미를 풀어헤칠 수는 없다. 단 이 문제에서도 언제나 그랬던 것처럼 화폐의 문제가 중심적인 문제라는 것만 지적해 두고자 한다. 여러 독립된 국민국가들이 공식·비공식적으로 달러화를 받아들이고 있지만, 이는 거래 비용을 줄이고자 하는 시장의 추동에 의한 결과를 넘어 명백한 미국 패권의 결과이기도 하다(Helleiner, 2003). 예컨대 세계 무역에서 미국이 차지하고 있는 몫만 가지고서는 오늘날처럼 달러가 광범위하게 쓰이는 것을 뒷받침할 수 없다.

제 얼마든지 여러 다른 재화들이 '화폐'가 될 수 있으니, 그동안 경제학에서 화폐가 화폐가 되도록 만드는 '화폐성'은 도대체 무엇인가를 구체적으로 밝히느라 겪던 어려움도 이제 끝났다는 것이다. 그리하여 '화폐 문제'는 이제 사라졌다는 것이다.

이러한 일반적 문제들과는 별개로, 통화 공간의 역사에서 가장 중요한 실험 하나가 지난 10년 동안 점차 현실에서 법으로 제도화되어 왔다. 화폐의 본성을 검토하는 작업이라면 화폐, 공간, 주권 사이에 완전히 새로운 관계를 제도화한 유럽통화동맹(EMU: European Monetary Union)의 경우를 논하지 않을 수 없다(Goodhart, 1998; Bell and Nell, 2003을 보라). 여기에서도 지구적 기술과 화폐에 대한 여러 억측과 마찬가지로 화폐가 중립적 매개 수단이라는 정통 이론이 또 한번 중요한 역할을 맡는다.

정보통신 기술과 새로운 통화 공간들

정보통신 기술이 국민국가의 권력을 잠식하고 있다는 생각은 오늘날 널리 받아들여지고 있다(경제적·문화적·정치적으로 모두). 이 과정은 두 가지 다른 방향에서 동시에 진행되고 있다고들 한다. 한 쪽은 지구적인 차원에서 바깥으로부터 이루어지고 있으며 또 한 쪽은 국내로부터 국지적인 차원으로 이루어지고 있다는 것이다. 초국가적인 차원의 정치적·경제적·문화적 발전으로 인해 거의 가장 강력한 국가들의 패권조차 도전받고 있을 뿐 아니라 국지적인 차원에서도 대개 비공식적 성격을 띠는 문화적·정치적 운동들이 갈수록 팽창하고 있다. 양쪽 모두가 부분적으로 새로운 형태의 화폐를 활용하고 있으며, 그 기초가 되는 것은 정보통신 기술이라는 것이다.

　이 두 수준 모두에서 상황이 어떻게 전개될지에 대해서는 여러 가능성이 열려 있다. 예를 들어 지구화된 자본주의 상층 부분에서는 대규모 초국적 기업들이 자기들의 '증서'를 인터넷 거래에서 교환 매개체로 발행할 수도 있다(B. Cohen, 2001b; Lietaer, 2000; Weatherford, 1999). 좀 더 극단적인 주장을 하는 쪽에서는 앞에서도 말했듯이 아예 인터넷의 물물교환-신용 거래 때문에 '화폐의 종말'이 올 수도 있고, 그 결과 중앙은행도 불필요해질 수 있다고 주장한다.

　반대쪽으로 가서 자본주의의 국지적 수준으로 가보면, 많은 현대 경제의 비공식 부문들이 국지적 교역 체제로 조직되어 국지적인 교환 수단까지 자체적으로 갖추고 있는 경우가 허다하다. 양쪽에 대한 논의는 서로 상당히 다르고 이념적으로는 심지어 상반되기도 하지만, 화폐에 대한 기본적 관념은 동일하기 때문에 국가 없이도 '자생적 질서'가 존속할 가능성에 집착하고 있는 셈이다. 화폐의 미래에 관한 논쟁들은 결국 인터넷이 인류가 국가로부터 풀려날 수 있는 잠재적인 가능성과 힘을 가져다줄 것이라는 좀 더 일반화된 신념의 일부를 이루고 있는 것이다(Hart, 2000). 요컨대 정보통신 기술을 통해 19세기의 오래된 두 전망이 되살아난 것이다. 하나는 지구적 시장의 '세계주의'(cosmopolitanism)라는 자유주의적 관념이며, 다른 하나는 오늘날 흔히 '공동체주의'(communitarianism)라고 부르는 '길드사회주의'이다.

1. 전자 지구화: '화폐의 종말'과 '민간' 화폐

　어떤 이들은 이렇게 주장한다. 본래 시장 메커니즘은 완벽하지만, 지금까지 정보와 통신의 여러 문제점들 때문에 손상되어 왔다. 하지만 최근의 정보통신 기술 발전은 이러한 문제들을 바로잡아 줄 희망을 보여 주고 있다(B. Cohen, 2001b). 이들은 진정으로 초월적인 지구적 질서를 전망으로 삼고 있다. 즉 인터넷이 상상을 초월할 만큼 강력한 모습으로 진화해 나가고 있으며, 여기에 기반하여 물물교환-신용의 청산 시스템을 만들어서 화폐가 없이도 작동하는 광대한 시장이 꿈이 아니라 현실이 될 수 있다는 것이다. 하지만 다른 이들은 이러한 가능성에 의문을 표시한다. 만약 기술적 진보로 인해 국가의 여러 독점이 위협 당하고 국가가 자신의 이익에 반하는 것이라고 판단한다면 국가는 언제든 기술적 진보에 도전할 능력과 의지를 가지고 있다는 것이다(Helleiner, 1999).

나는 이 두 번째 평가에 동의한다. 하지만 내가 첫 번째 주장에 대해 회의를 품는 까닭은 화폐의 본성에 대한 상당히 다른, 그리고 좀 더 근본적인 주장에 기초하고 있다. 이렇게 전자 상거래의 와중에서 국적이 탈각된 전자화폐를 사용할 수 있게 될 것이라는 생각은 우리가 1장에서 검토한 바 있는 흔히 저질러지는 오해에 기반하고 있다. 화폐는 '교환의 편의를 위한 매개체'가 아니라 그와는 정반대로 권위라는 기초, 다시 말해서 사회적·정치적 기초를 필요로 하는 것이다. 무릇 좁은 의미에서 시장 화폐란 16세기의 환어음이든 오늘날의 전자화폐이든 그 경제적 네트워크 속에 묻어들어 있는 것이며 또 그 네트워크 안으로 쓰임이 제한되는 것이다. 따라서 네트워크 자체가 생존하지 못한다면 그 화폐도 생존할 수가 없다.

정보통신 기술이 화폐를 바꾸어 놓을 가능성에 대해 가장 극단적인 해석을 내놓는 이들에 따르면, 미래 세대의 컴퓨터는 발라식의 물물교환-신용 일반 균형 모델을 현실로 만들어 줄 수 있을 것이라고 말한다. 심지어 영국은행의 부총재였던 이 조차도 '화폐의 종말'에 대해 사색하는 가운데 '기술혁신의 충격'의 결과 22세기가 되면 중앙은행이 사라질지도 모른다고 말한다(King, 1999). 개인들만이 아니라 더욱 중요한 자본주의 기업들 또한 자신들의 교환을 결제할 때 하나의 전자 계정에서 다른 전자 계정으로 이를테면 여러 금융자산의 형태로 부를 직접 송출할 수 있게 될 것이라는 것이다. 실시간으로 소통이 가능한 컴퓨터들은 거래 양측의 신용도를 **곧바로** 확인할 수 있다는 것이다. 이러한 가능성이 실현될 경우 거래의 최종 결제 수단이라는 화폐의 독특한 역할은 필요 없게 될 것이다. 만약 최종 결제가 중앙은행이 발행한 화폐에 기대지 않고 이루어질 수 있다면 은행 자체도 사라지게 될 것이다. 현재의 통화정책은 통화 창출을 적절하게 제한할 필요성에 집착하고 있지만, 이 또한 사라지게 될 것이다. 그 대신 거래 당사자들이 가지고 있는 자산의 신용도가 정확하게 평가될 수 있도록 하기 위해 컴퓨터 시스템의 정확도에 대한 규제를 좀 더 기술적으로 중립적으로 만들기만 하면 될 것이라는 것이다. 이미 과거에도 중앙은행과 그 통화 공급의 독점이 없어도 그럭저럭 통화 체제를 유지해 온 사회가 많이 있었고, 미래에는 아마 다시 그렇게 될 가능성이 높다는 것이다(King, 1999: 또 전반적 논의로서는 B. Cohen, 2001b).

사실 이러한 종류의 지불 체제는 세계 자본주의의 상층부에서 쓰인 민간의 '유사 화폐'로서 상당 기간 존속한 적이 있다(Ascheim and Park, 1976). 게다가 18세기 매사추세츠나 오늘날의 러시아처럼, 화폐가 없이도 현물 지급을 통해서 복잡한 다자간 지불 체제가 구성된 역사적 사례는 무수히 많다. 이러한 예들은 본질적으로 머빈 킹(Mervyn King)이 상상하고 있는 것과 다르지 않다. 보스턴은 18세기 중반에 통화를 발행하지 않고도 상당히 복잡한 경제를 유지한 바 있다(Baxter, 1945). 농부들과 상인들이 서로의 채무를 영국 통화에 기초한 **계산화폐**로 기록해 두긴 했지만,

이는 실제로 유통되는 화폐가 아니었다. 사람들은 추상적 가치(즉 계산화폐)의 단위로 무엇을 쓸 것인가를 합의하였고, 이 단위로 여러 다른 재화들의 가격을 매겨 놓고서 이렇게 가격이 매겨진 재화들을 지불수단으로 사용했다. 그런데 이러한 시스템과 킹이 상상하는 시나리오는 엄밀히 말하자면 화폐가 없는 상태가 아니라 현금이 없는 상태를 말한다. 이러한 통화 체제들은 오직 추상적인 계산화폐만 있어도 얼마든지 굴러갈 수가 있다.

킹은 채무의 유동성 있는 금융자산을 지불에 쓰려면 그것에 계산화폐에 따라 가격을 매겨야 한다는 점을 이해하고 있다. 하지만 화폐의 본질적 속성을 교환의 매개체라고 보고 있기 때문에 그는 계산화폐의 문제를 전혀 문제로서 인식하지 못하고 그냥 지나치고 있는 것이다. 그래서 아주 전형적인 정통 학설의 방식 그대로, 킹 또한 '여러 상품들의 바구니'를 가격의 기초로 삼아 단일의 **표준 상품**을 마련한다면 그것이 계산화폐인 동시에 가치의 표준이 될 것이라는 단순한 주장에 머무르고 만다. 어떤 것을 계산화폐로 쓸지를 결정하는 문제는 단순히 '공공의 선택 문제'일 뿐이며, 그 규제 또한 현존하는 도량형 체계의 감독보다 더 어려울 까닭이 없다는 것이다.

하지만 우리가 1장에서 살펴본 바 있듯이 이러한 '신통화경제학'의 입장은 두 가지 오류에 근거하고 있다. 우선 경제적 가치란 거리나 무게와는 달리 절대적 불변의 속성을 가진 자연적인 것이 아니다. 현실에서의 경제적 가치는 사회적·경제적 권력의 배분에 따라서 아래위로 등락하게 되어 있으며, 바로 이것이 논리적으로나 역사적으로나 시장 교환과 시장 가치에 앞서서 계산화폐가 선행해야 하는 까닭이다. 두 번째, 어떤 하나를 가치 표준으로 잡아서 계산화폐로 표준화하는 일은 오직 모종의 권위가 존재하여 그렇게 했을 때에만 확립될 수 있는 일이다. 지불을 화폐로 갚겠다는 약속은 추상적인 것이며, 이것이 기능할 수 있는 이유는 과연 그 약속이 어느 만큼의 가치를 가질 수 있을까라는 질문이 부분적으로 자유시장 과정을 떠난 문제가 되어 있기 때문이다. 앞에서 보았듯이 시장 자체는 안정성을 제공할 수 없으며, 이것을 위해서는 중앙은행이 황금을 고정된 가격에 구매하겠다고 약속함으로써 이른바 시장이라는 것 자체를 고정시켜 줄 필요가 있었다. '화폐의 종말' 운운하는 논의는 미래학인 것 같지만 기실 19세기 자유주의자들이 자기들의 통화 체제를 오해했던 바를 그대로 다시 적어 놓은 것일 뿐이며, 명시적으로 드러나 있지는 않지만 정치가 완전히 배제된 세계라는 그들의 헛된 희망 사항을 다시 한 번 되풀이 한 것에 불과하다(칸트가 말한 '세계주의적 민주주의'의 현대적 버전에 대한 비판으로는 Hawthorn, 2000).

이렇게 극단적인 주장의 이론적 기초에 대해서는 여러 의심을 표하지 않을 수 없지만, 그렇다고 해서 새로운 교환의 매개 수단이 다양하게 나타날 수 있고 또 송금 수단에도 변화가 나타날 수 있다는 것을 내가 부인하는 것은 아니다. 그리고 이런 변화의 중요성을 부정하는 것도 아니다. 사태 전개에 따라 일국적 화폐 공간이 쪼개지고 잠식당할 가능성이 있다. 첫째, 1980년대 후반에 제한적인 교환 매개체(예를 들어 기차, 항공, 전화, 케이블 텔레비전 등에 사용된 정액제 카드)가 널리 사용된 적이 있는데, 이런 방식이 어쩌면 신용카드의 한계를 넘어설 수도 있다(Goldschalk and Krueger, 2000). 아직은 정액제 카드 계좌도 신용카드처럼 전통적인 은행 계좌에서 돈을 이체해야 한다. 하지만 기술이 발전하게 되면 여러 다양한 특정 용도의 정액제 카드의 잔액이 얼마든지 서로 오가도록 만들 수가 있고, 그렇게 되면 카드 하나로 지불할 수 있는 재화의 종류가 더욱 더 늘어나게 될 것이다. 다음 세대의 개인 컴퓨터는 반드시 정액제 카드를 꽂는 장치를 달고 나오게 될 것이다. 예를 들어 이동통신 회사가 고객들에게 기차 카드의 잔액으로 핸드폰 대금을 지불할 수 있도록 해 줄 수도 있다 (Boyle, 1999). 사실상 이렇게 다각적인 지불 네트워크를 만들어 놓으면 회사들에게도 이익이다. 전자 상거래가 널리 확산될수록 이렇게 제한된 교환 수단이 지불과 최종 결제 수단의 기능도 하기 시작할 것이고, 결국 민간 화폐의 지위까지 넘보게 될 것이다(Lietaer, 2001). 여러 다양한 교역 네트워크를 품고 있는 업체에서 발행한 카드의 경우 고객이 다양한 종류의 물품을 구매하면 '사은 포인트'를 주는데, 이 또한 마찬가지로 제한된 교환 매개체의 생산으로 작동할 수 있다. 이러한 교환 수단들은 인터넷을 통해 자신의 범위를 넘어서서 1990년대 후반에는 이른바 사이버 통화라는 형태로 다양하게 생겨났다. 이를테면 빈즈(beenz), 아이포인트 (ipoints), 페이팔(PayPal) 같은 것들이 있다("Dreams of a cashless socie-ty," *Economist*, 5 May, 2000).

인터넷 화폐가 확산되어 마침내는 기존의 국가 화폐에 도전하게 될 것이라는 주장까지 나왔다. "대안적인 교환 매개체에 기초한 새로운 지출 순환이 진화함에 따라 특정 국가의 전통적 결제 체제를 전혀 사용하지 않게 될 수도 있다. 즉 '사이버 공간에서 무한히 떠돌아다니는,' '뿌리없는' 화폐가 나올 수 있다는 것이다"(Solomon, 1997: p. 75; B. Cohen, 2001b: pp. 200-1에서 재인용). 이들도 사이버 공간에서 쓰이는 화폐가 신뢰를 결여하고 있다는 문제를 인정한다. 하지만 전자 상거래의 양이 많아지기만 하면 이 문제가 해결될 것이라고 가정한다. 코언이 보기에, 이런 상황은 감옥 안의 담배나 전후 유럽의 껌이 '화폐'가 되었던 방식과 다르지 않다는 것이다(화폐가 편의를 위한 교환 매개체에 불과하다는 관념에 대한 비판은 1

장을 보라).[2]

　민간 기업들도 이와 똑같은 기술을 사용하면 스스로의 화폐를 발행할 수 있을 것이다. 가장 큰 지구적 기업들의 자산은 화폐를 발행하는 한 국가의 자산을 훨씬 능가하는 경우가 많으며, 또 회사들이 내놓는 실물 재화와 서비스가 이러한 민간 발행의 기초가 되는 것도 가능한 일이다(Lietaaer, 2001: p. 79). 하지만 민간 기업들이 발행하는 화폐가 과연 국가 화폐를 따르는 보조물 이상이 될 수 있을지에 대해서는 여러 가지 의문이 있다. 간단히 말해서, 기업이 국가의 화폐 발행과 경쟁할 수 있을 정도로 화폐를 발행할 수 있으려면 그 수명과 신뢰성이 대단히 높아야 하는데, 브로델(Braudel)이 '정글'이라고 부른 바 있는 자본주의의 작동 양식과 구조는 이런 정도의 기업이 실제로 출현하기에는 너무나 적대적인 환경이다. 20세기에 나타나던 패턴이 지속된다고 가정했을 때, 미국의 최대 기업들 가운데 앞으로 25년 존속할 수 있는 비율은 셋 가운데 하나 꼴이다(*Financial Times*, 12 April, 2001). 게다가 만약 엔론(Enron)이나 월드콤(Worldcom) 등이 21세기 초에 보여 준 행태가 대기업들 사이에 주기적으로 나타난다면 과연 민간 화폐가 유통에 필요한 정당성을 확보할 수 있을까. 마지막으로, 화폐를 발행하는 것이 과연 기업들의 경제적 이익에 부합하는지도 확실하게 증명된 것이 아니다. 20세기의 경우에서 보듯, 자국 통화를 지구적으로 유통시킬 수 있었던 지배적 국가들조차도 그 비용이 너무 많이 드는 부담임을 절감하지 않을 수 없었으니까(Ingham,

---

2) 다음과 같은 극단적인 경제적 자유주의의 관점도 있다. "궁극적으로 따져볼 때, 가치 표준의 자리를 놓고 벌어지는 경쟁은 치약이나 구두 시장에서 여러 공급자들이 벌이는 경쟁과 다를 바가 없다"(Mantonis, Digital Cash and Monetary Freedom; Denny, 1999에서 재인용).

1994).

하지만 이러한 민간의 화폐 발행에 걸림돌이 되는 가장 큰 장애물은 따로 있다. 현실에서 대체 가능한 화폐가 되기 위해서는 먼저 **지배적인 계산화폐**로 경계선이 마련된 일정한 화폐적 공간의 일부가 되어야 한다. 여러 가지 통화가 뒤섞여 있다 보면 사람들은 높은 거래 비용으로 고생하게 된다. 이런 사실은 샤를마뉴 대제가 천 년도 전에 이미 깨달은 바였다. 샤를마뉴도 전 유럽에 걸쳐 여러 무수한 통화들이 뒤섞여 쓰이는 바람에 화폐적 무정부 상태가 벌어지는 것을 보고서 질서를 부여하려고 애를 쓴 바 있다. 사실상 전자화폐란 국지적인 교환 수단, 기업 및 정부의 증서, 그리고 19세기의 모든 선진 자본주의 사회에 존재한 민간 은행 화폐와 **구조적으로** 다를 바가 없다. 앞에서 이미 살펴보았듯이, 19세기 영국의 파운드 스털링이라는 화폐는 **여러 이질적 형태들을** 가지고 있었지만 모두 그 추상적 계산화폐로서 통합되어 있었던 것이다(Rowlinson, 1999: pp. 64-5). 이렇듯 상이한 교환 매개체들이 사라지게 된 까닭은 기술적 혁신 때문이 아니었다. 조세를 걷고 국제 금본위제에 참여하여 자국 통화를 안정화시키고자 했던 국가의 정치적 이익 때문이었다. 국가는 한편으로 어떤 형태의 화폐로 조세를 걷겠다고 명령할 수 있었고, 다른 한편으로는 국제 금본위제로 인해 태환 가능한 지폐를 중앙은행이 발행한다는 통제력을 가지게 된 것이다.

따라서 "온갖 지폐의 초기 형태가 그 금속화폐의 기초에서 떨어져 나와 결국 **스스로의 생명을** 얻게 된 것처럼, 언젠가는 전자화폐도 그 모든 형식적 보증물 없이 자유롭게 쓰이게 될 것이다"(B. Cohen, 2001a: p. 6. 강조는 인용자)라고 말하는 것은 화폐의 본성을 오해한 주장이다. 어떠한 화폐도 단순히 '스스로의 생명'을 얻을 수 없으며, 사이버 공간에서 '뿌리

없는' 존재를 얻을 수도 없다. 이런 일이 가능하다고 생각하는 것은 경제적 거래와 **화폐** 형태에만 관심을 두고 화폐 발행자와 화폐 사용자 사이의 **사회적·정치적** 관계는 무시한 결과이다. 화폐는 본질적으로 계산화폐와 최종 결제 수단에 뿌리를 둔 것이며, 이는 논리적으로 반드시 권위를 가진 존재에 의해 확립될 수밖에 없는 것이다.

따라서 근본적으로 정보통신 기술에 기초하여 새로운 화폐적 공간이 나타날 것인지 여부는 기술적 문제도 아니고 또 경제적 문제도 아니다. 다름 아닌 정치적 문제이다. 한 국가의 권위는 계산화폐와 최종 결제 수단을 유지하는 데 필수적인 역할을 하지만, 그것으로 끝나는 것이 아니다. 용도가 극히 제한된 교환 수단이라고 할지라도 그것이 발전하는 정도는 국가에 좌우될 수밖에 없다. 예를 들어 유럽중앙은행(ECB: European Central Bank)은 경쟁적인 민간 전자화폐에 대하여 강력한 입장을 취해 왔다. 전자화폐는 지급준비율 같은 기존의 은행 감독을 받아야 한다는 것 말고도, 전자화폐 발행자는 중앙은행이 발행한 유로로 바꾸어 달라는 요청을 받으면 언제든 정해진 비율로 바꾸어 줄 법적인 의무를 지니게 된다(Issing, 1999. Lietaer, 2001 : p. 216에서 재인용). 달리 말하자면, 유럽중앙은행의 의도는 누구든 민간에서 전자화폐를 발행하는 단위는 기존 은행 체제의 일부가 되어야 한다는 것이다. 미국의 연방준비은행은 전자 상거래에서 미국이 우위를 유지해야 한다는 고려 때문에 아직 전자화폐에 대해 좀 더 관대한 편이다. 하지만 미국 국세청은 소득세 일부를 '마일리지'(잠재적으로는 이전 가능한 지불수단)로 납부하는 것을 거부한 바 있다.

마지막으로 검토해 보아야 할 사항이 있다. 지구적인 금융 엘리트들 사이에서 기존 통화를 대체할 송금 메커니즘으로 전자화폐가 광범위하게 쓰일 가능성을 생각해 볼 수 있다. 이 문제는 오늘날의 문헌에서 거의 주목을 받지 못하고 있는데, 그 큰 이유는 정통 경제 이론의 접근법이 화폐(그 형태를 막론하고)가 현실 경제에 끼치는 효과가 중립적이라고 가정하기 때문이다. 18세기의 국가 체제가 확립되기 이전 유럽에서 그랬듯이, 인터넷 또한 여러 국가 통화들이 마구 뒤섞인 채 널리 유통되도록 만들 수 있다. 또는 예를 들어서 은행이 개입되지 않은 상태로 1960년대 '유로달러 시장'과 같은 것을 만들어 낼 수 있지 않겠는가?[3]

지구적인 민간 투자는 규모도 엄청나고 또 빠른 속도로 증가하여 1981년에는 1조 달러였던 것이 1993년에는 4조5천억 달러로 증가했다(Thygesen, 1995). 그런데 40년 전과는 달리 이러한 투자는 역외 투자일 뿐 아니라 그 새로운 시장도 사이버 공간 안에 존재하고 있다. X라는 통화는 전자화폐로 교환되고 이 전자화폐를 다시 Y라는 통화 그리고 여타 유동성 있는 금융자산 등으로 교환하는 것이다. 이러한 역외(사이버 공간이라고 말하는 편이 낫겠다)의 부는 주권 국가의 조세 기반을 더욱 위축시키게 되고 사회복지에도 영향을 주며, 사회적 불평등으로 흘러가는 요즘의 경향을 더욱 악화시키게 될 것이다. 지구적인 대자본 지배자들의 자산이 다른 것으로 대체될 수 있는 가능성을 높여 주는 모든 것은 결국 일국 정부와 그 통화 당국이 수세적으로 행동하지 않을 수 없게 만드는 경향이 있다. 게다가 이것은 호시탐탐 틈만 노리고 있는 전 지구의 달러화 추세를 기어코 실현시키게 되는 또 하나의 길이 되지 않겠는가?

경제적 양극화와 국가 조세 기반의 축소뿐만이 아니다. 지구적인 경제

---

3) 1960년대에 미국은 엄청난 적자를 안고 있었고 이로 인해 미국 바깥에 아주 많은 달러가 축적되었다. 여기에 런던 금융가의 느슨한 규제가 결합되면서 규제가 없는 외환시장이 생겨나게 되었고 이것이 결국에는 전후 브레턴우즈 체제에 대한 붕괴의 압력으로 작동했다(Ingham, 1994; Helleiner, 1994).

엘리트들의 네트워크가 존재하게 되면, 양극화나 조세 기반 축소만큼 두드러지지는 않겠지만 아마도 더 큰 심각성을 가진 또 다른 경향을 강화하게 될 것이다. 19세기와 20세기 초에는 정보통신 기술의 제한과 2 · 3차 산업 부문의 노동이 비교적 이동성이 적었기에 경제적인 지배계급들도 특정 지역의 공간에 긴밀하게 묶여 있을 수밖에 없었다. 이들은 이 특정 지역의 경제적 · 정치적 · 사회적 건강성을 유지하는 것을 자신의 이익으로 삼지 않을 수 없었다. 하지만 이러한 연관 고리들은 갈수록 약해지고 있다. 이 때문에 지역 공동체들이 전반적으로 퇴화하고 있다고 주장하는 사람들도 있다. 하지만 모종의 아이러니와 같은 반전이 있을 수도 있다. 지역 공동체들이 국지적 교환 매개체에 바탕을 두고 행동하게 된다면 이러한 간극을 메울 수 있지 않을까? 공동체를 위기로 몰아가도록 촉발시키는 기술적 가능성들이 동시에 '공동체'가 '공동체'의 '진정한 부'를 발견하는 기초로 활용될 거라 주장하는 사람들이 있다(Hart, 2000; Lietaer, 2001).

2. 공동체 교환 체계와 국지적 통화 공간

20세기에 나타난 두 차례의 지구적 경기 후퇴를 거치면서 여러 가지 국지적 차원의 자력구제 계획과 국지적 화폐들이 생겨난 바 있다. 1920년대와 1930년대의 통화수축과 디플레이션을 겪는 가운데 기본적인 경제적 교환이 벌어질 수 있도록 하기 위하여 국지적 교환 매개체들이 사용되곤 했다. 국지적 화폐들이 나타나게 된 두 번째 물결은 1980년대에 일어났다. 이 흐름은 더욱 튼튼해져서 1990년대 들어 경제가 번영하는 가운데에서도 여전히 존재하고 있다. 많은 이들은 국지적 화폐들이 그저 경제적 궁핍화에 대한 대응인 것만이 아니라 지구화에 대한 국지적 차원의 도전을 대표하는 것이라고 믿는다.

은행 체제와 통화 당국이 아니라 사용자들이 직접 통제하는 공동체 화폐를 만들자는 주장은 20세기 초 이래로 인민주의, 길드사회주의, 공동체주의를 다룬 저술에서 눈에 띄는 주제이다(1930년대의 길드사회주의와 '사회적 신용' 및 '괴짜 화폐론자들'에 관해서는 Hutchinson and Burkitt, 1997 ; 현대적인 재론으로는 Hart, 2000 ; Lietaer, 2001 ; Powell, 2002). '진정으로' 인간적이고 사회적인 자본의 담지자는 바로 사람 자신이지만, 공식적 자본주의 경제와 그 은행 체제 때문에 화폐 소득이 없어서 그것을 충분히 발휘하지 못하고 있다. 따라서 '공동체 화폐'나 '사회적 신용'을 활용한다면 사람들도 능력을 충분히 발휘할 수 있게 될 것이라는 것이다.[4]

그런데 이러한 생각은 화폐를 '중립적 베일'이라는 보는 관념과 대단히 유사한 입장에 있다. 비록 저마다 이념적 전통은 크게 다르지만, 경제

---

4) 1930년대에 이러한 흐름의 생각은 케인스도 인식하고 있었다. 이를 대변하던 가장 유명한 옹호자는 더글러스 소령(Major Douglas)이었다. 그는 인도의 웨스팅하우스에서 공학자로 일하는 가운데 다음과 같은 경험을 했다. 당시 전기 및 상수도 프로젝트가 절실히 필요했고 또 이를 구축하기만 하면 상당히 유망하기도 했다. 또 저렴한 노동력도 얼마든지 있었고 원자재와 장비 또한 낮은 가격에 구할 수 있는 상태였다. 그런데 그러한 건설 프로젝트는 금융 지원이 없어서 시작조차 할 수 없었고, 이런 상황이 또 곳곳에서 벌어지고 있었던 것이다. 그런데 더글러스가 인도의 감사원장에게 문의를 해 본 결과, 화폐 및 통화 또한 얼마든지 풍부하다는 것을 알게 되었다. 모자란 것은 오로지 은행이 제공하는 신용이었던 것이다. 더글러스는 화폐란 단지 경제에 참여하도록 허가를 내주는 '티켓'(또는 신용)이라고 주장하게 되었다. 티켓 발행소가 그것을 받는 사람이 여행할 권리가 있는지 없는지 또 여행의 목적지가 어디가 되어야 할지를 결정할 권한을 갖는다는 것은 어불성설이다. 그렇다면 마찬가지로 은행 또한 무엇이 생산되어야 할지를 결정할 권한을 가져서는 아니 된다는 것이다. '공동체에 저장되어 있는 효율적인 에너지'는 '공동체의 것'이며, 바로 이것이 '진정한' 또는 '사회적' 신용이다. 은행 신용을 폐지하고 이것을 그 자리에 두어야 한다는 것이다.

적 현실의 '자연적인' 하부구조는 물질적·기술적 자원으로 구성되어 있으며 오로지 이것만이 '진정한' 자본과 부라고 주장하고 있는 것이다. 경기 후퇴가 발생하여 실업 등으로 소득이 끊기게 되면 사람들은 교환의 매개체가 없어서 결국 그들이 가지고 있는 이 '진정한' 자본과 부 또한 쓰이지 못한 채 남아 있게 된다는 것이다. 따라서 이러한 주장에서 지구적 전자화폐에 대한 분석과 마찬가지로, 계산화폐 그리고 순수 추상적 가치의 저장 수단으로서의 화폐라는 결정적인 문제가 고려에서 빠져 있음을 발견할 수 있다.

두 번째로 이러한 공동체적 전망도 본질적으로는 화폐가 '자생적으로' 출현하고 존속할 수 있다는(국가의 권위를 전혀 없지 않고도) 하이에크식 자유주의 신념과 다를 바 없다. 예를 들어 키스 하트(Keith Hart)는 전자 상거래가 경제생활을 지배하게 될 것이며, "그러한 거래의 속도, 총량, 공간적 확산 자체가 너무나 엄청나서 궁극적으로는 세금을 걷으러 다니는 관료제 국가를 곳곳에서 패배시킬 것"이라고 믿는다(Hart, 2000: p. 316). 그리고 이렇게 조세라는 권력이 사라지고 나면, "영토라는 차원에서 볼 때 사회는 더 많은 국지적 단위로 그 중심이 이전될 것이다"(p. 317). 실로 정보통신 기술은 '경제생활의 재인격화'(repersonalization)를 가져와 국가 화폐를 사라지게 만들고 궁극적으로는 개인들 간의 인격적 신용으로 '이전'이 벌어지게 될 것이라는 얘기이다(p. 323).

대안적 화폐에는 크게 두 가지 형태가 있다. 레츠(LETS: local exchange trading schemes)와 진짜 국지적 통화들(미국의 경우 '타임달러'Time Dollars*가 가장 유명하다)이다(Bowring, 1998: Williams, 1996: Lietaer, 2001: Hart, 2000: Powell, 2002). 어떤 이들은 정보통신 기술이 발전하면서 이러한 국지적 세포 조직들이 서로 강력한 네트워크로 연결되어 국가 화폐나 통화 블록의 공간 바깥에서 경제적 공간을 규정하게 될 수 있다고 주장하기도 한다. 인터넷은 이러한 '국지적'인 것을 '지구적'인 것으로 변형시킬 수 있다는 것이다(Hart, 2000).

레츠는 1983년 밴쿠버에서 창립되어 현재 모든 선진국과 개발도상국에 2천500개 정도로 비슷한 형태의 조직들이 존재하고 있다. 예를 들어 영국의 경우 1985년 노위치(Norwich)에서 첫 레츠가 창설된 이래 20세기가 끝 무렵에는 450개를 헤아리게 되었다. 하지만 참가자는 3만 명가량이고 연간 거래액 또한 겨우 220만 파운드 정도에 머물고 있다. 아직 레츠는 영국 경제의 아주 주변적인 위치에 머물고 있을 뿐이고, 이러한 상황은 다른 곳에서도 크게 다르지 않다. 엄밀히 말하면 레츠는 저마다 내놓는 재화·서비스를 서로 연결하는 물물교환–신용 네트워크이다. 이런 방식은 단순한 물물교환과 완전히 발전된 화폐경제 사이 어딘가에 자리 잡고 있다. 교환권으로 쓰이는 물체는 보통 참가자들의 국적을 보이지 않게 만드는 종이 증서의 형태로 발행되는 것이 일반적이지만, 맨체스터의 '보빈스'(Bobbins)나 캔터베리의 '테일스'(Tales)처럼 발행한 지역을 드러내는 것도 있다.

당사자들 사이에 거래가 성립되면 그 교환권을 지역의 수거함에 넣거나 우편으로 다른 곳에 있는 청산소로 보내 거기에 있는 성원들 각자의

---

* 뒤에 설명이 다시 나오지만, 모든 사람들의 노동을 그 개개인의 숙련도나 직종과 상관없이 모두 시간으로 환산하여 동일 시간이 들어간 노동은 동일한 가치의 신용/채권을 얻어, 이러한 체제에 동의하여 가입한 회원들끼리 채권 채무 관계를 시간으로 계산하여 서로 노동과 생산품을 주고받는 것이다. 따라서 비록 의사나 변호사의 노동이라 할지라도 목수나 청소부의 노동과 동일한 시간 단위로 서로 주고받게 되는 것이다. 비판자들은 따라서 이 조직에는 의사나 치과 의사가 부족하게 될 것이라고 주장하기도 한다.

계정에서 차변 또는 대변에 기입하게 된다. 많은 레츠들이 오늘날은 거래의 기록과 청산을 위해 인터넷을 활용하고 있다. 결국 레츠는 물물교환에 '욕망의 이중적 일치'가 없어서 이루어지기 어렵다는 잘 알려진 장애를 우회하려는 것이다. 일정한 수준으로 거래의 시간적 분리와 다자간 교환이 성취되고 있는 것은 사실이지만, 이 증서들이 실제로 교환된 구체적 재화·서비스를 직접 표상하는 것을 넘어서지는 못한다. 레츠가 성공적으로 구실을 하려면 거래가 정규적으로 빈번하게 벌어져야 하며 그 증서들 또한 아주 빠른 속도로 유통되어야 한다. 이 증서들은 '편의를 위한 교환 매개체'에 불과한 것이다(Keynes, 1930: p. 2: 감옥 화폐에 대한 논의는 1장을 보라). 사람들이 언제나 이것을 가지고 교역할 준비가 되어 있어야 하며, 이것을 축장하려 들지 못하게 막기 위해서 일정 기간에 따라 일종의 마이너스 이자를 물리거나 계획적으로 감가(減價)시키는 장치를 도입하기도 한다(이것을 '체선료'滯船料: demurrage라고도 한다. Lietaer, 2001: Bowring, 1998). 그렇게 쓰지 않고 쌓아 두는 일이 생기면 교역이 가로막히게 마련이다.[5]

달리 말하자면, 레츠에서 쓰이는 매개물은 추상적 가치의 저장 수단이나 일방적인 지불 결제의 수단이 아니라는 점에서 정상적인 화폐와는 차이가 있다. 여기에서 두 가지 중요한 결과가 나온다. 첫째, 고정된 가격 목록이 존재하지 않게 되며, 모든 거래마다 그 교역 조건은 물물교환과

---

5) 1930년대에 게셀(Silvio Gesell)은 저축하거나 축장해 놓았던 화폐에다가 더 낮은 액수의 액면가를 도장으로 찍어 버리는 방법으로 화폐를 계획적으로 감가시킨다면 디플레이션을 물리칠 수 있을 것이라고 주장한 바 있다. 이렇게 되면 사람들이 돈을 쌓아 놓지 않고 대신 빨리빨리 지출해 버리려 들 테니까. 케인스가 이것을 논한 바 있다(Keynes, 1973[1936]: pp. 353-8).

마찬가지로 대개 양쪽의 합의에 따라 결정된다. 둘째, 레츠 증서가 가치를 저장할 수 없기 때문에 굳이 차액을 남기려는 동기도 작아지고 따라서 어떻게든 유리한 조건으로 협상을 하려는 유인도 낮아진다. 그렇게 되면 여러 협상을 통해 안정된 가격 체계가 산출되는 과정이 더욱 가로막히게 된다. 그 결과 레츠는 폐쇄된 순한 고리 안으로 국지화되는 경향이 더욱 커지게 된다. 따라서 레츠가 더 폭넓은 네트워크로 발전하여 진정으로 대안적인 화폐 공간을 창출할 수 있을까에 대해 의문이 생길 수밖에 없다. 그런데 사실상 이러한 특징들이야말로 그 지지자들 일부가 높게 평가하는 레츠의 미덕이기도 하다. 레츠는 경제적 복지를 생산하는 것만큼이나 구성원들 사이의 공동체적 호혜성과 협동의 행태를 의도적으로 창출하는 것에 초점을 두고 있는 것이기 때문이다(Lietaer, 2001).

요컨대, 레츠가 경제적 어려움에 대응하는 수단이 되고 사회적 연대를 강화하는 데 도움이 될 수는 있다. 하지만 그것이 무한한 잠재력을 가지는 것은 아니라고 생각된다. 레츠에는 실업자들이 대다수를 차지하지만, 환경 친화적이고 '대안적 생활 방식'의 풍속을 좇는 자영업 중간 계층도 소수이기는 해도 꽤 많이 참여하고 있다(Williams, 1996). 하지만 레츠가 가져올 효과가 보통 사람들이 주장하는 것처럼 경제적인 약자들에게 혜택을 주는 것인지는 분명치 않다는 증거가 있다. 오히려 의도한 것은 아니지만 되려 불평등 수준을 확대시키는 결과를 낳을 수도 있다. 예를 들어서 여러 도구나 장비, 희소한 지식과 기술처럼 중간 계급이 보유하고 있는 자원들을 동원하면 시간을 거의 들이지 않고도 레츠의 교환 매개체를 손에 넣을 수가 있다. 반면 하층 계급은 꼼짝없이 시간을 들이고 노동을 집약적으로 들여야 하는 서비스를 제공하지 않고서는 이를 얻을 수 없는 경우가 전형적이다. 게다가 만약 레츠가 확장되어 그 옹호자들이 주장하는 것처럼 주류 경제에까지 침투하여 그 교환 매개체가 보조 화폐로 쓰이게 되는 날에는 공식적 경제의 참여자들이 이것을 이용할 게 거의 틀림없다. 공식적 경제에서 법적 화폐를 얼마든지 얻을 수 있는 이들은 경제적 이익이 될 경우에만 레츠에 참여할 것이다. 예를 들어 중간 계급은 아주 유리한 교환 비율로 레츠 크레디트를 손에 넣어 이것을 축적한 뒤 이것으로 오갈 데 없이 레츠 안에서 삶을 영위할 수밖에 없는 여성들을 자기 집 가정부로 고용할 수 있다(Bowring, 1998: p. 104). 레츠가 비교적 폐쇄성을 유지하고 주류 경제로부터 주변적인 위치에 머물지 않는 한, 오히려 이것이 불평등을 강화하는 장치로 변질될 가능성이 있는 것이다.

대안적인 가치 표준을 만들자는 생각은 사회주의나 평등주의를 지향하는 저술에서 오랫동안 단골로 등장한 주제였지만, 그 현대적 버전인 타임달러는 워싱턴의 법학 교수인 에드거 칸(Edgar Khan)이 1986년에 고안했다(Boyle, 1999). 레츠에서는 각자가 제공하는 것과 각자가 욕구하는 것을 짝짓는 것이 핵심이지만, 타임달러는 이와 달리 자유롭게 유통되는 것이 핵심이다. 대부분의 통화는 미국 안에서 유통되고 있지만, 이것이 요즘 들어 미국 밖으로도 확장되는 징조가 보이고 있다(Boyle, 1999; Lietaer, 2001). 그중 가장 유명한 국지적 통화인 '이타카 아워스'(Ithaca Hours)는 이타카 지역 인구의 2퍼센트가 넘는 2만7천 명이 사용하고 있다. 뿐만 아니라 300개 넘는 업체가 이 통화로 영업을 하고 있으며, 1996년에는 10억5천만 달러에 육박하는 거래를 융통하기도 했다(*Wall Street Journal*, 27 June, 1996). 이런 틀을 조직하는 것은 한 무리의 공동체 활동가들이다. 이들은 한 달에 두 번씩 모여 이타카 아워스 지폐의 공급량을 결정하고 이것을 전부 또는 일부 지불수단으로 받는 업체 목록을 발행한다.

이러한 '시간 본위제'에 대해 상당히 혼동된 주장들이 나오고 있다. 어떤 이들은 이러한 통화 단위가 공식적 경제에서 나타나는 불평등을 재생산하지 않는다고 주장한다. "누구의 노동이든 1시간 노동은 똑같은 가치로 계산되기 때문이다"(Bowring, 1998: p. 109). 하지만 이것이 진실이 되려면 어떤 권위체가 있어서 그러한 가치 표준을 일정한 **화폐적 공간**에 강제(민주적 합의를 통해서이건 다른 수단을 통해서이건)해야만 함은 말할 필요도 없다. 더욱이 시장 경쟁력이 있는 기술과 상품을 가진 이들이 과연 이렇게 시장을 무시한 표준을 평등주의에 따라 순순히 받아들일까. 만약 그렇지 않다면 이 시스템도 그것을 포함하는 더 큰 사회 전체의 불평등 패턴을 그대로 재생산하는 경향을 띨 것이다. 실제 이타카 아워스는 일종의 '그림자' 통화에 불과하다고 말할 수도 있다. 이타카 아워스 1단위는 10달러의 가치를 갖는데, 이것은 이 지역의 시간당 평균 최저임금이기 때문이다. 그보다 크기가 더 작은 통화 체제 가운데에는 정말로 노동시간에 따라 물품이 교환되는 진짜 시간 본위제를 유지하려 애쓰는 곳도 있고, 여기에서는 비시장 교환의 규범이 발전될 가능성이 보인다는 증거도 있다. 하지만 몽펠리에(Montpellier: 버몬트 주의 주도)에서는 변호사들에게 시간당 5타임달러를 쳐 주는 반면 집 지키며 애 보는 이들에게는 시간당 2분의 1타임달러밖에 주지 못하고 있다(*Economist*, 28 June 1997, p. 65).[6]

어쨌든 이런 국지적 통화들을 써서 화폐경제와 대칭을 이룰 만큼 튼튼한 은행 체제의 기초를 닦는다면 모를까, 그러지 않는다면 이것들도 교환 매개체의 기능을 넘어설 수가 없고 그것을 가진 이들도 자본주의 경제에서는 상대적으로 수동적인 역할밖에 할 수가 없게 된다. 이러한 국지적 통화들이 여러 장점을 갖고 있다고 해도, 그런 장점들이 생겨나는 원천은 바로 이런 통화들이 국지적 차원에 머문다는 사실이며 이는 레츠의 경우와 마찬가지이다. 이런 통화들은 국지적인 교역 네트워크에 묻어 들어가 있는 것으로서 그 내부에서 화폐는 전통적 경제 이론에서 주장하는 것과 마찬가지로 '중립적 베일'일 뿐이다. 이 통화들은 신용—채무라는 사회적 관계의 형태를 띤 순수 추상적 가치를 만들어 내지는 못하며, 그 결과 그런 의미에서의 화폐는 은행 대출을 확장함으로써 내부적으로 창출할 수 있는 것도 못 된다. 지역의 은행들이 이러한 국지적 화폐로 예금을 받아들이는 경우는 인구가 2천300명밖에 되지 않는 노스다코타(North Dakota) 주의 하비(Harvey)처럼 아주 드물고 특수한 경우뿐이다(*Wall Street Journal*, 27 June 1996).

또 중요한 점은, 이러한 화폐들은 대출될 때 공식적 은행 체제와 경쟁하지 못하도록 이자를 못 붙이게 되어 있다는 사실이다. 아르헨티나와 러시아에서처럼 화폐적 공간이 해체된 결과로 국지적 화폐 매개체가 생겨난 경우에는 오히려 이 화폐 매개체가 비공식 경제 부문을 주변화시키고 또 더 큰 차원의 경제를 파편화할 뿐만 아니라 불평등을 강화시키는 경향을 띤다. 아르헨티나의 '레드 델 트루케'(Red del Trueque) 네트워크의 어떤 참가자 한 말처럼, "이것(credito)을 사회적 화폐라고 부르는 것은 거짓말이다. **진정한** 사회적 화폐라면 교육, 의료보험, 주택 같은 것도 구입할 수 있어야 한다"(Powell, 2002 : p. 644).

---

6) 레츠의 경우와 마찬가지로 이 내부에서 제공되는 재화와 서비스의 종류의 범위가 비교적 좁기 때문에 국지적 통화들의 유동성 또한 줄어들게 된다. 버몬트 주의 몽펠리에의 한 참가자의 말에 따르면, '일생 내내 기껏 마사지와 아로마테라피만 줄창 받다가 말 뿐'이라는 것이다(Economist, 28 June 1997, p. 65). 그리고 국지적 통화가 확장되어 실제로 화폐경제의 보조적 위치로까지 올라갈 경우엔 언젠가는 국가의 조세 당국의 관심을 받지 않을 수 없게 된다.

정보통신 기술이 대안적 또는 보조적 화폐를 낳을 수 있다는 주장은 과장이다. 이제는 이러한 초기의 장밋빛 전망도 수그러들고 있음을 분명히 보여 주는 증거가 많이 있다. 전자화폐는 예상한 것처럼 크게 성장하지 않았고, 주도적인 몇몇 '화폐들'이 최근 들어 실패에 접어든 경우가 많다. 이러한 새로운 형태의 화폐들이 생존할 가능성은 첫째, 사용자들의 편익과 비용(Goldshalk and Krueger, 2000), 둘째 국가의 발권 독점에 대한 침해 여부와 관련해서만 논의되는 것이 보통이다. 하지만 내가 주장하는 바는 이렇다. 전자화폐를 다룬 초기 저작들에 나타난 억측과 과장들은 거의 모두 화폐를 오로지 교환의 매개 기능만 가지고 개념화한 결과이다. 19세기 들어 화폐가 금속화폐에서 지폐로 넘어가는 속도가 갈수록 빨라지는 바람에 숱한 혼동이 생겨난 바 있었거니와, 오늘날 일어나는 논쟁도 대개는 그 비슷한 혼동들로 점철되어 있다.

작고 폐쇄된 교환 집단 안에서라면 그 인격적 관계에서 비롯한 신뢰와 믿음에 바탕을 둔 자체 교환 매개체를 유지할 수가 있다. 하지만 그 신뢰의 기반이 그들 내부의 경제적 교환 이외에 아무런 기초도 갖지 못한 상태라면, 그런 교환 매개체는 인류학자들이 말하는 '제한적 목적의 화폐'(limited-purpose money)를 넘어서지 못한다. 광범위한 화폐적 공간을 창출하기 위해서는 그 어떤 교환 거래 네트워크와도 독립적으로 존재하는 사회적·정치적 관계가 반드시 있어야만 한다. 또 화폐적 관계를 시간과 공간을 넘어서 확장하기 위해서는 몰인격적 신뢰와 정당성이 반드시 필요하다. 역사적으로 볼 때 이것이 바로 국가가 담당한 역할이다. 국가는 그 권위를 빌려 계산화폐를 법으로 제정했고, 또 이 계산화폐는 신민들이 국가에 지고 있는 조세 채무를 일방적으로 결제할 법적 수단이 되었던 것이다. 화폐적 공간이란 이렇게 출현한 계산화폐로 둘러싸인 공간이다. 여러 화폐가 서로 경쟁을 벌이다가 가장 경쟁력 있는 '화폐'가 화폐 자리를 차지하는 식으로 진화가 이루어졌을 것이라는 하이에크식 억측은 말할 것도 없고, 발라식 '화폐의 종말' 시나리오도 그릇된 것이다. 이 두 이론 모두가 오류임을 강력하게 입증하는 근거들을 이론적·경험적·역사적으로 얼마든지 찾을 수 있다. 또 사회주의자나 공동체주의자들은 사람들의 '진정한' 부를 그들 자신의 화폐로 표현하게 하자는 전망을 제시하지만, 이런 주장도 마찬가지로 그릇된 것이다(Hart, 2000: p. 311).

좁은 의미의 경제적 관계만으로는 시간과 공간을 넘어서 사회적 관계를 확장할 수 있는 화폐적 공간의 기초가 될 수 없다. 인터넷은 경제적 교환 관계를 거의 무한정 확장할 수 있는 기술적 능력은 가져다주겠지만 그러한 확장이 실제로 벌어질 수 있게 해줄 화폐적 공간은 마련해 주지 못한다. 우리가 살고 있는 세계는 '윈도에서 작동'시킬 수 있는 그런 것이 아니다(Hawthorn, 2000).

하지만 가장 중요한 문제가 있다. 공동체주의자와 세계주의자들의 전망은 화폐의 본성에 대해 동일한 관념을 공유하고 있는데 그 관념이 근본적으로 잘못된 것이라는 점이다. 둘 다 '진정한' 부란 '실물' 경제의 물질적·사회적·경제적 자원에 있고 화폐는 그저 이 '진정한' 부를 표상하는 상징에 지나지 않는다고 생각하고 있다. 하지만 베버가 말한 바 있듯이, 화폐가 화폐가 되기 위해서는 그것이 경제라는 전쟁터에서 벌어지는 싸움에 쓰이는 희소하고도 독자적인 무기가 되어야만 한다. 이러한 고찰이 근본적으로 중요해지는 문제가 있다. 그것은 오늘날까지 가장 중요한 화폐 실험이라고 할 수 있는 유로(euro)를 어떻게 평가할 것인가의 문제이다.

유럽의 단일 통화

2002년 유럽은 단일 통화를 완전히 확립했다. 이러한 단일 통화는 거의 유일무이한 것이다(Goodhart, 2003: p. 195).[7] 지금까지 통화 동맹은 여럿 있었지만, 공동 통화를 사용하면서 나라마다 독립적인 국가 예산을 갖는 경우는 아마도 유럽 단일 통화밖에 없을 것이다. 게다가 유로존(eurozone)은 저마다 나름의 힘을 보유하고 독립을 유지한 주권 국가들이 새로운 통화를 창출하기 위해 자발적이고 공식적으로 자신들의 화폐 주권을 상당 부분 포기한 첫 번째 경우이다(B. Cohen, 2001a).[8]

이 통화 연합은 단일한 유럽 공동시장 형성에 따라 생겨날 수밖에 없는 논리적 귀결이라는 생각이 널리 퍼져 있다. 화폐를 '생산 요소들' 사이의

---

7) 굿하트는 화폐에 대한 두 가지 개념인 '증표화폐론(chartalism)과 금속주의(metalism) 를 다룬 독창적인 논문을 발표한 바 있고, 유럽 단일 통화의 본성을 분석하는 데 이 논 문을 활용하고 있다(Goodhart, 1998; 이에 대한 토론은 Bell and Nell, 2003). 전반적으로는 나도 굿하트의 분석에 동의하지만, 증표화폐론의 정당성을 입증하는 데에 역사적 분석만이 아니라 권위 기구에 의한 계산화폐가 논리적으로 필연적이라는 점에도 주의를 환기해야 좀 더 이론적으로 완전해질 것이라고 믿는다. 앞에서 주장했던 바와 같이, 금속주의 화폐론(또는 상품화폐론)으로는 화폐에 '화폐성'(즉 계산화폐로서의 성격)을 부여하는 원천이 무엇인지를 설명할 수가 없다. 플랑드르(Flandreau)는 1914년 이전 오스트리아–헝가리 제국이 단일 통화를 사용했지만 국가 재정은 분리되어 있음을 지적했는데, 굿하트는 이 전례가 있기 때문에 유럽통화동맹(EMU)이 완전히 새롭고 독특하다고까지는 주장하지 않게 되었다고 설명하고 있다(Goodhart, 2003: p. 195, n. 1).

8) 코언이 열거한 7개의 다른 경우들은 국력이 약하여 힘을 합친 경우들이다(B. Cohen:, 2001). 벨기에–룩셈부르크경제연합(1922), 아프리카CFA프랑지역(1959), 남아프리카 공동통화지역(1986), 동아프리카공동체(1967), 동카리브해통화지역(1965), 라틴아메리카연합(1865), 스칸디나비아통화연합(1873).

'실물적' 교환에 씌워진 '중립적 베일'이라고 보는 정통 주류 이론에 이미 '하나의 시장, 하나의 화폐'라는 생각이 내포되어 있다고 볼 수 있다. 주류 이론에서는 '공동시장'이라는 것이 과연 가장 적절한 결정을 내리는 민간의 경제 행위자들이 자생적으로 행동한 결과로 만들어진 것인가 아니면 그 실체가 정치적으로 만들어진 것인가 하는 것이 중요한 문제가 되지 않는다. 이들에게 중요한 문제는 과연 유럽이 '최적통화지역'인가 또는 그런 것이 될 수 있는가이다. 앞으로 보겠지만, 이러한 관점에서는 화폐와 일정한 영토가 공존할 수 있는가라는 질문이 이러한 경제적인 근거에 따라 판단된다. 이 이론에 따르면, 만약 어떤 지역 안에 묻어들어 있는 경제적 요소들이 그 지역 내부에서 자유로이 이동할 수 있고 따라서 외부에서 충격이 왔을 때 곧바로 스스로의 적응점을 스스로 찾아나갈 수 있다면 그 지역은 최적통화지역이라고 규정된다. 여기에서 보통 노동시장이 가장 중요하다고 여겨지지만, 점차 다른 요소들도 더 중요하게 고려되고 있다(Coffey, 1993). 예를 들어 만약 그 지역 안에서 단일한 임금률을 형성시킬 만큼 노동의 이동성이 높다면 그 지역은 단일한 통화를 사용하는 데 최적이라고 여겨진다(Mundell, 1961).

이렇게 생각하다보면 나라마다 노동시장에 다양한 차이가 있다는 정치적 요소의 문제가 나오지 않을 수 없다. 유럽 전역에 걸쳐서 '사회적 임금'*과 복지 제공은 나라마다 다양한 차이가 있거니와, 이는 전후의 사회

---

* 노동 계약의 대가로 받는 시장 임금(market wage)뿐 아니라 각종 사회 체제와 제도에 의해 이루어지는 직간접적 소득 이전으로 주어지는 금전적 비금전적 형태의 혜택을 사회적 임금(social wage)이라고 부른다. 당연히 이는 나라마다 모두 다를 수밖에 없고, 유럽 안에서도 예외가 아니다.

적 협정을 맺는 방식이 나라마다 다 달랐고 또 그 가운데에서 노동과 자본의 세력균형이 저마다 달랐던 결과이다. 이렇게 넓은 의미의 노동시장을 모든 나라에서 조화시킨다는 것은 본질적으로 쉽지 않은 일이며, 심지어 공동 농업정책(Common Agricultural Policy)과 관련된 난점들보다도 더 해결하기 어려운 정치적 문제가 아닐 수 없음은 명백하다.

따라서 상당 기간 동안 화폐 문제는 전면에 드러날 수가 없었다. 그러다가 결국 1969년 유럽경제공동체(EEC)를 설립한 여섯 나라가 '경제통화연합'(EMU)에 원칙적으로 합의했다(Coffey, 1993). 하지만 그로부터 다시 20년이나 지난 1990년이 되어서야 들로르위원회(Delors Committee)에서 전면적인 통화 통합에 관한 안들이 제출되었다. 곧 유럽공동체 성원국들이 마스트리흐트 조약(Maastricht Treaty, 1992)을 체결했으며, 여기에는 유로라는 단일 통화 제도의 청사진뿐 아니라 유로를 도입할 시간 계획도 포함되어 있었다. 이 제도는 2002년 상반기 6개월 동안 완성되었다.[9]

1. 마스트리흐트의 '이혼'

스테파니 벨이 말한 바대로(Bell, 2003), 마스트리흐트 조약은 이혼 계약과 비슷했다. 그전에는 회원국들이 스스로의 주권 화폐를 보유하기 위

---

9) 여기서 주목해야 할 사실이 있다. 유로는 먼저 2년에 걸쳐서 가격과 채무의 숫자를 매기는 계산화폐로만 기능했으며 그러고 나서야 시중에 유통되는 지폐와 동전으로 구체적인 모습을 가지게 되었다는 점이다. 유로는 '상상 속의' 화폐였지만, 실제로 유통되는 교환 수단이 아니라는 것 말고는 모든 화폐 기능을 수행했던 것이다. 이 2년간 나는 내가 가르치는 케임브리지대학의 사회과학대학의 기말 시험 문제 중에 꼭 다음의 문제를 출제하여 집어넣었다. "'현금이 아닌' 유로가 존재한다는 점으로부터 우리가 화폐의 본성에 대해 알 수 있는 바는 무엇인가?" 이 문제를 선택한 학생은 단 한명도 없었다!

해 자국 내에 통합시켜 놓았던 여러 권리와 책임들이 이제는 독립적인 유럽중앙은행(ECB)과 회원국들 사이로 쪼개지게 된 것이다. 유럽중앙은행은 **통화** 정책, 즉 화폐를 생산하기 위한 조건을 통제하는 책임을 맡았다. 나라마다 독립적인 주권을 가진 자국 의회가 결정하는 대로 **재정** 정책을 수행할 권리를 보유하지만, 여기에 일정한 제한을 두기로 하였고 그 제한의 내용에 대해서도 합의했다. 앞에서 보았듯이 자본주의적인 신용화폐에는 국가가 자신의 채무를 화폐화하여 **화폐**를 창출하는 것과 그 채무의 지불 가능성을 그 국가의 **재정** 정책 및 재정 상태로 판단하여 전망하는 것 사이를 어떻게 조절할 것인가가 중심적 문제가 되며, 이 문제를 모두가 납득할 수 있도록 구체적으로 밝힐 모종의 협정을 이루는 것이 핵심 요소가 된다. 요컨대, 문제는 국가의 수입이 과연 그 국가 채무 수준을 감당할 수 있을 만큼 충분하다고 여겨지는가이다. 이러한 장치에서 주요한 경제적 집단들 사이의 그러한 협정에 따라 국가가 채무를 통해 고성능통화를 창출할 수 있는 능력이 제한당하며, 여기에서 가장 중요한 집단으로는 국가의 채권자들(금리 수취자)과 자본주의적 생산 및 소비의 잠재적인 채무자들(기업과 노동자)이 들어간다.

현대 국가의 신용도는 이렇게 재정 체제나 화폐 및 자본시장(국채 시장)과 구조적으로 연관되어 있으며, 그 결과 국가가 은행 체제 및 경제 전체로부터 나오는 화폐 수요를 충족시키기 위해 고성능통화를 생산할 수 있는 능력 또한 재정 체제와 화폐 및 자본시장과 구조적으로 연관되어 있다. 앞에서 보았듯이 1970년대의 인플레이션 위기가 해소된 뒤에 나타난 새로운 협정에서는 중앙은행의 독립성을 유지하여 화폐를 탈정치화하려고 시도하였고, 이로 인해 시민들의 여러 요구에 직면하여 국가가 이것을 정치적으로 적당하게 처리할 수 있는 능력도 제한을 받게 된다. 마스트리흐트 조약은 중앙은행을 아예 **모든** 주권 국가들의 바깥에다 만들어 놓음으로써 이러한 발전 방향을 한 걸음 더 밀고 나가는 효과를 가지고 있다. 즉, 유로라는 통화의 '사회적 생산관계'와 관련된 모든 재정 및 통화적인 연관 관계를 더욱 확실하게 끊어 버리고 또 개별 가입국의 국가 재정 사안들을 유럽 전체 차원의 통화적 사안 아래로 두는 효과를 가지는 것이다.

먼저 통화 측면을 보자. 유럽중앙은행은 이제 **물가** 안정이라는 자신의 **으뜸가는** 목표를 달성하는 데 필요하다고 생각되기만 하면 어떤 조치이든 독자적으로 취할 권리를 갖고 있다. 앞에서 보았듯이 비록 요즘에도 중앙은행들은 계속해서 통화 공급이라는 양적 조치들을 언급하고 있고 이 점에서는 유럽중앙은행이 특히 두드러지지만, 그래도 오늘날에는 신용화폐 창출량을 통제하려면 단기 이자율의 조작이라는 간접적인 방법 밖에 없다는 생각이 널리 받아들여지고 있다. 그래서 오늘날에는 유럽중앙은행이 이자율을 결정하고 다른 모든 회원국들의 중앙은행들은 이 이자율을 받아들이도록 되어 있다.

마스트리흐트 조약에서 재정 정책은 회원국들의 재량에 맡겨졌지만 각국 정부에 중대한 제약을 강제하고 있다. 그 의도는 각국 정부가 팽창적인 적자 지출을 추구하다가 갚을 수 없을 만큼의 국가 빚더미에 올라앉는 일을 막는 것이다. 1997년의 안정성장협정(Stability and Growth Pact)은 회원국들이 예산 적자가 국내총생산의 3퍼센트를 넘거나 국채 비율이 국내총생산의 60퍼센트를 넘는 것을 금지했다. 게다가 재정의 신축성을 더욱 감축시킨 조치가 있다. 회원국들은 당좌대월과* 같은 직접적 형태로든 정부 공채와 증권 판매와 같은 간접적인 방법으로든, 유럽중앙은행뿐 아니라 다른 회원국의 중앙은행에서도 절대 돈을 차입할 수 없도록 금지하였다. 특히 정부 공채와 증권 판매조차 못하게 만들었다는 점에 주목할 필요가 있다. 국가가 자신의 부채를 화폐화하는 것은 실로 오래된 관행이지만, 이것을 허락할 경우 유럽중앙은행이 통화 생산에 대해 갖는 절대적 통제력이 위협당할 수 있으므로 이것을 금지시킨 것이다. 개별 국가들은 이제 자국 중앙은행을 통해 국가 부채를 화폐화할 수가 없게 되었기에, 적자 재정을 편성하려면 그 자금을 일반 민간 기업들과 마찬가지로 화폐시장에서 직접 조달할 수밖에 없게 되었다.[10]

본질적으로 유로존의 11개국은 이제 적자 지출을 감행하려 할 때마다 항상 필요한 자금을 미리 확보해 두어야 한다. 세금을 올리든가 국채를 시장에 성공적으로 팔든가 하는 방법으로 말이다(원래 예산의 '적자'란 사전적인 개념이었지만, 이제는 그 뜻도 상당히 달라지게 되었다). 이러한 상황의 배후에는 유럽경제공동체 회원국들과 갈수록 지구화되는 화폐시장 사이의 세력균형 관계가 크게 변화했다는 현실이 있다. 통화의 사회적 생산

---

* overdraft. 원래 당좌 계정(current account)은 예금고를 넘는 수표 발행을 할 수 없지만, 계좌 소지자가 일정한 담보 등을 제공하여 예금고를 넘는 일시적인 현금 요청이 들어오더라도 이를 받아들이도록 은행과 협약을 맺어서 예금고 이상으로 수표를 발행할 수 있도록 하는 것이다. 이자율은 비싸지만 현금 수요가 불규칙적이고 급하게 돌아오는 단기적 거래가 많은 경우에 유용하게 쓰인다.

10) 이러한 조치를 이론적으로 정당화하는 논리는 다음과 같은 것이다. 국가가 채권을 발행할 때마다 중앙은행이 돈을 내주는 식의 관행은 정부가 그저 수표만 발행하면 중앙은행이 곧바로 현금으로 바꾸어 주는 식이니 정부에 지나친 특권을 부여하는 금융 행태이며, 이로 인해 민간 금융이 활용할 자금을 다 빼앗아 가게 된다는 것이다. 그런데 이러한 논리는 현재 대출 가능한 화폐 기금의 양이 유한하게 고정되어 있다는 정통 경제학의 가정에 기초하고 있지만, 이 가정의 진실성은 아주 의심스러운 것이다. 앞에서 내가 강조한 바 있듯이, 이러한 입장은 자본주의에서 화폐 측면이 갖는 상대적 자율성과 그 효과를 전혀 파악하지 못한 것이다.

관계에 들어 있는 주요 계급들 사이에서 협정의 조건이 변화하게 된 것이다. 마스트리히트 조약이 내건 재정 제약의 기준도 문제이지만, 국가가 중앙은행에 대해 자신의 부채를 곧바로 화폐화할 특권적인 위치를 갖는 주권의 권한을 줄여 버렸다는 점이 더 중요한 문제라고 볼 수 있다. 그리고 이 두 문제를 합치게 되면, 이제 이 유로존 11개국의 신용도는 **협상 대상이 될 수 없음**(non-negotiable)을 뜻한다. 현실적으로 국가 신용도란 이제 순전히 그 국가가 '공공 부채를 계속 떠안는 리스크로부터 은행들을 보호하기 위해 스스로의 재정 균형을 회복하여 사후 적자를 영으로 만들겠다는 서약'에 전적으로 기초한 것이 된다(Parquez, 1999: p. 72). 게다가 이러한 새로운 장치는 회원국들 사이에 좀 더 엄격한 신용도 서열을 만들어 내게 될 것이다. 그렇게 되면 회원국들끼리는 자기가 발행한 공채를 화폐시장에 무리 없이 팔기 위해서라도 재정 건전성 경쟁을 벌일 수밖에 없다. 자금을 융통할 다른 원천으로 조세 수입을 올리는 방법도 있지만, 이는 엄청난 정치적 압박에 시달릴 것이 분명한 데다가 자칫 경기 후퇴까지 불러올 위험이 있다면 더더욱 선택할 수 있는 조치가 못 된다.

2. 화폐 주권의 상실

브레턴우즈 체제 이후 오늘날의 자본주의 세계에서는 어디서나 제2차 세계대전 이후의 '재정 협약'을 다시 협상하는 일이 벌어지고 있다. 하지만 그 재협상의 결과를 유로존만큼 제도적으로 확고하게 만들어 놓은 곳은 어디에도 없다. 이 지역에서는 더 이상 케인스의 표현대로 화폐가 '국가 고유의 창조물'이 아니다(Keynes, 1930: p. 4). 이제 "유로는 순수한 민간 화폐로서, 은행들은 중앙은행이 정해 놓은 목표에 순응해야 하는 의무를 진 채 순전히 민간 행위자들의 요청에 의해서만 창출하며, 이를 유지하는 것은 금융시장의 기대와 예측이다"(Parquez, 1999: p. 66). 다른 말로 하자면, 유로의 환율은 거의 대부분 마스트리흐트 조약의 신뢰성에 대한 외환시장의 평가에 따라 결정될 것이다.

회원국들은 자신들이 가지고 있던 화폐 생산 능력을 사실상 잃어버렸고, 유럽중앙은행은 오로지 물가를 안정시키는 일만을 자신의 임무로 삼고 있다. 따라서 회원국들은 경제성장률을 올리고 실업률을 낮추는 방향으로 영향력을 행사할 수 있는 권력까지 잃어버린 것이다. 여기서 주의할 점은, 이런 변화가 단지 민주주의 체제가 투표 유권자들에 휘둘려 1960년대와 1970년대 같은 정치적 인플레이션 경기순환이 다시 나타날 잠재적 위험을 예방하는 차원만은 아니라는 것이다. 현존하는 유로 체제는 아예 경기 후퇴와 실업률 상승을 막는 데 필요하다고 생각되는 그 어떤 조치도 취하기 어렵게 만들어 놓았다. 이상한 일 아닌가. 우리가 살고 있는 세계에서 '파나마, 라이베리아, 리히텐슈타인보다 더 큰 모든 국민국가들은 스스로의 단일 통화를 가지고' 있건만(Goodhart, 1996: p. 1084), 어째서 유럽 11개국은 자신들의 화폐 주권을 스스로 넘겨주는 데 합의한 것일까?

유럽이 단일 시장을 창출하였으므로 통화도 통일시키는 게 논리적이라는 주장은 정당화의 근거를 최적통화지역 이론에서 찾는 경우가 많다 (Mundell, 1961). 우선 단일 통화를 사용하게 되면 거래 비용도 줄어들고 환율 리스크도 낮아지며, 따라서 단일 시장을 창출하는 과정도 힘을 받게 된다. 하지만 또 다른 이들은 한 통화에서 다른 통화로 바꾸는 것은 비록 귀찮기는 하지만, 그것을 회피하는 데에서 오는 혜택이라는 것도 별로 대단치 않다고 주장한다. 통화를 전환하는 데 드는 비용은 1980년대 후반 유럽연합 국민소득 평균의 0.5퍼센트도 되지 않는다는 것이다(들로르위원회가 환율을 가장 중요한 사항으로 고려했던 것은 사실인 듯하다. 하지만, 이는 단지 좁은 의미의 경제적 비용 편익에 대한 고려는 결코 아니었다. Eichengreen and Frieden, 2001 : p. 7) 하지만 유로존은 문화와 언어 장벽 때문에 노동 시장 이동성에 장애가 있으므로 최적통화지역이 될 자격이 없음이 분명하다.

　그런가 하면, 유로가 있어 주는 것만으로도 유럽의 정체성을 크게 높여 준다는 주장도 있다. 하지만 경제 이론이 종종 그렇듯이 최적통화지역 이론 또한 과학적 이론으로서보다는 단일 시장을 통해 더 많은 경제적 이익을 얻을 수 있음을 강조하는 수사적 효과가 더 크다. 단일 통화를 쓰게 되면 투명성을 증가시켜 시장을 더 튼튼하게 할 수 있게 된다. 예를 들어 자동차 제조업체들이 나라마다 가격을 다르게 매기는 것이 더 어려워지는 것이다(Eichengreen and Frieden, 2001 : p. 7). 하지만 비판자들은 통화정책의 독립성을 잃는 크나큰 손실 앞에서 이 모든 이익은 다 시시한 것들이라고 주장한다. 통화정책이 방만하다고 여겨지면 여기에 기율을 강제할 힘을 가진 외환시장이 존재하기 때문에 통화정책이 제약을 받게 된다는 것이다. 특히 사람들이 두려워하는 것은, 유로존의 독립된 주권 국가들이라고 해도 심각한 경기 후퇴와 실업률 상승이 벌어질 때 이를 피하기 위해 정부 지출을 늘리고 그 자금을 조달하는 일 등이 마스트리흐트 조약 탓에 불가능하게 될지 모른다는 것이다.

　이 점과 관련하여 마스트리흐트 조약의 사항들과 단일 통화야말로 경제적 정통주의(특히 인플레이션을 막고 '건전 통화'를 유지한다는 통화주의적인 태도)의 승리를 표상하는 것이라고 주장하는 이들이 많다. 중앙은행가들과 경제적 정통주의를 신봉하는 자문 위원들이 마스트리흐트 조약을 준비한 들로르위원회에서 두드러진 역할을 했다는 사실은 의미심장한 일

이다(Godley, Bell, 2003: p. 166에서 재인용). 앞에서 말했듯이 마스트리
흐트 조약은 브레턴우즈 체제가 무너진 이후 지구화된 화폐시장과 그보
다 지역적으로 묶여 있는 생산자들 및 소비자들 사이에 맺어진 새로운 협
정을 현실에 적용함에 있어서 오늘날까지 가장 엄격한 것이다. 게다가 재
정과 정부 예산에 취약성이 감지될 때마다 외환시장이 엄격하게 규제할
수 있는 힘을 가지게 되기 때문에, 신규 화폐가 나올 때마다 신용할 만하
다는 것을 입증해야 하고 또 최대한 제도적으로 이를 튼튼하게 뒷받침할
필요가 있다. 따라서 모든 종류의 정치적 재량권은 제거당하고 엄격한 규
칙에 따라 제약당하는 체제가 법령화된 것이다. 비판적인 이들은 회원국
들이 이렇게 많은 주권을 기꺼이 넘겨준 사실에 놀라움을 표하고 있다
(Goodhart, 2003).

물론 이 국가들이 화폐가 중립적 도구로 안정화되면 시장 교환의 효율
성도 극대화되고 이에 따라 단일 시장 형성이라는 경제적 프로젝트도 제
대로 기능하게 될 것이라는 정통 경제학 이론의 헤게모니에 설득당한 것
일 수도 있다. 앞에서 기술적 진보의 지구화를 논하면서 보았듯이, 경제
적 자유주의자들은 시장이야말로 **본질적으로 세계주의적인 것**이며 이것이
성공하기만 한다면 국가 차원의 경제적 이익이란 갈수록 의미 없는 말이
될 것이라고 주장한다. 아마도 20세기 초를 지배하던 신념에 대해서 폴
라니(Karl Polanyi)가 한 말이 오늘날에도 똑같이 적용된다고 할 것이다.
"스스로 진지한 경제학자라고 여기는 이들은 그 누구도 화폐가 정치적 경
계선의 이쪽저쪽에 따라 다른 종잇장 모습을 띠고 또 다른 이름으로 불린
다는 사실이 무의미한 것이라는 점에 의심을 표하지 않았다. ······ **증서들
은 서로 달라도 똑같은 상품**을 대표하는 것이니까"(Polanyi, 1944: p. 202,
196, 강조는 인용자).

하지만 경제사상 하나만으로 여러 국가들이 자기들 주권의 중요한 요소들을 기꺼이 넘겨주도록 설득되었다고 볼 수 없다. 화폐를 이렇게 외적으로 통제하게 되면 국내의 이해 집단들(특히 노동계급)을 정치적으로 통제하기 수월하다는 사실을 제쳐 놓는다 해도, 회원국들의 화폐 주권을 몰수하는 것은 유럽 프로젝트의 논리에서 생겨난 정치적 위험을 감당하는 것으로 이해할 수 있다. 본래 유럽 통합의 합리적 근거로 제시된 것은 어느 정도 다음과 같은 판단에 바탕을 둔 것이다. 즉, 전후 시대의 불확실성과 여러 위험으로부터 스스로를 구제하기 위해서 여러 독립국들이 자신의 주권을 어느 정도 포기할 필요가 있다는 것이다(Milward, 2000). 이 초기 시절에 사람들이 느끼던 위협은 경제적 대립과 경쟁이 또 다시 격화되어 해로운 결과, 특히 오랜 앙숙 관계인 프랑스와 독일 사이에 또 한 차례 전쟁이 벌어지는 것이었다. 그런데 1970년대가 되면 외환시장이라는 모습으로 유럽연합에 대한 또 하나의 외부적 위협이 나타났다.

공동시장에서 단일 통화를 사용한다면 물론 거래 비용을 줄이는 이점과 외환 리스크를 피할 수 있는 장점이 있는 것도 사실이다. 하지만 유럽 통합이 촉진된 이유는 이러한 혜택 보다는 오히려 그 반대로 단일 통화를 사용하지 않았을 때 벌어질 정치적 분열을 피해야 한다는 필요가 훨씬 더 절박한 문제였기 때문이라고 할 수 있다. 1970년대 초 브레턴우즈 체제가 무너지고 변동환율제가 나타났을 때처럼 여러 통화들의 가치가 분산되고 환율 변동을 예측하기 힘들게 되면 단일 공동시장을 마련할 수 있는 정치적 기초 또한 훨씬 유지하기 어려워질 것이다.

아주 일반적인 차원에서 보자면, 전후의 국제 통화 체제가 붕괴된 것이 유럽 프로젝트에는 두 가지 서로 연관된 결과를 가져왔다고 할 수 있다. 첫째, 1970년대 초 외환시장에서 독일 마르크의 가치가 빠르게 상승하게 되자 유럽관세동맹, 특히 공동 농업 정책(Common Agricultural Policy)이 무너질 위협에 처했다(Guttman, 2003: p. 150). 여기에 1979년 유럽통화 체제(EMS: European Monetary System)라는 고정환율제를 실시하여 방어벽을 세우려 했지만, 이 체제는 유지될 수 없음이 곧 드러나고 말았다. 외환시장에서 투기가 점점 더 효율적이 되었기에 결국 어떤 통화에 약점(그것이 실제로 그런지 아니면 시장에서 그렇게 여겨지는 것뿐인지는 중요하지 않다)이 드러나기만 하면 투기꾼들은 그것을 체계적으로 활용하기 시작한 것이다. 독일 마르크는 비교적 가치가 영향을 받지 않을 만큼 강력했지만, 가뜩이나 외환 가치 불안으로 공동시장이 무너질 위협이 상존하는 상황에서 오히려 또 다른 정치적 문제가 되고 말았다. 우선, 환율이 극히 불안정해지게 되면서 '환율의 정치'가 나타날 가능성이 높아졌다. 영국, 프랑스, 이탈리아가 경쟁적인 환율 평가절하 전략을 쓰는 등 회원국들이 자기 방어 정책을 추구하게 된 것이다. 둘째, 독일 마르크가 안정성과 신용을 계속 유지한다는 것은 유럽이 사실상 독일 중앙은행의 화폐 통제 아래로 더욱 종속되어 가고 있음을 의미하는 것이었다. 본래 유럽 공동시장이라는 생각이 나오게 된 것은, 유럽이 완전한 '유럽 합중국'으로 통합되는 것이 정치적으로 용납되기 힘든 조건 속에서 다시 서방 진영의 동맹을 복구하고 독일을 그 동맹 안으로 특히 경제적 수단을 통해 포섭하기 위한 노력이었다. 그런데 화폐시장이 지구화됨에 따라 30년에 걸친 정치적 노력이 위협받게 된 것이다. 이 점에서 볼 때, 마스트리흐트 조약은 회원국들이 더 많은 주권을 포기하는 한이 있더라도 결국 더 좋은 구원책이 나타나 결국 이를 정당화시켜 줄 것이라는 희망으로 다시 한 번 정치적 위험을 무릅쓴 것이라고 볼 수 있다.

더욱이 마스트리흐트 조약의 모습을 결정한 또 다른 제약 조건들이 있었다. 완전한 통화 주권을 유지하기 위해서는 통화정책의 합의를 도출하고 그것을 현실에 법령화할 수 있는 제도들이 있어야 한다. 그런데 유럽 전체를 아우르는 정치적 주권체가 없었기에 유럽 차원에서 화폐를 경제 정책 수단으로 사용할 **재량**을 가질 수 없었고, 결국 그 대신 통화 문제에서 절차적 **규칙들**을 강제하는 쪽으로 기울 수밖에 없었던 것이다. 아주 간단하게 말해서, 회원국들의 서로 다른 통화정책의 이해관계를 정치적으로 조화시킬 수 있는 공동의 제도가 전혀 존재하지 않았던 것이다. 심지어 통합된 미국 정부의 경우를 보더라도, 연방준비제도이사회의 초기 역사에는 지역 준비은행들 간의 갈등으로 제대로 된 결정을 내리지 못한 경우가 많았다(Ingham, 1994). 하지만 이것으로는 마스트리흐트 조약의 여러 규칙들이 내용적인 차원에서 갖는 엄격성을 설명하지 못한다. 그것은 외환시장에서 유로의 신용도를 확립하려는 목적에서 나온 것으로 보아야 한다.

심각한 경기 후퇴가 벌어져 통화정책에 상당한 재량을 발휘해야 할 경우에는 마스트리흐트 조약의 여러 조항들이 큰 문제를 일으킬 수 있다. 하지만 이 새로운 통화 제도의 틀을 마련한 경제 이론에서는 이러한 정치적 위험이 공식적으로 인정되지 않는다. 유로를 생산하는 사회적 관계는, 화폐란 중립적인 교환 매개체일 뿐이며 장기적으로는 경제적 성공의 핵심 열쇠가 물가 안정이라는 가정에 기초하고 있다. 이러한 방정식에서 정치적 정당성의 문제는 아무 데도 설자리가 없다. 앞에서 보았듯이, 이러한 분석적 틀은 단기적 경제 불균형으로 파악되는 것에 대해 제대로 된 모델을 내놓을 수가 없다(Issing, 2001).

하지만 이 단기적 불균형은 분명한 정치적 결과를 가져오게 되어 있다. 우선 단기적 차원에서 보면, 나라와 집단에 따라 경제적 이해에 꼭 들어

맞는 거시경제 모델이 저마다 다를 수밖에 없고, 이 모델들은 별다른 공통점 없이 제각각일 수밖에 없다(사실상 영국의 재무장관이 유럽 단일 통화에 가입하지 않는 것이 좋다면서 논거로 내놓은 것도 영국 경제에 대해 이 다양한 거시경제 모델을 돌려보고서 나온 결과들이었다). 유럽 전체를 아우르는 정치적 주권체가 없다는 점을 생각해 보면 이렇게 나라마다 다종다기한 경제적 조건을 조정할 방법이 없다는 것이 큰 문제가 되지 않을 수 없다. 그렇다고 해서 그러한 조정이 전혀 벌어지지 않을 것이라는 말은 아니다. 둘째, 정통 화폐 이론은 자본주의 경제가 갖고 있는 두 가지 영구적 특징(디플레이션과 통화 위기)에서 화폐가 차지하는 역할의 성격을 제대로 이해하지 못한다. 정통 이론의 관점에서 보자면 이 두 가지 특징 어느 것도 통화 체제의 실제 구조와 정상적 작동에 본질적으로 내재한 것은 아니며, 그저 비합리성의 발로이거나 어쩌다가 단기적으로 통화 관리를 잘못해서 벌어진 일일 뿐이다. 유럽 통화 체제를 떠받치는 기술 관료들은 이러한 생각을 가지고 있기에 독립적인 유럽중앙은행을 창설하는 데 따르는 정치적 위험을 과소평가할 가능성이 크다. 하지만 유럽중앙은행은 독립적이기는 해도 주권을 결여하고 있기 때문에 재량에 따라 활동을 펼칠 능력이 없고 오로지 형식적 규칙대로만 운영되게 되는데, 이것이 큰 정치적 위험을 낳을 수가 있는 것이다.

화폐가 중립적이며 시장의 교환 매개체의 상징에 불과하다는 관념은 화폐가 자본주의 경제의 신용/채권 및 채무라는 사회적 네트워크 안에 존재한다는 사실을 보지 못하게 만든다. 화폐는 지불 체제가 온전해야 존재할 수 있으며, 만약 지불 체제가 대규모 지급불능 사태로 교란되면 줄줄이 파산 사태를 낳아 공황으로 이어질 수도 있다. 중앙은행에게는 물가 안정성을 보장하는 것 이상으로 이러한 일이 벌어지지 않도록 최종 대부자 노릇을 하며 상황을 통제하는 것이 가장 중심적이고 필수불가결한 역할이라고 할 수 있다(Mayer, 2001 ; Goodhart, 2003). 하지만 이 최종 대부자 기능이 과연 유럽중앙은행의 구성과 체제에 과연 충분히 명확하고 튼튼하게 확립되어 있는지에 대해서는 여러 의문이 있다. 거듭 말하지만, 이는 든든하게 확립된 주권과 정당성이 존재하지 않아서 생겨난 결과이다(Guttman, 2003). 중앙은행의 역사, 특히 영국의 1840년대 은행법 직후의 경험을 볼 때 아주 분명한 사실이 하나 있다. 지급불능으로 공황이 벌어지면 안정화를 목표로 하는 화폐 생산 규칙은 언제나 미련 없이 포기되게 되어 있다는 점이다(Kindleberger, 1989[1978]).* 그렇다면 마스트리흐트의 장치들이 효력이 없다는 사실이 밝혀지고 특별 조치가 필요하다는 것이 분명해지는 순간이 온다고 했을 때, 그 어떤 권위를 빌려서 그런 조치를 할 수 있을까?

화폐는 '중립적 베일'이 아니라 '인간과 인간 사이의 경제적 전투'에서 쓰이는 무기이다. 따라서 모든 통화 체제의 정당성과 유효성은 궁극적으로 주요 이익 집단(채권자 및 금리 수취자, 생산자와 소비자와 같이 돈을 꾸어 가게 되어 있는 계급들, 그리고 국가)들 사이의 협정이 사회적으로 인정되는가 그리고 그것을 강제로 집행할 수 있는가 여부에 달려 있다(7장을 보라). 금융 공황이 나타나는 상황에서 유로가 직면하게 될 잠재적 약점은 두 가

---

* 영국은 1844년 '필 은행법'(1844)을 통해 100퍼센트 금태환본위제를 채택한다. 영국의 지폐 발행과 금 보유를 영국은행이 독점하고, 영국은행은 자신의 금 보유와 정확하게 일치하는 양으로 시시각각 통화량을 조절한다는 것이다. 이는 당연히 심각한 화폐 공황을 낳을 수밖에 없었다. 실제로 1847년, 1857년, 1866년 거의 10년 주기로 은행 쇄도(bank run)를 동반하는 금융 공황이 벌어졌는데, 이때마다 영국은행이 나서서 필 은행법의 일시 중지와 은행권의 무제한 공급을 내놓는 최종 대부자 역할을 약속하면 그 구두 약속만으로도 공황이 금세 진정되는 일들이 있었다.

지가 있다. 앞에서 보았듯이 그 첫 번째 약점은, 전 유럽을 아우르는 정치적 주권이 없기 때문에 공황이 벌어졌을 때에 유럽중앙은행이 효력이 없게 된 규칙들을 과감하게 포기할 수 있도록 신속하고 명확하게 권한을 부여할 수가 없다는 점에서 나온다. 예상할 수 있는 그 두 번째 약점의 원천은 첫 번째 약점과 똑같은 기초를 공유한다. 마스트리흐트 조약은 주로 지구적 규모에서 활동하는 채권자와 화폐 자본가들이 일국적 기초에 뿌리를 둔 여타 주요 이익 집단들(생산자들과 소비자들)에게 강제한 것이다.

물론 오늘날 이와 본질적으로 동일한 체제가 자본주의 세계 어디에서나 발견된다. 하지만 이토록 엄격한 규칙에 따라 압박을 가하는 체제는 그 어디에도 없으며, 주권의 공백 속에서 이러한 체제가 존재하는 경우도 어디에도 없다. 굿하트(Charles Goodhart)의 견해에 따르면, "만약 어떤 (주요한) 나라가 경제 침체가 악화되고 있는데도 이 조약 때문에 긴축재정을 채택도록 요구받게 되는 날이 오면 바로 그 순간 유로존은 시험대에 오르게 될 것이다"(Goodhart, 2003: p. 194). 어느 나라이건 하나라도 마스트리흐트 조약의 요구 사항을 따르지 않게 되면 유로화의 신용도와 정치적 정당성은 사실상 날아가 버릴 것이다. 지구적 화폐시장이 어떻게 반응할 지는 자신 있게 예측하기 힘들지만, 유로라고 하는 새로운 화폐 공간에서 벌어지는 일들은 '화폐의 본성'을 가리고 있는 신비를 좀 더 철저하게 벗겨 내는 데 큰 도움이 될 것이다.

화폐는 현실의 사회적 관계에 따라 구성되는 것이기도 하지만, 사회적 삶에 능동적인 요소이기도 하다. 지금까지 곳곳에서 강조해 왔지만, 베버의 말대로 화폐는 하나의 무기이다. 화폐가 현실적으로 벌어지고 있는 힘과 효과의 원인이라고 주장한다고 해서 이것이 반드시 형이상학적 명목론을 낳는 것도 아니며, 또 상상력 결핍된 정통 경제학의 표현대로 '화폐 환상'에 빠지는 것도 아니다. 이것이 '화폐 환상'이라는 식의 주장은 오로지 경제적 행위자들이 개인적인 최적화 전략으로 상품을 생산하고 그 상품들 간의 '실물' 교환 비율로만 경제 체제가 이루어진다는 식의 이론에서나 정당화될 수 있는 것이다. 하지만 우리가 이 책의 서론에서 강조했듯이 이 화폐라는 무기는 끊임없이 경제적 투쟁을 벌이는 여러 이익 집단들이 자신의 이익을 위해 일방적으로 사용할 수 있는 것이다.

하지만 그게 다는 아니다. 화폐는 또 사회의 집단적인 자원이기도 하다. 즉, 사회의 기간 구조적(infrastructural) 권력이기도 하다. 인간 사회가 스스로를 조직할 수 있는 역량은 화폐의 사회적 생산에서 나타난 여러 변화들을 통하여 더 급속하게 발전했고, 무엇보다도 근대 초기 유럽에서 국가와 화폐자본가들 사이의 세력균형으로 괄목할 만큼 발전했다. 베버가 결론 내린 바 있듯이, 자본주의는 어느 한 집단도 독점적 지배를 달성하지 못하도록 서로서로를 견제하는 여러 경제적 이익 집단들 사이의 미묘한 균형 위에서 번영해 온 체제이다. 베버가 믿기로, 특정한 계급(노동자 계급이건 생산자 계급이건 금리 수취자 계급이건 다른 어떤 계급이건)의 손아귀에 지나치게 권력이 집중될 경우에는 그러한 상호 견제의 투쟁이 낳는 역동성이 짓눌려 버린다는 것이다. 마스트리히트 조약은 경제적 교환이 아무 마찰도 없는 체제이며 화폐는 거기에서 중립적 매개체에 불과하다는 관념을 따르고 있다. 그래서 화폐라는 무기의 칼날을 오히려 무디게 만들려 하고 있다. 그러는 과정에서 유럽연합은 일시적이나마 스스로를 오히려 더 허약하게 만들어 버렸다. 현재 상황의 논리는, 아직 확실하게 단정할 수는 없지만 적어도 다음과 같은 암시는 던지고 있다. 유럽연합은 화폐를 다시 개별 주권체의 손에 돌려 줄 때 비로소 그 힘을 되찾을 수 있다고.

결론

19세기에서 20세기로 넘어오는 시점부터 사회과학은 갈수록 점점 더 분리되고 파편화되었다. 그 때문에 가장 심각하게 피해를 본 문제가 바로 화폐의 본성이 무엇인가라는 질문이다. 경제학이 자신을 공고하게 하고 또 분과 학문으로서 세련되게 만든 기초는 크게 보아 '실물' 경제라는 메타이론이었고, 이 틀에서 화폐는 부수적인 지위로 좌천되었다. 독일 역사학파의 역사학자와 사회학자들 가운데 일부는 화폐에 대한 대안적 접근법을 선호하였지만 이는 격렬한 논쟁 속에서 거부되었고 '순수' 경제 이론으로부터 추방당했다. 또 그 뒤에 벌어진 지적 노동 분업에서 사회학은 화폐에 대한 대안적인 이론의 기초를 마련하지 못했다. 그 부분적인 이유는 화폐란 경제학의 영역에 더 적합한 주제이며, 또 경제학이 만족스럽게 설명하고 있다고 하는 잘못된 믿음 때문이었다. 그 결과 자본주의 사회에서 가장 중요한 제도라고 할 수 있는 화폐가 응당 받아야 할 이론적 관심을 거의 받지 못하게 된 실로 이해하기 힘든 역설이 발생한 것이다. 물론 화폐가 하는 역할과 현대사회에서 화폐가 차지하는 문화적 중요성이라는 질문을 기존 경제학과 사회학이 다루고는 있지만, 화폐의 본성 자체를 문제 삼지는 않는다.

화폐가 어떻게 생산되고 또 그 여러 기능을 어떻게 수행할 수 있는가 하는 문제는 도대체 제기되는 법이 없다. 화폐의 여러 기능이 화폐의 상품으로서의 지위에서 도출되는 것이라는 저 고색창연한 이론으로 화폐의 존재론이 모두 해결되었다고 믿고 있는 것이다. 앞에서 살펴보았듯이, 이러한 이론에서는 심각한 논리적 범주의 오류가 생겨나게 된다. 화폐의 여러 기능은 그런 식으로 확립될 수 있는 것이 아니다. 그 기능들은 제도적 사실들이며, 제도적 사실들의 기원은 오로지 그 어떤 방식으로 구성된 사회적 현실로밖에 돌릴 수 없다(Searle, 1995).

나는 지금까지 무시되어 온 화폐에 대한 대안적 개념들에 근거하여, 화폐란 사회적으로(또 정치적으로) 구성된 약속이라고 주장했다. 그 형태와 실체가 무엇인가와 무관하게 화폐란 항상 추상적 청구권 또는 신용/채권으로서, 거기에 '화폐성'을 부여하는 것은 계산화폐이다. 케인스의 말로 표현하자면, 화폐란 계산화폐가 제공하는 화폐 묘사(money description)에 화답하는 모든 것이라고 할 수 있다. 지멜이 설명한 대로, 화폐란 "자신이 표상하는 규범들에 자신 스스로를 순종"시키는 규범적인 생각이다 (Simmel, 1978[1907]: p. 122). 이는 태환이 되지 않는 현대의 순수 신용화폐에서 가장 분명하게 드러나지만, 화폐가 물질적 가치를 가진 본위체(예를 들어 귀금속)였을 때도 적용되는 이야기이다.

오늘날 영국의 은행권에는 '이 지폐를 가지고 있는 사람이 요구하는 즉시 총액 10파운드를 지불한다는 약속'이 새겨져 있다. 오늘날 이 약속은 그저 그 은행권과 똑같은 계산화폐로 가치가 매겨진 다른 지폐 혹은 지폐들로 바꾸어 주기만 하면 끝나는 일이다. 비록 사람들이 잘못 알고 있는 경우가 많지만, 귀금속 본위제에서의 교환도 본질적으로 같다. 은행권은 일정한 중량의 황금과 교환되었지만, 황금이 화폐가 되는 것은 그것이 권위에 의해서 일정한 계산화폐로 고정된 가격을 갖게 되기 때문이었다. 예를 들어 X온스의 황금은 1파운드 스털링 또는 1달러에 맞먹는다는 식으로 말이다. 결국 지폐든 황금이든 동일한 것(1파운드 또는 1달러)의 다른 형태에 불과한 것이 된다. 하지만 나는 또 화폐가 단지 사회적으로 생산(조폐청, 중앙은행 등)될 뿐 아니라, 신용/채권-채무라는 사회적 관계로 구성되는 것이라고 주장했다. 화폐란 화폐를 발행한 사람이 누군가가 자신이 발행한 화폐를 가져오기만 하면 그게 누구이든 또 어떤 종류의 채무 지불이든 모두 받아들이겠다는 약속이며, 그러한 점에서 모든 화폐는 채무라고 할 수 있다. 또 그러한 여러 약속들 사이에는 그 약속을 발행한 주체에 따라 신뢰도가 다 다른 법이다. 따라서 여러 화폐들 사이에는 사회적으로 받아들여지는 정도에 위계 서열이 생기게 마련이다. 보통 이 위계 서열의 맨 윗자리를 차지하는 것은 국가 주권의 채무 발행이다. 이는 조세의 지불수단으로 사용할 수 있기 때문이다.

일단 발행자의 계산화폐로 '화폐성'이 확립되고 이것이 다시 특정한 형태(금속, 종이, 전자 신호 등)로 체현되고 난 뒤에야 비로소 화폐는 예컨대 외환시장 같은 곳에서 사고팔 수 있는 상품의 지위를 얻게 된다. 말하자면 일단 화폐가 생산되고 난 뒤에야 경제 분석을 적용할 수 있으며, 따라서 거꾸로 경제 분석으로 화폐의 존재 자체를 설명하는 일이란 있을 수 없다는 점을 반드시 이해해야 한다. 더욱이 어떤 화폐가 재화들 또는 다른 화폐에 견주어 갖는 교환가치에 대한 경제 분석은 반드시 사회학적 분석으로 보충될 필요가 있다. 왜냐하면 화폐의 희소성이란 사회적으로나 정치적으로 결정되는 것이기 때문이다.

거시경제 수준에서 보자면 화폐의 공급은 재정 관행을 지배하는 규칙과 규범들(예를 들어 '건전 통화' 원리)로 구조가 만들어지며, 이 재정 관행이란 다시 다양한 경제적 이익 집단들 사이에 벌어지는 투쟁의 결과물이다. 여기에서 경제 이론은 오히려 연행적 역할(performative role)을 맡게된다.

자본주의의 핵심은 채권자들과 채무자들 사이의 투쟁이며, 이 투쟁은실질 이자율(명목 이자율에서 물가 상승률을 뺀 것)이 정치적으로도 용인할만하면서 경제적으로도 현실성이 있도록 형성되는 데에 중심적 역할을맡는다. 한편으로 실질 이자율이 너무 높으면 혁신적 기업가들이 돈을 빌리는 일도 방해받게 될 것이며 경제의 역동성도 억눌리게 된다. 한편 실질 이자율이 너무 낮거나 심지어 마이너스가 되는(물가 상승률이 명목 이자율을 초과하는 경우) 심각한 사태가 나타나게 되면 화폐자본의 대출이 가로막히게 된다(Smithin, 2003).

화폐가 경제적 투쟁에 쓰이는 무기라고 강조한 베버의 주장을 볼 때,우리는 화폐의 정치적 성격에 주의를 기울이지 않을 수 없다. 이러한 요소는 정통 경제학의 모든 분석에서 완전히 빠져 있다. 하지만 그럼에도다른 사회과학들이 정통 경제학의 분석을 암묵적으로 신봉하고 있는 상태라는 점을 강조하고 싶다. 이러한 공백은 주류 경제학의 메타이론에서볼 수 있는 몰정치적인 정치 개념의 결과이며, 어떤 이들은 아주 놀랄 수도 있겠지만 마르크스주의 경제학의 메타이론 또한 그렇게 몰정치적인정치 개념을 지니고 있다. 오늘날 모든 거시경제학의 화폐 분석은 물론이고 각국 정부와 중앙은행들의 실제 운영 또한 화폐가 중립적 도구라는 관념에 기초하고 있는데, 이런 관념의 기반이 되는 것이 바로 이러한 몰정치적인 정치의 개념이다. 이 때문에 벌어질 수 있는 오류들 몇 가지는 7,8, 9장에서 이미 다룬 바 있다. 여기에서는 간략하게나마 좀 더 이론적인차원에서 그 논점을 상술하고자 한다.

현대 경제학의 메타이론의 바탕이 되는 기본 요소는 아리스토텔레스의 윤리학에서 찾을 수 있다. 아리스토텔레스의 윤리학은 경제활동의 목적이 생산과 교환을 통한 효용의 획득이어야 마땅하다는 당위를 역설한다. 그리고 화폐란 이러한 목적을 달성하기 위한 중립적 매개체 이상이 되어서는 아니 된다는 당위 또한 역설한다. 따라서 화폐라는 형태를 빌려 가치를 창출하고 축장하는 것 그 자체를 목적으로 삼는 일은 가증스러운 것이라는 윤리적 판단을 내린다. 아리스토텔레스는 화폐가 지배의 수단으로 쓰일 수 있다는 사실을 한탄하면서 반드시 그렇게 될 필요가 있는 것이 아니라고 주장한다. 현대 경제학은 이러한 주장의 윤리적 요소를 명시적으로 인증하고 있지 않으면서도 그의 분석 틀 자체는 그대로 물려받고 있으며, 현대의 화폐 정책 결정자들도 무의식적으로 그렇게 하고 있다. 19세기 무렵이 되면, 화폐란 '중립적 베일'에 불과하고 그 뒤에는 인간적·물질적 존재라는 모종의 기초적 층위가 버티고 있으며 이것이 여러 생산 요소들의 성향들과 여러 상품들의 효용으로 나타난다는 생각이 널리 받아들여지게 된다.

현대의 정통 경제학 이론에 따르면, 경제의 기본적 핵심인 이 기초적 층위는 생산 요소들의 한계 생산성과 여러 상품들의 한계효용에 대해 개개인들이 어떠한 합리적 결정을 내리는가의 관점에서 모델로 구성된다. 이러한 생산 요소 한계 생산성과 상품들의 한계효용은 특정 상품에 대한 대표적 행위자들의 수요와 공급 계획으로서 나타나고 또 전체 경제의 일반 균형 모델 등을 통해서 수학적으로 형식화된다. 화폐는 기껏해야 이 형식화된 모델이 작동할 수 있도록 해주는, 수량화된 가치가 주어진 임의의 상품(뉘메레르)으로서만 존재한다. 정통 경제학자들은 화폐란 경제생활의 그 어떤 본질적 요소도 될 수 없으며 따라서 사실상 중요하지 않은 문제라는 주장을 여러 세대에 걸쳐 고집해 왔다. 또 인간 존재의 물질적 층위에 대해서도 보편적으로 적용할 수 있는 모델이 존재한다고 이들은 주장했다. 시간, 역사, 문화 등은 분석적인 차원에서 중요한 것들이 아니다. 이런 것들은 그저 '맥락을 파악하는 데나 필요한 헛소리들'(contextual tosh)이며, 미시경제 분석은 여기에서 그 '합리적 핵심'만 추려 내면 될 뿐이라는 것이다(Williamson, 1994).

마르크스는 비록 완전하다고 볼 수는 없지만 훗날 이러한 어불성설로까지 이르게 되는 지적 전통과 기반을 꿰뚫어보고 있었다. 하지만 마르크스 또한 물질적 삶의 본질에 대한 아리스토텔레스식의 관념에 더 강력히 몰입되어 있었기에 화폐 문제에서는 똑같은 오류를 저지르게 된다. 마르크스는 물질적 삶의 층위(생산 양식)가 역사적으로 다양한 모습을 취해 왔으며 그것이 어떠한 중요성을 가지고 있는지도 제대로 이해하고 있었다. 또 그는 여러 생산 요소가 사회적 범주들이라는 사실도 알고 있었다. 한 덩어리의 기계가 있다고 해도 그것이 그대로 자본이 되는 것이 아니며, 오로지 그 어떤 사회적 관계(즉 그것을 소유하고 통제하는 계급과 그것으로 노동하는 계급이 분리된 사회적 관계)의 일부가 될 때에만 자본이 된다는 것이다. 또한 마르크스는 사용가치(효용)를 교환가치와 구별해야 하며, 이 둘이 특히 자본주의에서는 놀랄 정도로 괴리할 수 있다는 점도 알고 있었다. 하지만 아리스토텔레스의 뒤를 따라서 마르크스도 또한 이러한 두 종류의 가치가 적절히 균형을 이루어야 한다고 주장했다. 독립적 생산자들의 '자연적' 교환 경제에서는 실제로 '효용'이 '가치'를 결정했을 것으로 생각되며, 따라서 마땅히 '효용'이 '가치'를 결정해야만 한다는 것이다.

분명히 마르크스에게는 성과로 인정해야 할 점이 있다. 그는 경제학 이론으로는 이러한 문제들을 해결할 수 없다는 점을 알고 있었다. 자본주의에서 여러 생산 요소들이란 현실 세계에서의 여러 사회적 계급에 해당하기에 생산 요소들끼리의 관계라는 것은 결국 사회적 갈등 관계가 될 수밖에 없다는 사실을 경제학 이론이 이해하지 못했기 때문이라는 것이다. 사회의 집단적 효용이나 복지 따위에는 아무런 관심도 없이 오로지 교환을 위한 생산만이 창궐하게 된 것은 자본주의라는 사회적 생산관계 때문이라고 그는 생각했다.

마르크스도 아리스토텔레스를 따라서 인간 노동의 목적이 돈을 버는 것이 되고 또 그 돈을 버는 목적이 더 많은 돈을 버는 것이 되는 사태를 개탄했다. 이러한 자본주의적 생산양식의 여러 모순과 계급 갈등으로 인해 집단적인 비합리성이 나타나게 되고, 복지 수준이 최적에 이르지 못하게 되는 까닭은 대부분 이러한 자본주의의 사회적 모순의 결과라는 것이다. 이 문제에 대해서 마르크스는 헤겔주의적인 해답을 내놓게 된다. 그는 역사의 궤적을 보게 되면 자본주의가 '초월'될 것을 알아낼 수 있다고 주장한다. 이러한 초월을 통하여 서로 소외시키고 갈등하는 비자연적 사회 범주들이 극복되고 뿌리 뽑히게 되며 그 결과 자본주의의 여러 모순들도 근절되고 극복될 것이라는 것이다. 모종의 '최종적' 투쟁을 통하여 부르주아적인 사회적 생산관계가 제거될 것이며, 그렇게 되면 **자연적인 물질적 층위**가 드러나게 될 것이며, 이제는 이 층위가 유일의 진정한 방식 즉 아무런 매개나 왜곡도 거치지 않은 인간 노동의 가치로서 표현될 것이라는 것이다. 이렇게 노동가치론이 현실에 실현되기 때문에 경제적 투쟁의 정치학은 종말을 고할 것이라는 것이다. 만약 화폐가 '진정한 공산주의'에서도 존재한다 하더라도 이는 단지 이렇게 노동 시간에 기초한 실질 가치의 표현에 불과한 것이 된다는 것이다.

하지만 슘페터가 이해하고 있었던 바와 같이, 화폐가 편의적인 교환 매개체 이상이 될 수 없는 자연적 경제라는 층위는 아무런 내적 역동성도 없는 '순환적 흐름'(circular flow)에 불과하다.* 대부분의 정통 경제 이론과 결정론적 마르크스주의의 몇 가지 흐름에서는 기술 변화와 같은 역동적 변화의 원천은 모두 경제 모델에 대해 외생적인 것으로 여겨진다. 마르크스는 사회주의 사회가 앞으로도 계속해서 자연을 변형하고 인간 복지를 더욱 팽창시킬 수 있는 능력을 보유할 것이라고 보았지만, 그러한 자신의 전망이 얼마나 많은 문제를 않고 있는지를 보지 못했거나 또는 인정하지 않았다. 그는 부르주아지들이 생산력을 발전시키는 데 필요한 진보적이고 역동적인 역할을 수행했다는 사실을 잘 알고 있었지만, 부르주아지들이 없어져 버린 상황에서 그러한 생산력 발전이 어떻게 계속될 수 있는지에 대해 지속적으로 고찰하지 않았던 것이다.

마르크스의 '진정한 공산주의'는 여러 가지 심각한 약점을 가지고 있다. 그 문제점들을 여기에서 세세히 논할 필요는 없겠으나, 그 개념이 두 가지 본질적 요소를 전제로 하고 있다는 점을 지적해 두고자 한다. 첫째, 인간 노동의 생산물들이 그 '실질' 가치들로 교환된다는 것이며, 둘째, 부르주아지들을 제거함으로써 나타나게 될 '진정한 민주주의' 또한 그것이

---

* 슘페터가 《경제발전의 이론》에서 개진했던 모델. 즉 현존하는 모든 재화와 용역이 양적으로나 질적으로나 또 기술적 방법에서나 모두 기존의 생산과 소비의 과정 속에 완전히 포섭되어 완벽한 정태적 균형을 이룬 상태. 슘페터는 애덤 스미스의 '보이지 않는 손'의 균형이 바로 이것을 뜻한다고 보았고, 이를 수학적 모델로 구성한 것이 발라 일반 균형이라고 보았다. 이에 반해 계속적인 자본주의의 경제 발전은 기존의 저축이 없거나 미미한 이 순환적 흐름에서는 불가능하고, 결국 새로운 목적과 기술로 기존의 재화와 용역을 동원해 내는 혁신 기업가가 필요하며, 그에게 미리 청구권을 선대(先貸)해 주는 '신용' 창조의 은행이 있어야만 가능하다고 주장한다. 즉, 본질적으로 자본주의의 신용화폐는 은행이 창조하는 것이라는 이야기가 된다.

극대화할 복지에 대해 마찬가지로 '자연적인' 합의의 모습을 띠게 된다는 것이다. 이러한 마르크스의 전망은 겉으로 보면 부르주아 경제 이론과 완전한 이율배반인 것 같지만, 그렇게 단순화되어 버린 전망을 잘 분석해 보게 되면 19세기 후반 부르주아 경제학 이론가들이 내놓았던 해법과 공통점을 많이 가지고 있다는 점을 알 수 있다. 우선 상품들이 자신의 실질 가치대로 교환될 수 있는 '실물' 경제라는 것이 있으며, 그것이 미래에 어떻게 운동하게 될 지가 **인식 가능**하며 또 **논쟁의 여지가 없다**는 것이다. 다른 점이 있다면 그러한 인식의 기초가 경제적 인간의 완벽한 정보에 있느냐 프롤레타리아트의 객관적 이익에 있느냐일 뿐이다. 그 결과, 정치학은 존재하지 않는다. 또 그 어떤 화폐도 존재하지 않는다. 요컨대, 부르주아 경제학 모델이나 마르크스 경제학 모델이나 현대자본주의를 이해하는 데에서는 정말 특이할 정도로 엉망인 것이다.

자본주의를 좀 더 잘 이해하기 위해서는 무엇보다 모든 화폐경제 사회에는 상대적으로 독자적이지만 상호 의존적인 두 가지 측면이 존재하며, 따라서 화폐경제는 저 신화에나 나오는 물물교환의 '실물' 경제와는 질적으로 다르다는 사실을 인식해야 한다. 그 두 측면 사이의 적대적인 상호 의존이야말로 자본주의에 역동성을 불어넣는 주요한 원천이다. 기술혁신이 벌어진다고 해도 이것이 사회적 역동성으로 이어지려면 반드시 알 수 없는 미래를 두고 투기를 벌이는 이들에 의해 자금이 공급되어야 한다는 사실은 너무나 명백하다.

슘페터에 따르면, 이것을 성취시키는 혁신 기업가라는 특정한 계급이 존재하며, 이들은 돈을 꾸는 채무자의 위치를 차지하는 이들로 규정된다. 하지만 베버가 설명하듯이 이는 단순히 돈을 꾼다는 의미에서 채무의 문제가 아니다. "만약 누군가가 어떤 농부에게 씨앗을 주고 나서 그 대신 더 많은 양을 갚을 것은 요구한다거나 어떤 가계에 돈을 꾸어주고 나서 이자를 갚으라고 한다고 해서 이를 '자본주의적'이라고 부를 수는 없을 것이다"(Weber, 1978: p. 96). 또 싸게 사서 비싸게 판다든가 생산 비용을 초과하는 마진을 붙여서 판매 가격을 정하여 단순히 이윤을 얻는다고 해서 본질적으로 자본주의적이라고 할 수도 없다.

자본주의적 관행에는 필연적으로 기업의 수익성을 항상 대부된 화폐 이자율과 비교하는 절차가 따라온다(Weber, 1978: p. 97). 앞에서 보았듯이, 빅셀의 '실물'경제 모델은 자연이자율이라는 것을 설정한다. 즉 여러 생산 요소들의 '실물적' 한계 생산성을 통해 기업의 수익성과 화폐 이자율이 동일해진다는 것이다. 이 점은 우리가 1장에서 비판적으로 검토한 바 있다(또 Smithin, 2003). 그리고 우리는 혁신 기업가 채무자들과 소비자 채무자들이라는 경제의 양쪽 면에 있는 이들이 실질 이자율을 놓고 채권자 자본가들과 투쟁을 벌이는 사회학적인 대안을 제시한 바 있다. 그리고 8장에서 보았듯이, 이는 20세기 후반 인플레이션을 둘러싼 투쟁을 보면 명확하게 드러난다.

요컨대, 화폐시장은 자본주의의 '총본부'이다. 이 말을 아주 일반적인 용어로 다시 표현하자면, 7장에서 보았듯이 중앙은행의 매개를 통해 국가 채무와 은행 체제가 연계됨으로써 다양한 사적 채무들 또한 일상적으로 화폐화될 수 있는 제도적 구조를 일컫는 것이라고 할 수 있다. 5장과 6장에서 보았듯이, 이러한 체제는 자본주의에만 고유하게 나타나는 것이다. 자본주의에서는 여러 채권자들이 위계 서열을 이루고 있으며 그 정점에 위치한 것이 국가의 채무이다. 이러한 위계 서열 구조 안에서 대출 활동을 통하여 신용화폐 또는 '고성능통화'를 탄력적으로 창출해 내는 것이야말로 자본주의 경제의 다른 역동적 요소들이 현실에 힘을 발휘하게 되는 수단이다. 하지만 채무자들과 채권자들 사이의 여러 관계는 또한 인플레이션과 디플레이션을 일으키는 등 자본주의 체제 취약성의 원천이 되기도 한다. 따라서 화폐는 중립적인 것일 수가 없다.

화폐는 사회적 기술 가운데에서도 가장 강력한 기술이지만, 이를 생산하고 통제하는 것은 특정한 화폐적 이해 집단들이며 또한 본질적으로 불안정한 것이기도 하다. 그 결과 화폐시장이 그 가장 중요한 부채(국가 부채)의 신용도를 판단할 때, 중앙은행가들 및 그 전문가 위원회가 공표하는 말들이 가장 중요한 신호가 되어 버렸다. 그리고 화폐시장이 내리는 신용도의 판단으로 장기 국채의 이자율이 확립되며, 이 장기 국채 이자율을 기준으로 삼아서 자본주의의 나머지 모든 영역들이 의지하게 되는 온갖 종류의 이자율들이 결정된다. 요컨대 나는 정통 경제학 이론이 이 두 측면들 사이의 현실적 관계를 거꾸로 역전시켜 버린 것이라고 본다. 물론 소득과 수입을 창출하는 것은 여러 상품의 생산과 판매이겠지만, 이러한 생산과 판매 행위 자체가 대부분 화폐에 의해 결정되는 조건들 속에서 벌어지게 되어 있다. 마지막으로 아르헨티나의 경우에서 볼 수 있는 것처럼, 만약 어떤 경제의 화폐 측면이 자체적으로 충분히 튼튼하지 못하다면 그 경제의 작동은 소위 경제적 기초 여건(fundamental)이니 생산 요소의 부존 상태이니 하는 것들과 관계없이 크게 손상당하게 될 것이다.

다른 말로 하자면, 노동가치론 그리고 정통 경제학의 '실물' 이론 대신, 나는 베버의 사회학에서 감지해 낸 사회적 가치론(social theory of value)을 흙속에서 꺼내어 먼지를 털어내고 임시적인 형태로나마 여기에 내놓는 것이다. 그것을 더욱 발전시키는 것이야말로 이 책 이후에 이루어져야 할 매우 절박한 과제이다(또 Smithin, 2003을 보라). 정통 사회학에도 물론 베버의 상속자들이 있지만 그들은 이 절박한 과제를 수행하는 데 실패했다. 오히려 이들은 베버의 혜안을 그보다 훨씬 협소한, 계급에 대한 사회학적 분석 정도로 바꾸어 놓았다. 물론 베버의 저작에 나타나는 이러한 측면이 여러 면에서 마르크스의 갈등 모델의 연장이자 일반화인 것은 분명하다. 하지만 베버는 노동가치론처럼 유물론적 경향으로 옴짝달싹 못하게 속박하는 요소는 마르크스로부터 상속하지 않았다. 화폐의 생산은 경제의 이 두 부문들 사이와 내부와 양자에 걸친 복합적인 투쟁들을 통하여 결정되며 동시에 화폐의 가치 또한 이것으로 결정된다. '자연적' 이자율이니 '자연적' 실업률이니 하는 것을 비롯하여 객관적으로 구성된 경제적 층위의 현실로 그 결과가 정해진다고 하는 결정론 따위는 없다.

중앙 계획적 사회주의 경제에서도 과연 효율적인 화폐 계산이 가능할 것인가에 대해 '사회주의 계산' 논쟁이 있었거니와, 베버는 여기에서도 논쟁 양쪽 모두에 동의하지 않는 전형적인 모습을 보여 주었다. 한편으로 그는 '노동 시간'에 근거한 화폐를 옹호하는 사회주의자들의 입장 뒤에도 똑같이 깔려 있는 '실물' 경제 모델의 부적절함을 암묵적으로나마 폭로하고 있다(이 논의는 9장을 참조하라). 특정 재화에 대하여 얼마만큼의 노동을 교환할 것인가를 사회적으로 합의한 상태라면 이는 우선 화폐적 교환이 아닌 물물교환인 것이며, 또 효율적 화폐 계산에 필수적인 합리적 계산 가능성 또한 산출하지 못한다고 베버는 보았다(Weber, 1978: p. 80). 다른 한편으로 베버는 또 오스트리아학파 경제학자들의 주장, 즉 중앙 계획경제가 실제로 작동하는 데 필요한 모든 계산을 할 수 있으려면 엄청난 정보가 필요하며 그 모든 정보를 충분하게 얻는 것은 불가능하다고 주장하면서 이 문제를 단지 인식론적 인지적 문제로 몰고 가는 입장 또한 기각했다. 베버의 사회적 가치론에 따르면, 자본주의 경제에서 화폐 (즉 가치가 안정된 화폐)를 단위로 한 계산 가능성이라는 것은 화폐를 무기로 삼아 충돌을 벌이는 여러 이익집단들의 싸움이 얼마나 예측 가능한가에서 나오는 결과물이라는 것이다. 안정된 화폐는 곧 안정된 세력균형(하지만 반드시 평등한 세력균형인 것은 아니다)을 표출하는 것이다.

마지막으로, 앞에서 내가 강조했듯이 '실물' 경제에 기반을 둔 정통 경제 이론은 화폐를 자연적인 것 그리고 보편적인 것처럼 보이게 만듦으로써 이러한 갈등과 그 핵심적 역할을 은폐해 버리는 이데올로기적인 목적에 복무한다. 주류 경제학의 관점은 계속해서 화폐를 '실물' 생산 요소들의 자연적 성향과 성벽에 뿌리박은 것으로 설명하려 들 뿐 아니라 또 화폐는 중립적이라고 역설한다. 한 예로, 인플레이션의 비용은 보편적이며 모두에게 평등하게 물려지는 비용이라는 것이다(7장을 보라). 인플레이션은 마르크스주의 경제학이든 정통 경제학이든 똑같이 상정하고 있는 '실물' 모델이라는 것으로는 해결될 수 없는 투쟁이요 갈등이다. 그러한 의미에서 인플레이션은 정치적인 것이다.

하지만 여기에서 당연한 질문 하나가 나오게 되는데, 이 질문은 우리를 최초의 원점으로 되돌아가게 한다. 화폐가 갈등과 투쟁 과정 속에서 사회적으로 구성되는 것이라고 한다면, 그것을 그렇게 구성하는 최상의 방법은 무엇인가?

이는 화폐가 갈등과 투쟁을 통해 사회적으로 구성되는 것이라고 주장한다고 해서 해결될 수 있는 질문이 아니기에 당연히 논리적으로 나올 수밖에 없는 질문이기도 하지만, 실천상에서의 필요를 생각해 보면 더욱 중요해지는 질문이기도 하며, 마르크스와 정통 경제학자들은 물론이고 이번에는 케인스까지 포함하여 모두 던지고 있는 질문이기도 하다. 어떤 이는 이 질문이 과연 대답이 나올 수 있는 질문인가라는 의미에서 질문 자체의 유효성에 의문을 표할 수도 있을 것이다. 사회주의적 해법 그리고 그와 관련된 노동가치론에 근간한 공동체주의적 해법에서도 그렇지만, 정통 경제학에서도 사회적으로 최적의 결과는 개개인들의 효용 극대화 행동의 결과라고 보는 고로 암묵적으로 화폐의 역할이라는 것에 대해서는 판단 중지라는 괄호를 쳐 버리기 때문에, 이 명백하게 제기되는 중요한 질문이 계속 회피되는 결과만 나오게 된다. 하지만 케인스를 비롯한 사람들은 20세기의 양차 대전 사이 자본주의가 사상 최대의 위기를 맞고 있던 시절에 화폐를 어떻게 생산하고 관리할 것인가라는 질문을 정치적 담론의 전면으로 끌어 낸 바 있었다(당시 통화 문제에 대한 인민주의자들과 사회적 불평분자들 또한 이를 정치적 문제로 삼았는데, 케인스는 이들의 주장도 진지하고 중요하게 받아들였다). 그 뒤로 1970년대의 '거대한 인플레이션'의 여파로 화폐 생산에서 세력균형이 새롭게 다시 정립되자, 경제학의 화폐 이해는 오히려 퇴보하게 되었고 이 문제 또한 다시 묵살되었다.

유감스럽지만, 이렇게 가장 까다로운 문제를 끄집어 내놓고서 나는 논의를 종결하자고(또는 다음 기회로 미루자고) 제안해야 하겠다. 하지만 두 가지 점은 말해 두고자 한다. 첫째, 얼마만큼의 화폐를 어떤 방법으로 생산할 것인가의 문제를 놓고서 누군가가 자신의 해법이야말로 가장 좋은 해결책이라고 주장한다고 해도, 그것이 유일한 방법이 아니라는 점은 분명하다. 또한 그러한 해결책에 도달하는 것도 오로지 서로 다른 이익 집단들이 자신의 경제적 위치를 놓고 본질적으로 정치적인 투쟁을 한 판 벌이고 난 뒤에야 가능한 일이라는 점 또한 분명하게 말할 수 있다. 둘째, 그러한 투쟁이 없다면 화폐가 가치를 가질 수 없다는 점이다.

| 옮긴이의 말 |

이 책은 Geoffrey Ingham, *The Nature of Money*(London: Polity Press, 2004)를 번역한 것이다. 지은이 제프리 잉햄은 케임브리지대학 사회학과와 경제학과에서 가르치는 교수(Reader)로서, 90년대 중반 이후 제2차 세계대전 이후의 사회과학에서 오래도록 망각되어 온 화폐에 대한 총체적인 사회과학적 접근을 부활시키는 데에 주력하여 여러 중요한 논문과 책의 장들을 집필한 바 있다. 이 저서는 그러한 여러 연구들의 체계적인 총화라고 할 수 있는 성과물로서, 실로 게오르크 크나프의 《국정화폐론》(*Staatliche Theorie des Geldes*)과[1] 미첼 이니스의 논문[2] 이후 가히 백 년 만에 나온 획기적인 연구라고 할 만하다. 경제학, 사회학, 인류학, 역사 등을 포괄하는 시야의 범위에서도 그러하지만, 지금까지 화폐를 다룬 수많은 저작들이 대충 변죽만 울리면서(그야말로 '덤불 주변만 때리면

---

1) 영역은 *The State Theory of Money*(London: Macmilan and Co., 1924).

2) A. Mitchell Innes, "What Is Money?" *Banking Law Journal*, 1913 May; "The Credit Theory of Money," *Banking Law Journal*, 1914 January. 두 논문은 모두 L. Randall Wray ed. *Credit and State Theories of Money: The Contribution of A. Mitchell Innes*(Cheltenham, UK: Edward Elgar, 2004)에 재수록되어 있다.

서(beating around the bush) 슬슬 피해 온 질문, 즉 "도대체 화폐란 무엇인가"라는 질문에 정면으로 도전하여 근본적이고도 명징하고도 획기적으로 새로운 대답을 내어오고 있다는 점에서 그러하다. 본문에도 나오거니와, 막스 베버는 크나프의 저서를 "영구적인 중요성을 갖는 찬란한 업적"이라 상찬한 바가 있었다. 《돈의 본성》 또한 많은 점에서 크나프와 이니스가 백 년 전에 제시한 방향을 따르고 있지만, 베버가 크나프의 저서에 바쳤던 상찬의 상당 부분을 공유할 자격이 있다고 믿어 의심치 않는다. 이 글에서는 이 책의 그러한 중요성을 인식하고 평가하는 데에 도움이 될 수 있도록 이 "화폐란 무엇인가"라는 질문의 지식사회학적인 의미에 대해 몇 가지 성찰을 제시해 보고자 한다.

1

여러 사회적 관계 가운데에서도 결정적인 핵심을 이루는 관계들의 집합이 존재한다. 그런데 이 결정적 관계들의 집합은 사회가 고안해 낸 장치로 보여서는 안 되며, 그런 의미에서 이러한 결정적으로 중요한 사회적 관계들은 마치 물리적 세계나 초자연적 세계 또는 영원성에서 그 형식적 구조를 찾을 수 있는 것인양 사람들이 여길 수 있도록 해줄 모종의 비유가 있어야만 한다.[3]

영국의 사회인류학자 매리 더글러스 여사의 위와 같은 성찰은 사회과학 연구에서 발생할 수밖에 없는 '등잔 밑'(blind spot)이 무엇인가를 생각하는 데에 극히 중요한 열쇠를 제공한다. 어느 사회이건 그 사회를 조

---

3) Mary Douglas, *How Institutions Think*(Syracuse, NY: Syracuse University Press, 1986) p. 48.

직하는 핵심에 해당하는 제도, 그리고 그 제도를 둘러싼 담론과 조직 원리는 어김없이 '자연적'인 것처럼 보이게 된다. '자연적'인 것으로 보이게 되면 이는 그때부터 자연과학이나 신학적 사변의 대상이 되어 결코 사회적 분석에 의한 비판과 담화의 대상이 될 수 없는 영역으로 넘어가 버리게 된다. 이는 어찌 보면 당연한 일이다. 사회의 가장 근본적인 초석이 되는 제도나 원리가 끝없는 논란과 논쟁의 대상이 된다면, 이는 그 사회의 근간까지 흔들어 버릴 수 있는 위험한 결과를 낳게 되기 때문이다.

이러한 위기는 고대 그리스의 아테네에서 실제로 부닥친 바가 있었다. 극심한 정치적 혼란과 내란을 겪은 뒤 나타난 '소피스트'들은 이렇게 건드려서는 아니 될 금기를 건드려 버리고 말았다. 아테네라는 폴리스를 몇백 년 동안 유지해 준 밑바탕에는 성원들 모두가 그 폴리스의 이런저런 규범과 규칙을 '자연적인 것'(physis)으로, 따라서 아무도 바꿀 수도 없고 바뀐 적도 없는 것으로 여겨 온 관념이 있었기 때문이다. 하지만 군주정, 귀족정, 참주정, 민주정이 번갈아 나타나고 그때마다 지독한 유혈 사태의 내홍을 치른 뒤, 소피스트들은 그 모든 규범과 규칙들이 사실은 사람들이 합의에 의해서 만들어 낸 인위적이고 '관습적인 것'(nomos)에 불과하다는 것을 전면에 까발려 내었다. 알려진 사상사에서 이들이 최초로 전면화한 이 '자연적인 것-인위적 관습적인 것'의 이율배반이 사회에 가져온 도전은 실로 막대한 것이었다. 사회는 이제 단순하게 그 성원들에게 이런저런 규범과 법률을 지키라고 강제하기가 쉽지 않게 되었다. 누구든 명징한 논리로 그것이 인간들이 만들어 낸 합의에 불과하다는 것을 밝히고 내가 왜 그것을 따라야 하는가라고 들이대면 대응하기가 만만치 않게 되었기 때문이다. 따라서 이 문제는 사회의 질서를 인간들 스스로가 어떻게 또 어떤 근거와 논리로 구성하고 창조할 것인가라는 질문으로 발전하게 된다. 그래서 바로 이 순간이 서양 사상에서 로고스적 생각 방식으로서의 철학이 발생하게 된 계기라고 말하기도 한다.

하지만 퓌시스-노모스의 이율배반 앞에서 아테네 사람들처럼 배짱 좋게 이를 정면으로 마주하여 급진적 민주주의와 철학을 만들어 낸 경우는 동서고금에서 드문 경우라고 할 수밖에 없다.[4] 이러한 이율배반이 전면화되었을 때 나타날 혼란에 대한 공포로 사람들은 미리 겁먹게 마련이고, 결국 위의 더글러스 여사의 인용문처럼 그 사회의 핵심적인 제도와 조직 원리일수록 철저하게 그것이 애초부터 '자연적인 것'처럼 만들어 버리는 경향을 갖게 된다. 고대와 중세 사회에서는 그 초석이 되는 신이라든가 천하라든가 하는 개념에 대해 이러한 '자연화'가 신관 또는 문관 계급에 의해서 조직적이고 체계적으로 이루어진 바 있다.

근대 또는 현대 사회는 다를까? 근대의 자유주의적 정치 질서의 이론적 철학적 기초가 된 17세기의 사회계약론은 구약성경에 나오는 신화와 '신대륙 인디언'들의 삶에 대한 몇 가지 단편적인 그것도 잘못된 정보 말고는 거의 순수하게 철학적 사변(speculation)에 근거하여 구축된 것으로, 오늘날의 역사적 인류학적 고고학적 안목에서 보자면 아무런 실질적 근거가 없는 것이다. 하지만 사회계약론의 전제가 되는 '자연 상태'라는 개념은 계속해서 정치철학은 물론 헌법에 대한 사고에서도 무시 못할 힘을 유지하고 있다. 시장 자본주의 질서의 기초가 되는 '소유권'의 개념 또한 그러하다. 존 로크가 인간 육체의 노동이라고 하는 소유권의 '자연적' 기초를 찾아낸 이후, 개인의 소유권은 인간이 만들어 낸 그 어떤 정치 사

---

4) Cornelius Castoriadis, "The Greek Polis and the Creation of Democracy," *Graduate Faculty Philosophy Journal* 1983, 9(2).

회적 질서도 건드려서는 아니 될 '자연적' 질서의 기초라는 생각은 여전히 통용되고 있다. 그리고 사회계약론에 근거한 정치 질서의 논리, 사적 소유권의 절대성에 근거한 경제 질서의 논리에 대해서 의문을 표하고 이것이 사실상 '자연적'인 것이 아니라 역사적으로 나타난 '관습적'인 것에 불과하다는 것을 강조하는 이들은 불온한 급진 이론으로 여겨져서 주변화되는 것은 21세기에도 크게 다르지 않다.

하지만 오히려 이러한 지나친 '자연화'는 더 많은 대담한 사회과학자들의 집중적인 관심을 초래하기도 했다. 19세기부터 라스키(Harold Laski), 매키버(Robert McIver), 레너(Karl Renner), 맥퍼슨(C. B. McPherson) 같은 이들의 연구가 축적되면서 이제는 사회계약론이나 노동에 근거한 사적 소유의 논리를 마치 '자연적'인 것으로 정당화하는 논리는 최소한 학문적으로는 입지점을 찾기 어렵게 되었다.

2

화폐는 말할 것도 없이 근대 사회를 구성하는 가장 핵심적인 제도 가운데 하나이다. 그렇다면 화폐라는 제도에 대해서도 사회계약론이나 사적 소유권에 대한 것과 마찬가지의 철저한 역사적 실증적 이론적 비판과 성찰이 이루어졌을까? 안타깝게도 그렇지 않다.

17세기에서 그리 멀지 않은 시점인 1776년에 출간된 애덤 스미스의 《국부론》은 사회계약론의 '자연 상태'와 크게 다르지 않은 경제적 교환의 '자연 상태'를 상정하면서 그것으로부터 화폐의 성격과 발생을 설명하고 있다. 태초에 개인들이 있었다. 이들은 이기적이면서도 합리적인 사고 능력을 가지고 있었기에 서로가 시장에서 물물교환을 이루고 그에 기초한 노동 분업을 이룬다면 모두가 이익을 본다는 것을 이해하고 있었다.

이렇게 인간의 '이기적이고 합리적인' 본성에 근거한 교환이 발생 발달하는 와중에서 사람들은 화폐가 없이 직접 여러 물품들을 물물교환하는 것이 지극히 불편하다는 점을 이해하게 되고, 이에 물물교환에 등장하는 상품 하나를 잡아서 그것을 간접적 매개로 삼게 되었다는 것이다. 요컨대 화폐는 인간의 본성에서 출현한 '자연적인' 시장질서의 논리에서 '자연적으로' 도출된 '자연적'인 것이라는 것이다.

오늘날의 인류학적 주화학적(numismatical) 역사적 안목에서 보자면, 이는 아인치히(Paul Einzig)의 말대로, "루소(Rousseau)가 《인간 불평등 기원론》에서 내놓은 원시인의 정치 심리에 대한 추측만큼이나" 아무런 실질적 근거가 없는 순수한 억측에 불과한 것이다.[5] 하지만 이러한 화폐가 시장에서 상품 교환의 매개 수단으로 발생하였고 그것이 화폐의 본질이라는 생각은 오늘날 대학에서 가르치고 있는 경제학 교과서와 화폐금융론 교과서 어김없이 원형 그대로 답습되고 있다. 고고학이나 주화학은 고사하고 인류학적 역사적 데이터도 거의 얻을 수 없었던 시기에 애덤 스미스가 사변과 억측으로 만들어 낸 하나의 논리적 구조가, 그 이후 200백 년이 넘는 기간 동안 축적된 수많은 연구와 데이터에도 불구하고 마치 아무 일도 없었던 것처럼 오늘날에도 그대로 가르쳐지고 또 믿어지고 있는 것이다. 화폐에 가치 저장 수단, 지불수단, 계산 수단과 같은 여타의 기능들이 있다는 것은 잠깐 언급되기는 하지만 어디까지나 그 교환의 매개수단이라는 본질에서 논리적으로 도출된 2차적인 것들에 불과하다고 여겨져 그 자체로 가르치지도 않고 또 그것들 사이에 어떠한 논리적 연관 또

---

5) Paul Einzig, *Primitive Money in Its Technological, Historical and Economic Aspects*(London: Eyre and Spottiswoode, 1949) p. 344.

는 모순이 있는지가 논의되지도 않는다.[6]

상황은 급진파 쪽에서도 마찬가지이다. 마르크스 또한 화폐의 발생과 본질을 교환에 나온 상품의 교환 가치의 현현 형태로부터 찾았고, 이는 전통적으로 마르크스경제학의 화폐 및 금융 부문에 대한 무관심을 배태하였다.[7] 또 이 책의 9장에서 자세히 나오고 있지만, 시장 자본주의에서 발생하는 화폐의 '폭력'에 맞서서 대안 화폐 체제를 상상하는 많은 이들도 화폐는 교환의 매개 수단에 불과하다는 전제는 그대로 이어받고 있다.

시장과 상품 교환이 화폐를 만든 것이 아니라 화폐가 시장 및 상품 교환을 만들어 낸 것이라는 정반대의 발상 전환은 여기에서 완전히 빠져 있다. 그리하여 시장 자본주의를 이상적인 체제로 이해하고 그것을 확장하려는 쪽이나 반대로 그것을 거부하고 반대하려는 쪽이나 화폐는 핵심적인 제도라고 보지 않게 되었다. 그보다는 화폐보다 논리적 역사적으로 선행한다고 믿어진 시장과 상품 교환 그리고 그것을 구성하는 제반의 제도와 구조, 특히 소유권[8]에 대한 분석 또는 비판을 계속 반복하게 되었다.

---

6) 이 책 본문에서 언급되지 않고 있지만, 아마도 이 점을 최초로 지적하고 화폐의 여러 기능들이 모두 상이한 역사적 사회적 기원을 가지고 있으며 그 하나하나가 독자적인 의미론적 체계(semantical system)임을 처음으로 강조한 것은 칼 폴라니일 것이다. Karl Polanyi, "Semantics of Money-use," in *Primitive, Archaic, and Modern Economies*, ed. by G. Dalton(Boston: Beacon Press, 1968).

7) 힐퍼딩(Rudolf Hilferding)의 《금융자본론》 또한 상품화폐론을 그대로 답습한 위에서 금융 이론을 전개하고 있다. 흥미로운 예외로서, 스위지가 폴 바란과 함께 쓴 《독점자본론》을 25년 후 스스로 평가하면서 주류 경제학과 마르크스 경제학이 화폐와 금융에 대해서 가지고 있던 이론이 근본적인 결함이 있다고 지적하는 경우가 있었다. Paul Sweezy, "Monopoly Capital Twenty-five Years After" *Monthly Review* 1991, 43(7).

8) 자유주의 쪽의 중요한 연구로는 더글러스 노스(Douglas North)의 연구를 참조.

그 결과, 근대 사회를 구성하는 가장 핵심적인 제도인 화폐에 대한 역사적 이론적 비판은 심하게 저발전된 상태를 면치 못해 왔다.

3

하지만 항상 이러했던 것은 아니다. 이 책의 2장과 3장에서 설명하고 있듯이, 19세기 말부터 제2차 세계대전 이전까지 사회과학 연구에는 화폐라는 제도가 경제학과 사회학의 초미의 관심 주제였던 때도 있었고 거기에서 의미 있는 중요한 연구 성과가 나오기도 했다. 이들은 애덤 스미스 이래 백 년이 넘도록 되풀이되어 온 '화폐는 교환의 매개 수단'이라는 정통 학설에 대해 이론적 역사적 인류학적인 측면에서 다양한 공격을 감행했다. 슘페터, 케인스, 폴라니 같은 이들의 독특한 화폐 이론도 그러한 지적 토양에서 배태된 것이었다. 하지만 제2차 세계대전 이후, 특히 미국을 중심으로 한 영어권의 사회과학으로 접어들게 되면 이러한 풍부한 논의는 실로 거짓말처럼 논의에서 사라지게 되었고, 사회학에서도 경제학에서도 화폐는 다시 '교환의 매개 수단'이라는 저 옛날의 정통 학설이 다시 자리잡게 된다. 이런 상태는 이 글을 쓰고 있는 지금 시점에서도 큰 변동 없이 유지되고 있다.

어째서 이러한 일이 벌어졌을까? 나는 가장 큰 이유로 사회과학의 분과 편제 고정을 들고 싶다. 제2차 세계대전 이전의 사회과학은 그야말로 사회 연구(social studies)로서, 여기에서 오늘날 우리에게 익숙한 정치학, 사회학, 경제학, 인류학은 물론 철학, 역사, 법학 등과의 구별도 그다지 강하지 않았다. 하지만 제2차 세계대전 이후 특히 미국 대학을 중심으로 하여 사회과학은 몇 개의 분과로 나뉘어 서로 간에 '자기 학과의 정체성'을 분명히 하는 것을 주요한 과제로 삼게 되면서 학과와 학과 사이에는 넘을 수 없는 장벽과 간격이 생겨나게 되었다.[9] 이것이 제2차 세계대전 이전의 사회 연구에서 풍부하게 발전하고 있었던 화폐에 대한 여러 연구들을 불구화시키게 된 원인이라고 생각된다.

크나프를 비롯한 독일 역사학파 경제학자들이나 베블렌, 미첼(W. C. Mitchell)을 비롯한 미국 제도학파 그리고 베버나 지멜, 뒤르켐이나 모스, 케인스나 슘페터 등등의 학자들은 모두 이렇게 정치학, 사회학, 경제학으로 철저하게 사회과학을 찢어놓을 경우 사실 어디에 딱히 속한다고 말하기 힘든 이들이다. 그리고 이들이 화폐와 관련된 사회 현상을 분석하기 위해 전개했던 모든 주장들도 이러한 학과 편제에서 제대로 계승되기 힘들 만큼 폭넓고 다양한 지식과 문제의식을 필요로 하는 것들이다. 하지만 전후 미국 대학을 필두로 사회과학자들의 대부분은 '사회학자'로서, '경제학자'로서, '인류학자'로서, '정치학자'로서 이른바 '훈련'(training)을 받은 이들에 불과했다. 따라서 그 이전에 발전되어 온 거장들의 이론은 이들의 '학과'와 직접 관련된 논의만으로 갈기갈기 찢어져서 전승되게 되었고, 그 과정에서 가장 큰 피해를 본 영역의 하나가 바로 이 화폐에 대한 논의였다. 화폐 현상의 총체적인 연구를 위해서는 학과 편제를 넘나드는 총체적인 안목과 지식이 필요하고 그를 종합하는 연구 틀이 필요하지

---

9) 이는 결코 지적인 차원에서의 문제만이 아니었다. 각 학과는 정부는 물론 라커펠러, 포드, 카네기 등의 민간 재단에서의 연구비를 타내기 위해서라도 자신들의 독자적인 연구 영역과 연구 방법론이 무엇인지를 '과학적인' 체계로서 발전시키지 않으면 아니 되었기 때문이다. 여기에서 텔컷 파슨스 류의 '시스템 이론'은 막강한 중요성과 위력을 발휘하게 되었다. 파슨스 사회학과 각종 재단의 연구 지원금이 어떻게 사회과학 편제에 영향을 주게 되었는지에 대해서는 William Buxton, *Talcott Parsons and the Capitalist Nation-state: Political Sociology as a Strategic Vocation*(Toronto: University of Toronto Press, 1985).

만, 이는 현행의 학제에서는 개인에게 지나친 희생을 강요할 뿐 아니라 설령 이루어진다고 하더라도 각 학과의 '정체성'에 맞지 않는다는 이유에서 도외시당할 연구가 될 수밖에 없다.

그 결과로 화폐의 성격과 본질에 대한 사회과학의 이해는 다시 19세기 수준으로 퇴행할 수밖에 없었다. 이 책 1장에서 설명되고 있는바, 통화량의 조정만이 경제를 바로잡는 '과학'이라고 주장하던 이들이 막상 통화가 무엇인지를 알 수 없어서 통화량 자체의 측정 자체에 일대 혼란을 야기했던 밀턴 프리드먼을 비롯한 '통화주의자들'(monetarist)의 사례는 실로 사회과학의 역사에서 길이 남을 만한 스캔들일 것이다. 2008년의 세계적 금융 위기를 겪고 난 지금도 상황은 크게 다르지 않다. '그림자 은행업'(shadow banking)과 자산 유동화 등 온갖 상황을 다 겪고 난 지금에도 여전히 화폐는 공식적으로 '교환의 매개 수단'이다. 그리고 화폐는 마치 몸을 흐르는 피처럼 '유통'되는 것으로만 여겨지며 그 양은 저 해묵은 화폐수량방정식으로 설명할 수 있는 것으로 여겨진다. 그리고 인플레이션을 잡기 위해서는 여전히 이자율을 조정하여 '화폐 수요'를 조정하면 된다는 것이 세계적으로 통일되어 있는 공식적인 정책 수단인 상태이다.

4

이 점에서 여기 번역하여 내놓는 잉햄의 책을 어째서 내가 크나프와 이니스 이후 백 년 만에 나온 가장 중요한 저작이라고 평가하는지를 설명할 수 있을 것이다. 이 책은 경제학과 사회학은 물론 인류학과 역사 그리고 최근의 여러 화폐 현상과 정책 및 제도의 현황까지 종횡무진으로 논의를 옮기면서 현행 사회과학의 장벽들을 넘어서는 시각을 보여 주고 있다. 뿐만 아니라 화폐 현상에 대한 사상사, 학설사의 논의 또한 아리스토텔레스에서 시작하여 최근의 포스트케인스주의자들과 통화주의자들까지 다양하게 소화하여 스스로의 논지를 전개하고 있다. 이러한 사실적 데이터와 학설사적 이론의 폭을 이 정도 분량의 책에 압권(壓卷)으로 제시한다는 일도 쉽지 않지만, 그렇게 해서 제시되는 논지가 단순히 소개나 요약 또는 이름 열거에 그치지 않고 수미일관한 논리 체계와 정확한 논점을 가지고 제시되는 것도 쉽지 않은 일이다. 게다가 그렇게 하여 나오는 논점이 혁신적인 새로움을 가지는 일은 더더욱 어려운 일일 것이다. 이 책은 그러한 어려운 조건들을 훌륭하게 충족하고 있다.

　화폐 문제에 접근한 저작들 중에는 이렇게 여러 학과의 지식과 이론을 결합한 소위 '학제적'(inter-disciplinary) 저작이 많지만, 지은이의 시각은 이를 한걸음 넘어서서 기존 사회과학에 고질적으로 내려온 정치와 경제의 이분법을 넘어서는 '초학과적'(trans-disciplinary)인 차원에서의 성취를 이루어 내며, 그것들을 결합하여 새로운 결론을 끌어낸다. 화폐의 본질은 화폐의 생산과 분배를 둘러싼 여러 사회 세력들 간의 정치적 사회적 관계이며, 그들의 갈등과 협력으로 화폐를 둘러싼 여러 현상들의 메커니즘을 설명해야 한다는 것이다. 화폐의 '사회적 측면,'[10] '문화적 측면,'[11] '정치적 측면'[12] 등에 대해 여러 논의를 전개하는 저작들이 있었지만, 이 저작들은 모두 화폐가 기본적으로 '시장 경제'에서의 '경제적' 현상이

---

10) 예를 들어 Anthony Giddens, *A Contemporary Critique of Historical Materialism*(Stanford: Stanford University Press, 1995)

11) 예를 들어 Nigel Dodd, *The Sociology of Money: Economics, Reason and Contemporary Society*(London: Polity Press, 1994)

12) 예를 들어 *The Power of Money: A Political-Economic Analysis with Special Emphasis on the American Political System*(Albany, NY: SUNY Press, 1980)

라는 생각을 전제로 깔고 있었기에, 그러한 각각의 측면들이 화폐의 본성 자체 그리고 화폐의 생산과 분배를 둘러싼 메커니즘과 어떠한 내적 논리로 결합되어 있는지 언급을 피하거나 대단히 모호하게 만들고 있다. 하지만 이 책은 이러한 간극을 과감하게 뛰어넘어서, 지금까지 '경제학의 고유 영역'으로 여겨 온 화폐의 본성과 그 작동 메커니즘 자체의 논리까지도 정치적 사회적 관계의 논리와 통일적으로 바라볼 수 있는 시각을 제공하고 있다.[13]

이 책에도 여러 결함이 없지 않을 것이다. 무엇보다도 나로서는 고도로 발전된 오늘날의 현실 자본주의에서 화폐가 만들어 내는 여러 현상들을 오로지 이 책에서 전개된 이론만으로 분석하려는 것이 충분한 설명이 되지 못한다는 아쉬움을 느낀다. 7장의 이론적 부분도 그러하고 8장에서 제시되고 있는 현상에 대한 분석은 분명코 화폐라는 현상 하나만으로 충분히 설명할 수 있는 것이 아님에도 불구하고 지은이가 지나치게 자신의 이론을 연장하여 논리를 펴고 있다는 느낌을 지울 수 없다. 가장 중요한 점으로, 화폐가 그 스스로 존재하는 현상이 아니라 자본주의 체제의 핵심인 자본 축적의 한 부분으로서 묻어들어 있다는 점이 이 책에서 제대로 해명되고 있지 않다. 이자율의 결정이나 화폐의 가치, 또 그 수요의 문제들은 실제 자본 축적의 현장에서 생겨나는 복잡다단한 현상들과 결합되어 설명되어야 함에도 불구하고, 이 책은 화폐와 밀접하게 연결되어 있는 기업 부문과 금융 체제에서의 자본 축적의 논리와 제도적 구조에 대해서

---

13) 이러한 점에서 화폐를 다룬 잉햄의 이 저작은 마찬가지로 정치와 경제의 분리를 넘어서 자본을 다룬 다음의 저작과 흥미로운 대칭성을 보인다. 조나단 닛잔, 심숀 비클러, 《권력 자본론: 정치와 경제의 분리를 넘어서》, 홍기빈 옮김, 삼인, 2004.

는 본격적인 연구를 행하고 있지 않다. 그 한 결과로, 이 책이 가장 중요시 하는 명제 즉 '화폐는 사회적 관계'라는 명제에서 즉각 도출되어야 할 화폐를 둘러싼 사회 세력 간의 갈등과 협력을 이해하는 틀도 현실과 동떨어진 부분이 없지 않다고 나는 생각한다. 제프리 잉햄은 국가와 '금리 수취자'들과 산업 자본가들의 갈등이라는 상당히 도식적인 틀로서 그러한 사회 세력 형세를 파악하고 있으나, 20세기 후반 이후의 자본 축적의 현실적인 제도적 틀을 고려해 볼 때 이러한 3자의 대립 구도라는 것이 과연 현실적으로 의미가 있는지에 대해서는 심한 의문이 든다.

하지만 이런 아쉬움이 이 책이 가지고 있는 자체적인 중요성을 감소시키는 문제점이 되기는 힘들다고 보인다. 최소한 이 책은 '돈의 본성'이라는 제목을 통하여 이 책이 해명하고자 하는 질문이 무엇인지를 분명히 했고, 또 책의 내용을 통하여 화폐의 본성은 사회적 관계요, 화폐의 현실적 작동을 이해하기 위해서는 화폐의 생산과 분배를 둘러싼 여러 사회 세력들의 갈등과 협력이라는 지극히 사회적이고 정치적인 과정을 중심적으로 보아야 한다는 명료한 대답을 제시했다.

앞서 이야기했던 '퓌시스-노모스'의 이율배반의 틀을 빌려서 말하자면, 이 책은 화폐란 결코 주류 경제학이나 통속화된 이론에서 말하는 것처럼 화폐가 시장에서의 상품 교환에서 파생된 '자연적'인 것이 아니라 인간 세상의 발전 속에서 몇 천 년 동안의 진화 과정을 통하여 최근에 발전된 고도의 사회적 기술(social technology)임을 분명히 했다. 나아가 그것의 작동 메커니즘을 이해하기 위해서는 인간 세상에 벌어지고 있는 사회 세력들 간의 충돌뿐 아니라 그들이 자신들의 입장을 정당화하기 위해 내놓고 있는 화폐에 대한 각종 담론과 같은 이념 형태들까지 하나의 객관적 사실로서 차분하게 바라볼 필요가 있다고 대답한 것이다. 요컨대, 화폐란 자연과학과 같은 방법으로 분석할 현상이 아니라 마치 다른 문명 다른 세계의 사람들의 삶의 모습을 연구할 때에 우리가 먼저 사용하는 민족지(ethnography)적 관점에서 한발 떨어져 볼 필요가 있는 현상이라고 대답한 것이다. 이 점을 분명히 한 것은 지난 몇 십 년 동안 명맥이 끊어지다시피 했던 화폐에 대한 사회과학적 연구를 부활시키는 데 분명한 도움이 될 것으로 믿는다.

이런 까닭에 이 책은 술술 읽히는 책이 아니다. 굉장히 많은 논리와 사실들을 간단한 몇 문장으로 압축하면서 계속 앞으로 밀고 또 밀고 나가는, 그야말로 '힘 자랑'(tour de force)에 해당하는 저작이다. 하지만 이 책의 독자들이 "한 번에 못 가면 쉬었다 가라"는 옛 말을 기억하여, 두고 두고 꺼내 보면서 꼭 전부를 똑같은 관심과 열정으로 읽었으면 하는 바람이다. 화폐라는 수수께끼는 결코 간단한 몇 마디로 설명할 수 있는 것은 아니다. 하지만 이 책의 도움을 빌려 그 수수께끼에 대한 실마리가 풀리기 시작한다면, 지금도 하나의 '자연적' 사실처럼 남아서 현대인들을 계속 어리둥절하게 만들고 곤란하게 만들고 있는 화폐 및 금융 현상과 제도들에 대해서도 현명하고 합리적인 돌파구를 집단적으로 마련할 날이 올 것이라고 믿는다.

덧붙이는 말

그 동안 정치경제학의 주요 저작들을 꾸준히 번역해 보려고 애를 썼지만, 이번 잉햄 책의 번역은 대안적 정치경제학의 체계를 마련하는 데 기여해 보려는 내 노력의 이력 속에서 각별한 의미가 있다. 2000년 무렵 마르크스 경제학의 틀을 버리기로는 했지만, 자본 축적의 논리를 총체적이고 역동적으로 파악하는 것이 정치경제학의 중심이라는 생각에는 변함이 없었다. 따라서 새로운 정치경제학을 찾기 위해서는 마르크스가 《자본론》에서 내놓은 상품, 화폐, 자본이라는 세 가지 중심 범주에 대해서 근본적으로 새로운 이해 방식을 찾아내지 않으면 안 된다고 생각했다. 이 세 가지 범주가 어떻게 연결되어 있는가를 이론 구성의 틀로 삼은 것에 마르크스의 빛나는 혜안도 있으며, 또 오늘날의 안목으로 볼 때 이 세 가지의 개념에서 그가 그토록 비판하려고 했던 '부르주아 경제 사상'을 그대로 답습했던 것에 그의 결정적인 문제점 또한 있다고 생각했기 때문이다. 이미 2000년 이전에도 그러했지만, 특히 그 이후로는 그래서 이 세 가지 범주를 새로운 방식에서 새로운 틀로 설명하고 이해하는 이론을 찾고 구성하는 고민들을 계속해 왔다.

몇 년 전 나는 그러한 고민의 한 매듭으로서 상품, 화폐, 자본 세 범주 각각에 대한 대안적인 이해의 방식을 담고 있는 저작들 가운데 가장 중요하고 성공적인 것들이라고 생각되는 책들을 3부작으로 번역해 보겠다는 생각을 하게 되었다. 그 첫 권으로 상품이라는 범주를 마르크스와는 다른 틀에서 설명하고 그것이 지구적 자본주의의 전체와 역사의 역동과 어떻게 연결되어 있는가를 거시적으로 설명한 책으로서 칼 폴라니의 책을 번역해서 이미 출간한 바 있다.[14] 지금 번역해 내놓는 이 책은 화폐에 대한 대안적인 이해를 담은 책으로서 두 번째 책에 해당한다. 마지막으로 자본에 대한 획기적인 대안적 이론을 담은 책인 닛잔과 비클러의 《권력으로서의 자본: 질서와 '창서'에 대한 연구》는 우리 글로벌정치경제 연구소 총서의 하나로서 책세상출판사에서 2012년 중에 출간될 것으로 보인다.[15] 이 방대한 세 권의 저서에 대해 여기서 자세히 논할 수는 없지만, 이

---

14) 《거대한 전환: 우리 시대의 정치적 경제적 기원》, 길, 2009

서로 전혀 다른 지적 맥락에서 나온 세 권의 저서들에서 대안적으로 제시되고 있는 상품, 화폐, 자본의 이론을 관통하는 공통의 관점 하나를 이야기 할 수 있다. 전통적으로 정치경제학 나아가 사회 과학 전체를 정체 상태에 빠뜨려 버린 '정치와 경제의 이분법'을 근본적으로 거부하고, 이른바 '자율적인 법칙으로 규제되는 독자적 영역'으로 이해되는 '경제'라는 개념을 완전히 폐기한다는 데 있다. 그리하여 지금까지 상품, 화폐, 자본에 대한 이론적 혜안 없이 전개되어 온 여러 사회과학 이론에 대해 새로운 빛을 던질 뿐 아니라, 사회적 정치적 역사적 맥락을 그저 경제 현상을 이해하는 '배경' 정도로 치부해 온 경제 이론을 근본적으로 비판하고 경제 현상에 대한 분석적 설명까지도 이러한 폭넓게 통합된 시각에서 다시 구성되어야 함을 역설하는 것이다. 이 점에서 이 세 권의 책에 각기 전개되어 있는 이론과 시각들을 종합할 수 있다면 정치경제학은 물론 사회과학 전반에 걸쳐서도 중요한 혁신을 이룰 수 있다고 믿는다. 이 책을 만나게 된 독자들께는 부디 이 책뿐 아니라 칼 폴라니의 저서 그리고 내년에 나오게 될 닛잔과 비클러의 저서도 함께 정독하면서 대안적 정치경제학의 구성을 한번 상상해 보기를 부탁드린다.

이 책의 번역 용어와 관련해 덧붙여 둘 말이 있다. 책을 읽다가 보면 '신용/채권'이라는 낯선 표현을 보게 될 것이다. 이는 영어의 'credit'을 번역하다가 부득이 쓰게 된 표현이다. 이 말은 어원상으로 보자면 분명히 '믿고 쓴다'라고 하는 우리말 신용(信用)으로 옮기는 것이 마땅한 일이

---

15) 원저는 Jonathan Nitzan and Shimshon Bichler, *Capital as Power: Study of Order and Creorder*(London: Routledge, 2009).

다. 하지만 실제 금융의 작동에서는 단순히 그렇게 현장(spot)에서 지급이 없이 나중에 갚겠다는 약속 하나로 가져다 쓴다는 행위만을 의미하지 않는다. 이 말은 그렇게 믿음을 담보로 잡고 무엇인가를 꾸어 준 사람이 그 대가로 갖게 되는 일정한 권리라는 의미도 함께 담고 있다. 금융 관행에서는 이 두 가지가 동전의 양면처럼 붙어 있는 것이니 오해의 여지가 없지만, 화폐의 경제 이론이나 사회학적 인류학적 정치학적 맥락과 연원을 논하는 문맥에서는 이 말을 '신용'이라는 것만으로 옮겼다가는 이러한 '그 대가로 얻게 되는 사회학적 인류학적 정치학적 권리'라는 의미가 모호해져 버리는 결과가 나오게 된다. 현대 영어에서는 이미 'credit'이라는 말 자체가 그러한 의미를 담고 쓰이고 있으니 별 문제가 없지만, 아직 그렇지 않은 우리말의 경우에 이를 '신용'으로만 옮길 수가 없었던 것이다. 그래서 굳이 이렇게 하지 않아도 되는 경우에는 전통적으로 쓰이는 대로 '신용'이라고 옮겼지만, 이 점이 망각되면 문맥 자체가 불통으로 보일 위험이 있다 싶은 곳에서는 고육지책으로 '신용/채권'이라는 낯선 표현을 쓰게 된 것이다. 이 점을 양찰해 주시기 바란다.

2011년 3월
홍기빈

| 참고문헌 |

Abu-Lughod, J. 1989: *Before Hegemony: The World System, AD 1250-1350*. Oxford: Oxford University Press.

Aglietta, M. 2002: Whence and whither money? In *The Future of Money*, Paris: OECD, pp. 31-72.

Aglietta, M. and Orlean, A. 1982: *La Violence de la monnaie*. Paris: PUF.

Aglietta, M. and Orlean, A.(eds) 1998: *La Monnaie souveraine*. Paris: Odile Jacob

Allington, M. 1987: Numeraire. In J. Eatwell, M. Milgate and p. Newman (eds), *The New Palgrave*, London: Macmillan, vol. 3, pp. 686-7.

Anderson, B. 1970: Money and credit in the eighteenth century. *Business History*, 12(2), pp. 85-101.

Andreau, J. 1998: Cens, évaluation et monnaie dans l'Antiquité. romaine. In Aglietta and Orlean 1998: pp. 213-50.

Arena, R. and Festre, A. 1999: Banks, credit, and the financial system in Schumpeter: an interpretation. In H.Hanusch (ed.), *The Legacy of Joseph A. Schumpeter*, vol.2, Cheltenham: Edward Elgar.

Arrighi, G. 1994: *The Long Twentieth Century*. London: Verso.

Ascheim, J.and Park, Y. 1976: *Artificial Currency Units: The Formation of Functional Currency Areas*. Essays in International Finance, 114, Princeton: University of Princeton Press.

Asimakopoulos, A. 1998: The aggregate supply function and the share economy: some early drafts of the *General Theory*. In O. F. Hamouda and J. Smithin (eds), *Keynes and Public Policy after Fifty Years*, vol. 2: *Theories and Method*, Aldershot: Edward Elgar, pp. 67-92.

Bank of England 1993: *Economic Briefing*, August.

Banuri, T. and Schor, J.(eds) 1992: *Financial Openness and National Autonomy*. Oxford: Oxford University Press.

Barkai, H. 1989: The old historical school: Poscher on money and monetary issues. *History of Political Economy*, 21(2), pp. 179-200.

Barro, R. and Gordon, D. 1983: Rules, discretion and reputation in a model of monetary policy. *Journal of Monetary Economics*, 12, pp. 101-21.

Baskin, J. and Miranti, p. 1997: *A History of Corporate Finance*. Cambridge: Cambridge University Press.

Baxter, W. 1945: *The House of Baxter: Business in Boston 1724-1775*. Cambridge, MA.: Harvard University Press.

Bell, S. 2000: Do taxes and bonds finance government spending? *Journal of Economic Issues*, 34(3), pp. 603-20.

Bell, S. 2001: The role of the state and the hierarchy of money. *Cambridge Journal of Economics*, 25, pp. 149-63.

Bell, S. 2003: Neglected costs of monetary union: the loss of sovereignty in the public sphere. In Bell and Nell, 2003: pp. 160-83.

Bell, S. and Nell, E. 2003: *The State, the Market and the Euro*. Cheltenham: Edward Elgar.

Bernstein, p. 1996: *Against the Gods*. London: John Wiley and Sons.

Bernstein, p. 2000: *The Power of Gold*. New York: John Wiley.

Bethell, L. 1993: *Argentina since Independence*. Cambridge: Cambridge University Press.

Blinder, A. 1999: *Central Banking in Theory and Practice*. Cambridge, MA: MIT Press.

Blinder, A., Goodhart, C. Hildebrand, p. Lipton, D. and Wyplosz, C. 2001: How do central banks talk? In *Geneva Reports on the World Economy*, 3, Geneva: International Centre for Monetary and Banking Studies.

Bloch, M. 1954[1936]: *Esquisse d'une histoire moneétaire de l'Europe*. Paris: Armand Colin.

Bloch, M. 1962: *Feudal Society*. London: Routledge and Kegan Paul.

Bloomfield, A. 1959: *Monetary Policy under the Gold Standard, 1820-1914*. New York: Federal Reserve Bank.

Bonney, R. (ed.). 1999: *The Rise of the Fiscal State in Europe, c. 1200-1815*. Oxford: Oxford University Press.

Bootle, R. 1996: *The Death of Inflation*. London: Nicholas Brearley.

Bowring, F. 1998: LETS: an eco-socialist alternative. *New Left Review*, 232, pp. 91-111.

Boyer-Xambeu, M. T. Deleplace, G. and Gillard, L. 1994: *Private Money and Public Currencies: The Sixteenth Century Challenge*. London: M. E. Sharpe.

Boyle, D. 1999: *Funny Money*. London: Harper Collins.

Braudel, F. 1984: *Civilisation and Capitalism. The Perspective of the World*, vol. 3: London: Fontana.

Braudel, F. 1985: *Civilisation and Capitalism*. vol. 1: *The Structures of Everyday Life*. London: Fontana.

Brewer, J. 1989: *The Sinews of Power: War, Money and the English State, 1688-1783*. London: Unwin Hyman.

Buchan, J. 1977: *Frozen Desire: An Inquiry into the Meaning of Money*. London: Picador.

Busse, E. 2000: The embeddedness of tax evasion in Russia. In Ledeneva and Kurchiyan, 2000: pp. 129-43.

Caffentzis, G. 1989: *Clipped Coins, Abused Words and Civil Government: John Locke's Philosophy of Money*. New York: Autonomedia.

Cameron, R. 1967: *Banking in the Early Stages of Industrialization*. Oxford: Oxford University Press.

Carruthers, B. 1996: *City of Capital*. Princeton: Princeton University Press.

Carruthers, B. and Babb, S. 1996: The color of money and the nature of value: Greenbacks and gold in post-bellum America. *American Journal of Sociology*, 101(6), pp. 1556-91.

Cencini, A. 1988: *Money, Income and Time: A Quantum-Theoretical Approach*. London: Pinter.

Chabal, p. and Daloz, J-P. 1999: *Africa Works: Disorder as a Political Instrument*. Oxford: James Currey.

Clower, R. 1984[1967]: A reconsideration of the microfoundations of money. In D. Walker (ed.), *Money and Markets*, Cambridge: Cambridge University Press, pp. 81-9

Coffey, p. 1993: The European monetary system and economic and monetary union. In p. Coffey (ed.), *Main Economic Policy Areas of the EC—After 1992*, Dordrecht: Kluwer Academic Publishers, pp. 3-37.

Cohen, B. 200la: Beyond EMU: the problem of sustainability. In B. Eichengreen and J. Freiden (eds), *The Political Economy of European Monetary Unification*, Boulder, CO: Westview Press, pp. 179-204.

Cohen, B. 200lb: Electronic money: new day or false dawn? *Review of International Political Economy*, 8, pp. 197-225.

Cohen, E. 1992: *Athenian Economy and Society: A Banking Perspective*. Princeton: Princeton University Press.

Collins, R. 1979: Review of M. Mayer, *The Bankers*. *American Journal of*

Sociology, 85, pp. 190-4.

Collins, R. 1980: Weber's last theory of capitalism: a systematization. *American Sociological Review,* 45, pp. 925-42.

Collins, R. 1986: *Weberian Sociological Theory.* Cambridge: Cambridge University Press.

Cook, R. 1958: Speculation on the origins of coinage. *Historia,* 7, pp. 257-62.

Crawford, M. 1970: Money and exchange in the Roman world. *Journal of Roman Studies,* 60, pp. 40-8.

Crouzet, F. 1999: Politics and banking in revolutionary and Napoleonic France. In R. Sylla, R. Tilly and G. Tortella, *The State, The Financial System and Economic Modernization,* Cambridge: Cambridge University Press.

Cutler, A. et al. 1978: *Marx's 'Capital' and Capitalism Today,* vol. 2. London: Routledge and Kegan Paul.

Dalton, G. 1976: Primitive money. In G. Dalton (ed.), *Tribal and Peasant Economies,* Austin: University of Texas Press, pp. 27-42.

Dasgupta, p. 1988: Trust as a commodity. In D. Gambetta (ed.), *Trust: Making and Breaking Cooperative Relationships,* Oxford: Blackwell, pp. 66-81.

Davies, G. 1996: *A History of Money.* Cardiff: University of Wales Press.

Day, J. 1999: *Money and Finance in the Age of Merchant Capitalism.* Oxford: Blackwell.

de Cecco, M. 1974. *Money and Empire.* Oxford: Blackwell.

de Vroey, M. 1984: Inflation: a non-monetarist interpretation. *Cambridge Journal of Economics,* 8(4), pp. 381-99.

Deflem, M. 2003: The sociology of the sociology of money: Simmel and the contemporary battle of the classics. *Journal of Classical Sociology,* 3(1), pp. 67-96.

Denny, C. 1999: Electric Currency could Trash Cash. *Guardian,* 4 November.

Dickson, p. 1967: *The Financial Revolution in England.* London: Macmillan.

Dodd, N. 1994: *The Sociology of Money.* Cambridge: Polity.

Dornbusch, R. 2001: *Financial Times,* 28 August.

Douglas, M. 1986: *How Institutions Think.* London: Routledge.

Dowd, K. 2000: The invisible hand and the evolution of the monetary system. In Smithin, 2000: pp. 139-56.

Dunbar, N. 2001: *Inventing Money.* London: John Wiley.

Durkheim, E. 1960[1893]: *The Division of Labour in Society.* Glencoe, IL: Free Press.

Dymski, G. and Pollin, R.(eds) 1994: *New Perspectives in Monetary*

Macroeconomics: *Explorations in the Traditon of Hyman P. Minsky*. Ann Arbor: University of Michigan Press.

Earley, J. 1994: Joseph Schumpeter: a frustrated 'creditist.' In G. Dymski and R. Pollin 1994: pp. 337-51.

Eichengreen, B. and Frieden, J. 2001: *The Political Economy of European Monetary Union*. Boulder, CO, and Oxford: Westview Press.

Einaudi, L. 1953[1936]: The theory of imaginary money from Charlemagne to the French Revolution. In F. C. Lane and J. C. Riemersma (eds), *Enterprise and Secular Change*, London: Allen and Unwin, pp. 229-61.

Einzig, p. 1966: *Primitive Money*. London: Pergamon Press.

Ellis, H. 1934: *German Monetary Theory 1905-1933*. Cambridge, MA: Harvard University Press.

Fama, E. 1980: Banking in the theory of finance. *Journal of Monetary Economics*, 6, pp. 39-57.

Ferguson, N. 2001: *The Cash Nexus: Money and Power in the Mordern World 1700-2000*. Harmondsworth: Penguin.

Fine, B. and Lapavitsas, C. 2000: Markets and money in social theory: what role for economics? *Economy and Society*, 29(3), pp. 357-82.

Fischer, D. 1996: *The Great Wave*. Oxford: Oxford University Press.

Fisher, I. 1911: *The Purchasing Power of Money*. New York: Macmillan.

Fisher, I. 1933: The debt-deflation theory of the Great Depression. *Econometrica*, 1, pp. 333-57.

Fligstein, N. 2001: *The Architecture of Markets*. Princeton: Princeton University Press.

Friedman. M. 1969: *The Optimal Quantity of Money and Other Essays*. Chicago: Aldine.

Friedman, M. and Schwartz, A. 1963: *A Monetary History of the United States, 1867-1960*. Princeton: Princeton University Press.

Galbraith, J. 1995[1975]: *Money*. Harmondsworth: Penguin.

Ganssmann, H. 1988: Money—a symbolically generalized medium of communication? On the concept of money in recent sociology. *Economy and Society*, 17, pp. 285-315.

Gardiner, G. 1993: *Towards True Monetarism*. London: Dulwich Press.

Germain, R. 1997: *The International Organization of Credit*. Cambridge: Cambridge University Press.

Giddens, A. 1990: *The Consequences of Modernity*. Cambridge: Polity.

Gilbert, E. and Helleiner, E.(eds) 1999: *Nation-States and Money*. London:

Routledge.

Girard, R. 1972: *La Violence et le sacré*. Paris: Grasset.

Goffman, E. 1969[1959]: *The Presentation of Self in Everyday Life*. London: Penguin.

Goldschalk, H. and Krueger, M. 2000: Why e-money still fails. *Third Berlin Internet Workshop*, <www.paysys.de>

Goldsmith, R. 1987: *Premodern Financial Systems*. Cambridge: Cambridge University Press.

Goodhart, C. 1996: European monetary integration. *European Economic Review*, 40, pp. 1083-90.

Goodhart, C. 1998: The two concepts of money: implications for the analysis of optimal currency areas. *European Journal of Political Economy*, 14, pp. 407-32.

Goodhart, C. 2003: A reply to the contributors. In Bell and Nell, 2003: pp. 184-96.

Graziani, A. 1990: The theory of the monetary circuit. *Économies et Sociétés: Monnaie et Production*, 24(7), pp. 7-36.

Greider, W. 1987: *Secrets of the Temple: How the Federal Reserve Runs the Country*. New York: Simon and Schuster.

Grierson, p. 1977: *The Origins of Money*. London: Athlone Press.

Guttmann, R. 1994: *How Credit Money Shapes the Economy*. New York: M. E. Sharpe.

Guttmann, R. 2003: Money as a social institution: a heterodox view of the euro. In Bell and Nell, 2003: pp. 138-59.

Hahn, F. 1982: *Money and Inflation*. Oxford: Blackwell

Hahn, F. 1987: Foundations of monetary theory. In M. deCecco and J. Fitoussi (eds), *Monetary Theory and Institutions*, London: Macmillan, pp. 21-43.

Harl, K. 1996: *Coinage in the Roman Economy, 300 BC to AD 700*. Baltimore: Johns Hopkins University Press.

Hart, K. 2000: *The Memory Bank: Money in an Unequal World*. London: Profile Books.

Hawthorn, G. 2000: A world run through Windows, *New Left Review*, 5, pp. 101-10.

Hawtrey, R. 1919: *Currency and Credit*. London: Longmans.

Hayek, F. 1976: *The De-nationalisation of Money*. London: Institute of Economic Affairs.

Heichelheim, F. 1958[1938]: *An Ancient Economic History*. Leiden: A. W. Sijthoff.

Heinsohn, G. and Steiger, O. 2000: The property theory of interest and money. In Smithin, 2000: pp. 69-100.

Helleiner, E. 1994: *States and the Reemergence of Global Finance*. Ithaca, NY: Cornell University Press.

Helleiner, E. 1999: Denationalising money?: Economic liberalism and the 'national question' in currency affairs, In Gilbert and Helleiner 1999: pp. 141-57.

Helleiner, E. 2003: *The Making of National Money*. Ithaca, NY: Cornell University Press.

Henry, J. 2004: The social origins of money: the case of Egypt, In Wary, 2004: pp. 79-98.

Henwood, D. 1997: *Wall Street*. London: Verso.

Hicks, J. 1937: Mr. Keynes and the classics, *Econometrica*, 5, pp. 147-59.

Hicks. J. R. 1982[1955]: Inflation and the wage structure. In *Money, Interest and Wages: Collected Essays in Economic Theory*, vol.2, Oxford: Blackwell, pp. 29-43.

Hicks, J. R. 1989: *A Market Theory of Money*. Oxford: Oxford University Press.

Hiferding, R. 1981[1910]: *Finance Capital*. London: Routledge and Kegan Paul.

Hirsch, F. and Goldthorpe, J.(eds) 1978: *The Political Economy of Inflation*. London: Martin Robertson.

Hoover, K. 1996: Some suggestions for complicatiog the theory of money. In S. Pressman (ed.), *Interactions in Political Economy*, London: Routledge, pp. 204-16.

Hopkins, K. 1978: *Conquerors and Slaves*. Cambridge: Cambridge University Press.

Hopkins, K. 1980: Taxes and trade in the Roman Empire, 200 BC to AD 400. *Jaunal of Roman Studies*, 70, pp. 101-25.

Hudson, M. 2004: The archaeology of money: debt vs. barter theories of money. In Wary, 2004: pp. 99-127.

Hutchinson, F. and Burkitt, B. 1977: *The Political Economy of Social Credit and Guild Socialism*. London: Routledge.

Ingham, G. 1984: *Capitalism Divided?* London: Macmillan.

Ingham, G. 1994: States and markets in the production of world money: sterling and the dollar. In S. Corbridge, N. Thrift and R. Martin (eds), *Money, Power and Space*, Oxford: Blackwell, pp. 29-48.

Ingham, G, 1996a: Money is a social relation. *Review of Social Economy*, 54(4), pp. 507-29.

Ingham, G. 1996b: Some recent changes in the relationship between economics and sociology. *Cambridge Journal of Economics*, 20, pp. 243-75.

Ingham. G. 1998: On the 'underdevelopment' of the sociology of money. *Acta Sociologica*, 41(10), pp. 3-18.

Ingham, G. 1999: Capitalism, money and banking: a critique of recent historical sociology. *British Journal of Sociology*, 50(1), pp. 76-96.

Ingham, G. 2000a: 'Babylonian madness' : on the sociological and historical 'origins' of money, In Smithin, 2000: pp. 16-41.

Ingham, G2000b: Class inequality and the social production of money. In R. Crompton, F. Devine, M. Savage and J. Scott (eds), *Renewing Class Analysis*, Oxford: Blackwell, pp. 66-86.

Ingham, G. 2001: Fundamentals of a theory of money: untangling Fine, Lapavitsas and Zelizer. *Economy and Society*, 30(3), pp. 304-23.

Ingham, G. 2002: New monetary spaces? In *The Future of Money*, Paris: OECD, pp. 123-45.

Ingham, G. 2003: Schumpeter and Weber on the institutions of capitalism: solving Swedberg's 'puzzle.' *Journal of Classical Sociology*, 3(3), pp. 297-309.

Innes, A. M. 1913: What is money? *Banking Law Journal* (May), pp. 377-408.

Innes, A. M. 1914: The credit theory of money. *Banking Law Journal* (January), pp. 151-68.

Issing, O. 1999: *Annual Hayek Memorial Lecture*. London: Institute of Economic Affairs.

Issing, O. 2001: *Monetary Policy in the Euro Area*. Cambridge: Cambridge University Press.

Jackson, K. 1995: *The Oxford Book of Money*. Oxford: Oxford University Press.

Jones, R. 1976: The origins and development of media of exchange. *Journal of Political Economy*, 84(4), pp. 757-75.

Keynes, J. M. 1919: *The Economic Consequences of the Peace*. London: Macmillan.

Keynes, J. M. 1930: *A Treatise on Money*. London: Macmillan.

Keynes, J. M. 1973: *The Collected Writings of John Maynard Keynes*, vol. 14, ed. D. Moggeridge. Cambridge: Cambridge University Press.

Keynes, J. M. 1973[1936]: *The General Theory of Employment Interest and Money*. In *The Collected Writings of John Maynard Keynes*, vol. 7, ed. D. Moggeridge. Cambridge: Cambridge University Press.

Keynes, J. M. 1980: *The Collected Writings of John Maynard Keynes*, vol. 25, ed. D. Moggeridge. The Cambridge: Cambridge University Press.

Keynes, J. M. 1982: *The Collected Writings of John Maynard Keynes*, vol. 28, ed. D. Moggeridge. Cambridge: Cambridge University Press.

Keynes, J. M. 1983: *The Collected Writings of John Maynard Keynes*, vol. 11, D. Moggeridge. Cambridge: Cambridge University Press.

Kindleberger, C. 1984: *A Financial History of Europe*. London: Macmillan.

Kindleberger, C. 1989[1978]: *Manias, Panics, and Crashes*, rev. edn. London: Macmillan.

Kindleberger, C. and Laffarge, J. -P. (eds) 1982: *Financial Crises*, Cambridge: Cambridge University Press.

King, M. 1999: Challenges for monetary policy: new and old. *Bank of England Quarterly Bulletin*, 39, pp. 397-415.

Kirshner, J. 1995: *Currency and Coercion*. Princeton: Princeton University Press.

Kirshner, J. 1999: Inflation: paper dragon or Trojan horse? *Review of International Political Economy*, 6(4), pp. 609-18.

Klein, p. and Selgin, G. 2000: Menger's theory of money: some experimental evidence. In J. Smithin, 2000: pp. 217-34. ´

Knapp, G. F. 1973[1924]: *The State Theory of Money*. New York: Augustus M. Kelley.

Kraay, C. 1964: Hoards, small change and the origin of coinage. *Journal of Hellenic Studies*, 84, pp. 76-91.

Kuhn, K. 1970: *The Structure of Scientific Revolutions*. London: Routledge.

Kurke, L. 1999: *Coins, Bodies, Games and Gold*. Princeton: Princeton University Press.

Laidler, D. 1991: *The Golden Age of the Quantity Theory*. London: Philip Allan.

Lane, F. and Mueller, R. 1985: *Money and Banking in Renaissance Venice*, vol. 1: *Coins and Money of Account*. London and Baltimore: Johns Hopkins University Press.

Laum, B. 1924: *Heiliges Geld*. Tübingen: J. C. B. Mohr.

Ledeneva, A. 1998: *Russia's Economy of Favours: Blat, Networking and Informal Exchange*. Cambridge: Cambridge University Press.

Ledeneva, A. and Kurchiyan, M. (eds), 2000: *Economic Crime in Russia*. The Hague: Kluwer Law International.

Lerner, A. 1943: Functional finance and the Federal debt. *Social Research*, 10, pp. 38-51.

Lerner, A. 1947: Money as a creature of the state. *American Economic Review*, 37(2), pp. 312-17.

Lewis, p. 1990: *The Crisis of Argentine Capitalism*. Chapel Hill, NC, and London:

University of Pittsburg Press.

Leyshon, A. and Thrift, N. 1997: *Money/Space*. London: Routledge.

Leijonhufvud, A. 1973: Life among the Econ. *Western Economic Journal*, 11(3), pp. 327-37.

Lietaer, B. 2001: *The Future of Money*. London: Century.

Lindberg, D. and Maier, C.(eds) 1985: *The Politics of Inflation and Economic Stagnation*. Washington, DC: Brookings Institute.

Lopez, R. 1979: The dawn of Modern banking. In Center for Medieval and Renaissance Studies, University of California, Los Angeles, *The Dawn of Modern Banking*, New Haven: Yale University Press, pp. 1-27.

Maier, C. 1978: The politics of inflation in the twentieth century. In Hirsch and Goldthorpe 1978: pp. 37-72.

Mann, M. 1986: *The Sources of Social Power*. Cambridge: Cambridge University Press.

Manzetti, L. 1993: *Institutions, Parties, and Coalitions in Argentine Politics*. Pittsburg and London: University of Pittsburg Press.

Marshall, A. 1926: *Official Papers of Alfred Marshall*, ed. J. M. Keynes. London: Macmillan.

Martin, p. 1998: A long goodbye. *Financial Times*, 24, November.

Marx, K. 1970: *A Contribution to a Critique of Political Economy*. Moscow: Progress Publishers.

Marx, K. 1976: *Capital*, vol. 1. Harmondsworth: Penguin.

Marx, K. 1981: *Capital*, vol. 3. Harmondsworth: Penguin.

Mayer, M. 2001: *The Fed*. New York: Free Press.

McLuhan, M. 1964: *Understanding Media*. London: Routledge.

Meikle, S. 2000: Aristotle on money. In Smithin, 2000: pp. 157-73.

Melitz, J. 1974: *Primitive and Modern Money*. Reading, MA: Addison-Wesley.

Menger, K. 1982: On the origins of money. *Economic Journal*, 2(6), pp. 239-55.

Mill, J. S. 1965[1871]: *Principles of Political Economy*. Toronto: University of Toronto Press.

Milward, A. 2000: *The European Rescue of the Nation-State*, 2nd edn. London: Routledge.

Minsky, H. 1982: The financial instability hypothesis. In C. P. Kindleberger and J-P. Laffarge, (eds), *Financial Crises*, Cambridge: Cambridge University Press, pp. 1-39.

Minsky, H. 1986: Money and crisis in Schumpeter and Keynes, In H-J. Wagener and J. Drukker (eds), *The Economic Law of Motion of Modern Society*,

Cambridge: Cambridge University Press, pp. 112-22.

Minsky, H. 1991: The financial instability hypothesis: a clarification. In M. Feldstein (ed.), *The Risk of Financial Crisis*, Chicago: University of Chicago Press, pp. 1-21.

Mirowski, p. 1991: Post-modernism and the social theory of value. *Journal of Post-Keynesian Economics*, 13, pp. 565-82.

Moore, Barrington Jr. 1966: *The Social Origins of Dictatorship and Democracy*. Harmondsworth: Penguin.

Mosler, W. 1997: Full employment and price stability. *Journal of Post-Keynesian Economics*, 20(2), pp. 167-82.

Mueller, R. 1997: *Money and Banking in Renaissance Venice.* vol. 2: *The Venetian Money Market: Banks, Panic and the Public Debt.* London and Baltimore: Johns Hopkins University Press.

Muldrew, C. 1998: *The Economy of Obligation: The Culture of Credit and Social Relations in Early Modern England.* London: Macmillan.

Mundell, R. 1961: A theory of optimum currency areas, *American Economic Review*, 51(3), pp. 657-65.

Munro, J. 1979: Bullionism and the bill of exchange in England, 1272-1663. In Center for Medieval and Renaissance Studies, University of California, Los Angeles, *The Dawn of Modern Banking*, New Haven: Yale University Press, pp. 169-240.

Murphy, T. 2000: Japan's economic crisis. *New Left Review*, 1(2nd ser.), pp. 25-51.

North, D. 1981: *Structure and Change in Economic History.* New York: W. W. Norton.

North, D. and Weingast, B. 1989: Constitutions and commitment: the evolution of institutions governing public choice in seventeenth century England. *Journal of Economic History*, 49(4), pp. 803-32.

OECD, 2002: *The Future of Money.* Paris: OECD.

Orlean, A. 1998: La Monnaie autoréférentielle: réflexions sur les evolutions monétaires contemporaines. In Aglietta and Orlean 1998: 359-85.

Parguez, A. 1999: The expected failure of the European Monetary Union: a false money against a real economy. *Eastern Economic Journal*, 25, pp. 63-76.

Parguez, A. and Seccareccia, M. 2000: The credit theory of money: the monetary circuit approach. In Smithin, 2000: pp. 101-23.

Parsons, T. 1937: *The Structure of Social Action.* Glencoe. IL: Free Press.

Parsons, T. 1950: *The Social System.* New York: Free Press.

Parsons, T. 1991[1953]: The Marshall Lectures. *Sociological Inquiry*, 61, pp. 1-59.

Parsons, T. and Smelster, N. 1956: *Economy and Society*. Glencoe, IL: Free Press.

Parsons, T. and Tabellini, G. 1990: *Macroeconomic Policy, Credibility and Politics*, London: Harwood.

Phelps Brown, E. H. 1975: A non-monetarist view of the pay explosion, *Three Banks Review*, 105, pp. 3-24.

Pigou, A. C. 1949: *The Veil of Money*. London: Macmillan.

Pixley, J. 1999: Beyond twin deficits: emotions of the future in the organizations of money. *American Journal of Economics and Sociology*, 58(4), pp. 1091-1118.

Pococok, J. 1975: Early modern capitalism: the Augustan perception. In E. Kamenka, and R. S. Neale, (eds), *Feudalism, Capitalism and Beyond*, London: Edward Arnold, pp. 37-91.

Polanyi, K. 1944: *The Great Transformation*. Boston: Beacon.

Polanyi, K. et al.(eds) 1957: *Trade and Market in the Early Empires*. New York: Free Press.

Posen, A. 1993: Why central bank independence does not cause low inflaion; there is no institutional fix for politics. In R. O'Brien (ed.), *Finance and the International Economy*, vol, 7, pp. 41-65.

Powell, J. 2002: Petty capitalism, perfecting capitalism or post-capitalism? Lessons from the Argentine barter experiments. *Review of International Political Economy*, 9(4), pp. 619-49.

Radford, R. 1945: The economic organization of a POW camp. *Economica*, 12, pp. 189-201.

Redish, R. 1992: The development of coinage. In J. Eatwell and M. Milgate (eds), *New Palgrave Dictionary of Money and Finance*, London: Macmillan, pp. 376-8.

Robertson, D. 1928: *Money*. London: Nisbet.

Rochon, L.-p. 1999: *Credit Money and Production: An Alternative Post-Keynesian Approach*. Cheltenham: Edward Elgar.

Rogers, C. 1989: *Money, Interest and Capital*. Cambridge: Cambridge University Press.

Rogers, C. and Rymes, T. 2000: The disappearance of Keynes's nascent theory of banking between the *Treatise and the General Theory*. In Smithin, 2000: pp. 257-69.

Rowlinson, M. 1999: 'The Scotch hate gold': British identity and paper money.

In Gilbert an Helleiner 1999: pp. 47-67.

Rowthorn, R. 1995: Capital formation and unemployment. *Oxford Review of Economic Policy*, 11(1), pp. 26-39.

Runciman, D. 2000: Is the state a corporation? *Government and Opposition*, 35(1), pp. 90-104.

Runciman, W. G. 1995: The 'triumph' of capitalism as a topic in the theory of social selection. *New Left Review*, 210, pp. 33-47.

Samuelson, p. 1966[1958]: An exact consumption-loan model of interest with or without the social contrivance of money. In J. Stiglitz (ed.), *The Collected Scientific Papers of Paul A. Samuelson*, vol. 1, Cambridge, MA: MIT Press, pp. 219-33.

Samuelson, p. 1973: *Economics*, 9th edn. New York: McGraw-Hill.

Schmandt-Besserat, D. 1992: *Before Writing*, vol. 1: *From Counting to Cuneiform*. Austin: University of Texas Press.

Schmitt, R. 1975: *Monnaie, Salaires et Profits*. Paris: PUF.

Schumpeter, J. 1917: Money and the social product. *International Economic Papers*, no. 6. London: Macmillan.

Schumpeter, J. 1934: *The Theory of Economic Development*. Cambridge, MA: Harvard University Press.

Schumpeter, J. 1994[1954]: *A History of Economic Analysis*. London: Routledge.

Scott, J. 1997: *Corporate Business and Capitalist Classes*. Oxford: Oxford University Press.

Seabright, p. (ed.), 2000: *The Vanishing Rouble*. Cambridge: Cambridge University Press.

Searle, J. 1995: *The Construction of Social Reality*. Harmondsworth: Penguin.

Shapiro, S. 1987: The social control of impersonal trust. *American Journal of Sociology*, 93(3), pp. 623-58.

Sharer, R. 1994: *The Ancient Maya*. Stanford, CA: Standford University Press.

Sherman, S. 1997: Promises, promises: credit as a contested metaphor in early capitalist discourse. *Modern Philology*, 94(3), pp. 327-48.

Simmel, G. 1978[1907]: *The Philosophy of Money*. London: Routledge.

Skidelsky, R. 2000: *John Maynard Keynes*, vol. 3: *Fighting for Britain*. London: Macmillan.

Smith, A. 1986[1776]: *The Wealth of Nations*. Harmondsworth: Penguin.

Smithin, J. 1996: *Macroeconomic Policy and the Future of Capitalism: The Revenge of the Rentier and the Threat to Prosperity*. Cheltenham: Edward Elgar.

Smithin, J. (ed.), 2000: *What is Money?* London: Routledge.

Smithin, J. 2003: *Controversies in Monetary Economics: Revised Edition.* Cheltenham: Edward Elgar.

Solomon, E. 1997: *Virtual Money.* New York : Oxford University Press.

Spufford, p. 1986: *Handbook of Medieval Exchange.* London: Offices of the Royal Historical Society.

Spufford, p. 1988: *Money and its Use in Medieval Europe.* Cambridge: Cambridge University Press.

Spufford, p. 2002: *Power and Profit: The Merchant in Medieval Europe.* London: Thames and Hudson.

Sraffa, p. (ed.) 1951: *The Works and Correspondence of David Ricardo,* vol. 1. Cambridge: Cambridge University Press.

Stiglitz, J. and Weiss, A. 1981: Credit rationing in markets with imperfect information. *American Economic Review,* 73, pp. 912-27.

Thygesen, N. 1995: *International Currency Competition and the Future Role of the European Single Currency.* London: Kluwer Law International.

Trautwein, H-M. 1993: A fundamental controversy about money: post Keynesian and new monetary economics. In G. Mongiovi and C. Ruhl (eds), *Macoeconomic Theory,* Aldershot: Edward Elgar, pp. 16-31.

Turner, A. 2002: Europe's best defence against deflation. *Financial Times,* 4 November.

Turner, B. 1999: *Classical Sociology.* London: Sage.

Udovitch, A. 1979: Bankers without banks: commerce, banking and society in the Islamic world of the Middle Ages. In Center for Medieval and Renaissance Studies, University of California, Los Angeles. *The Dawn of Modern Banking.* New Haven: Yale University Press, pp. 255-73.

Usher, A. 1953[1934]: The origins of deposit banking: the primitive bank of deposit, 1200-1600. In F. C. Lane and J. C. Riemersma (eds), *Enterprise and Secular Change,* London: Allen and Unwin, pp. 262-91.

Van Rixtel, A. 2002: *Informality and Monetary Policy in Japan.* Cambridge: Cambridge University Press.

von Mises, L. 1934[1912]: *The Theory of Money and Credit,* tr. H. E. Bateson. London: Jonathan Cape.

Warburton, p. 2000: *Debt and Delusion.* Harmondsworth: Penguin.

Weatherford, J. 1997: *The History of Money: From Sandstone to Cyberspace.* New York: Three Rivers Press.

Weber, M. 1951: *The Religion of China.* New York: Macmillan.

Weber, M. 1978: *Economy and Society*. Berkeley: University of California Press.

Weber, M. 1981[1927]: *General Economic History*. New Brunswick, NJ: Transacton Publishers.

White, H. 1981: Where do markets come form? *American Journal of Sociology*, 87(3), pp. 517-47.

White, H. 1990: Interview. In R. Swedberg, *Economics and Sociology: Conversations with Economists and Sociologists*, Princeton: Princeton University Press, pp. 78-95.

White, L. 1990: Competitive money reform: a review essay. *Journal of Monetary Economics*, 26, pp. 191-202.

Wicksell, K. 1907: The influence of the rate of interest on prices. *Economic Journal*, 17, pp. 213-20.

Wicksell, K. 1935[1915]: *Lectures in Political Economy*. London: Routledge and Kegan Paul.

Wicksell, K. 1962[1898]: *Interest and Prices*. London: Royal Economic Society 1936. Reprinted New York: Augustus Kelly, 1962.

Williams, C. 1996: Informal sector responses to unemployment: an evaluation of the potential of local exchange trading schemes. *Work Employment and Society*, 10(2), pp. 23-55.

Williams, D. 1968: The evolution of the sterling system. In C. Whittlesey and J. Wilson (eds), *Essays in Money and Banking*, Oxford: Clarendon Press, pp. 266-97.

Williamson, O. 1994: Transaction cost economics and organization theory. In N. Smelser and R. Swedberg (eds), *The Handbook of Economic Sociology*, Princeton: Princeton University Press, pp. 77-107.

Wood, D. 2002: *Medieval Economic Thought*. Cambridge: Cambridge University Press.

Woodruff, D. 1999: *Money Unmade: Barter and the Fate of Russian Capitalism*. Ithaca, NY: Cornell University Press.

Wray, R. 1990: *Money and Credit in Capitalist Economies*. Aldershot: Edward Elgar.

Wray, R. 1998: *Understanding Modern Money*. Cheltenham: Edward Elgar

Wray, R. 2000: Modern money. In Smithin, 2000: pp. 42-67.

Wray, R. 2004: Conclusion. In Wray, 2003: pp. 228-68.

Wray, R. (ed.), 2004: *Credit and State Theories of Money*. Cheltenham: Edward Elgar.

Zelizer, V. 1994: *The Social Meaning of Money*. New York: Basis Books.